李振宏 主编

朱绍侯史学评论集

河南大学出版社
HENAN UNIVERSITY PRESS
·郑州·

图书在版编目(CIP)数据

朱绍侯史学评论集 / 李振宏主编. --郑州：河南大学出版社，2023.5
ISBN 978-7-5649-5473-4

Ⅰ.①朱… Ⅱ.①李… Ⅲ.①史学-中国-古代-文集 Ⅳ.①K092.2-53

中国国家版本馆 CIP 数据核字(2023)第 104570 号

朱绍侯史学评论集
ZHU SHAOHOU SHIXUE PINGLUN JI

责任编辑　马　博
责任校对　时二凤
封面设计　史　岩

出　版	河南大学出版社
	地址：郑州市郑东新区商务外环中华大厦 2401 号　邮编：450046
	电话：0371-86059701(营销部)　0371-22860116(人文社科分公司)
	网址：hupress.henu.edu.cn
排　版	郑州市今日文教印制有限公司
印　刷	郑州印之星印务有限公司
版　次	2023 年 5 月第 1 版　　　　印　次　2023 年 5 月第 1 次印刷
开　本	710 mm×1010 mm　1/16　　印　张　21.25
字　数	354 千字　　　　　　　　　定　价　98.00 元

版权所有・侵权必究

(本书如有印装质量问题,请与河南大学出版社营销部联系调换。)

序

逝者如斯。倏忽之间,吾师绍侯先生,离开我们已经一年了。在先生仙逝后的五七追思会上,我提出关于举办系列纪念活动的设想,其中之一就是编辑出版一本《朱绍侯史学评论集》,现在这本集子如期和读者见面了。先生的功德业绩是学界所熟知的,在这篇简短的序文中就不再胪列了,只是想说几句在编辑过程中的感悟,以期与读者诸君分享。

先生从事史学研究七十年,其研究很早就为学界所关注;在他的学术盛年,主编的十院校本《中国古代史》刚刚问世不久,就已经开始有公开的评论发表。及至晚年,各种评论、访谈纷至沓来,更有期刊为之做评论专栏,一次推出多篇评论和访谈性文章,集中评介其学术思想和学术贡献。这本集子,收录并不周全,算是一些有代表性的评论吧,基本上展现了先生的学术风貌,反映了学界对先生学术的褒扬和推崇,确证了先生学术思想和学术功业的广泛性影响。

关于这本集子的书名《朱绍侯史学评论集》,可以有两种释读。一种是理解为关于朱绍侯先生的史学评论集子,辑录有关朱绍侯先生的史学评论文章;一种是理解为关于"朱绍侯史学"的评论集,把"朱绍侯史学"作为一个特定的史学概念去对待,将其视为一种有着个人学术印记的个体性学术形态。就目前的状况说,这本集子体现的意涵只是前者,而后者,作为"朱绍侯史学"的评论,似乎还没有展开。

这该如何理解呢?

恩格斯说不要生搬硬套马克思和他的话,而要根据自己的情况像马克思那样去思考问题,只有在这个意义上,"马克思主义者"这个词才有存在的理由。① 这段话说出了一个真正的马克思主义者,对待马克思主义应有的态度。他不是把马克思的话挂在嘴边,不是在自己的著作或论文中搬弄马克思的概念或词句,而是把马克思的理论当作方法论,指导自己去解决实际的历史问题。他的研究结论,不是马克思所给定的,而是自己按照马克思的方法论,通过艰苦的研究获得的。他的一切研究,都是自己的历史判断。"朱绍侯史学",就是这样一种学术。

朱先生这一代人,从大学阶段开始,就是在马克思主义的语境中成长、生活和工作的。马克思主义的理论与方法,铸就了他们的人生观和价值观,也同时支配了他们的学术研究。但是,同是生活在这样的语境中,学人的表现却有不同。有些人是追寻马克思的思想轨迹,做马克思主义的思想理论或史学理论研究;有些人是用马克思的理论或概念观照自己的实证研究,或者用自己的实证研究去证实马克思的各种论断;而朱先生则不同,他是把马克思的理论和方法,作为一种思维素质,化在了自己实证的历史研究中。他的思维方法是马克思的,而研究的结论是属于自己的,是自己独立思考的结果。

军功爵制研究,对其制度本质的揭示,对其时代关系的说明,是他自己的,马克思没有说过;

名田制研究,对其制度属性的揭示,对中国土地制度演化特殊性的说明,是他自己的,马克思没有说过;

秦汉、魏晋南北朝土地制度与阶级关系研究,把户籍制度与土地关系、阶级关系联系起来,是他自己的,马克思没有说过……

一切判断都来自自己的独立思考,是运用马克思主义方法论对中国历史实际的独立判断!

他不从事马克思主义历史理论研究,而其研究中却闪烁着马克思的影子。对于朱先生来说,借用一句话说,就是"马克思在我心中"。应该

---

① 《智慧的明灯》,中共中央马克思恩格斯列宁斯大林著作编译局编译,人民出版社,1983,第91页。

说,朱先生就是属于恩格斯说的那种有资格做"马克思主义者"的人!

朱先生不从事理论研究,但却是有理论思考的人。正是有理论思考,有马克思主义的理论素养,才成就了他一生的业绩。他所擅长的整体性思维,研究问题的溯源性思考,历史地看问题的思想方法,尊重历史客观性的严谨态度,等等,是他可以做出突出史学成就的重要前提;没有理论思考,没有宏大的历史观照,是不可能有我们所看到的"朱绍侯史学"的。

朱先生的同代人中,像先生这样做实证研究的人不在少数,而做得好的则凤毛麟角。正是在这个意义上,我们说先生是当代历史学家的典型代表。也正是在这个意义上,我们把"朱绍侯史学"视为历史学应该发展的方向。而以"朱绍侯史学"为研究对象的史学评论,则几乎还没有进行。我想,在这个评论集之后,还应该有新的"朱绍侯史学评论"继续展开。

是为盼!

李振宏

2023 年 7 月 23 日

目 录

朱绍侯史学：一个当代中国历史学家的典型案例 …………… 李振宏 1
还原历史真相，揭示历史逻辑
　　——朱绍侯先生史学成就述要 ………………… 臧知非　王婷婷 29

朱绍侯先生与军功爵制研究 …………………………… 张荣芳　高 荣 57
评朱绍侯先生《军功爵制研究》 ……………………………… 文以明 79
朱绍侯先生与军功爵制研究 ……………………………… 陈长琦 91
朱绍侯与军功爵制研究 …………………………………… 陈长琦 100
从军功爵制研究看朱绍侯先生的学术风格 ……………… 姜建设 112

朱绍侯先生与中国古代土地制度研究 …………………… 龚留柱 123
朱绍侯先生与魏晋南北朝史研究 ………………………… 陈长琦 137
朱绍侯先生地方文史研究撷英 …………………………… 刘坤太 154
朱绍侯先生与历史人物研究 …………………… 李正君　姜 磊 177

朱绍侯先生与中国古代史教材建设 ……………………… 李振宏 186
回归本然：朱绍侯先生对中国古代史教材建设的思考与实践
　　——以《中国古代史教程》为中心 ………………… 臧知非 204

治学不为媚时语　惟寻真知启后人
　　——朱绍侯先生访谈录 ············· 龚留柱　240
史学大家朱绍侯先生访谈录 ············· 康香阁　260
勤于治史多创获，鲐背之年霞满天
　　——朱绍侯先生访谈录 ······· 王记录　程洋洋　281
"老兵"新传
　　——访朱绍侯先生 ··················· 龚留柱　299

朱绍侯先生著述编目系年 ··········· 龚留柱（整理）　310

朱绍侯史学:一个当代中国历史学家的典型案例

李振宏

朱绍侯是当代中国著名历史学家,主治秦汉魏晋南北朝史,兼及古史文献,并以主编十院校本《中国古代史》而享誉天下。朱绍侯一生著述甚丰,为学界所敬仰,及至晚年,为其做学术评论及学术访谈者颇多①,但多论及著作成就或治学经验,而对其史学思想或曰其思想理论方面,则缺乏系统探讨。究其原因,大概是学界多以为朱绍侯一生所涉并不及史学理论,是一个著作等身的实证的历史学家,无论其著作还是论文,都属于实证研究的范畴。殊不知,真正有所建树的历史学家,都有深厚的理论修养,其实证的史学研究中都埋藏着深邃的史学思想。特别是像朱绍侯这样新中国培养的第一代历史学家,其学术风格富有浓重的理论色

---

① 关于朱绍侯的访谈类文章如龚留柱:《治学不为媚时语 惟寻真知启后人——朱绍侯先生访谈录》,《史学月刊》2005年第10期,第87—96页;康香阁:《史学大家朱绍侯先生访谈录》,《邯郸学院学报》2010年第4期,第5—14页;王记录、程洋洋:《勤于治史多创获,鲐背之年霞满天——朱绍侯先生访谈录》,《史学史研究》2019年第1期,第83—92页。关于朱绍侯的评论文章如陈长琦:《朱绍侯先生与军功爵制研究》,载河南大学历史文化学院编《史学新论:祝贺朱绍侯先生八十华诞》,河南大学出版社,2005,第496—503页;姜建设:《从军功爵制研究看朱绍侯先生的学术风格》,载河南大学历史文化学院编《史学新论:祝贺朱绍侯先生八十华诞》,河南大学出版社,2005,第595—603页;龚留柱:《朱绍侯先生与中国古代土地制度研究》,《邯郸学院学报》2010年第4期,第20—26页;陈长琦:《朱绍侯与军功爵制研究》,《邯郸学院学报》2010年第4期,第15—19页;李振宏:《朱绍侯先生与中国古代史教材建设》,《邯郸学院学报》2010年第4期,第27—34页;臧知非:《回归本然:朱绍侯先生对中国古代史教材建设的思考与实践——以〈中国古代史教程〉为中心》,《史学月刊》2011年第11期,第5—19页。

彩。就笔者所及,朱绍侯恰恰是这代历史学家的一个典型代表,其治学实践的理论风格,具有重要的代表性意义,是当代学术史研究的一个典型案例。

一、坚守实证研究中的整体性思维

朱绍侯史学研究的基本特征,是始终坚守实证研究中的整体性思维。无论是研究宏观的重大的历史事件、历史运动、政治制度,还是考察具体的细微的历史现象,他都坚持从历史的全局或整体出发去看问题,都坚持整体性思维。

整体性思维有两个思维向度,一是把研究对象放到历史的全局中去认识,把研究对象当作更宏伟的历史的组成部分,既从历史整体出发去认识这个特定的具体对象,看他在历史的全局中处于什么位置、发挥什么作用,又通过对这个具体的研究对象的探讨,去完善对整体历史的认识,使具体实证研究承担认识整体历史进程的使命,使具体研究服务于认识历史发展规律这个历史学科的宏伟目标。

整体性思维的另一向度,是对具体研究对象本身做整体性研究,既考察其何以发生、如何发展和因何而消亡的全过程,又对其做历史属性、历史影响的全面考察,并把研究对象本身看作一个系统整体,考察其构成为一个整体的复杂因素及其内在结构,以达到对一个历史事物的完整解读。

整体性思维的这两个向度,在朱绍侯的实证研究中,都有充分的反映,或者说,他毕生的历史研究,就是遵循这样一种思维原则去展开的。无论是研究宏大的制度性问题,如军功爵制研究、土地制度与阶级关系研究,还是做具体细节问题的研究,如《二年律令》研究,乡、亭问题研究,等等,都是如此。

战国秦汉时代的军功爵制,是朱绍侯一生持之以恒的研究对象,是一项宏大的政治军事制度研究。在这项持续60年的研究中,他先后发表论文数十篇,出版《军功爵制试探》《军功爵制研究》《军功爵制考论》

《军功爵制研究(增订版)》四部著作,对军功爵制做了全面而系统的整体性研究。这项研究,是体现其整体性思维的典型范例。

朱绍侯的军功爵制研究,开始于一个很细微的历史观察。他在历史阅读中看到《左传·襄公十一年》有"秦庶长鲍、庶长武帅师伐晋以救郑"①的记载,对这里出现的"庶长"名称产生了兴趣。西周爵制里没有这样的名称,而显然又不是官职名称。联系到《左传·襄公二十一年》有"(齐)庄公为勇爵"②,且其目的在于"设爵位以命勇士"③,朱绍侯马上感到《左传·襄公十一年》的"庶长"很可能就是一个爵位制度中的名称,而这个爵位制度是不同于传统的五等爵制的。长于整体性思维的朱绍侯,感觉到这个"庶长"所反映的不是一个小问题,可以此为切入口,把在春秋时期所出现的这个爵位制度的变化加以考察,以弄清楚这个变革的时代。于是,他沿着这样的思路去检讨历史文献,很快就发现这个时期爵制的变化是一个时代性的普遍性的问题:

齐国是建立赐爵制最早的国家。《管子·小问》篇在提到为政三本时说:"三本者,一曰固,二曰尊,三曰质。故国父母坟墓之所在,固也;田宅爵禄,尊也;妻子,质也。三者备……则民必死而不我欺也。"这里所说的"田宅爵禄",就是国君因功赐给臣下的土地和爵位。晋国也比较早地建立了赐爵制。《史记·晋世家》载,晋文公归国夺权后,"赏从亡者及功臣,大者封邑,小者尊爵"。秦国商鞅变法颁布了"有军功者,各以率受上爵"的法令,建立了"明尊卑爵秩等级,各以差次名田宅,臣妾衣服以家次"这样严格的等级制度。赵国有"军功爵赏,皆决于外"的说法,燕国也有乐毅胜齐,燕昭王赐爵昌国君的记载。朱绍侯通过爬梳历史资料看到,"在春秋时代,因功赐爵制在齐、晋、秦、楚、宋等国就已经出现,这是军功爵制早期的雏形","在战国时代各国已普遍建立了军功爵制",军功

---

① 《春秋左传集解》(第2册),上海人民出版社,1977,第890页。
② 《春秋左传集解》(第2册),上海人民出版社,1977,第977页。
③ 《春秋左传集解》(第2册),上海人民出版社,1977,第978页。

爵制是春秋战国时期新涌现出来的一个普遍性的历史现象。①

所以,朱绍侯的军功爵制研究,从一开始就没有就事论事地去对待,而是把这个新的爵位制度与春秋战国这个重大的历史变革时期联系起来,既从重大历史变革出发去认识军功爵制的地位和意义,又通过军功爵制研究去反映这个变革的时代,丰富和深化对春秋战国这个变革时代的认识。朱绍侯说:"这种新爵制,是以军功为根据授予的,在性质上完全不同于西周的公侯伯子男五等爵。这种新爵制的产生,反映了时代的重大变迁……是研究春秋战国这个伟大的变革时代必须弄清楚的一个重大问题。我隐隐感到,我碰到的是个大问题,事关对这个时代全局的认识。"②"我之所以抓住军功爵制不放,并不断把研究推向深入,是因为军功爵制是秦汉政治统治的一个独具特色的事物,不理解军功爵制,就不能很好地理解和阐述秦汉政治和社会制度。"③这就是他的整体性思维的目的性指向。

朱绍侯既从时代变革的整体出发去认识军功爵制,又把军功爵制当作一个整体去研究,力求彻底弄清其产生与发展的整个历史过程和这一制度所涉及的方方面面,最后达到对军功爵制发展演变的本质性、规律性理解。这一长达60年的研究过程,以《军功爵制研究(增订版)》而宣告最终完成,对军功爵制的整体研究得出了总结性的认识。朱绍侯总结自己的思维方法说:"我们这一代人所受的思想训练,从青年时期就知道历史研究的最终目的是认识历史运动的规律性。所以,在军功爵制研究之初,我就特别注意这个问题,不让自己的研究停留在历史细节的发掘上,而力求去总结军功爵制产生、确立、发展、轻滥、衰落、废除的全过程,

---

① 本段参阅朱绍侯:《军功爵制试探》,《开封师范学院学报》1978年第1期,第24—34页。
② 朱绍侯:《从碎片到整体:谈谈我的军功爵制研究》,《历史研究》2019年第6期,第5页。
③ 王记录、程洋洋:《勤于治史多创获,鲐背之年霞满天——朱绍侯先生访谈录》,《史学史研究》2019年第1期,第88页。

只有这样,我们才能达到对它的规律性认识。"①

关于秦汉魏晋南北朝时期土地制度与阶级关系的研究,也是朱绍侯持续几十年用功颇多的课题之一,并在20世纪90年代就相继出版了两本专著《秦汉土地制度与阶级关系》《魏晋南北朝土地制度与阶级关系》,在学术界独树一帜。朱绍侯的土地制度与阶级关系研究,所体现的思维方法依然是整体性思维,是把这一问题的研究放在更重大的研究视域之中,作为认识中国古代社会性质的重要路径。

中国自古就是一个农业社会,土地制度所反映的经济关系是一切问题的根本或基础。朱绍侯的土地制度研究,就是有这样一个着眼点,想以此作为认识中国古代社会性质问题的切入点。所以,他所做的土地制度研究,就不是支离破碎的经济问题研究,而是有着更宏伟的目的指向,是从认识中国古代社会这个更具整体性的问题出发的:"我研究秦汉至魏晋南北朝土地制度与阶级关系的目的,是想搞清中国古代土地所有制的演变情况、中国古代剥削关系的演变情况以及土地制度对剥削关系演变的作用,并由此最终通过这些研究,解决中国古代社会的历史分期问题。"②

朱绍侯史学研究的整体性思维,不只是体现在宏大问题的研究中,即使很具体的历史问题研究,也有反映。譬如汉代基层社会管理中的乡、亭设置问题,乡与亭是什么关系,之间有没有统属关系,职能分工如何,等等,本来是一个事实性的问题,但自汉代之后,就搞得面目不清。朱绍侯以他所擅长的整体性思维,很明确而又令人信服地解决了这个众说纷纭的问题。

汉代乡、亭面目的混乱,主要源于文献记载的矛盾。《汉书·百官公卿表上》中说:"大率十里一亭,亭有长。十亭一乡,乡有三老、有秩、啬

---

① 朱绍侯:《从碎片到整体:谈谈我的军功爵制研究》,《历史研究》2019年第6期,第6页。
② 龚留柱:《治学不为媚时语 惟寻真知启后人——朱绍侯先生访谈录》,《史学月刊》2005年第10期,第89页。

夫、游徼。"①乡亭之间是上下级的统属关系。而《后汉书志·百官五》中说:"乡置有秩、三老、游徼……主知民善恶,为役先后,知民贫富,为赋多少,平其差品……亭有亭长,以禁盗贼。本注曰:亭长,主求捕盗贼,承望都尉。"②《后汉书志·百官五》所记将乡、亭分列,且明确说亭长"承望都尉",表明乡、亭间并没有统属关系。还有,《后汉书志·百官五》补注引《风俗通》曰:"国家制度,大率十里一乡。"③这里的"十里一乡"又与《汉书·百官公卿表上》所说"十里一亭""十亭一乡"相抵牾。20世纪50年代,王毓铨发文提出,乡与亭是属于不同性质的地方行政组织,并不属于一个行政系统;而《汉书·百官公卿表上》中的"十里一亭"和应劭《风俗通》中的"十里一乡",所谈的两个"里"字含义不同,前者是里程之里,后者是乡里之里。④ 王毓铨的文章基本上说清楚了汉代乡、亭、里之间的关系。但是,朱绍侯则在王毓铨的基础上又前进一步,将亭与乡的职能分野放到更广阔的汉王朝官职设置的整体中去分析,使亭的职能与统属关系更加明晰。朱绍侯通过对《汉书·百官公卿表上》《后汉书志·百官五》《风俗通》《汉旧仪》《汉官仪》以及《汉书》传记资料的详细考察,认为汉代从中央到地方,各级政权组织都由行政系统和军事、治安系统两套官职体系组成。在中央有丞相、太尉,在郡有太守、都尉,在县有令、县尉,在乡则有秩、亭长。亭长隶属于自上而下的太尉、都尉、县尉、亭长的军事和治安系统。⑤ 如此放在汉代整体官职系统中去认识,亭与乡在属性与职责上的区别就更加粲然分明了。

---

① 班固:《汉书》卷19上《百官公卿表上》,中华书局,1962,第742页。
②③ 司马彪:《后汉书志》第28《百官五》,中华书局,1965,第3624页。
④ 王毓铨的研究,参见王毓铨:《汉代"亭"与"乡""里"不同性质不同行政系统说——"十里一亭……十亭一乡"辨正》,《历史研究》1954年第2期,第127—135页;《汉代"亭"的性质和它在封建统治上的意义》,《光明日报》1955年3月31日。
⑤ 朱绍侯:《汉代乡、亭制度浅论》,《河南师范大学学报(社会科学版)》1982年第1期,第14—21页。

二、重视历史研究的溯源性、过程性考察

纵观朱绍侯的大量实证性研究,会发现一个很重要的特点,即无论大小问题,他都很重视溯源性研究,且把研究对象作为一个发展的过程去研究;并认为,正是这种溯源性和过程性的考察,才便于弄清历史事物的来龙去脉和发展规律,达到对历史事物本质性的认识。

关于秦汉时期土地制度性质的认识,是国有制还是私有制,学术界有诸多分歧,特别是在20世纪80年代张家山汉简《二年律令》发现之后,关于这一问题的讨论形成高潮。高敏说:"关于秦汉时期是否存在以名占田的名田制的问题,有人作了否定的回答,也有人作了肯定的回答,而且认为这种名田制,实际上是一种属于私有土地性质的土地制度,我个人就是持有这种看法者之一。"① 臧知非认为,西汉授田以名籍为准,土地一经授予即归私有,可以在法定的范围内买卖、赠予、世袭。② 李恒全认为《二年律令》所反映的就是一种土地私有制。③ 张金光则认为,《二年律令》中的土地制度是传统庶人普遍授田制的延续,其性质是土地国有制。④ 国有还是私有,观点颇为对立。而朱绍侯的判断,则提供了另一种更为稳妥的观点:

> 无论是辕田制还是名田制,都还不是严格意义上的土地私有制,而是由国家交付农民长期使用的土地,是私人长期占有制……

---

① 高敏:《从张家山汉简〈二年律令〉看西汉前期的土地制度——读〈张家山汉墓竹简〉札记之三》,《中国经济史研究》2003年第3期,第145页。
② 臧知非:《西汉授田制度与田税征收方式新论——对张家山汉简的初步研究》,《江海学刊》2003年第3期,第143—151页。
③ 李恒全:《汉初限田制和田税征收方式——张家山汉简再研究》,《中国经济史研究》2007年第1期,第122—131页。
④ 张金光:《普遍授田制的终结与私有地权的形成——张家山汉简与秦简比较研究之一》,《历史研究》2007年第5期,第49—65页。

它尚处于由公有制向私有制过渡的中间阶段。①

在名田制下,由于田宅是按不同等级由政府授予的,故在法律上名田制是土地长期占有制,而不是土地私有制……《二年律令》也反映了这方面的问题。②

朱绍侯是国内较早提出并研究名田制的学者,且"名田制"即是他的命名③。他从1958年开始研究这个问题,以商鞅变法"明尊卑爵秩,各以差次名田宅,臣妾衣服以家次"为据提出"名田制"概念,到20世纪80年代《二年律令》问世再次得以确证。而和其他学者不同的是,他的研究从一开始就不是仅仅从文献解读中得出结论,而是把文献解读与研究对象的历史发展联系起来,从追溯问题的起源与事物的展开过程中寻求答案,这就是本文说的重视溯源性与过程性的考察。

在朱绍侯的研究中,秦汉名田制的直接起源是商鞅变法的以军功赐爵名田宅制度,而商鞅制定的以军功名田宅,则是针对井田制的变革,是把井田制下"三年一换土易居"改变成"爰自在其田,不复易居"。这样,在商鞅变法所制定的辕田制或曰名田制下,农民就获得了对土地的长期使用权和占有权。这种土地长期占有制,则必然导致土地私有制的发生和发展,而最终走向土地私有制。④ 就中国古代土地制度演变的全过程看,土地关系从公有制走向私有制是必然的历史过程,而商鞅变法开创的、在秦汉时期被确立和实践的名田制,就恰恰处在这个从公有制向私有制转换的中间阶段,它由国家授予而体现为"公",而由于其长期占用而增加其"私人"属性,且最终指向私有制。所以,谓其"长期占有制"并判断其是"由公有制向私有制过渡的中间阶段"性质,是稳妥或恰当的。如果只是单纯地就事论事、单一地解读文献,就很难看清楚名田制的性

---

① 朱绍侯:《秦汉土地制度与阶级关系简论》,载朱绍侯:《雏飞集》,河南大学出版社,1988,第6—7页。还可参见朱绍侯:《秦汉土地制度与阶级关系》,中州古籍出版社,1985,第16—21页。

② 朱绍侯:《吕后二年赐田宅制度试探——〈二年律令〉与军功爵制研究之二》,《史学月刊》2002年第12期,第14页。

③ 杨振红:《出土简牍与秦汉社会》,广西师范大学出版社,2009,第159页注①。

④ 朱绍侯:《秦汉土地制度与阶级关系》,中州古籍出版社,1985,第16—21页。

质问题。

不仅仅是溯源,朱绍侯还把名田制作为一个发展的过程去研究,而这个过程研究就呈现了名田制由长期占有制向私有制转换的历史轨迹,并证实其必然性。毫无疑问,这种过程性研究就更印证他对名田制属性的判断是正确的和可靠的。这个过程性研究主要体现在《秦汉土地制度与阶级关系》一书的前两章——"辕田制和名田制""名田制破坏与土地私有制的发展",囿于篇幅,恕不赘述。

关于西晋课田制的研究,也是很好的例证。《晋书·食货志》关于占田法令的记载中,出现了"课田"说,明文"丁男课田五十亩,丁女二十亩"①,于是引起关于"课田制"的讨论。一般学者都把所谓的"课田制"和"占田制"一并看作西晋时所实行的一种土地制度。关于20世纪80年代之前课田制研究的学术史,高敏在1983年发表的文章中有一个很好的总结,征引如下:

> 按照传统的看法,往往把"课田"与占田制连在一起,认为课田制也是土地制度,而且是授田制的一个组成部分。首先倡此说者,还是马端临。后之论此制者,也深受马氏的影响,大都认为课田是田制,而且是授田性质的国有土地。解放后,又是李剑农与唐长孺等人,首先对此说提出怀疑。如李剑农认为:"课田为成丁男女必耕之田,国家据以征课,不耕者亦须照额交纳,此即驱民归农之措施。"唐长孺也认为:"……这是所谓'驱民归农'的意思。"李、唐的看法,突破了"课田"为田制的传统说法……接着,又有王天奖、杨波等,在李、唐看法的基础上,先后提出了课田不是田制,而是赋税制度的论点,进一步否定了课田为田制的说法,从根本上划清了课田与占田的界限。②

高敏的文章,则是对课田是赋税制度说的进一步论证。田制说也好,税制说也好,都是就事论事的讨论,都没有跳出解读文献这个圈子的

---

① 房玄龄等:《晋书》卷26《食货志》,中华书局,1974,第790页。
② 高敏:《关于西晋占田、课田制的几个问题》,《历史研究》1983年第3期,第59页。

局限。朱绍侯的研究独辟蹊径。他先是发现传统说法的逻辑矛盾,从逻辑上否定了课田制是田制或税制的可能性,认为它既不是田制也不是税制。他进一步的研究发现,西晋的课田,实际上是一种劝民归田的督耕制。为什么?因为朱绍侯发现,课田制虽然正式提出是在西晋,但却并不创始于西晋,早在西汉边境屯田中就出现过。

西汉宣帝时派将军赵充国在河湟地区屯田,采取过考课士兵耕田的方法。《汉书·赵充国辛庆忌传》载,赵充国在河湟地区屯田,"田事出,赋人二十亩"①,春天农作之时,每个士兵分配二十亩田土,督促其完成耕种任务。朱绍侯说这应是最早的课田督耕制。这种督耕课田的办法,《后汉书·文苑列传》也有记载:黄香任魏郡太守时,将一些公田"悉以赋人,课令耕种"②。到曹魏时,这种督耕制被进一步推广。

史载,曹魏时刘廙建议推广课田制:"长吏皆宜使小久,足使自展。岁课之能,三年总计,乃加黜陟。课之皆当以事,不得依名。事者,皆以户口率其垦田之多少,及盗贼发兴,民之亡叛者,为得负之计。"③刘廙建议对地方官的考课,主要内容之一就是"皆以户口率其垦田之多少",在这种情况下,地方官,特别是主管屯田的典农官,就只有用课田督耕的办法去要求人们完成督耕任务。只不过是由于文献的模糊性,使得我们无法确知曹魏课田制所规定的具体数目。曹魏课田的督耕性质,也可通过《晋书》中的一条材料得到有力证明。《晋书·傅玄传》中,傅玄曰:

> 魏初课田,不务多其顷亩,但务修其功力,故白田收至十余斛,水田收数十斛。自顷以来,日增田顷亩之课,而田兵益甚,功不能修理,至亩数斛已还,或不足以偿种。非与曩时异天地,横遇灾害也,其病正在于务多顷亩而功不修耳。④

这段话对于理解西晋的课田制极其重要。其一,它说明课田的性质,的确不是田制和税制,而只是督耕而已。曹魏的课田,"不务多其顷

---

① 班固:《汉书》卷69《赵充国辛庆忌传》,中华书局,1962,第2986页。
② 范晔:《后汉书》卷80上《文苑列传》,中华书局,1965,第2615页。
③ 陈寿:《三国志》卷21《魏书·刘廙》注引《廙别传》,中华书局,1959,第617页。
④ 房玄龄等:《晋书》卷47《傅玄传》,中华书局,1974,第1321—1322页。

亩,但务修其功力",督其用力而已,加强了精耕细作,所以提高了产量。其二,它说明,西晋的课田和曹魏的课田有着继承关系,也是督课性质,所不同者在于,曹魏督其功力,而晋则督其田亩之数,"其病正在于务多顷亩而功不修耳"。这样一种溯源性研究,使朱绍侯对西晋课田性质的解读,提出了更加令人信服的新说。

注重考察一种制度的渊源、发展和演变,弄清其来龙去脉,对历史事物做过程性研究,以窥其全貌,也有利于认识其本质属性。朱绍侯的许多研究都是这样做的。前边讲过的军功爵制研究、名田制研究,都是这样做的。具体历史现象的溯源性、过程性研究方面,他对汉代司隶校尉的研究可为例证。

关于两汉时期的司隶校尉,朱绍侯相继发表了四篇论文,即《浅议司隶校尉初设之谜》《西汉司隶校尉职务及地位的变化》《浅议司隶校尉在东汉的特殊地位——司隶校尉研究之三》《东汉中晚期的司隶校尉——司隶校尉研究之四》①,总体设计就是按照不同的历史阶段来考察司隶校尉权限、职能的变化,以阐明此一官职如何体现中央皇权的意志,或成为权臣的政治斗争工具,揭示官职设置的政治本质。限于篇幅的原因,具体分析不再展开。

三、坚持马克思主义历史主义的基本立场

坚持马克思主义历史主义,站在历史进步的立场上评价历史事物,把问题提到一定的历史范围之内做历史考察,将历史事物作为一个发展的过程去研究,是中国历史学家基本的思维训练。但是,具体到每一个历史学家来说,能否将这样的历史思维贯彻到底,能否把这一强大的方法论思想切实地化到自己的研究中,情况则大不相同。朱绍侯无疑是很好地体会到了这一理论的真谛,并将这一方法论思想贯彻到研究实践

---

① 分别见《学术研究》1994年第1期,第81—85页;《史学月刊》1994年第4期,第22—27页;《南都学坛》1997年第1期,第1—4页;《朱绍侯文集》,河南大学出版社,2005,第79—95页。

中,做出了诸多富有学术个性的研究成果的人。

1. 历史地评价田庄经济

西汉中期以后,随着土地越来越向豪强地主手里集中,出现了一种新的农业生产组织形式——田庄,这是生产关系领域的新变化,是当时新的更有生命力的经济因素。如何看待这个问题,如何给予历史的评价,在20世纪70年代之前,是个很敏感的问题。在那个政治上以阶级斗争为纲、历史评价以阶级划线的年代,对于田庄经济是不能也不敢给予肯定的。因为这种新的生产关系的代表者,正是现实政治领域里要否定、打倒的地主阶级,且是豪强地主。在当时的普遍观念中,地主阶级怎么可能会做出带有进步意义的事情呢?而朱绍侯却不同,他提出了对田庄经济给予历史的肯定的观点,要评价这种新的经济形式的进步性。这一思想应该是在"文革"中就已经形成了,只是没有机会表达罢了。而到了粉碎"四人帮"之后,1978年他主编十院校本《中国古代史》教材的时候,就明确提出了这个在当时仍然有石破天惊意义的历史观点。他在几次学术采访中都谈到了这个问题:

> 当时我认为门阀士族和庄园经济是有进步性的,现在学术界对此已经没有疑问了,大家都同意它有进步性。但在当时却不是一件小事。包括在编写工作中一直支持我的安徽师大张海鹏先生,在这一点上也反对我。他说,你的胆子太大了,门阀士族和庄园经济都说是腐朽势力,你敢说他有进步性。我说……从田庄经济发展来看,它比汉代时的单一经营要好;田庄经济是综合经营,农林牧副渔都有,又有组织,又有效率,你不承认它,那它是怎么发展起来的。①

但是,编教材是个集体工作,要反映编写团队的普遍性认识,在朱绍侯的观点不被接受的情况下,教材里无法充分表达这种观点。后来,到1985年出版《秦汉土地制度与阶级关系》一书的时候,这一观点才得到了比较充分的阐述。朱绍侯说:

---

① 康香阁:《史学大家朱绍侯先生访谈录》,《邯郸学院学报》2010年第4期,第10页。

由于田庄经济是一个比较有组织的生产单位,它可以根据不同的土质,种植不同的农作物,有能力兴建一些相应的水利事业,也有条件制造、推广新式农具、积累生产经验和提高生产技术水平。由于田庄内农业、手工业的综合经营,它可以就地解决原料供应和销售问题。尤其是当田庄主积极关心和组织生产的时候,他们就可以督促综合经营的田庄经济以更快的速度向前发展。至于在战乱时期的武装化的田庄——坞壁,虽然它往往成为镇压农民起义、阻碍农民起义势力发展的堡垒,但在军阀混战中,特别是在十六国和北魏初期,少数民族的统治者率领铁骑蹂躏中原的时候,坞壁组织则起到了保护生产和劳动力的作用,使坞壁内的劳动人民,免受屠杀和掠夺,这种积极作用,是不应该忽视的。①

田庄经济首先是一个事实性的问题,朱绍侯依据《后汉书·樊宏传》《水经注·沘水注》《四民月令》等文献材料以及大量考古出土材料来论证自己的观点,这没有问题;问题是,在"左"的时代占主导地位的狭隘阶级观点,影响着对这一新的经济关系的评价。仅仅是豪强地主是田庄经济的主导者这一点,就足以将其否定。朱绍侯先是给地主阶级也有进步性找到经典依据,然后再展开自己的历史分析。② 而他做历史分析的主要思想方法,就是站在历史进步的立场上,以田庄经济推动经济发展的积极作用为依据。这样从马克思主义历史主义原则出发的历史评价,显然反映了历史的本来面貌,是客观真实的历史结论,于是也就逐渐为人们所接受,并在今天成为一种普遍性认识。

---

① 朱绍侯:《秦汉土地制度与阶级关系》,中州古籍出版社,1985,第111—112页。
② 朱绍侯主要是征引了恩格斯的两段话:"马克思了解古代奴隶主、中世纪封建主等等的历史必然性,因而了解他们的历史正当性,承认他们在一定限度的历史时期内是人类发展的杠杆;因而马克思也承认剥削,即占有他人劳动产品的暂时的历史正当性。"(《马克思恩格斯全集》第21卷,人民出版社1965年版,第557—558页)"只要生产不局限于被压迫者的最必需的生活用品,统治阶级的利益就会成为生产的推动因素。"(《马克思恩格斯全集》第20卷,人民出版社1971年版,第521页)朱绍侯先用恩格斯两段话把自己保护起来,然后再做历史分析,以证明自己的结论。这是那个时代学界的普遍做法。

2. 历史地肯定门阀士族存在的正当性

在 20 世纪 80 年代之前的史学界,对于魏晋南北朝时期的门阀士族,完全是一种负面评价,人们普遍认为,门阀士族,相对于汉代的军功地主、豪强地主和庶族地主,是地主阶级的一个变态性发展,是极其腐朽的社会赘疣。这个地主集团,政治上毫无作为,生活上腐朽透顶,不事生产,醉生梦死,且不学无术,是一个完全的寄生性世袭贵族阶层。无论从哪个方面看,都一无是处。但朱绍侯从历史主义的观点出发,对门阀士族做了有分析的历史评价,肯定它在一定的历史时期,曾经是历史发展的积极因素。可以说,在 80 年代初期,肯定门阀士族的历史作用,比起之前肯定田庄经济来说,更具有挑战性。

朱绍侯在《魏晋南北朝门阀士族的兴衰》一文中说:

> 从经济方面讲,门阀士族在刚登上历史舞台时,也是生气勃勃的。他们对于田庄的经营也是兢兢业业的……从东汉末至北朝,北方战乱频仍,一些世家大族结坞自保,即把田庄武装起来,以维持战时的正常生产,保护了生产力,对北方经济的恢复和发展起了积极作用。另一些门阀士族逃往南方,在江南"求田问舍",招募流民以为佃客,或驱使奴隶从事生产,在南方经营和扩展田庄经济。尽管门阀士族对奴隶、佃客的剥削是残酷的,但是田庄经济的发展,对开发江南,对南朝社会经济的发展,是有促进作用的……我们甚至可以这样说,东晋南朝田庄经济的发展,对于由北方逃亡到江南的流民也是需要的……门阀士族所以能在魏晋南北朝时期存在二三百年,是有其深刻的社会经济基础的。①

这样的历史评价,超出了当时人们的认知水平,不容易为人们所接受,但显然,这其中体现的则是历史主义方法论的基本原则,是以门阀士族对当时历史发展进步所起的推动作用为依据的。

朱绍侯不是一般性地肯定门阀士族的积极作用,而是对其兴衰做了

---

① 朱绍侯:《魏晋南北朝门阀士族的兴衰》,载朱绍侯:《雏飞集》,河南大学出版社,1988,第 183—184 页。

认真的过程性考察。他认为门阀士族在历史上的存在及其历史作用有一个发展的过程,是一个从历史的积极因素演变为腐朽、惰性因素的过程。朱绍侯认为,门阀士族的正式形成是在三国时期,两晋是其鼎盛期,东晋末孙恩、卢循领导的农民大起义,是门阀士族由盛而衰的转折点。门阀士族的衰落,经历了刘宋、萧齐、萧梁三个朝代的更替过程。到了南朝的梁代,才变成了名副其实的寄生虫。把历史事物作为一个发生、发展、衰亡的过程进行研究,分析它在不同时期的历史属性,正是马克思主义历史主义的基本要求。朱绍侯能在"左倾"观念深厚的时代,提出与众不同的看法,走在学术的前沿,实际上是坚持历史主义方法论的结果。

3. 着眼于进步与光明看待魏晋南北朝这个历史时代

魏晋南北朝,是中国历史上一个有着特殊风貌的历史时期。南北朝的分裂和对立,北朝历史中少数民族政权的不断更替,特别是长达130多年的五胡十六国时期,论国别有五凉(前、后、南、北、西)、四燕(前、后、南、北)、三秦(前、后、西)、二赵(前、后)、一成(成汉)、夏十六国之多,论民族有匈奴、鲜卑、羯、氐、羌,各色人等,乱哄哄,你方唱罢我登场,的确使北方中原地区的人民苦于分裂和战争,无数次的战争洗劫,一而再的颠沛流离——这一切,造成了古往今来对这段历史的特别不屑,或者直接将其称为是中国历史上的大分裂、大黑暗、大倒退的时代。但是,对于一个长达数百年的历史时期,一概地给予否定,并不能给予后人有益的历史启迪;即便是仅仅对于这段历史,其评价也未必公允,单纯的否定性评价并不能说明中国历史为什么会出现这样一个时期,并不能使我们从这段历史的研究中提取教益。如何客观公允地看待这段历史,如何从历史发展的连续性、必然性的角度去解读这段历史,如何从马克思主义历史主义的基本立场出发对之做出理性而大体公允的评价,实在是历史认识中的大问题。

改革开放以后,在新的历史时期,朱绍侯率先提出了对魏晋南北朝历史的重新评价问题,旗帜鲜明地提出"研究魏晋南北朝史要着眼于光明和进步",对传统看法提出批评。朱绍侯第一次提出这个问题,是1987年发表在《文史哲》的文章,文章开头就说:

由于这时国家处于分裂状态,而民族融合又是在激烈斗争中进行的,因此战争就比较多,随之而来的必然是屠杀与破坏。据此,有人就认为这是一个大混乱、大屠杀、大黑暗、大倒退的历史时期,这种说法有些片面。因为他没有看到在破坏中有建设,在倒退中有进步,在黑暗中有光明。①

朱绍侯的这篇文章,是一篇笔谈短文,在随后出版《雏飞集》收录此文时,又做了补充论证。关于魏晋南北朝历史评价,他谈了四个方面:

第一,"要看到这一时期建设时间超过屠杀和混乱时间"。朱绍侯认为,三国鼎立是一个建设时期,而不是破坏时期。蜀汉在四川的建设,东吴在江南的开发,其成就都远远超过两汉。即使五胡十六国时期,在中国的北方也出现了两次统一和两个新开发区。两个统一即后赵石勒和前秦苻坚先后对北方的统一。特别是苻坚的统一,创造出了一片升平景象。两个新开发区,第一个是前燕对辽东、辽西的开发,使"辽东、辽西成为经济发展、文教兴盛的地区。辽东、辽西的开发水平,远远超过两汉";第二个新开发区是前凉对凉州的开发,使凉州成为北方经济、文化最发达的地区。

第二,"要看到民族融合的重大成果"。魏晋南北朝时期的民族矛盾和民族战争是最混乱最激烈的时期,这也是许多人否定这一时期的根据。但朱绍侯说:"魏晋南北朝时期的激烈民族斗争,并没有割断各族之间的交往,相反却加速了各族之间的融合……在这种民族大融合中形成的隋唐时期新汉族,精神面貌及其性格与以前完全不同,民族素质大大提高。由于中国形成了这样朝气蓬勃的新汉族,也就创造出了隋唐时期的繁荣昌盛新局面,使其以高度的精神文明与物质文明,矗立于世界的东方,对世界历史发展作出了杰出的贡献。"

第三,"要看到封建生产关系进一步完善和巩固"。虽然由于五胡进入中原带来了落后的奴隶制,北方流民迁移到南方也有很多人沦为奴

---

① 朱绍侯:《研究魏晋南北朝史要着眼于光明和进步》,《文史哲》1987年第1期,第9—10页。

隶,但这股逆流并没有阻挡住封建租佃关系的正常发展。相反,曹魏赐公卿租牛客户制的颁布,东吴领兵制、赐客制的建立,就是政府开始承认了地主占有佃客的合法性。西晋的荫客制及东晋的客注家籍的规定,使地主占有佃客的合法权利在法律上被正式肯定下来。北魏的均田制也是带有奴隶制残余的封建土地制度。所以,"魏晋南北朝的封建生产关系,比秦汉时期有明显的进步,是封建生产关系进一步完善、巩固的表现。这是历史发展中的一大进步"。

第四,"要看到科学文化的巨大进步"。这一部分多是事实罗列,不复赘述。

在做了以上四个方面的论述之后,朱绍侯总结说:"从历史是一个不断发展过程的角度来观察,魏晋南北朝时期上承秦汉,下启隋唐,是两个统一盛世的中间过渡阶段。在这个过渡的历史阶段中,国家虽然处于分裂割据、动荡混乱时期,但历史并没有倒退,而是在迂回曲折中前进,并且取得了辉煌的成就。"①重温朱绍侯关于魏晋南北朝的历史评价,使我们很自然地联想到恩格斯对18世纪启蒙思想家非历史主义错误的批评:

> 这种非历史观点也表现在历史领域中。在这里,反对中世纪残余的斗争限制了人们的视野。中世纪被看作是千年普遍野蛮状态造成的历史的简单中断;中世纪的巨大进步——欧洲文化领域的扩大,在那里一个挨着一个形成的富有生命力的大民族,以及14世纪和15世纪的巨大的技术进步,这一切都没有被人看到。这样一来,对伟大历史联系的合理看法就不可能产生,而历史至多不过是一部供哲学家使用的例证和图解的汇集罢了。②

朱绍侯关于魏晋南北朝历史的评价,是一个把马克思主义历史主义贯彻到底的极好范例。现在,这一历史观点已经成为学界共识,所谓"大

---

① 朱绍侯关于以上四个方面的论述,参见氏著《雏飞集》,河南大学出版社,1988,第161—169页。
② 《马克思恩格斯选集》第4卷,第3版,人民出版社,2012,第235—236页。

混乱、大屠杀、大黑暗、大倒退"的判断已经销声匿迹,但重温这段学术史的时候,我们还是能深刻地感受到历史主义方法论的强大力量。

四、遵循历史研究的客观性原则

坚持唯物主义认识路线,遵循历史研究的客观性原则,是对历史学家的基本要求,但真正能够做到这一点,能够把这样的信念化到史学研究实践之中,则并不容易。而朱绍侯做到了。

1. 尊重历史真实,改变固有成说

史学研究中常常发生这样的现象,自己已经形成的认识,受到了新的历史材料的挑战,或者说对自己某种成说有了新的认识,需要对以往的观点做出调整。在这种时候,能否真的尊重客观历史的真实面貌而做出自我修正,是对历史学家科学态度的考验。

朱绍侯曾经多次谈到他青年时期改变对封建社会历史分期看法的事情。他读本科时,学的是"西周封建说",后来跟着陈连庆读研究生,陈主张"魏晋封建说",朱绍侯被老师的观点说服,信从"魏晋封建说"。后来他到河南大学任教,所用讲义主张"战国封建说"。这时候郭沫若的《中国史稿》出版,"战国封建说"成为主流观点,与他所坚持的导师的"魏晋封建说"相抵触。这促使朱绍侯下决心弄清这个问题。

当时,朱绍侯正在研究军功爵制,发现商鞅所建的军功爵制里边有一个制度叫"乞庶子",就是打仗立了军功,当了官,朝廷要配给他多少庶子。庶子与主人之间是一种典型的封建依附关系,打仗时跟着主人去打仗,不打仗回家后每个月给主人服6天劳役。战国时期,军功爵制成为一种重要的政治制度在各国推行,从这种封建关系的普遍性看,判断战国进入封建社会确有历史根据。

与军功爵制相适应的土地制度的变化是出现了名田制度,这是军功爵制的经济基础。朱绍侯看到,名田制是一种土地长期占有制。前已言及,土地制度发展的历史逻辑,应该是从公有到长期占有,再到私有。但中国学界的认识很奇怪,从公有直接到私有,现在朱绍侯发现,名田制度这种土地长期占有制,就是中国土地制度史上在从公有到私有之间的过渡形态,名田制的长期占有发展下去就会变成私有制。与军功爵制相联系的这个名田制,实际上也反映着封建制的因素。于是,朱绍侯感到,从这些土地形态、人身依附关系看,确实从战国开始发生一个大的变化,这种变化昭示的就是封建制的发展趋势。①

朱绍侯从自己的研究出发,决定赞成郭沫若的"战国封建说",改变自己从导师那里继承的"魏晋封建说"。像朱绍侯这一辈人,对师说的重视,实际上是很受历史传统影响的,要改变师说并不容易。但是,尊重历史的科学态度,还是促使朱绍侯在这一重大历史观点上做出了理性的选择。尊重历史的科学态度,主导了朱绍侯学术立场的转变。

在 60 余年的史学研究实践中,朱绍侯也多次遇到过学界朋友与之商榷的事情,他慎重对待商榷意见,一旦发现对方的观点更符合客观历史实际,就愉快地接受批评,从不固执己见。限于篇幅,这方面的例证不复赘举。

2. 从历史出发,而不追逐时势和潮流

尊重历史,坚持从历史事实出发的严格的唯物主义认识路线,是朱绍侯史学研究中坚定不移的思想路线。他有很多具体的历史评价,都坚持了这一点,而与学界某些趋附时势的做法相区别。以下试举几例。

(1) 关于王安石、张居正等变法性质的认识

在改革开放前"左倾"思潮比较严重的时期,人们不敢正面肯定统治者中那些积极的历史力量。但是,像宋代的王安石变法、明代的张居正改革,明显地起到了推进历史进步的积极作用,如何去肯定它呢?于是,人们就只能在一些概念上兜圈子,王安石、张居正代表中小地主利益的说法就产生了。人们以为这个说法很巧妙,一方面,说他们代表中小地主阶级,就是说他们还是剥削人民的,是反动的,这就可以不迷失阶级立场,不会因肯定其改革的进步性而被人们揪住辫子;另一方面,把他们与大地主、大官僚相区别,就可以顺理成章地去肯定其有一定的进步性。

---

① 康香阁:《史学大家朱绍侯先生访谈录》,《邯郸学院学报》2010 年第 4 期,第 5—14 页。

这种拐弯抹角的说法,并不一定符合历史的实际面貌,而是人们面对现实社会中以阶级划线的简单做法,害怕失去所谓的阶级立场,而编造出来的说辞。朱绍侯认为,从经济上看,中小地主不是一个稳定的阶层,他们的利益同大地主阶级的利益并无本质的不同;在政治上,就更没有什么中小地主的利益可言,整个地主阶级的利益,就是他们的利益。提出王安石和张居正代表中小地主阶级利益的说法,并不符合历史实际。人们之所以这样做,实际上是因为不敢正视统治阶级的这些改革给社会生产发展、给人们生活条件的改善、给当时的历史进步带来的积极影响。朱绍侯写道:

> 我认为对于地主阶级的人物评价,只能区分为进步的、开明的和反动的、腐朽的,而不能以谁是代表大地主利益,谁是代表中、小地主利益来区分……而改革的结果,也不是看它是否符合中、小地主的利益,主要是看它是否稳定了社会秩序,使大多数人民能否获得生产和生活的条件。从历史上封建官僚历次改革来考查,可以说从来没有一次改革是单纯代表中、小地主利益的。但是,为什么又有这种提法呢?那是由于……不敢肯定某些改革,对人民的生产、生活起到了有利的作用。即使肯定了也要小心翼翼地冠以"在客观上"四个字,而最稳妥的办法还是说某次改革是代表中、小地主利益的。稳妥则稳妥矣,但它却不符合历史实际。①

像王安石变法、张居正改革这样的政治经济改革,表现了地主阶级在封建社会里正当的历史作用,完全毋庸讳言,为什么不能承认它呢?在朱绍侯看来,历史是什么样就是什么样,该怎么反映就怎么反映,尊重历史是历史学家最基本的历史态度。历史评价就是要站在历史主义的立场上,而不要总是跟着当下的社会潮流而失去理性的科学态度。

(2) 关于王充思想属性的认识

在 20 世纪五六十年代的史学界,阶级分析是唯一重要的方法论,并

---

① 朱绍侯:《历史上有无代表中小地主利益的政治改革》,载朱绍侯:《雏飞集》,河南大学出版社,1988,第 377—378 页。

被过于简单化、教条化。那时候,评价一个历史人物,首先要求的就是要区分阶级成分,从历史人物的家庭出身来判断他代表哪个阶级的利益。而对于思想家来说,这种方法的使用有其特殊性,思想家思想体系与其家庭出身的非一致性特别明显,那就从他的思想体系去判断,唯一的要求,就是一定要判断其思想的阶级属性。

就当时的整个学术生态看,有一种在今天看来难以理解的现象,那就是判断思想家思想的进步与反动,有一个不成文的规则:进步的思想体系,一定是劳动者阶级的思想,并且是唯物主义的;反动的思想体系,一定是剥削阶级或曰统治阶级的思想,并且是唯心主义的。如果你看到了某种思想的进步性,那就要分析它代表劳动者阶级的阶级属性,关于王充的思想评价也是如此。

王充是汉代具有唯物主义倾向的思想家,并以其思想的批判性特征闻名于世,是一个进步思想家。既然是进步的思想家,其阶级属性的判断,就必须要挂上劳动者阶级——农民阶级的标签。于是,在当时的主流学术界,王充就成了农民阶级思想家。譬如,吕振羽写道:

> 按中国社会自公元一世纪三十年代至二世纪三十年代间,地主农民间的阶级斗争形势虽渐呈缓和;而阶级间的矛盾,由于大地主——商人的土地兼并,及高利贷与商品掠夺的急急进行,又迅速地在发展着……在这种社会和文化诸条件的基础上,便产生较进步的王充的农民派哲学。①

影响广泛的侯外庐等的《中国思想通史》,也是这样的观点:

> 王充的思想,一方面反映了农民斗争的素朴而天真的性格,另一方面又是"正宗"的反对者与"异端"的综合者,从而导出了他的伟大的唯物主义体系。②

---

① 吕振羽:《中国政治思想史》,第 4 版,生活·读书·新知三联书店,1955,第 328 页。
② 侯外庐、赵纪彬、杜国庠、邱汉生:《中国思想通史》第二卷,人民出版社,1957,第 261 页。

他对于显达的"正宗"思想本具有不相容的阶级立场。①

遂不能成为直接的农民战争旗帜,只是由于反对"正宗"而在客观上效力于农民战争。②

总之,王充思想的进步性,是取决于思想的农民阶级属性的。当然,也有不赞成王充思想代表农民阶级的观点,譬如有一篇文章的题目就是《王充是农民阶级的思想家吗》,文章说:

王充"狂热地、无条件地歌颂汉王朝"。"敌视和诬蔑农民起义",是"从有利于地主阶级的统治出发……是一个地主阶级的正统派思想家","在一切根本问题上,他总是以整个阶级的发言人的身份说话的,总是为了维护地主阶级的根本利益"。③

童默庵认定王充是地主阶级正统派思想家而否定其进步作用,和学术界的主流观点肯定其进步性而认定其为农民阶级思想家,在思想方法上是完全一致的,都是从所谓的阶级性去判断其进步性,或者说是从其进步性而推导其阶级性。这符合马克思主义的历史观点吗?

在改革开放初期的 80 年代,朱绍侯写了几篇思想史的论文,第一次触碰到王充的思想属性及其评价问题。他很自然地从历史实际出发,摆脱了贴阶级标签的做法。他认为王充不是农民阶级思想家,但却是伟大的进步的思想家,尊重历史的唯物主义认识路线,使他提出了如此明确的看法。朱绍侯写道:

认为王充是代表农民阶级的思想家……这种提法很值得商榷……王充思想只能是代表统治阶级的利益,而不代表农民的利益……不过,我们说王充思想不代表农民阶级利益,绝对不是要贬低王充思想的进步性,而只是要恢复其思想的原来阶级属性,不能

---

① 侯外庐、赵纪彬、杜国庠、邱汉生:《中国思想通史》第二卷,人民出版社,1957,第266页。
② 侯外庐、赵纪彬、杜国庠、邱汉生:《中国思想通史》第二卷,人民出版社,1957,第269页。
③ 童默庵:《王充是农民阶级的思想家吗》,《光明日报》1964 年 2 月 21 日。

说王充思想代表农民利益就是进步的,否则就是反动和不进步的。不是这样,我们认为王充是统治阶级思想中的一支,而是当时最进步的思想,是汉代最光辉灿烂的伟大思想。①

(3) 新王朝安抚政策的评价问题

这是在 20 世纪 60 年代和 80 年代初农民战争史研究中,曾经引人瞩目的让步政策论和反攻倒算论论战中的一个问题。在每次大规模的农民战争之后诞生的新王朝,为了稳定社会,都会在安抚流民、减轻农民徭役赋税方面做些工作。如何评价新王朝的这种行为,从阶级斗争的角度看问题,一种观点认为这是新王朝统治者向劳动人民的让步政策;一种观点认为,统治阶级从来不会向人民让步,而只有反攻倒算,所谓减轻赋税徭役等做法,只不过是想把人民重新安抚在他们的反动统治之下。两种观点针锋相对,争论不休。其实,如果能面向历史,抛弃斗争思维的偏见,这是一个非常简单的问题。无论统治阶级的目的、动机如何,它毕竟是在减轻农民负担,这是不争的事实。新的统治者吸取历史教训,减轻人民负担,缓解社会矛盾,无论如何说都是好事而不是坏事。对此,朱绍侯发表意见说:

> 有的同志据此而认为汉代的轻徭薄赋,是对人民的反攻倒算。应该承认这种分析是有道理的,但并不全面。我们知道轻徭薄赋与重役厚敛,是相对比而存在的,不论怎样讲,汉初的剥削量,比起秦末有所减轻,这是谁也无法否认的。汉初的轻徭薄赋,使当时人民能够维持起码的生活条件,这有利于社会经济的恢复和发展。②

现在看这是一个非常简单的问题,朱绍侯所论,也没有什么高超之处,就是尊重事实而已。在这篇文章的最后,朱绍侯说:"在封建社会里,幻想有一个脱离地主阶级的农民经济的发展是不可能的。正因为如此,

---

① 朱绍侯:《王充对诸子的评价》,载朱绍侯:《雏飞集》,河南大学出版社,1988,第140—141 页。
② 朱绍侯:《关于历史发展动力和农民战争作用问题》,载朱绍侯:《雏飞集》,河南大学出版社,1988,第 316 页。

我们才对某些开明的统治者采取的有利于生产提高、社会经济、文化发展的让步政策,给予肯定的评价。"①朱绍侯的评价,从简单的事实出发,跳出了纠缠很久的让步政策论和反攻倒算论思维怪圈!

五、朱绍侯史学研究的几点启示

朱绍侯史学具有重要的示范意义,可以为当代中国史学提供诸多有益借鉴。

1. 实证历史学的发展需要理论支撑

本文的研究证明,朱绍侯史学成就的获得,与其对唯物史观理论和历史主义方法论的掌握,有着重要的因果关系。甚至可以说,他的史学研究实践,实际上是在唯物史观理论的指导下展开的,他的所有重大研究都有科学理论的支撑。正像他自己所说:"像我出版的《军功爵制研究》《秦汉土地制度与阶级关系》《魏晋南北朝土地制度与阶级关系》等专著,实际上也都是利用马克思主义理论做指导的结果。"②

朱绍侯这一代历史学家,从走进研究领域之时,就是在唯物史观理论的指导下成长、发展的,他们之中的佼佼者,多是把唯物史观原理化作自己的方法论,贯彻到研究实践中,而不是把理论和原理挂在嘴上,摆放在文字中。所以,直观地看他是在做实证研究,甚至是在写考证性的文字,似乎与理论表达没有什么关系,但究其实,其字里行间都蕴藏着理论的力量。他们是把马克思理在心中的人,把唯物史观理论化作思维素质的人。在中国历史学界,除了郭沫若、范文澜、吕振羽、翦伯赞、侯外庐那一代历史学家,既有理论功夫,是理论家又同时有深厚的研究功底,建树有理论与实证研究相结合的卓越成就外,其他理论功底与实证研究功夫兼备的学者,则并不多见。绝大多数历史学家,都是像朱绍侯这样,终生

---

① 朱绍侯:《关于历史发展动力和农民战争作用问题》,载朱绍侯:《雏飞集》,河南大学出版社,1988,第 319 页。
② 康香阁:《史学大家朱绍侯先生访谈录》,《邯郸学院学报》2010 年第 4 期,第 13 页。

从事实证的历史研究。他们并不直接参与史学理论研究,不直接表达其理论观点,而只是把唯物史观原理作为方法论而化在研究实践中。朱绍侯正是这类史学主体的卓越代表,考察朱绍侯史学无疑富有典范性意义。

总结几十年来的中国史学,从史学理论的眼光看,呈现着理论研究与实证研究严重脱节的状况。做理论研究的不做实证研究,做实证研究的不理睬史学理论家的成果,尽管从国外引入的各种理论方法五花八门,而从事实证研究的人却很少为之所动。于是,理论研究落不到实处,无法实现理论对实践的指导作用,无法发挥其方法论效应;而实证研究的成果,则由于理论营养的匮乏而显得分量不足,学术论著的历史解释力渐趋弱化。在这样的学术状况中,朱绍侯以强大的理论方法论做支撑的研究实践,就特别地具有示范意义。

做实证研究可以不理睬理论的发展,实在是一种顽固的偏见。我们很多人应该都熟悉恩格斯的这段名言:"自然科学家尽管可以采取他们所愿意采取的态度,他们还得受哲学的支配。问题只在于:他们是愿意受某种蹩脚的时髦哲学的支配,还是愿意受某种建立在通晓思维历史及其成就的基础上的理论思维形式的支配。"[①]自然科学家如此,历史学家就更是如此。我们做任何研究,是不可能没有理论支配的。20世纪40年代,有学者讲过这样的话:"哲学没有历史,是空洞的;历史没有哲学,是盲目的。"[②]这的确是金玉良言。做历史研究,没有深厚的理论功底,是不可能有大建树的。作为一个实证历史学家,朱绍侯的史学研究实践,他的理论修养的支撑作用,是不是可以给我们以启发呢?

2. 史学研究走出碎片化的路径示范

多少年来,我们都在呼吁解决历史研究中的碎片化问题,但碎片化趋势似乎并没有得到遏制,反倒是愈演愈烈。这的确有思想观念上的原因。不少学者认为自己做实证研究,实证研究就是具体研究,就是研究

---

① 《马克思恩格斯全集》第26卷,第2版,人民出版社,2014,第528页。
② 沙耳非米尼:《史学家与科学家》,周谦冲译,商务印书馆,1947,"译者叙(序)言"等4页。

碎片。但是,本文中我们看到,朱绍侯一辈子都在做实证研究,研究过很多的历史碎片,但他为什么就能做出重大的研究成果,有诸多系统性的建设呢?他为什么没有走向碎片化呢?其根本的一点是,他研究碎片,却不以认识碎片为目的,而是把认识碎片作为认识整体的基础和前提,研究的最终指向是认识一个历史时代的整体,认识历史运动的发展规律。他做具体研究的时候,心中装着整体,有着整体性的认识方向。

历史学科本身就是一门实证性学科,所有重大历史研究课题,无论是整体性的全局性的研究,还是历史运动的规律性研究,都是从具体的历史现象(或曰碎片)研究出发的,这一点是毫无疑问的。一切宏观的重大历史运动或历史事件的整体性研究,都不排斥历史现象的具体研究,相反,它恰恰以历史的具体研究作为其认识前提。朱绍侯的史学研究,就很好地证明了这一点。他的所有重大研究成果,都始于碎片研究;而他的所有碎片研究,也都没有止步于碎片,而是导向了更宏观的历史问题。他倾毕生之力研究的军功爵制,就是从《左传·襄公十一年》中的"庶长"二字开始的,这个新出现的名称,牵动了他对引起时代变革的重大制度"军功爵制"的研究,并由此深化了他对战国秦汉这个变革时代的认识。朱绍侯晚年在应邀为《历史研究》写的笔谈短文中,总结了他对如何处理历史研究中碎片与整体关系的思考。他说,在这个问题上,有三个层次的问题需要考虑:第一个层次,历史研究必须从碎片开始,以具体历史现象的研究为基础;第二个层次,碎片研究不能只是研究那些孤零零的历史碎片,而应该将碎片置于相互联系的、宏观的整体历史运动之中,这样的碎片研究才能构成宏观历史研究的基础;第三个层次,历史研究不能仅仅停留在碎片研究的阶段上,还需要在碎片研究或具体研究的基础上,上升到宏观的、整体性的研究,力求去实现认识整体历史运动、总结历史规律的最终目的。① 笔者以为,在处理碎片研究与整体研究的关系问题上,朱绍侯不仅是这样做的,而且还把自己的经验上升到如此清晰的理论思考,这无疑为当下中国史学走出碎片化泥潭指出了路径。

---

① 朱绍侯:《从碎片到整体:谈谈我的军功爵制研究》,《历史研究》2019 年第 6 期,第 4—8 页。

3. 坚定不移地遵循历史客观性原则

尊重历史,忠实于历史,不以自己的主观需要改铸历史的面貌,是史学研究的基本要求,也可以说是历史学家最基本的道德规范。本文第四部分我们主要是侧重从主体与客体关系的角度谈朱绍侯的史学态度,将其抽象为尊重历史的客观性原则,其实他一生的全部史学研究,都是严格遵循这一史学原则的。尊重历史客观性,坚持从历史实际出发,是科学的唯物主义的认识路线,这是学界的共识,但真正做到这一点却并不容易。它需要有学识和胆识。

20世纪70年代末,在"文革"刚刚结束、中国古代史研究还没有摆脱儒法斗争困扰的时候,朱绍侯主编十院校本《中国古代史》提出"不联系现实"的编写原则[①],是为着反映真实的古代史,但这是不是需要勇气和胆识呢?80年代初,在阶级斗争史学影响还没有退去的时候,他提出肯定田庄经济和门阀士族的积极作用,是不是需要有勇气和胆识呢?他正视历史,针对传统的对魏晋南北朝历史的负面看法,旗帜鲜明地提出"研究魏晋南北朝史要着眼于光明和进步",是不是需要勇气和胆识呢?在某些特定的学术环境里,尊重历史事实,坚持历史研究的客观性原则,的确是需要勇气和胆识的。

能不能真正地做到尊重历史,捕捉到符合历史本身面貌的客观性认识,在通常情况下需要的是学识,是有没有认识客观历史的能力。历史资料就摆放在那里,谁能够从中发现客观而有益的历史认识,取决于历史学家的学识和分析能力。这包括归纳综合的能力、分析判断的能力、透过现象看本质的能力,以及以此为基础的独立思考的能力。不人云亦云,不为现象所迷惑,不为风气潮流所左右,用清新的理性分析做出符合客观历史真实的独立判断,这并不容易。这些都不是光靠懂得遵循历史客观性原则就可以解决问题的。

最近几十年来,出现了不少学术思潮,风气所至,都会影响历史学家的独立性判断,都会影响历史学家去求得历史之真。现实社会的某些特

---

① 参见李振宏:《朱绍侯先生与中国古代史教材建设》,《邯郸学院学报》2010年第4期,第27—34页。

别需要会干扰历史认识的求真目标,历史认识论研究中也存在否定历史客观性的认识论倾向。从学科功能的角度说,历史研究是为现实人类服务的,它需要从历史研究中提取可靠的历史借鉴,而充当社会活动的向导。但是,任何可靠的历史借鉴,都不可能从虚假的历史中提取出来;求得客观真实的历史认识,是历史研究为现实服务的前提条件。在当下,在未来,任何时代的历史研究,都必须遵循历史客观性原则。朱绍侯史学研究有所成就,坚持这个基本的认识论原则,是其最重要的原因之一,也是朱绍侯留给我们的平淡而宝贵的思想遗产。

——原载《中国史研究》2023年第2期

还原历史真相,揭示历史逻辑

——朱绍侯先生史学成就述要

臧知非　王婷婷

朱绍侯先生从事中国古代史研究和教育近70年,是新中国史学的亲历者、参与者、建设者,凡20世纪50年代以来中国古代史研究的重大问题,朱先生"预流"而不"逐流",均站在时代高度,以系统把握中国历史特点和发展规律为己任,探历史真相,析发展逻辑,纠认识谬误,补研究之遗,推陈出新,孜孜以求,以新我换旧我,以求真求知为唯一的价值追求,出版《秦汉土地制度与阶级关系》《魏晋南北朝土地制度与阶级关系》《军功爵制研究》等系列专著,发表论文200余篇。2015年之前发表的论文大部分收入《雏飞集》《朱绍侯文集》《朱绍侯文集(续集)》,以秦汉魏晋南北朝史为中心,上溯西周,下及唐宋,断代与通史并举,专门与整体统一,对中国古代社会发展的各个方面均提出了自己的见解。这是朱先生的个人遗产,也是史学界的共同财富。总结这一成就,是继承朱先生未竟之业的需要,也是史学研究发展的需要。笔者不揣浅陋,以读书所及,就朱先生史学成就的主要内容,以专题述评的方式,做一个初步的梳理,以期有助于朱先生学术遗产的进一步总结。

一、土地制度与社会结构的探索

土地是中国古代社会基本生产资料,土地分配、占有状况、经营方式集中体现了国家力量在土地关系变动中的作用、农民命运、社会矛盾发展规律,中国新民主主义革命的核心任务就是解决农民的土地问题。因而随着新中国的建立,古代土地制度、土地关系逻辑地成为史学研究的热点。朱先生的史学研究即首先从秦汉魏晋南北朝的土地问题开始,1957年发表《关于中国封建土地所有制问题的讨论》①,1958年发表《关于西晋的田制与租调制》②的同时,完成《秦汉时代土地制度与生产关系》③一文,奠定了朱先生对土地制度与社会结构研究的基本框架。1981年,朱先生发表《名田制浅释》,首次将"名田"作为土地制度提出,继以持续探讨秦汉、魏晋南北朝土地和阶级关系变动问题,1985年出版《秦汉土地制度与阶级关系》,1988年出版《魏晋南北朝土地制度与阶级关系》。

对土地制度与阶级关系的研究,朱先生不是就秦汉论秦汉、就魏晋论魏晋,而是打破流行的断代方法,联系、发展地思考问题,溯源清流,从井田制性质讨论开始,系统考察商鞅变法实行的"辕田制""名田制"、汉代的"假田""屯田""赐民公田""赋民公田"等制度的历史由来、演变过程、施行原因、所有制性质及其与社会结构的关系。在此基础上,分别对三国屯田制、两晋占田课田制、北魏均田制以及南朝土地制度研究中的疑难问题,做出系统考察,从而将魏晋南北朝土地制度与阶级关系的多样性和统一性呈现在读者面前,揭示了隋唐土地制度与社会结构的历史基础。张家山汉简等简牍资料公布之后,先后发表《吕后二年赐田宅制度试探——〈二年律令〉与军功爵制研究之二》④、《论汉代的名田(受田)制及其破坏》⑤、《两汉屯田制中的三个问题》⑥、《两汉屯田制研究》⑦等系列论文,在讨论秦汉爵制、经济制度与政策、农民问题等论文中,进一

---

① 《史学月刊》1957年第1期,第25—28、32页。
② 《江汉论坛》1958年第2期,第59—71页。
③ 《开封师范学院学报》1960年第1期,第116—141页。根据朱先生自述,该文完成于1958年,见《秦汉土地制度与阶级关系》,中州古籍出版社,1985,"前言"第2—3页。
④ 《史学月刊》2002年第12期,第12—16页。
⑤ 《河南大学学报(社会科学版)》2004年第1期,第35—40页。
⑥ 《许昌师院学报》2012年第1期,第88—91页。
⑦ 《史学月刊》2012年第10期,第26—37页。

步补充完善秦汉土地制度与阶级关系研究,为认识魏晋南北朝的土地制度、赋役制度和阶级关系提供了新起点,辨析疑难,探寻因果,提出了一系列创见,在以下几个方面尤其突出:

第一,明确论证井田制、辕田制、名田制的关系与性质,揭示其本质上的一致性:辕田制是普通农民受田,每夫百亩;名田制是因军功爵赐田,按照爵位高低赐予田宅,造就大大小小的军功地主。所谓"名田",一是"以名占田",二是"占田立限"。① 军功赐田以普通农民受田为基础,因而名田制涵盖了辕田制。这个认识具有里程碑式的意义。

众所周知,"除井田,民得卖买,富者田连仟伯,贫者亡立锥之地"②是董仲舒对商鞅变法至汉武帝时期土地制度的经典表达。在古史分期和封建社会土地制度性质大讨论中,尽管学界对春秋战国社会转型的性质有着不同观点,对封建社会土地所有制性质也有着私有和国有的分歧,甚至是截然对立的分歧,但是对董仲舒所述并无异议:均认为商鞅变法确立了土地私有制,即使持土地国有论者对此或认为是"法律的虚构",或避而不谈,也没有从正面予以历史的解释。朱先生从井田制的一般精神分析开始,认为井田制的性质是"农村公社形式掩盖下的奴隶主贵族土地所有制"③,以方块田的形式分配轮耕。商鞅变法在井田每夫一百小亩(百步之亩)授田的基础上建立了"辕田制"和"名田制"。"辕田"是"按人口授田的一种土地制度",这是"土地长期占有制"而非人们理解的土地私有制,秦始皇碣石刻辞中的"久并莱田"就是指废除换土易居传统,以"适合人民对土地长期占有的要求","是把土地交给农民长期使用,农民对所受的土地只有长期占有权、使用权,而没有所有权。从封建中央集权制国家的法理角度讲,国家是不承认土地私有权的,土地只能归国家及其最高代表皇帝所有,所谓'六合之内,皇帝之土',就是这个意思"。④ 辕田制与井田制有三点不同:一是"放弃了'三年一换土易

---

① 朱绍侯:《秦汉土地制度与阶级关系》,中州古籍出版社,1985,第19页。
② 班固:《汉书》卷24上《食货志上》,中华书局,1962,第1137页。
③ 朱绍侯:《秦汉土地制度与阶级关系》,中州古籍出版社,1985,第8页。
④ 朱绍侯:《秦汉土地制度与阶级关系》,中州古籍出版社,1985,第10、11页。

居'的土地定期轮换分配制,改为'爰自在其田,不复易居也'的土地长期占有制";二是"改百步为亩为二百四十步为亩,即改小亩为大亩";三是"劳动组织形式的变化。在井田制下,二人合耦而耕,在耕公田的时候,是大规模的集体生产。在辕田制下,由于取消了共耕公田的制度,因此完全是一家一户为单位的个体小生产"。①

"名田"的字面含义是以名籍占有土地,司马迁谓商鞅变法"明尊卑爵制等级,各以差次名田宅,臣妾衣服以家次"②,董仲舒建议汉武帝"限民名田,以澹不足"③。注家对"名田"文字意义做出过明确解释,但是史籍又明确记载商鞅变法"制辕田","辕田"是商鞅变法实行的土地制度,古今学者对"辕田"解释多样,独立地看似乎都言之成理,比较分析则扞格不通,而将"辕田"和"各以差次名田宅,臣妾衣服以家次"联系起来分析,各家解释更不可解。朱先生从井田制下的土地关系分析入手,明确了"名田"是"在辕田制的基础上,因军功加赐的土地","名田制既有以爵位等级占田,又有按'家次'限田的双重作用"。④ 秦汉思想家如董仲舒之所以只提"名田"而未涉"辕田",是因为"辕田"是普通编户民授田,每夫百亩;"名田"是农民有军功之后按照爵位增加的土地,"名田"包含了"辕田"。入汉以后,因为土地兼并恶性发展,普通农民所受辕田被兼并殆尽,限制土地兼并的呼声越来越高,人们越来越关注"名田"问题而提出"限民名田"而不提"辕田"。即由原来的"辕田"和"名田"并存到只提"名田"而不及"辕田",是土地关系变动的反应,军功地主、工商业主、官僚地主大事兼并土地,实际占有的土地数量远远超过其身份应该占有的标准,农民则丧失其土地,所以要予以限制。如果说朱先生的上述论证还有一定逻辑推定成分在内的话,张家山汉简《二年律令》的公布,则充分证明了这一推论的真实性。朱先生根据《二年律令·户律》等律条,进一步论证"名田制是土地长期占有制,而不是土地私有制","政府对所授

---

① 朱绍侯:《秦汉土地制度与阶级关系》,中州古籍出版社,1985,第15页。
② 司马迁:《史记》卷68《商君列传》,中华书局,1959,第2230页。
③ 班固:《汉书》卷24上《食货志上》,中华书局,1962,第1137页。
④ 朱绍侯:《秦汉土地制度与阶级关系》,中州古籍出版社,1985,第18页。

出的田宅,仍视为国有,有权收回,并对冒名占有者处以刑罚"。①虽然允许买卖土地,但这种买卖要受到"法律约束",买卖数量必须符合法律要求、按照法定程序,经过官方"定籍"之后才有效力,"田宅买卖发生后,其变更情况必须在户籍上落实,以便政府按户籍上的田宅数字征收租税"②。判定高帝五年(前202年)五月发布的"复故爵行田宅"令,即秦朝名田制的延续,至吕后二年(前186年),所赐田宅的数量标准较之秦朝和高帝时期可能有变动,但基本原则和方案不会有大的变化,因为"吕后与刘邦时期的历史背景和社会大环境基本相同,所以两者的方案相似是完全可能的"③。对土地继承的一系列程序规定表明,"汉政府对田产归谁所有并不关心,而是关心田产分割后必须定籍,因为只有'定籍',政府才能根据户籍上登记的田产数量征收租税和赀税。在此情况下,对政府来说田产所有权并不是第一位的,而田产必须在户籍上登记才是第一位的问题"④。也就是说,"名"以"户"为单位,名田制下的租税和赀税也以"户"为单位,因而极为重视户籍,商鞅变法强制分户的目的就在于此,汉初延续这一原则和制度,"这与军功爵制、名田制破坏后,豪强地主提倡聚族而居的大家庭观念是不一致的"⑤。这是一个具有历史意义的见解,揭示了汉代土地兼并内涵和历史影响的差异。众所周知,汉武帝用兵匈奴引起第一次土地兼并高潮,通过一系列财政改革和强有力的打击豪强,暂时抑制了兼并势头,西汉后期兼并再次兴起,到东汉绝大多数土地为地主豪强世家大族所有,但是学者没有注意到不同时期土地兼并的基础是不同的。汉武帝时期土地兼并由名田制发展而来,兼并的主要是农民的"受田"。因为名田制下政府关心的核心是"户籍上登记的田产",目的是收税,农民"受田"在一般情况下不予收回,农民对土地有着长期占有权。而"土地制度有一个不以人的意志为转移的发展规律,即土地

---

①② 朱绍侯:《吕后二年赐田宅制度试探——〈二年律令〉与军功爵制研究之二》,《史学月刊》2002年第12期,第14页。

③ 朱绍侯:《论汉代的名田(受田)制及其破坏》,《河南大学学报(社会科学版)》2004年第1期,第36页。

④⑤ 朱绍侯:《论汉代的名田(受田)制及其破坏》,《河南大学学报(社会科学版)》2004年第1期,第37页。

一经确定为长期占有制,必然迅速演变为土地私有制,而土地私有又必然导致土地兼并"①。这就历史地揭示了汉代不同时期土地兼并的特点,同时也回答了国家权力与土地兼并的关系,既说明了汉代土地私有制的特点,也为理解我国封建社会土地所有制特点厘清了源头。

第二,魏晋南北朝土地制度研究。魏晋南北朝是我国统一王朝由分裂到再统一的社会结构大转折时期,体现在制度上就是在继承汉代制度的同时推行一系列新制度,多样性与统一性并举。所谓多样性,是指各区域政权为了满足分裂时代统治需要因时因地推行的各种统治政策和制度;统一性则是这些看上去眼花缭乱的制度和政策无不包含着大一统的演进内容,新的包含着旧的,旧的孕育着新的,最终成为隋唐一统的历史内容,土地包括赋役制度尤其突出,是所有政治、军事、民族政策与制度的经济基础,自马克思主义史学形成以来,自然成为学者研究的重点。朱先生《魏晋南北朝土地制度与阶级关系》一书是秦汉土地制度与阶级关系的续编,在明晰秦汉土地与社会结构演变的前提下,系统讨论三国屯田、两晋占田课田、北魏均田以及南朝土地制度和阶级关系与社会结构,分析其个性和共性,揭示其多样性和统一性之间的历史属性,是这一领域的代表性成果。除了钩沉索隐、补充以往研究疏漏或者重视不够的内容、纠正已有认识之误和关系到制度内涵的字词之辨以外,其最突出的创新体现在对占田课田和均田制性质的分析。

马端临曾经认为,占田制就是授田制。在 20 世纪五六十年代封建社会土地所有制性质讨论中,学者根据马克思古代东方社会不存在土地私有制的论述,认为中国封建社会土地所有制性质是国有制,把占田和均田制作为主要历史证据,认为占田课田和均田制是国家分配土地的制度体现。朱先生以秦汉土地制度演变为基础,从"占"字的本意入手,指出"占"有占有、登记、限制等义项,并没有授予的含义,"所谓占田,即人民占有一定数量的土地,必须向政府登记,根据登记的亩数,向政府出田租,如果占田是由政府规定的亩数,那就有限田的含义了……在一定范

---

① 朱绍侯:《论汉代的名田(受田)制及其破坏》,《河南大学学报(社会科学版)》2004年第 1 期,第 38 页。

围内,占田、名田、限田有相同的意义"①。在一定意义上看,"西晋的占田制,就是秦汉的名田制的恢复和发展,但是,由于历史条件不同,西晋的占田制与秦汉的名田制也不尽相同。秦汉的名田制,是一种有授无还的土地制度,政府向不同等级的人授予不同数量的土地。西晋的占田制,名义上也是向全国颁布的,但是,实际起作用的是对原来屯田下的农民。然而政府并没有授田,而是消极地规定屯田农民占有土地,男子不得超过七十亩,女子不得超过三十亩",至于农民是否占到规定亩数,"政府并不负责,其原因是政府并不授田"。② 之所以如此,是因为屯田制废除,原来耕种国有土地的屯田民转变为编户民,为避免任民占田引起混乱,而有立限占田制度,屯田民因此可以依照规定占田,其他编户民也参照执行,"占田制是适应农民由国家佃农(屯田客)转变为自耕农(编户)的一项土地制度。在当时,占田制起码起到了稳定社会秩序的作用,也会起到限制土地兼并的作用"③。

课田与占田相辅而行,但二者关系及课田性质,因为文献记载模糊,学者之间分歧甚大,或者认为课田在占田之外,即占田加课田男子为一百二十亩、女子为八十亩;或者认为课田包括在占田之中,即男子占田七十亩中有课田五十亩、女子占田三十亩中有课田二十亩。关于课田性质,学者多将田租与户调制联系起来理解,其性质和缴纳方式,众说纷纭。④ 朱先生独辟蹊径,将"课田"与田租两分,指出课田是"政府强迫农民耕种一定数量的土地"的"督耕制度",源于西汉的边境屯田,曹魏曾明确实行课田制,延续到北魏实行均田制,"课田"按丁计算,田租按亩征收,户调则按户收缴,三者构成占田制下的统一体,既促进土地垦辟,又

---

① 朱绍侯:《魏晋南北朝土地制度与阶级关系》,中州古籍出版社,1988,第98页。
② 朱绍侯:《魏晋南北朝土地制度与阶级关系》,中州古籍出版社,1988,第99页。
③ 朱绍侯:《魏晋南北朝土地制度与阶级关系》,中州古籍出版社,1988,第100页。
④ 关于西晋田赋制度的理解分歧,参见柳春藩:《关于西晋田赋制度问题——对天王奖"西晋的土地和赋税制度"一文的意见》,《史学集刊》1956年第2期,第15—29页,收入氏著《秦汉魏晋经济制度研究》,黑龙江人民出版社,1993。

保证国家财政收入,同时保护了官僚勋贵世族地主的利益。①

第三,对汉代田庄和南北朝时期坞壁的评价。自20世纪50年代古代土地制度大讨论以来,学者对发生于西汉后期、东汉为典型的田庄予以普遍的重视,总结其特点:一是地缘关系和血缘关系合一,聚族而居,以族长为核心,以血缘亲疏为标杆,严格长幼尊卑秩序,阶级对立处于宗法关系的覆盖之下;二是自给自足,农林牧副渔多业并举,自然经济特色鲜明;三是庄民与庄主之间的人身依附和隶属关系严格,根据血缘亲疏和地位不同,分为徒附、宾客、徒隶、奴隶等不同阶层,各有分工,结成等级型的人身依附和隶属关系,在向庄主缴纳田租的同时,从事各种劳作,形成超经济剥削关系;四是逐渐向武装化、堡垒化方向发展,有军事防御设施,组织私家武装,驱使农民为自己看家护院,维护封建统治。所有这些,既集中体现了农民和地主阶级对立的尖锐化,又体现了地主阶级统治的欺骗性,体现了地主阶级统治的黑暗和残酷。坞壁是以东汉田庄经济为基础、十六国时期形成的军事、政治、经济、宗族四位一体而以"武装化"为主要特色的社会组织。学界普遍认为,田庄、坞壁是大地主土地所有制发展的结果,是阶级矛盾尖锐的体现,是农民陷于苦难深渊的标志,是分裂的经济基础。

朱先生打破阶级斗争理论指导下的研究范式,实事求是地系统考察秦汉土地兼并与经济结构演变特点及国家力量作用的历史过程,揭示田庄形成的历史属性,补充已有缺环的同时,第一次对田庄经济的历史作用给予了积极评价。朱先生首先指出,不能简单地将田庄经济发展的原因归结于地主的贪婪,因为田庄是名田制破坏、国家调整土地关系功能失效的情况下产生和发展起来的,具有历史的必然性;农民的破产并非地主田租剥削所致,而是国家压迫残酷、赋役沉重使然,田庄主对农民的剥削,无论是田租还是超经济强制,并不比国家沉重,而是相反。在政治黑暗、吏治败坏、农民在死亡线上挣扎的环境下,"才有大批自耕农破产

---

① 朱绍侯:《魏晋南北朝土地制度与阶级关系》,中州古籍出版社,1988,第102—122页。

后投靠田庄",希望寻得一线生机,田庄经济才以"不可阻挡的趋势向前发展"。① 毫无疑问,破产农民投靠田庄是要接受田庄主各种剥削的,但马克思主义基本原理说明,当人类历史进入文明时代以后,剥削是历史发展的结果,在一定历史条件下剥削是有正当性的,"对于汉代田庄经济的评价,首先必须承认田庄主占有田庄农民劳动成品的暂时历史正当性;其次要承认田庄主为了自己的利益,组织督促田庄农民从事生产,也是推动生产的因素"②。历史地看,"田庄经济是一个比较有组织的生产单位,它可以根据不同的土质,种植不同的农作物,有能力兴建一些相应的水利事业,也有条件制造、推广新式农具、积累生产经验和提高生产技术水平。由于田庄内农业、手工业的综合经营,它可以就地解决原料供应和销售问题。尤其是当田庄主积极关心和组织生产的时候,他们就可以督促综合经营的田庄经济以更快的速度向前发展……坞壁,虽然它往往成为镇压农民起义、阻碍农民起义势力发展的堡垒,但在军阀混战中,特别是在十六国和北魏初期,少数民族的统治者率领铁骑蹂躏中原的时候,坞壁组织则起到了保护生产和劳动力的作用,使坞壁内的劳动人民,免受屠杀和掠夺,这种积极作用,是不应该忽视的"③。再次,针对学界普遍认为的田庄是封建割据政治支柱和经济基础的认识,朱先生认为要"根据不同时间的不同历史条件作具体的分析",通过大量的具体事实说明:"田庄经济并不总是与统一中央集权制国家相对立的,它与封建割据势力之间,也没有必然的联系。"④进而指出,对统一、割据的认识不能绝对化,"不能说凡是统一都好,凡是分裂就坏。从历史发展角度讲,中国是越来越统一,统一是大势所趋,人心所向,人民拥护统一,反对分裂。但是,具体到某一段历史来讲,并不一定都是这样",在"统一封建国家已经走入死胡同,农民起义、军阀短期割据已经不可避免"的情况下,"腐朽

---

① 朱绍侯:《秦汉土地制度与阶级关系》,中州古籍出版社,1985,第112页。
② 朱绍侯:《秦汉土地制度与阶级关系》,中州古籍出版社,1985,第111页。
③ 朱绍侯:《秦汉土地制度与阶级关系》,中州古籍出版社,1985,第111-112页。
④ 朱绍侯:《秦汉土地制度与阶级关系》,中州古籍出版社,1985,第112-113页。

的封建统一国家的分裂,不见得是坏事"。①

第四,土地制度与阶级关系统一研究,从社会结构变动角度分析土地关系变迁。关于封建社会土地制度性质的讨论,大多数学者主张土地私有说,少数学者主张土地国有说,但无论持何种观点,都是在地主阶级和农民阶级对立的理论框架下展开,因而都是就土地论土地,没有或者很少有学者揭示农民阶级、地主阶级所占有土地的"制度"由来,没有揭示五口之家的"百亩之田"、豪强地主的"田连仟伯"的"制度"依据——农民土地从何而来?地主兼并农民土地有没有制度保障?其体现是什么?

从制度学层面看,土地制度是国家进行土地分配和土地管理的强制性规定,是国家权力的体现,研究土地制度,自然要紧扣国家力量在土地关系中的作用。在以往的讨论中,学者大多忽略了这一前提,其原因在于农民阶级和地主阶级是封建社会基本的对立的阶级、封建国家是地主阶级利益代表的理论指导。这一理论框架认为,农民是小私有者,其土地是自行开垦而来,地主是大土地所有者,国家保护地主利益、盘剥农民而加剧土地兼并,地主兼并农民土地决定于其剥削本性。这有其合理性,但仅此是不够的,难以体现国家力量在土地关系变动中的作用。国家和社会合一,国家控制社会,是中国封建社会的特点,土地关系变动亦处于国家控制之下,"名籍"就是国家通过身份控制社会的体现,只是不同历史时期的控制方式和控制强度不同并直接决定着社会矛盾的变化,而阶级关系也并非如学者所理解的那样仅仅是农民和地主两分那样简单,而具有等级的属性,在封建社会前期这种等级的阶级属性尤其明显;至于"名籍",其内容复杂,并因事而异,必须依据"名籍"将这种等级性阶级关系与土地占有状况统一分析才能揭示土地制度的历史内容,才能体现国家力量在土地关系变动中的作用。但以往研究,通常是土地归土地,户籍归户籍。朱先生将二者统一起来,首先从户籍入手,提出"名田制"说,"名"即户籍的简称,"上有通名,下有田宅"是商鞅变法的原则,"名"与田宅一体化,"商鞅所建立的名籍制与辕田制(受田制)、名田制有

---

① 朱绍侯:《秦汉土地制度与阶级关系》,中州古籍出版社,1985,第113页。

密不可分的关系",名列户籍者"则按一夫百亩授与土地,并把实受的土地数登记在户籍上。因军功得爵而加赐的土地,同样也要登在户籍上。另外,户籍上还要登记资产数字。政府就根据户籍上登记的人口、土地及其它资产数字,征收租税赋役"。① 按户籍征赋役,学者普遍注意,但是按户籍授予土地、民户受田于国、土地是赋役的基础,则是新的发现。需要特别注意的是,朱先生的这些认识形成于40余年之前,依据的材料有限,朱先生的观点是建立在逻辑分析基础上的,现在已经得到张家山汉简《二年律令》、里耶秦简、岳麓书院秦律等出土文献的证实,不能不说朱先生的洞察力确实过人。魏晋南北朝制度混乱,阶级关系复杂,土地赋役制度多样,朱先生在《魏晋南北朝土地制度与阶级关系》中,考察三国、西晋、北魏、东晋、南朝土地制度的同时,详细分析其户籍制度和阶级关系的变迁,揭示了"制度"在土地关系变动中的功能,历史地说明了国家控制社会的历史特点。

二、军功爵制研究

军功爵制是商鞅变法的核心内容之一,是以功劳和能力为基础的社会等级代替以宗族血缘关系为基础的社会等级的制度体现,是国家力量推动社会结构变迁的主要标志,是认识战国秦汉国家形态、社会结构的锁钥,与土地制度、阶级关系研究具有同等重要的意义。因而,朱先生将军功爵制研究与土地制度和阶级关系同步展开,在20世纪50年代初入史坛时即思考这一问题,1978年发表《军功爵制试探》②,1979年发表《秦军功爵制简论》③,提出了军功爵制认识的基本框架和观点,随后出版了《军功爵制试探》④、《军功爵制研究》⑤。1992年,以考订细密、见解深刻

---

① 朱绍侯:《秦汉土地制度与阶级关系》,中州古籍出版社,1985,第186页。
② 《开封师范学院学报》1978年第1期,第24—34页。
③ 《河南师范大学学报(哲学社会科学版)》1979年第6期,第30—36、46页。
④ 上海人民出版社,1980。
⑤ 上海人民出版社,1990。

称誉日本学界的西嶋定生《二十等爵制研究》中译本①出版,朱先生立即用为参照,针对西嶋定生因资料和认识限制、动态分析较弱和缺环以及一些具体材料的分析等问题,运用新出土简牍资料,广泛搜集传世文献,以更广阔的视野,进一步探讨军功爵制的历史变迁、作用及其原因,发表系列论文20余篇,集合为《军功爵制考论》②一书,后又修订补充为《军功爵制研究(增订版)》③,把军功官爵制研究推向历史新高度。

朱先生军功爵制研究的主要贡献体现在以下几个方面:

第一,明确"军功爵制"定义和性质,系统论述军功爵制生成、演变历史过程,完整展现军功爵制和社会发展的关系。商鞅变法,施行"有军功者各以率受上爵"的制度,即按照军功大小授给爵位、田宅以及其他权益,学者或以"赐爵制""二十等爵制"名之。这些称谓各有依据,似乎都能成立,但细析之下,均欠精准,容易造成误解:"赐爵"之称没有反应所"赐"之"爵"的性质和依据;商鞅时期还没有形成二十等爵制,当然不能以"二十等爵制"代指商鞅之制。因而,朱先生将商鞅制度定义为包括事功在内的"军功爵制","即因为军功(实际也包括事功)而赐给爵位、田宅、食邑、封国的爵禄制度"④。这是和西周五等爵制本质相反的新爵制。五等爵制"是以井田制为基础,以血缘关系为纽带,与宗法制相表里,是维护奴隶主贵族世袭独占政权的工具",是奴隶主贵族利益的制度体现;军功爵制是向"臣民颁布的爵位制度。军功爵制的级别多,受爵人的范围广",是春秋战国新兴地主阶级为适应历史发展需要建立的封建等级制度。⑤ 这一制度下,"从抽象的意义讲,所有的人都有得到爵位的机会"⑥。五等爵制以"授民授疆土"为内涵,带有武装殖民性质,"奴隶主贵族在封国、采邑内,拥有土地、人民、政治、军事的最高所有权和最高

---

① 武尚清译,国际文化出版公司,1992;中华书局2004年版更名为《中国古代帝国的形成与结构——二十等爵制研究》。
② 商务印书馆,2008。
③ 商务印书馆,2017。
④ 朱绍侯:《军功爵制研究(增订版)》,商务印书馆,2017,第3页。
⑤ 朱绍侯:《军功爵制研究(增订版)》,商务印书馆,2017,第4—6页。
⑥ 朱绍侯:《军功爵制研究(增订版)》,商务印书馆,2017,第4页。

统治权。而在军功爵制之下,新兴地主阶级在其封国食邑内,只能'衣食租税',不能占有人民和土地,土地所有权和政治、军事权力是分开的"①。

商鞅推行的军功爵制是历史发展的结果,是春秋战国社会转型的政治、军事、经济的制度体现,是对以往历史实践的总结,随着社会结构变迁而变迁。厘清这一问题,既是认识春秋战国社会结构演变的关键,也是把握秦汉社会发展的历史前提。中外学者对此有过探讨,西嶋定生探讨得尤为深入。但是从社会结构转型层面考察军功爵制生成过程与演变,朱先生是第一人。朱先生分16个专题探讨军功爵制的生成与演变,形成自己的体系。朱先生指出,自春秋进入兵争之世,"赏有劳,禄有功"渐次成为各国政治变革的指导方针,功劳与社会等级变迁的关系日益密切,齐、楚、晋、秦在春秋中期已经实行新的赐爵制,左庶长、右庶长、大庶长在春秋时代已经存在,起码说明商鞅军功爵制由来有自。战国变法运动兴起,奖励军功是共同内容,形成各具特色的制度体系,既有成功经验,也有失败教训,均成为商鞅十八级军功爵制的现实借鉴:爵位和职官合一,爵位与田宅以及一系列经济政治特权同步,至秦君称王以后而发展为人们熟知的二十级军功爵制。汉初对秦军功爵制因革并举,将二十级分为侯级(彻侯、关内侯)、卿级(十一—十八级)、大夫级(五—九级)、士级(一—四级)四大等级,相当于西周的公、卿、大夫、士四个层级;文、景以后,逐步形成官爵和民爵之分,第一至第八级为民爵,国家普赐民爵不超过八级,否则必须转移给兄弟子侄,民爵与田宅无涉、与职官两分,体现了国家政治由武到文的转向和名田制弛废、土地私有化发展的历史趋势。东汉二十级军功爵制虽然存在,但赏赐军功意义弱化,八级民爵完全成为仁政德治的装饰,没有任何实际意义。建安二十年(215年),曹操"始置名号侯至五大夫,与旧列侯、关内侯凡六等,以赏军功"②,明确以六等爵位赏军功,等于宣布自秦汉以来的二十级军功爵制正式被废除,但依然保留赐民爵的制度,直到唐大历年间还有赐民"古爵"的残存,这

---

① 朱绍侯:《军功爵制研究(增订版)》,商务印书馆,2017,第5—6页。
② 陈寿:《三国志》卷1《魏书·武帝纪》,中华书局,1959,第46页。

个"古爵"即曹操废除军功赐爵制之后保留的八级民爵的别称。①

第二,军功爵制权利内涵的全面考述。众所周知,商鞅变法,"明尊卑爵秩等级,各以差次名田宅,臣妾衣服以家次。有功者显荣,无功者虽富无所芬华"②。军功爵与"田宅臣妾"相统一,是"尊卑""芬华"与否的前提,有爵位不仅仅获得田宅臣妾,还可以当官为吏,财富与权力同步,富与贵一致。《韩非子·定法》有云:"商君之法曰:'斩一首者爵一级,欲为官者为五十石之官;斩二首者爵二级,欲为官者为百石之官,官爵之迁与斩首之功相称也。'"③但因文献阙如,学者虽然钩沉索隐,韩非所说的具体内容依然模糊,只能根据字面意义理解。朱先生从历史和逻辑相统一的层面,首先指出爵位有高爵和低爵之别,不能机械地理解韩非所说的"斩一首者爵一级,欲为官者为五十石之官"诸语,"官爵之迁与斩首之功相称"在具体执行过程中有着相应的条件,而非简单的同步累加,因为在事实上"根本没有这么多的官职让获得爵位的人去就任"④;而韩非所说的五十石之官只是服杂役的小吏,出土秦律已经表明,秦代七大夫以上为高爵,"必须拥有七大夫以上爵位的人,才能任官长、将率"⑤;低爵者可以为吏,吏高于民,依爵增加田宅的同时,可以役使数量不等的"庶子",体现了"有功无功相事"的基本原则,但吏和官长、将率有别。其次,详细考证爵位赐予程序、标准和管理机构,系统说明文献记载的"劳、论、赐"的制度内涵,在法律和政策的不同层面使一代典制明晰化,从而具体揭示国家根据功劳分配政治经济权利、确立社会等级的基本依据和程序。最后是以出土律文详细地考证有爵者可以赎罪、减刑、免刑、免除亲人奴隶身份,以及享受生活上的各种优待,凸显军功爵者政治、经济特权以及社会地位的各项权利,补充了以往研究的不足。

第三,军功爵与土地制度的统一研究。囿于土地私有的既定认识,

---

① 关于军功爵制发生和发展衰亡过程,参见《军功爵制研究(增订版)》,商务印书馆,2017,第1—174页;八级民爵延续状况,参见《军功爵制研究(增订版)》,商务印书馆,2017,第337—346页。
② 司马迁:《史记》卷68《商君列传》,中华书局,1959,第2230页。
③ 《韩非子》,高华平、王齐洲、张三夕译注,中华书局,2010,第624—625页。
④⑤ 朱绍侯:《军功爵制研究(增订版)》,商务印书馆,2017,第68页。

学者多忽略军功爵制与土地制度性质问题，不证自明地认为军功赐田是土地私有制的组成部分，没有分析"名田"的性质。在《名田制浅释》和《军功爵制和名田制的关系》等论文中，朱先生首先明确名田制是国家授田制，是确立军功赐田的前提，编户民的爵位、田宅均来自国家授予。国家控制土地，才能赐劳而禄有功，当国家土地控制弱化，军功爵制所附着的一些权利失去其经济基础，自然废弛。张家山汉简《二年律令》公布以后，朱先生撰写的《吕后二年赐田宅制度试探——〈二年律令〉与军功爵制研究之二》①、《西汉初年军功爵制的等级划分——〈二年律令〉与军功爵制研究之一》②、《〈奏谳书〉新郪信案例爵制释疑》③、《从〈二年律令〉看与军功爵制有关的三个问题——〈二年律令〉与军功爵制研究之三》④、《从〈二年律令〉看汉初二十级军功爵的价值——〈二年律令〉与军功爵制研究之四》⑤、《论汉代的名田(受田)制及其破坏》⑥、《商鞅变法与秦国早期军功爵制》⑦等系列论文，均为土地制度和军功爵制统一研究之作，进一步明确赐爵程序，高爵、低爵、小爵的历史内涵，全面揭示秦汉等级阶级的历史特点，论证社会结构演变与军功爵制瓦解的历史必然性——土地私有化、爵位赏赐脱离军功这一核心、军功爵所附着的政治经济权利消解而导致军功爵制失去其历史意义。

第四，对军功爵制历史作用的辩证分析。军功爵制是商鞅变法的核心内容，研究商鞅变法者自然要对军功爵制历史作用做出评价，就传统史家而言，基本上是否定，认为秦国因此成为"尚首功"之国、"虎狼"之国，是残暴的别称。现代史家虽然对商鞅变法做出了历史的肯定，但对军功爵制所带来的社会结构、发展活力以及国家结构的变化，分析依然不足。朱先生在分析军功爵制和西周五等爵制性质差异的基础上，充分

---

① 《史学月刊》2002 年第 12 期，第 12—16 页。
② 《河南大学学报(社会科学版)》2002 年第 5 期，第 99—101 页。
③ 《史学月刊》2003 年第 12 期，第 117—118 页。
④ 《河南大学学报(社会科学版)》2003 年第 1 期，第 1—5 页。
⑤ 《河南大学学报(社会科学版)》2003 年第 2 期，第 51—56 页。
⑥ 《河南大学学报(社会科学版)》2004 年第 1 期，第 35—40 页。
⑦ 《零陵学院学报》2004 年第 5 期，第 68—72 页。

肯定军功爵制对于新兴地主阶级夺取政权、巩固政权、打击旧贵族的积极作用的同时,为建立新型阶级关系提供了革命性工具,这就为世世代代受奴役的基层民众改变自己的命运提供了机会,人人都可以凭借个人奋斗获得田宅和权力,不仅活化了社会结构,更成为秦国崛起、秦朝统一、刘邦建汉的制度动力。因为军功赐田以授田为基础,授予的土地主体是可垦而未垦之地,施行军功赐田,不仅培养了一大批军功地主,也促进了个体小农的发展,个体小农和军功地主通过国家力量同步登上历史舞台。而就农业发展而言,编户民受田百亩的同时,可以通过军功爵制上升为军功地主,即使没有军功者也因为有了土地保障而促进个体农耕的发展和农业技术的进步。对"尚首功"的评价,朱先生指出,斩首授爵在鼓励秦人勇于公战的同时,确实加剧了战争的残酷性,使秦国变成了一架战争机器,在东向兼并和统一过程中,斩首人数确实为当时之冠,故有虎狼之国的恶评,但是,也应该看到,在当时的历史条件下,这有一定的合理性。其时赏赐军功、以斩首数量计算军功大小是各国普遍施行的制度,商鞅的军功赐爵制是对各国军功赐爵制的完善和发展,所谓秦尚首功、虎狼之国云云是带有政治偏见的价值判断,而普通民众对军功爵制是欢迎的,因此之故,军功爵制才能被汉朝继承。

三、政治制度和思想的探索

政治制度史是秦汉史研究的经典课题,学者著述丰硕,但因为古代汉语的一词多义和文献记载简略,理解分歧众多。朱先生对秦汉政治制度研究即针对学界的不足展开,主要有三项内容,一是亭的性质和功能,二是司隶校尉变迁,三是京师防卫制度。这三个问题,看上去互不相干,实则从不同层面揭示秦汉国家控制社会、君主集权的制度设计和实践效果。

传统观点根据《汉书·百官公卿表上》"大率十里一亭,亭有长。十亭一乡,乡有三老、有秩、啬夫、游徼"①,认为汉代基层行政是乡、亭、里三级。1954年,王毓铨先生首先提出汉代基层行政为乡里两级,亭是"司奸盗"的基层治安系统。② 王先生的论证是成立的,但尚有补充之处,而限于当时传播条件,抑或是发表时间久远,学界很少注意王先生的论证,沿用传统观点者甚多。有鉴于此,1982年,朱先生发表《汉代乡、亭制度浅论》③一文,通过对文献和当时能够看到的出土文献的详细分析,补充论证王毓铨先生之说,指出汉代从中央到地方都存在并行的行政、军事、治安系统;就基层而言,治安则属于军事系统,亭是和乡平级的直属于县的治安、武备、邮驿单位,亭长听命于县尉,选自退伍军人,要"擅骑射、习五兵"以满足"劾盗贼"的军事素质需求,和县尉的素质要求相同;文献记述的"十里一亭"和"十里一乡"之"里"的含义有别:前者指度制之里即三百步为里之里,后者是"百户为里"之里;亭长的具体职责有四:一是课射循禁、劾捕盗贼、维护治安,二是为县押送徒隶,三是管理传舍、接待过往官吏的同时有收容流民之责,四是处理民间诉讼。这一认识,回答了王毓铨先生当年提出而没有完全解决的疑难问题的同时,给汉代基层社会控制的认识带来新的启发:即乡亭分治是从中央到地方行政、军事、司法统中有分、分中有统的制度体现,分而治之,既是基层事务复杂的技术需要,也是权力控制的实践手段,朝廷与地方一体,乡官、亭吏都是皇权的代表,皇权就在黎民身边。这40余年前得出的结论,现在已经得到了出土文献的完全证实。

司隶校尉是京畿地区的监察官,其性质和元封五年(前106年)设立的州刺史相同,但职责范围有异,研究司隶校尉的设立背景、权力演变,对于认识皇权与重臣、外戚之间的关系、皇权盛衰有着特殊意义,但长期以来因为直接资料有限,学界的认识存在明显的不足。朱先生以系列文

---

① 班固:《汉书》卷19上《百官公卿表上》,中华书局,1962,第742页。
② 王毓铨:《汉代"亭"与"乡""里"不同性质不同行政系统说——"十里一亭……十亭一乡"辨正》,《历史研究》1954年第2期,第127-135页;《汉代"亭"的性质和它在封建统治上的意义》,《光明日报》1955年3月31日。收入氏著《莱芜集》,中华书局,1983。
③ 《河南师范大学学报(社会科学版)》1982年第1期,第14-21页。

章的方式,探讨司隶校尉设立、演变和权力特点。首先论证司隶校尉设立于巫蛊事件发生后的征和二年(前91年),是由绣衣直指使者演变而来,本来是处置巫蛊事件的皇帝特使,后来改为司隶校尉,有专门徒兵和吏员,督察朝中百官不法行为,监察三辅及三河、弘农诸郡,地位在九卿之下、丞相司直之上,在朝会时位列二千石之前,凸显其权力的重要性。指出《汉书·百官公卿表》沿用《周礼》旧名、设立于征和四年(前89年)的记载不能成立。

其次,从政治转型层面考察司隶校尉职务地位变化。武帝初设和昭宣时期,司隶校尉纠察京畿地区的同时有弹劾朝中百官之责,是皇帝耳目之臣,履职严格,有效打击和遏制了权贵的不法行为,是"霸道"的组成部分。元帝好儒,优容权贵,外戚势长,司隶校尉职责依旧,但没有皇帝钦命的特使身份,弹劾百官不仅难获元帝允准,而且经常招致"重伤大臣"的斥责,其监察职能弱化,至成帝元延四年(前9年)废除司隶校尉之设。哀帝以外藩入继大统,复置"司隶"而免除"校尉"之称,隶属于中央最高检察官大司空属下,和丞相司直地位相同,用作打击政敌的工具,而抑制其权力。针对这一演变过程,朱先生概括指出,司隶校尉从设立之始,"就是皇帝控制公卿百官,控制皇亲贵族的工具,也是皇帝加强中央集权的工具。当皇帝睿智清明时,司隶校尉对于澄清吏治、惩治贪污腐化也会起到有利作用。如果皇帝昏庸,司隶校尉除了成为帮凶之外,就只有可悲的下场,即被免职、降职、免为庶人,或招来杀身之祸。在权臣当政之时,司隶校尉也可以成为打击政敌的工具"[①]。东汉司隶校尉的地位权力较之西汉大为提高,刘秀立国伊始即提高其地位,扩大其权力,成为"三独坐"之一,辖十二从事,分别负责纠察百官、人事选举、财物核查、军机事务,以及所属郡国选举、文书往来等等,具有"中央检察官和州刺史的双重地位",在东汉的政治舞台上举足轻重,在最高统治集团内部斗争中,"不论哪一派当权,都要千方百计把自己人安插在司隶校尉的岗

[①] 朱绍侯:《西汉司隶校尉职务及地位的变化》,《史学月刊》1994年第4期,第27页。

位上,而且要慎重挑选其人选"。①

在君主专制社会里,皇帝安全是国家安全的前提,京师宿卫制度是皇帝安全的保障。但无论是班固还是范晔,大约是出于治国尚德不上刑的理念,在兵刑合一观念思想指导下,对"刑"的记述有限,作为"刑"的组成部分的兵制记载更缺少系统性,而事实上,中央军事制度建设一直处于强化之中,是强化君主集权的重要组成部分。学者们注意到这一问题,因资料限制,研究主要集中在南北军的设置和职能方面而含糊其词者甚多。朱先生钩沉索隐,厘清了中央宿卫的三级防卫体系:以郎中令(光禄勋)为核心的皇帝贴身侍卫体系、以卫尉为核心的皇宫宿卫体系、以中尉(执金吾)为核心的京城和三辅地区防卫体系。三级防卫制相互协作、相互制约,保护中央和皇帝的安全。② 其制度内容和功能,因时而异。汉初沿用秦制,郎官宿卫宫廷,品类繁多。有的执戟宫门,属于武官;有的议论朝政,属于文官,郎中令总负其责,带有仪仗和备顾问的性质,"由秦到西汉初年,皇帝的贴身侍卫属文官性质,郎官虽有'执戟宿卫''出充车骑'的任务,但实质是仪仗队,而不是战斗队伍"③。到武帝时代,"随着皇权的不断加强,郎中令所属的贴身侍卫的力量就显得过于薄弱,于是决定改郎中令为光禄勋,并组建期门、羽林两支禁卫军,以加强皇帝贴身侍卫的武装力量,而与南北军的力量保持平衡"④。因为汉初皇帝贴身侍卫为文官性质,皇宫安全主要由卫尉率领宫门卫屯兵——屯驻于京城之内、宫门之外的卫士即南军负责,掌握南军也就控制了皇帝的人身安全,卫尉的军事实力远在郎中令之上。因此之故,为确保皇帝安全,汉武帝更名郎中令为光禄勋的同时,增设羽林期门军以属之,以平衡宫城内外的防卫力量。揭示了南军自南军、郎卫自郎卫、分属不同系统的制度真相,澄清了宋人王应麟"南军有郎卫有兵卫,掌出入宫禁,

---

① 朱绍侯:《浅议司隶校尉在东汉的特殊地位——司隶校尉研究之三》,《南都学坛》1997年第1期,第1—4页。

② 参见朱绍侯:《略论秦汉中央三级保卫制》,《南都学坛》1989年第4期,第1—11页;《汉"卫尉八屯"小考》,《南都学坛》1991年第3期,第26—27页。

③④ 朱绍侯:《朱绍侯文集》,河南大学出版社,2005,第222页。

为宿卫"的错误认识。三辅和京城是皇宫的外围防线,由中尉率领的屯驻在未央宫北的北军负责,实力在南军之上。汉武帝加强京师军事建设,一是改中尉为执金吾,有着皇帝特使的身份,平时巡行京城和三辅地区,警备非常,掌管武库,逮捕不法,是稳定京师的主力部队。二是设立八校尉,征募各族精锐组建的职业兵,分为骑兵、车兵、弩兵和步兵等兵种,"是一支以骑兵为主,具有各兵种联合作战能力的强大综合兵团,这支综合兵团,不仅负有保卫京师的重任,而且也可以对外远征"①。三是设立城门校尉,巫蛊祸起,戾太子外逃,武帝"屯兵诸城门"以防止类似事件发生,相沿为制,成为制衡内外的一支城门宿卫军。至东汉,执金吾职掌不变,但属官减少,权力削弱,宿卫京师任务分解给城门校尉和北军中候,执金吾、城门校尉、北军中候共同行使京师地区的宿卫职权,三者力量大于西汉,和地方兵力相比较,更占据绝对优势,三级防卫体系发展到新的历史阶段,体现了坐重御轻、以内制外、彼此制衡以确保皇帝安全的基本原则。

朱先生对秦汉思想史的研究,集中在王充、王符、贾谊研究上,尤其重视王充研究。王充是东汉百科全书式的思想家,所著《论衡》书中有《问孔》《刺孟》专篇,敢于质问孔子、孟子的不足,以"疾虚妄"著称,相较于神学化的官方儒学,被学者列为"异端",看作唯物主义思想家的代表,或者被视为"农民阶级"思想家;在"评法批儒"时代,一度被认为是反孔斗士、法家代表。视之为反孔斗士、法家代表是特殊时代的特殊产物,当然难以成立;视之为"农民思想家"也值得商榷。但因为"评法批儒"所提出的种种观点以长期极左思潮为基础,以全面的舆论宣传为手段,造成的社会影响并非一朝一夕所能消除。为还原历史真相,朱先生以历史的眼光,考据的方式,排比分析《论衡》内容,撰写《论王充对孔子及儒家学派的评价》②、《王充对诸子的评价》③等文,认为王充的《问孔》是针对汉儒神化孔子而作,在王充心目中孔子是圣人而非神,反对把孔子之言

---

① 朱绍侯:《朱绍侯文集》,河南大学出版社,2005,第228页。
② 《河南大学学报(社会科学版)》1985年第1期,第7—14页。
③ 《河南大学学报(社会科学版)》1985年第4期,第59—62页。

看作放之四海而皆准的绝对真理,那样不仅不符合孔子本意,而且有损于孔子形象。在王充心目中,因为孔子不是先知先觉的神,所以孔子言行相互矛盾之处甚多,作为孔子的后学,不能无视这些矛盾,故反对一味地拔高孔子,但在王充心目中,孔子的圣人地位无可替代,赠孔子以"圣才""巨木""德鸿""鸿笔"等美誉,仍然将孔子看作"素王""功德应天",是"道德之祖"、"圣师"、"圣贤"之臣,等等,说明王充是批判式地宗孔、尊孔。至于是否反对儒家,朱先生认为,王充确实有不少批评贬斥那些以说经、讲授谶纬的"世儒",但是更颂扬尊崇鸿儒、贤儒、硕儒、文儒,所反对与批评之"儒"并非指儒家而是各种不同类别的儒生。因为王充是分类评论儒生,对于诸子之学,王充同样是分别评论:尊崇儒、墨,认为孔墨都是"圣贤之业",而儒优于墨,扬儒抑墨;肯定法家学说,赞赏管仲商鞅之业,否定阴阳学派,推崇道家学派,否定名家学说,最推崇的是"通人"。

王充是东汉思想界的批评家,孔孟学说、诸子之言、宗教迷信、社会风俗、官场弊端、不良学风,等等,无不一一针砭,至于其基本学术仍然是儒家系统而兼容诸子,和荀子之学有些接近,其政治立场更是直接的"宣汉";至于和儒家的关系,王充本身就是儒生,谈不上反不反对儒家问题,已经成为学界共识。这些都是"文革"结束以后拨乱反正前提下学术界积累的结果,而在40余年前的学术界,意识到这些问题的确属凤毛麟角。朱先生对王充思想的分析,纠偏正谬,无疑是走在学术前列的学者之一,其史学家的眼光、考证式的论证,对于深化对王充的思想研究无疑有着推动作用,同时体现了作为学者的文化使命感。

四、关于民族问题和农民战争的思考

中国自古是多民族多家,各族之间文化传统、社会结构、生产方式存在差异,进入汉民族为主体的多民族大一统时代,民族与地区之间的差异依然存在,并呈现新的样态。民族问题、民族关系一直是统一的多民族国家稳定和发展的重要影响因素,是国家治理尤其是边疆治理的重要内容。大规模、周期性的农民起义更是中国古代史所特有的历史现象,对其原因与作用的历史分析,是把握古代国家治理的重中之重。因而,在20世纪50年代,民族和农民战争问题都是"五朵金花"大讨论的内容。这个讨论,既是历史问题,也是理论问题,和现实民族关系、农民问题紧密相连:封建社会"夷夏之防"支配下的民族不平等政策是导致民族冲突的重要因素,封建压迫则是农民起义发生的根本原因,如何改变传统"夷夏之防"为民族平等政策、如何解决农民和农业发展问题,是新中国必须解决的现实问题,民族问题和农民战争问题大讨论就是为现实提供历史借鉴,是现代史家的历史使命和时代责任感的体现。朱先生作为新中国的第一代史学家,自然积极参与,发表系列论著,提出识见,贡献智慧。

关于民族关系研究,朱先生发表《如何认识和处理中国历史上的民族和民族关系问题》等五篇系列论文,其他论著也多处涉及,既有系统的宏观的理论分析,也有具体的事实考察。在《如何认识和处理中国历史上的民族和民族关系问题》一文中,朱先生指出:"民族平等,是马克思主义处理民族问题的基本原则……这并不要求我们避开历史上的民族不平等的事实。只有正视这种不平等的事实,才能显示出社会主义民族平等的优越性。用民族平等原则处理历史上的民族问题,就是公正地肯定各族人民在开发祖国方面的贡献,承认他们是中华民族平等的一员,批判'非我族类其心必异'的大汉族主义思想……讲民族平等,是指各族人民的权利平等,地位平等,而不是说作用平等。"①这和肯定汉民族主体作用并不矛盾。历史上汉族"不仅人口占绝对多数,而且一直处于先进地位,在经济开发和科学文化创造中,在反对国内外阶级敌人的斗争中,始终起着主导作用,不仅在汉族统治者建立的王朝中如此,在少数民族统治者建立的王朝中"②也是如此;对历史上的民族战争和民族矛盾,不能回避,而是实事求是地分清"战争的性质和目的"。朱先生将历史上的民族战争分为三种类型:一是反对汉族统治者压迫的正义战争。二是少

---

①② 朱绍侯:《如何认识和处理中国历史上的民族和民族关系问题》,载朱绍侯:《雏飞集》,河南大学出版社,1988,第220页。

数民族野心家勾结外国侵略势力,分裂祖国的反动战争。三是主观上的民族征服在客观上"加速了民族融合"的战争,要充分注意到"各族人民在阶级斗争、生产斗争中,由于利益一致,逐渐联合起来,反对共同的敌人,共同开拓祖国的疆域,共同创造精神文明和物质文明的过程中,更促进了民族融合的发展"①。要特别关注民族政权之间的"互市和贸易""和亲""合约"的历史结果。针对为了避免刺激少数民族感情、加强民族团结而主张少讲或者回避民族英雄的认识,朱先生认为,中国的民族英雄是中华民族的民族英雄而不是汉族的民族英雄,"凡是对中华民族的形成和发展有过积极贡献的都是中华民族的民族英雄。如岳飞抗金,其主观目的固然是保卫南宋政权,但在南方居住的不只有汉人,也有许多少数民族,因此,岳飞抗金是符合南方各族人民的利益的,同样,对于文天祥抗元,史可法抗清的评价,也应该是这样看法"②。朱先生明确主张:"对于岳飞、文天祥、史可法特别应该强调的是民族气节,这是中国不会灭亡,中华民族赖以永存的精神支柱。现在是处于和平时期,有人怕提民族英雄刺激少数民族的感情,如果是国家处于民族危亡时期,不提倡民族气节能行吗?"③从这一立场看问题,那些在统一边疆、开发边疆有过积极贡献的少数民族英雄人物,"他们不仅是本族的民族英雄,同样也是中华民族的民族英雄"④。

基于上述认识,朱先生在系统考察中国古代民族关系演变不同历史阶段特点的基础上,重点研究民族矛盾、阶级矛盾激烈的魏晋南北朝时期的民族政策、民族战争的性质和客观结果,针对魏晋南北朝是"大混乱、大屠杀、大黑暗、大倒退"时期的看法,明确提出研究魏晋南北朝要着眼于光明和进步,要看到民族融合的巨大成就,"要看到这一历史时期建设时间超过屠杀和混乱时间",关注民族冲突的同时更要"要看到民族融

---

① 朱绍侯:《如何认识和处理中国历史上的民族和民族关系问题》,载朱绍侯:《雏飞集》,河南大学出版社,1988,第221页。

② 朱绍侯:《如何认识和处理中国历史上的民族和民族关系问题》,载朱绍侯:《雏飞集》,河南大学出版社,1988,第223—224页。

③④ 朱绍侯:《如何认识和处理中国历史上的民族和民族关系问题》,载朱绍侯:《雏飞集》,河南大学出版社,1988,第224页。

合的重大成果",魏晋南北朝时期的激烈民族斗争,并没有割断各族之间的交往,相反却加速了各族之间的融合。所谓民族融合,主要是指各族之间互通婚姻和在文化方面的互相吸收和渗透。由于汉族已经进入了封建社会的发展阶段,在政治、经济、文化等方面,比起少数民族处于先进地位,在讨论民族冲突的同时,"要看到封建生产关系进一步完善和巩固","要看到科学文化的重大进步"。① 朱先生以后赵、前燕政权建设和北魏孝文帝改革为例,说明对民族问题与社会发展的理解问题。朱先生指出,石勒起兵反晋是反对民族压迫、阶级压迫的正义斗争,而后转化为割据势力,所建立的后赵政权是民族统治和阶级统治混合的割据政权,其统治虽然有残暴落后的一面,但所采取的统治措施,相对于西晋的残暴统治和战争时期的混乱而言,稳定区域秩序,有利于经济文化的恢复和发展,是历史的进步,不能以偏概全地予以否定。② 前燕立国 85 年,历经建国、发展和衰亡的不同阶段,虽然是割据政权之一,国势也谈不上强盛,但是,放在当时的历史条件下分析,其立国以后的一些政治、经济、文化建设措施的积极作用不容忽视,慕容廆、慕容皝父子两代主动接受汉文化,经营辽东,慕容皝接受丰裕建议劝课农桑、兴修水利、发展教育、重农抑商,促进了社会稳定和生产恢复与发展,特别是"对于辽东、辽西的建设,贡献极大,其功绩超越于秦汉","这是鲜卑慕容氏这支少数民族在祖国开发史上的突出贡献。事实胜于雄辩,只要摒除民族偏见,一部前燕兴亡史,足以使我们能够得出这样的结论"。③ 至于北魏孝文帝改革,朱先生更是给予高度肯定,认为:"孝文帝元宏是一位有魄力、有远见的政治改革家。作为一位鲜卑族的皇帝,他从国家、民族的前途考虑,毅然放弃本族落后的、与社会发展不相适应的东西,而采用汉族先进的政治、经济、文化制度,这是难能可贵的。这并不是说鲜卑人的语言、姓氏、服装都是落后的,但是,北魏当时所面临的统治对象,是由汉族政治、经济、

---

① 朱绍侯:《研究魏晋南北朝史要着眼于光明和进步》,《文史哲》1987 年第 1 期,第 9—12 页。
② 朱绍侯:《论石勒》,载朱绍侯:《雏飞集》,河南大学出版社,1988,第 241—253 页。
③ 朱绍侯:《论前燕》,载朱绍侯:《雏飞集》,河南大学出版社,1988,第 274 页。

文化组成的汪洋大海,而汉族的政治、经济、文化,在当时又是最先进的,鲜卑族要想统治汉族地区,它必须适应,赶上汉族的先进政治、经济、文化的发展水平。所以孝文改制也是顺应历史发展趋势的体现。"①朱先生的这些看法是在 20 世纪 70 年代末和 80 年代初提出的,当时正值思想解放大潮之下,学术和理论界各种看法并存,朱先生所论均有所指,既是史学研究的一家之言,同时也是作为高校历史系教学的指导而提出,影响广泛。②

农民战争与中国古代社会发展是"五朵金花"最早绽放的一朵,也是朱先生最早研究的课题。在《中国农民战争的性质和作用》③一文中,针对争论最为激烈的中国农民战争是否"反封建"、是否是历史前进动力、农民是否是历史创造者等问题,朱先生明确指出,农民起义无论是自发还是自觉,"反对封建统治者,反对地主贵族的黑暗统治,必然就是反对封建制度……我们不能把封建地主和代表地主阶级利益的国家机器分割开,更不能把封建的国家机器与封建制度分割开,上层建筑与经济基础是统一的整体"。先进阶级和政党之所以能够把农民自发的反封建引向自觉的反封建,"并领导农民最后摆脱封建枷锁",就是因为"农民有自发的反封建主义的表现和要求"。如果农民起义本身不反对封建主义,那么先进阶级和政党领导农民阶级取得的反封建的胜利就失去其历史基础——等于说"农民反对封建主义是其他阶级强加在农民头上的",这既不符合历史实际,也不符合经典作家的分析。在封建社会里,农民起义和农民战争毫无疑问推动了历史发展,这起码体现在:一是"扫荡了束缚社会发展的落后的腐朽势力","杀赃官、除恶霸、剥夺地主阶级的土地财物粮食以救济农民等措施"。二是"对于帮助农民渡过最危急的难关,保证农民在苛税、暴政之下,得到虎口余生是有利的行动"。三是削弱地

---

① 朱绍侯:《孝文帝迁洛与尔朱荣河阴之变》,载朱绍侯:《雏飞集》,河南大学出版社,1988,第 280 页。

② 朱先生主编十院校本《中国古代史》作为部颁教材于 1979 年出版,在使用过程中,教师和学生曾提出过各种理论问题,民族问题尤为集中,朱先生撰写系列论文,带有回答读者提问的目的。

③ 载朱绍侯:《雏飞集》,河南大学出版社,1988,第 296-307 页。

主兼并势力,"使土地关系得以缓和,加之在农民战争中,要有千百万农奴、奴隶投入革命,摆脱了奴役枷锁,农民战争所造成的这些事实,都有利于解放劳动力,推动生产力的发展与社会的进步"。对于封建统治者而言,则"迫使统治者施行让步措施,改变了某种残暴的封建制度,调整了生产关系,为生产力的发展,社会的进步开辟了道路"。同时对文化发展、学术进步、加强民族融合等也是值得注意的。

改革开放以后,农民战争性质历史作用问题讨论一度成为热点,出于对"阶级斗争为纲"的批判,历史发展动力问题讨论的展开,学者认为农民是落后生产力代表,作为阶级斗争最高形式的农民起义和农民战争破坏了生产和社会秩序,带来的是历史倒退而非进步;中国封建社会之所以长期延续,没能像西方那样进入资本主义,与规模大、频率高的农民起义、农民战争所造成的破坏作用密不可分;提出生产力才是历史发展的真正的最后的动力。朱先生认为,历史动力讨论对拨乱反正、纠正以往诸多理论混乱,确实起到了巨大的作用,但就历史研究而言,只讲阶级斗争动力论固然片面,以生产力代替阶级斗争、认为生产力才是历史发展动力不仅片面而且不能成立。因为生产力对历史发展起着决定作用,是历史唯物主义的基本原理,但"决定作用"和"动力"是两个不同概念,历史发展动力是指"生产力的发展,受到生产关系和上层建筑的阻碍和窒息时,必须有一种力量突破这种阻力,给社会发展,生产力的发展开辟道路。这种力量,在阶级社会就是阶级斗争以及它的最高形式革命战争"①。在封建社会里,"剥削阶级的生活日益腐朽,其统治日益暴虐,剥削日益残酷,人民的正常生产已无法进行,生活陷于绝境,在这时,人民只有用暴力革命的手段,才能为生产力发展开辟道路"②。在这种情况下,生产力是没有办法为历史发展开辟道路的。明白了生产关系阻碍生产力发展,阶级斗争打破了旧的生产关系的束缚,解放了生产力,生产力

---

① 朱绍侯:《关于历史发展动力和农民战争作用问题》,《河南师范大学学报》1980年第1期,第30页。

② 朱绍侯:《关于历史发展动力和农民战争作用问题》,《河南师范大学学报》1980年第1期,第31页。

的"决定作用"体现为阶级斗争的"动力作用",就不会以生产力的"决定作用"代替阶级斗争的"动力作用"。中国封建社会农民战争对历史发展的推动作用就体现在打破封建统治对生产力发展的束缚上,使得农民简单再生产能够继续的同时还有一定的扩大再生产的可能性。刘邦的"约法三章"、西汉的"文景之治"、东汉初年的精兵简政以及一系列经济政策调整、唐代的"贞观之治"等等,和农民起义对腐朽统治的直接打击紧密相连自不待言,就是那些小规模农民起义也在不同程度上打击了腐朽的封建统治,直接或间接地有利于生产力的发展。而大量事实说明,重视生产是中国农民战争的优良传统,直接体现了对生产的促进作用。

20世纪五六十年代的农民战争性质和历史作用大讨论,无疑受到意识形态的影响,有的学者直接称之为"革命史学":是为了论证中国共产党领导的新民主主义革命和社会主义革命的正确性,无论观点有何分歧,都是"价值预设"的研究结果,不具有"历史学"的学术价值。随着意识形态的变化,刻意疏离政治、回避革命话语,成为史学研究的趋势,人们对农民战争问题更是日益疏远。笔者以为,这种刻意回避疏离的行为是不可取的。农民战争规模大、次数多,是中国历史的客观存在,对中国历史发展方方面面的巨大影响更无法回避,要认识中国历史,就必须客观把握中国农民战争。就学术观点而言,朱先生的理论分析和事实论证,存在有待完善和讨论之处是正常的,但是,站在历史和现实相统一的高度,分析历史客观发展的过程和原因,全面系统地分析中国历史上的农民问题、农民起义、农民战争的究竟所以,是准确全面地把握中国特色历史道路的内涵和发展方向所必需的。因此,朱先生的探讨有着历史的、理论的多重意义。

朱先生治学领域宽广,除以上所举以外,在军事史、文化史、地方史、历史人物研究以及历史教育等领域都有建树,卷帙浩繁的《宋书》今注更集中体现了朱先生卓越的文献整理成就,主编十院校本《中国古代史》从1979年作为部颁高校本科教材以来,40余年过去,多次修订,广泛使用,享誉学界,所有这些,本文均未涉及。但是,仅就以上所述,足见朱先生的治学思想和方法:理论和事实相统一,大处着眼、小处入手,通过大大小小的具体制度、现象、事件的考释,持之以恒、尽可能地还原历史真相,把握历史整体发展,探索历史逻辑。朱先生的具体观点可能也应该为后人所修正或补充,但是,朱先生的这一治学思想和方法则不会改变。

——原载《史学月刊》2023 年第 7 期

朱绍侯先生与军功爵制研究

张荣芳　高荣

朱绍侯先生是我国著名的秦汉史研究专家。他在秦汉土地制度与阶级关系、军功爵制和简牍学等研究领域,都有很多建树,其中对军功爵制的研究用力尤多,历时最久,成就也最为显著。鉴于学界对军功爵制的产生及其兴衰过程、阶级属性、历史作用等问题的模糊认识,早在20世纪50年代,朱先生就开始研究军功爵制,意欲通过对军功爵制的产生、确立、发展、演变直至衰亡全过程的考察,"把这个长期不为史学家所重视,并已模糊不清的军政制度,通过研究,钩沉索隐,考证探微,寻找其来龙去脉,恢复它在历史上的原有地位,使它在历史上所起过的作用得以澄清"[①]。经过近半个世纪的不懈探索,他也的确达到了这个目的,并使自己对军功爵制的研究在学术界独树一帜,自成一家之言。

一、厘清了军功爵制产生、发展和衰亡的基本线索

1. 春秋时期军功爵制的产生

所谓军功爵制,是指按军功(也包括事功)赐予爵位、田宅、食邑和封国的爵禄制度,是为适应新兴地主阶级的崛起而建立的一种封建等级制度,它与西周奴隶制下世袭的五等爵(即公、侯、伯、子、男)制有着明显的

---

① 朱绍侯:《军功爵制研究》,上海人民出版社,1990,"前言"第3页。

区别。在西周宗法制下,各级奴隶主贵族地位世袭,其所受爵位也是世袭并固定不变的。五等爵制的主要内容是"授民授疆土",受封者不仅辖地而且领民。在军功爵制下,不论身份贵贱、地位高低,所有臣民都有可能按其军功大小获得相应的爵位和利益,故又称因功赐爵制。但即使爵位最尊的封君,也只能在其封邑内"衣食租税",并不能完全占有土地和人民。因此,军功爵制是对世袭的五等爵制的否定。

  从五等爵制到军功爵制的演变,实际上是中国古代社会政治经济制度急剧变化的反映。朱先生将军功爵制置于春秋战国奴隶制趋于崩溃瓦解和封建制逐渐产生确立的大背景下,结合春秋时期齐、晋、秦、越、宋、楚等国赐予"田宅爵禄"的史实,对其进行了深入全面的考察,以翔实的资料和缜密的分析,证明军功爵制在春秋时期已经出现并成为各国新兴地主阶级笼络人心、吸引人才和壮大自己势力的手段。及至春秋晚期,军功爵制更成为他们向奴隶主贵族的夺权工具。西周奴隶制下的世卿世禄制和"工商皂隶,不知迁业"[1]的格局已被打破,出身低微的管仲和鲍叔牙、狐偃和赵衰以及孙叔敖等人,分别受到春秋霸主齐桓公、晋文公和楚庄王的重用和赏赐。晋定公时赵鞅在誓师词中关于"克敌者,上大夫受县,下大夫受郡,士田十万,庶人工商遂,人臣隶圉免"[2]的承诺,既是军功爵制在晋国的具体运用,也是赵氏壮大自我势力的主要手段。通过这种制度,不仅大夫可得到爵位封邑,士人可因赐田而成为地主,而且庶人工商等身份者也可获得自由,甚至可由此步入上层政治舞台。这无疑是对西周宗法制下"天子建国,诸侯立家,卿置侧室,大夫有贰宗,士有隶子弟,庶人工商,各有分亲,皆有等衰"[3]的等级制度的否定。因此,"如果说五等爵制是西周奴隶主阶级所建立的奴隶社会等级制度的话,那么军功爵制就是适应春秋战国时期新兴地主阶级在政治、经济等方面的需要,而建立的封建等级制度"[4]。不过,当时的周天子虽已大权旁

---

[1] 《十三经注疏》,阮元校刻,中华书局,1980,第1942页。
[2] 《十三经注疏》,阮元校刻,中华书局,1980,第2156页。
[3] 《十三经注疏》,阮元校刻,中华书局,1980,第1744页。
[4] 朱绍侯:《军功爵制研究》,上海人民出版社,1990,第6页。

落,但他在名义上仍然是天下"共主",在政治上仍具有一定的号召力。因此,春秋时期军功爵制的产生,并不意味着五等爵制的彻底废除。直到战国中期,随着魏、齐、赵、韩、秦、燕、宋等国诸侯的相继称王,五等爵制才最终退出历史舞台。

2. 战国时期军功爵制的确立

战国时期各国新兴的地主阶级相继掌权。为了进一步打击奴隶主贵族势力,巩固地主阶级政权,各国先后进行了变法,其中军功爵制是各国普遍推行的改革措施之一。如魏国李悝主张"夺淫民之禄,以来四方之士";根据"食有劳而禄有功,使有能而赏必行,罚必当"的原则,以功劳授爵禄,改变了以往"其父有功而禄,其子无功而食之"的世卿世禄制。① 鉴于长期以来楚国"大臣太重,封君太众"而形成的"上逼主而下虐民"的状况,吴起主张"使封君之子孙三世而收爵禄,绝灭百吏之禄秩,损不急之枝官,以奉选练之士"。② 又如韩国申不害实行了"见功而与赏,因能而授官"③、"循功劳,视次第"④的任官赐爵制度。其他如齐国、燕国也都推行"明爵禄""无功不当封"⑤的制度。至于秦国,则更是集各国军功爵制之大成。《史记·商君列传》载,商鞅推行"有军功者,各以率受上爵……宗室非有军功论,不得为属籍。明尊卑爵秩等级,各以差次名田宅,臣妾衣服以家次"⑥的军功爵制。司马贞"索隐"解释"宗室非有军功论,不得为属籍"条说:"谓宗室若无军功,则不得入属籍。谓除其籍,则虽无功不及爵秩也。"⑦至于"明尊卑爵秩等级"条,则说:"谓各随其家爵秩之班次,亦不使僭侈逾等也。"⑧可见当时是严格按照军功大小以"明尊卑爵秩等级"的,有无军功已成为衡量人们政治地位的重要因素,"有

---

① 刘向:《说苑校证》,向宗鲁校证,中华书局,1987,第165—166页。
② 《韩非子集释》,陈其猷校注,上海人民出版社,1974,第238—239页。
③ 《韩非子集释》,陈其猷校注,上海人民出版社,1974,第662页。
④ 《战国策》,刘向集录,上海古籍出版社,1978,第929页。
⑤ 《战国策》,刘向集录,上海古籍出版社,1978,第1099页。
⑥ 司马迁:《史记》卷68《商君列传》,中华书局,1959,第2230页。
⑦⑧ 司马迁:《史记》卷68《商君列传》,中华书局,1959,第2231页。

功者显荣,无功者虽富无所芬华"①。由此不难看出,战国时期各国已普遍建立了军功爵制。

3. 秦代军功爵制的演变

由于资料缺失,战国各国军功爵制的具体内容已无从考证,但文献中却不乏秦国和秦代二十级军功爵制的材料,只是各书记载不尽相同而已。如专门论述军功爵制的《商君书·境内》与《汉书·百官公卿表》所记的爵制就有所不同。若就爵名及其排列顺序而言,从一级到九级,二者完全相同,但从十级以后却有显著差异。其所以如此,正是军功爵制在历史上前后承袭和发展变化的反映。前者是商鞅变法时秦国的爵制,后者则是秦统一后的爵制。前者显示的军功爵制自一级以下至小夫,还有校、徒、操三级;一级以上只有十七级而非二十级,其最高级爵为大良造。因战国中期各国国君还都是以侯为号,故其爵制中没有侯爵,最高者称君。如著名的战国四公子均被封君而未封侯。再如商鞅也被封为商君而不称商侯,其正式爵称则是大良造。直到惠王以后,秦国才出现侯爵,而且封侯者极少,以至秦始皇大将王翦有"为大王将,有功终不得封侯"②之抱怨语。至于大量分封列侯、伦侯等侯爵,则是秦统一六国以后的事。

秦统一后军功爵发展成为一套完备的二十级爵制。凡有爵者,均可据其爵位高低获得相应的政治地位和经济利益。秦政府重视军功爵制的贯彻落实,"从上到下,建立了一套完整的管理、评议、颁赐军功爵的机构,并采取了相应的措施。在中央有太尉、主爵中尉主管军功爵的工作;在各级军队中,建立了劳、论、赐一套评功赐爵的程序;在地方有县丞、县尉颁赐得爵者应得的食邑、土地和其他奖赏……军功爵制在秦代是具有实际政治、经济价值和意义的一种制度,它与西汉中后期以后军功爵制的轻滥,情况不可同日而语"③。

---

① 司马迁:《史记》卷68《商君列传》,中华书局,1959,第2230页。
② 司马迁:《史记》卷73《白起王翦列传》,中华书局,1959,第2240页。
③ 朱绍侯:《军功爵制研究》,上海人民出版社,1990,第48页。

4. 汉代军功爵制的日渐轻滥与衰亡

汉承秦制,但并非完全承秦不改。汉承秦代爵制,是指刘邦入关以后;在此以前,则沿用楚国旧制。故刘邦在入关前颁赐其部下的九种军功爵(七大夫、国大夫、列大夫、上间爵、五大夫、卿、执帛、执珪、侯)均为楚爵。及至他入关以后,为适应形势的变化以争取人心,遂放弃楚制而改行秦制。刘邦在汉五年(前202年)五月五日诏令有云:"今天下已定,令各归其县,复故爵田宅。"①其中所谓"故爵"即指秦爵。

刘邦在沿用秦代爵制的同时,又对其进行了改革。其最大的变化是在二十级爵位之上,又增加了一个王爵。秦代废封建,立郡县,故其爵称中无王爵。汉朝建立后,刘邦在铲除异姓诸侯王的同时,又错误地"惩戒亡秦孤立之败",大封同姓子弟为王,不仅王爵可世袭,而且其他子弟还可封侯。于是,汉代军功爵制中遂有了宗室王、侯二等爵。其次是高爵级别的变化。秦时七大夫(即公大夫)以上即为高爵,故在前引汉五年五月五日的诏令中有"七大夫、公乘以上,皆高爵也……异日秦民爵公大夫以上,令丞与亢礼"②之说。但不久刘邦就将高爵提高一级,规定"非公乘以上毋得冠刘氏冠"③,即公乘以上才算高爵。汉惠帝即位后,将高爵界限再提高一等,令"爵五大夫、吏六百石以上及宦皇帝而知名者有罪当盗械者,皆颂系"④。实际上是以九级的五大夫为高爵的起点。与此同时,汉代的高爵所享有的特权也比秦代优厚,而低爵者的待遇则比秦时更低。这反映了汉代获得高爵的既得利益集团漠视低爵者利益的事实。但是,直到吕后时期,包括低爵在内的军功爵仍然具有实际价值。文、景以后,由于大规模战争的结束,军功爵制失去了原来奖励军功的作用,汉朝政府不仅滥赐民爵,而且还将军功爵赐给不与战事的后宫嫔妃,还大量卖爵。不仅政府出卖爵位,贫困百姓也可自卖自爵。此外,中央政府对诸侯王不断打击,使其权势和地位均大不如前。于是,军功爵制日渐

---

① ② 班固:《汉书》卷1下《高帝纪下》,中华书局,1962,第54页。
③ 班固:《汉书》卷1下《高帝纪下》,中华书局,1962,第65页。
④ 班固:《汉书》卷2《惠帝纪》,中华书局,1962,第85页。

轻滥,以致汉武帝对匈奴作战,不得不创立新的武功爵"以宠战士"①,"以显军功"②。汉武此举非但没有遏制反而加剧了军功爵制的轻滥趋势,到西汉末年,军功爵制遂走向衰亡。东汉豪强地主势力膨胀,察举、征辟制的推行和募兵制的兴起,使军功爵完全失去了获得官位和减免赋役的作用,人们得爵不喜,夺爵不惧。到东汉末年,曹操又建立了新的爵制,虽然继续保留了列侯、关内侯和五大夫的爵称,但除了列侯和关内侯外,其他都是空有名号而无封邑田地,也不食租税的"虚封"而已!而且五大夫已由九级提高到十五级,与以前名同实异。其他高爵不复存在,公乘以下的民爵徒有其名,军功爵制的衰亡不可避免。

二、军功爵制的价值

军功爵制是作为五等爵制的对立面而产生的,它对当时的政治、军事和社会经济都产生了重大影响。特别是经过商鞅变法,秦人的政治地位和生活待遇,几乎决定于有无爵位和爵位的高低。汉代军功爵制虽日渐轻滥,但在西汉初年却仍具有真实的价值;西汉中期以后,军功爵对一般百姓已无实际意义,但在军队中仍具有一定的作用。③ 简牍材料显示,在秦汉的户口登记和断案治狱等官文书中,都有关于当事人有无爵位和爵位级别的详细记录。朱先生在《军功爵制在秦人政治生活中的地位》④一文中,将秦代七级以下低爵者享有的政治地位和生活待遇概括为以下四个方面:一是当官为吏和乞庶子的特权。当官为吏必须有爵,无爵者不能当官。有爵者可役使无爵者,高爵者可役使低爵者,因功得爵者,还可推荐一名庶子到军队和政府中为小吏。但无爵者不能役使有爵者,即使高爵者已被罢官,也不能给低爵者做仆隶。二是赎罪和减免刑罚的特权。在秦律中,犯有同样罪行者,因有无爵位或爵位高低之别,

---

① 班固:《汉书》卷6《武帝纪》,中华书局,1962,第173页。
② 班固:《汉书》卷24下《食货志下》,中华书局,1962,第1159页。
③ 朱绍侯:《军功爵制研究》,上海人民出版社,1990,第51—72、179—251页。
④ 朱绍侯:《军功爵制研究》,上海人民出版社,1990,第179—191页。

所受到的处罚是不同的。有爵者犯罪，可减轻处罚，既可"降爵赎罪"，也可"以爵抵罪"。① 有爵者 56 岁即可免役，无爵者到 60 岁方可免役。这在《商君书·境内》《汉官旧仪》《睡虎地秦墓竹简》中均有反映。三是用爵位赎免身为奴婢的亲人。与无爵者相比，一级爵位甚至抵得上无爵者五年的戍边期和若干千钱。四是生活上的优待。有爵者在出差途中，可依其爵位高低享有不同的住宿、饮食服务标准和车马等交通便利；在其死后，也依其爵位高低确定丧葬礼仪和墓树多少。七级以下低爵者如此，七级以上高爵者所享有的特权自不待言。

汉代军功爵拥有的特权和优待虽不及秦代，但仍具有实际价值。张家山汉简《二年律令》②的出土，为我们认识汉初军功爵的价值提供了弥足珍贵的新材料。朱先生从若干方面论述了军功爵制在汉初的实际价值③。其经济价值主要表现在占有田宅、减免赋税和爵位卖钱、折价等方面。根据《二年律令》，汉初按六个等级授予田宅，第一至第四等级分别是侯爵（彻侯和关内侯）、卿爵（大庶长至左庶长）、大夫爵（五大夫至大夫）和小爵（不更至公士），第五级是无爵位的公卒、士伍和庶人，第六级是犯有轻罪的司寇和隐官。不同等级者所受田宅的数量相差悬殊。侯爵和卿爵所受田宅数量庞大，其中关内侯最高可授田九十五顷、宅九十五座（彻侯因有封国，故无受田记录，只受宅一百零五座）；卿爵中最高的大庶长可受田、宅各九十顷、座，以下依次递减二顷、二座，至最低的左庶长也可受田七十四顷、宅七十四座。至大夫爵则数量骤减，最高的五大夫仅可授田二十五顷、宅二十五座，大夫仅授田五顷、宅五座；小爵所获田宅更少，分别只有四顷（座）田（宅）至一顷（座）田（宅）半。至于没有爵位的士伍、庶人等，只能各获一顷田、一座宅，而司寇、隐官等轻刑犯人可

---

① 高敏：《云梦秦简初探》，河南人民出版社，1979，第 180 页。
② 张家山二四七号汉墓竹简整理小组编《张家山汉墓竹简〔二四七号墓〕》，文物出版社，2001。
③ 参见朱绍侯：《从〈二年律令〉看与军功爵制有关的三个问题——〈二年律令〉与军功爵制研究之三》，《河南大学学报（社会科学版）》2003 年第 1 期，第 1—5 页；《从〈二年律令〉看汉初二十级军功爵的价值——〈二年律令〉与军功爵制研究之四》，《河南大学学报（社会科学版）》2003 年第 2 期，第 51—56 页。

各获半顷田、半座宅。军功爵制的经济价值还表现在有爵者可依其爵位高低享有减免赋税的特权,这在《二年律令》中都有具体规定:

> 入顷刍稿,顷入刍三石;上郡地恶,顷入二石;稿皆二石。令各入其岁所有,毋入陈,不从令者罚黄金四两。收入刍稿,县各度一岁用刍稿,足其县用,其余令顷入五十五钱以当刍稿。刍一石当十五钱,稿一石当五钱。刍稿节贵于律,以入刍稿时平贾(价)入钱。① ——《田律》

> 卿以上所自田户田,不租,不出顷刍稿。② ——《户律》

> 卿以下,五月户出赋十六钱,十月户出刍一石,足其县用,余以入顷刍律入钱。③ ——《田律》

一般百姓"入顷刍稿,顷入刍三石……稿皆二石",他们与"不租,不出顷刍稿"的卿以上爵位者和"五月户出赋十六钱,十月户出刍一石"的卿以下爵位者的负担,显然有别。尤其是那些卿以上爵位者,占有大量田宅,但却不出田租、刍稿,足见在汉初军功爵仍具有重要的经济价值。

虽然汉代已出现官重爵轻的趋势,但有爵者仍然享有相应的官级待遇。就汉初与汉元帝时的官爵对比关系而言,有两个显著特点。一是元帝时高爵与高官对比较细,低爵与低官对比较粗,而《二年律令》所记则恰恰相反。二是元帝时高爵地位高,中爵地位低,公乘以下就不再与官级对比;而《二年律令》所记汉初高爵地位相对较低,中爵地位明显提高,公乘以下至公士分别可比六百石至佐史。这说明汉代军功爵虽日渐轻滥,但有爵者(特别是中高级爵位)仍然享有较高的政治待遇和地位。

汉初军功爵的政治价值还表现在爵位的可继承上。特别是作为彻侯、关内侯"后子"的嫡长子,可以继承其父的所有政治、经济特权,实际

---

① 张家山二四七号汉墓竹简整理小组编《张家山汉墓竹简〔二四七号墓〕》,文物出版社,2001,第165—166页。

② 张家山二四七号汉墓竹简整理小组编《张家山汉墓竹简〔二四七号墓〕》,文物出版社,2001,第176页。

③ 张家山二四七号汉墓竹简整理小组编《张家山汉墓竹简〔二四七号墓〕》,文物出版社,2001,第168页。

上是世袭制。其他如卿级爵（左庶长到大庶长）、大夫级爵（大夫到五大夫）和小爵（不更到公士）的嫡长子，均为降级继承（从降九级到降二级不等），其他众子所继承的爵位就相当低了。按照爵位降二级继承的原则，上造、公士的嫡长子已无爵位可继承，只能进入庶民阶层。

军功爵原本是对立有军功者的赏赐，即使非军功，除后宫嫔妃外，一般也仅限于授男子，故史书中屡见有诸如"赐民爵一级，女子百户牛酒"①之类的记载。但在张家山汉简《二年律令·置后律》中，却明确规定"女子比其夫爵"②。此外，另有四条关于对逃亡和犯罪的"上造、上造妻以上"和"公士、公士妻以上"如何减轻处罚的律文，足证汉初拥有军功爵者之妻，也可享有与其夫同等的待遇。丈夫死后，以寡妻立户者，可继承其夫的爵位，即所谓"寡为户后，予田宅，比子为后者爵"③。"女子比其夫爵"是军功爵政治价值的又一体现。

根据《二年律令·钱律》可知，汉初军功爵也可赎罪免刑，而且"一级爵位竟可以免除死罪一人，或免除城旦春（四至五年刑）、鬼薪、白粲（三岁刑）二人，隶臣妾、收人、司空（一岁刑及刑徒之类）三人为庶人，如果被判为肉刑，而未上报者，就不再行刑。一级爵位竟有这么大的作用，显示出军功爵在当时确有非凡的价值"④。

拥有爵位者不仅生前，在其死后也因有无爵位和爵位高低之别而有不同对待。如在政府赐予的丧葬费中，给卿级爵和五大夫以下爵者的棺椁钱就有明显差别，无爵者则只有少量棺钱。

军功爵的政治、经济价值，并不是截然分开而是相互关联的。如占有田宅和减免租赋，既是经济价值，也是获爵者政治地位的体现。其他如出差途中各传舍提供的食宿、车马服务，皇帝赐予酒食的数量，以及死

---

① 司马迁：《史记》卷10《孝文本纪》，中华书局，1959，第417页。
② 张家山二四七号汉墓竹简整理小组编《张家山汉墓竹简〔二四七号墓〕》，文物出版社，2001，第183页。
③ 张家山二四七号汉墓竹简整理小组编《张家山汉墓竹简〔二四七号墓〕》，文物出版社，2001，第185页。
④ 朱绍侯：《从〈二年律令〉看汉初二十级军功爵的价值——〈二年律令〉与军功爵制研究之四》，《河南大学学报（社会科学版）》2003年第2期，第55页。

者棺椁钱的多少等等都是如此。不过,军功爵制具有如此重要的价值,仅限于西汉初期吕后当政及其以前。此后军功爵制逐渐轻滥,到西汉末期,除高爵外,所谓民爵八级只是一种荣誉。到东汉时,连学识渊博的王充也不知道民爵八级有何用处了。这些论述,使军功爵制在秦汉社会生活中的重要性具体显现出来,并进而折射出军功爵制兴衰存废的历史轨迹。

三、军功爵制与名田制的关系

名田制是军功爵制的经济基础,这是朱先生一再强调的观点。他曾"对名田制的性质进行过反复探讨,认识也有一个反复变化的过程。起初认为名田制是土地长期占有制,后来又认为是土地私有制,最后又恢复是土地长期占有制的认识。但是,对于名田制始于商鞅变法,名田制是军功爵制的经济基础,名田制就是秦的受田制等认识则是前后一致的"①。他在《军功爵制与名田制的关系》一文中,将军功爵制与名田制联系起来进行考察,得出了这样的结论:"如果说西周五等爵制的经济基础是井田制的话,那么军功爵制的经济基础就是名田制。名田制与军功爵制是在井田制、五等爵制破坏的基础上,同时产生和发展起来的,在历史的演变过程中,两者又是同时遭到破坏,同时走向衰亡的。"②春秋时期军功爵制与名田制的关系尚不明朗。到战国时期,各国法律中已有了根据爵位高低占有相应数量的田宅奴婢的规定。商鞅变法实行"明尊卑爵秩等级,各以差次名田宅,臣妾衣服以家次"③的政策,正式确立了军功爵制和名田制。所谓名田,即以名占田,是根据户籍上的人名和军功爵位高低及其他身份不同,占有不同数量的田宅的制度。汉高祖五年

---

① 朱绍侯:《论汉代的名田(受田)制及其破坏》,《河南大学学报(社会科学版)》2004年第1期,第35页。
② 朱绍侯:《军功爵制研究》,上海人民出版社,1990,第141页。
③ 司马迁:《史记》卷68《商君列传》,中华书局,1959,第2230页。

(前202年)诏书中所谓"法以有功劳行田宅"①之法,即指此而言。它是以户籍上有名为前提的,即所谓"上有通名,下有田宅"②。在名田制下,不论有无爵位,都是由政府按不同的等级授予相应数量的田宅,并由接受者长期占有,一般就不再收回。因此,名田制实际是一种土地的私人长期占有制,而不是土地私有制。然而,政府对授出的田宅也并非完全放任不管,如对田宅的继承和买卖等,还是有所约束和干预,尤其不允许冒名占有他人田宅的行为,如《二年律令·户律》云:

> 田宅当入县官而诈(詐)代其户者,令赎城旦,没入田宅。欲益买宅,不比其宅者,勿许。为吏及宦皇帝,得买舍室。受田宅,予人若卖宅,不得更受。代户、贸卖田宅,乡部、田啬夫、吏留弗为定籍,盈一日,罚金各二两。诸不为户,有田宅,附令人名,及为人名田宅者,皆令以卒戍边二岁,没入田宅县官。为人名田宅,能先告,除其罪,有(又)畀之所名田宅,它如律令。③

从上引律文来看,政府并不反对田宅的买卖和转移,它所关注的并不是田宅的归属,而是将田宅落实到户口上。也就是说,田宅分割后必须"定籍"。因此,政府鼓励田宅分割后单独立户定籍,甚至对冒名占有田宅而能自首者予以重赏,而对不及时办理定籍手续的乡部官吏,则给予重罚。《二年律令·置后律》中对妇女田产的处理律文和《二年律令·户律》中对关于"民宅园户籍、年细籍、田比地籍、田命籍、田租籍"等"副上县廷"封存保管的规定表明,汉朝政府对授出的田宅不仅有严格的管理制度,而且得以认真执行,其目的就在于将田宅的变动反映在户籍上,进而保证租税的征收。

但是,土地一旦被长期占有,就必然迅速演变为土地私有,而土地私有又必然导致土地兼并,这是不以人的意志为转移的。名田制也不例外。秦统一六国后,"使黔首自实田",在全国范围内正式确立了土地私

---

① 班固:《汉书》卷1下《高帝纪下》,中华书局,1962,第54页。
② 朱绍侯:《秦汉土地制度与阶级关系》,中州古籍出版社,1985,第20页。
③ 张家山二四七号汉墓竹简整理小组编《张家山汉墓竹简〔二四七号墓〕》,文物出版社,2001,第176—177页。

有制。秦亡汉兴,刘邦乃诏令"复故爵田宅",即恢复秦的军功爵制和名田制,还强调"且法以有功劳行田宅,今小吏未尝从军者多满,而有功者顾不得,背公立私,守尉长吏教训甚不善。其令诸吏善遇高爵,称吾意。且廉问,有不如吾诏者,以重论之"①。可见汉初确已实行按军功赐田宅、爵位的制度。不仅对获得军功爵者赐予田宅,而且对一般官吏也有名田宅的规定。由于秦人重爵,官爵相称,有爵就有官,故只有按军功爵而名田的制度,不必有按官级名田宅的规定。汉代重官轻爵,有爵者未必有官,有官者也未必有与其官职相称的爵位,故对官吏也有名田宅的规定。② 这从张家山汉简《二年律令·户律》中关于自彻侯、关内侯以下,以至无爵位的公卒、士伍、庶人和犯有轻刑的司寇、隐官等授予田宅的有关规定可得到印证。虽然秦汉两代的具体方案未必完全相同,但直到西汉初年,按军功爵秩等级授予田宅的原则依然未变。

汉文、景之世,土地兼并日益严重,"于是有卖田宅鬻子孙以偿责者矣"③。到汉武帝时,遂出现"富者田连仟伯,贫者亡立锥之地"④的状况。这次土地兼并浪潮虽然由于汉武帝的严厉打击而被遏制,但却无法挽回名田制被破坏的局面。东汉后,豪强地主代替军功地主而掌握政权,以军功爵位高低而授田的名田制再也没有恢复。

四、军功爵制所反映的社会政治变迁

研究某一历史现象,不仅要认识其产生、确立、发展和衰亡的轨迹,更重要的是透过现象揭示其本质特征。军功爵制的产生和确立,是为适应新兴地主阶级向没落的奴隶主阶级夺取政权和巩固政权斗争需要的产物,是一个客观历史过程。朱绍侯先生通过对此问题的探讨,揭示了

---

① 班固:《汉书》卷1下《高帝纪下》,中华书局,1962,第54—55页。
② 朱绍侯:《秦汉土地制度与阶级关系》,中州古籍出版社,1985,第27—28页;《军功爵制研究》,上海人民出版社,1990,第148—149页。
③ 班固:《汉书》卷24上《食货志上》,中华书局,1962,第1132页。
④ 班固:《汉书》卷24上《食货志上》,中华书局,1962,第1137页。

军功地主集团由逐渐崛起到日益衰落过程中所反映的社会政治变迁,这对于我们更加全面、准确地把握中国古代社会政治的内在特点具有重要的指导意义。因为,"西汉军功爵制的变化是一个现象,反映出西汉军功地主集团势力的衰落,豪强地主集团势力的兴起,这才是本质"①。军功爵制的兴衰过程,是春秋战国以至秦汉时期社会政治变革的缩影,反过来某一时期社会政治的变迁又直接影响着军功爵制的内容。

军功爵制是作为五等爵制的对立面而产生的。西周末年以来,天子衰微,诸侯崛起,奴隶制等级制度渐趋崩溃。随着社会生产力的发展和私田的不断开垦,西周奴隶制赖以存在的经济基础——井田制遭到破坏;世袭奴隶主贵族的腐朽没落,又使其自身失去了管理国家和控制局势的能力。与此同时世袭的等级观念已发生动摇,周天子作为天下"共主"的权威受到挑战,"礼乐征伐自天子出"的局面亦不复存在。作为新兴地主阶级政治代表的各国诸侯,为了笼络人心、壮大自己以称霸天下,不仅在经济上采用新的剥削方式,而且在政治上从下层的士、鄙人和工商业者中选拔人才,因功赐予爵位、田宅的军功爵制遂应运而生。到战国中期以后,各国已普遍推行军功爵制,军功爵已成为人们政治地位高低的主要标志。

如果说军功爵制在春秋时期对于地主阶级势力的发展壮大及其向奴隶主贵族的夺权斗争中起过一定作用的话;那么到战国时期,军功爵制就成了新兴地主阶级巩固封建政权、打击奴隶主贵族残余势力的工具。② 虽然秦的二十等军功爵制基本上是商鞅变法时确立的,但在秦统一前后,爵秩和爵称都有很大变化。如商鞅变法时,在一级爵位以下还有校、徒、操三级,而在高爵中没有侯爵;秦统一后,取消了校、徒、操三级爵称,但在高爵中出现了侯爵。这种变化,正是当时社会政治和军事形势发展演变的反映。一方面,春秋战国时期各国间在政治、经济和军事等领域的争夺非常激烈,人心向背对局势的发展具有重要影响。另一方面,车兵是当时的主要兵种,除了征召黔首当兵外,还需要大量服杂役的

---

① 朱绍侯:《军功爵制研究》,上海人民出版社,1990,第221页。
② 朱绍侯:《军功爵制研究》,上海人民出版社,1990,第18页。

奴隶和罪犯。在军功爵的一级以下设校、徒、操三级爵位,既是部队作战的客观需要,也带有争取包括奴隶和罪犯在内的广大下层群众支持的目的。至于在高爵中无侯爵,则是当时秦国国君尚称公而未称王的缘故。而秦国雷厉风行地贯彻军功爵制,其目的在于通过国家的强制力量,将有无爵位和爵位高低与个人社会地位的升降、经济利益的大小结合起来,从而将全国都纳入战争的轨道,以适应封建兼并和统一的需要。秦统一后,各国间的争夺不复存在,以军功起家的官僚地主已完全控制了政权。加之兵源增多,步兵已取代车兵而成为主要兵种,军队中无须再征召奴隶、罪徒服杂役,原来为奖励徒隶的校、徒、操三级爵位也随之取消。

汉承秦制,秦代按军功赐予田宅爵位的原则也为汉初统治者所继承,但秦与汉初以及在汉初的不同阶段,军功爵制的具体内容却各不相同。在秦统一战争和楚汉战争期间,为了争取各阶层人民的支持,对立有军功的各级将士,都给予优厚的奖赏。然而,一旦时过境迁,军功爵制的具体内容也随之变化。正如朱先生所论:

> 在汉政权稳定后,情况就发生了变化。当权的统治者已变成既得利益集团,获得高爵的当权派,就尽量扩大自己的特权,而对于获得低爵的人,就不太关心,甚至是漠视,这就是低爵的待遇不断降低的原因之一。另外,秦实现统一,主要依靠政府军的力量,它可以使立有军功获得低爵的士兵,去役使无爵的农民,或让获有低爵、出身于奴隶的士兵,用爵位去换取父母和妻子的解放。刘邦实现统一依靠的是农民军队,他不可能让获得低爵的起义农民,去役使不起义,或起义而没有获得爵位的农民。同时,有些奴隶在起义中已经获得解放,获得低爵的农民军战士,也不需要用爵位去换取他们父母和妻子的自由。这也应该是汉代取消"乞庶子"和以爵位免除父母妻子为隶臣妾制度的一个原因。①

就总体而言,从汉高祖刘邦到惠帝、吕后时期,因军功赐田宅的精神

---

① 朱绍侯:《军功爵制研究》,上海人民出版社,1990,第70—71页。

并未改变。但"七大夫以上皆食邑"的优惠已被取消,而代之以除彻侯外皆赐田宅,并对"卿"以上爵位者给予不出田租和刍稿税的特权,这是一种明显袒护军功大地主的政策。这与史书所记当时"吏多军功"①、"公卿皆军吏"②和"公卿皆武力功臣"③的政治形势是相适应的。"吕后要想巩固政权,稳定政权,必然要拉拢以军功起家的文臣武将及各级官吏。于是通过吕后的赐田宅制度,又培植了一大批军功地主"④,形成了汉初军功地主掌权的局面。

文、景以后,军功爵制的轻滥是军功地主开始衰落和朝廷政策重大转变的表征。一方面是非军功赐爵的日益增加和政府大量卖爵;另一方面是民爵与吏爵有了严格界限和军功赐爵限制转严,从而使军功爵失去了原有的地位和价值。朝廷政策的转变对军功地主衰落的影响主要表现在两个方面:一是汉王朝为加强中央集权而对王侯势力的铲除、削弱和打击,二是选官用人政策的改变。汉初以来较为宽松和缓的休养生息政策,使许多农牧业和工商业者积累了大量财富,所谓"网疏而民富"。他们通过买爵,大大提高了自己的社会地位,有的则跻身官僚队伍。特别是朝廷提倡文教、尊崇儒学,通过察举征召、贤良对策和博士弟子等途径选拔官吏,为大量非军功起家的豪强地主走上政治舞台创造了条件,以至各级官吏"彬彬多文学之士矣"。他们的崛起极大地冲击甚至取代了往日的武力功臣。非军功赐爵范围的扩大,就是为了抬高豪强地主集团的地位;确定民爵与吏爵的严格界限和对军功赐爵限制转严,是为了杜绝一般吏民通过军功攀上政治高位,掌握政权。改变以往"无功不封"的原则,也是为适应凭借经济、文化优势而非军功掌握政权的豪强地主集团的需要。"军功爵制的变化,是与西汉地主集团势力变化趋势相一致的。西汉中期,军功地主集团腐朽没落已成定局,失去了左右政权的

---

① 班固:《汉书》卷 5《景帝纪》,中华书局,1962,第 149 页。
② 班固:《汉书》卷 42《任敖传》,中华书局,1962,第 2098 页。
③ 班固:《汉书》卷 88《儒林传》,中华书局,1962,第 3592 页。
④ 朱绍侯:《吕后二年赐田宅制度试探——〈二年律令〉与军功爵制研究之二》,《史学月刊》2002 年第 12 期,第 16 页。

能力,而豪强地主集团已经成长起来,并逐渐成为西汉政权的支柱……因此,西汉政府不得不改变因军功赐爵的原则,无功也可以授爵,以适应从各种途径爬上政治高位的豪强地主集团的需要,使他们也能享受到封爵食邑的特权。"①

秦汉之际军功爵制的变化既是当时社会政治变革的反映,而且具有鲜明的阶级性和等级界限。"如果说在秦以前,在军功爵制草创阶段,新兴地主阶级集团需要吸收各阶层人为他们出力卖命,因而军功爵制的阶级性、等级界限还不太严格的话,那么在汉代,封建统一中央集权制政权已开始巩固,军功爵制已基本定型,这时军功爵制的阶级性和等级界限就显得突出了。"②

从军功爵制的发展情况来看,春秋时期的赐爵对象主要是政府中的上层;到商鞅变法时虽规定士卒也可授爵,但他们只能获得较低的爵位,七大夫以上的高爵实际上是对有官职者而言的。至于侯爵,更不是一般人所能得到的;汉惠帝时又将高爵界限提高两级,五大夫以上始为高爵。张家山汉简《二年律令》显示,汉初已将军功爵分为侯级爵、卿级爵、大夫级爵和小爵四个等级,各等级之间待遇相差悬殊。在此基础上又有了吏爵(即官爵)与民爵之分,并规定一般百姓爵不得过公乘(八级爵),爵过公乘者,必须转让给其兄弟子侄;至于因"斩首捕虏"赐爵者也不超过五大夫(九级爵)或左庶长(十级爵)。这就使官爵与民爵之间界限森严,不可逾越,一般百姓自然难以进入统治阶级的行列。通过划分爵级和区分官爵与民爵,其所体现的等级观念是不言而喻的。

五、军功爵制的历史作用

军功爵制是在春秋战国奴隶制走向崩溃,封建制逐渐产生和确立的形势下出现的新的军政制度。军功爵制对于新兴地主阶级的成长、壮大和夺取政权,对于秦汉封建统一国家的建立和巩固以及在战争中鼓舞士

---

① 朱绍侯:《军功爵制研究》,上海人民出版社,1990,第221页。
② 朱绍侯:《军功爵制研究》,上海人民出版社,1990,第65页。

气、提高军队战斗力等,都发挥了极其重要的作用。同时,军功爵制也助长了对敌方士卒和平民的大屠杀,甚至在己方士卒间也不惜杀良冒功,这都不可避免地产生了很大的负面影响。总的来看,其历史作用是:

1. 打击了奴隶主旧贵族势力,有利于新兴地主阶级的成长、壮大

春秋时期,随着生产工具的改进和耕作技术的提高,大量荒田被开发利用,私田日渐增多,井田则由于"民不肯尽力"而大量荒芜。许多奴隶和平民通过开垦荒地,逐渐摆脱了奴隶主贵族的控制和束缚而成为自耕农。"工商食官"的局面被打破,出现了私营工商业者。但是,不论是自耕农还是私营工商业者,虽然在经济上积累了一定的财富,但在政治上仍然处在社会底层。尤其是那些富商大贾,虽然"能金玉其车,文错其服,能行诸侯之贿",但仍然被视为"无寻尺之禄"的人,①更不能与那些拥有世袭爵禄的卿大夫相提并论。军功爵制的推行,使出身于士、鄙人和工商业者等社会下层但立有功劳者,如管仲、鲍叔牙、孙叔敖之属,也可因此而得到较高的爵禄,跻身社会上层,成为新兴地主。新兴地主阶级还将军功爵制作为他们向奴隶主贵族集团进行夺权斗争的工具。前述晋定公时赵鞅在誓师词中对"克敌"的上大夫以至庶人工商、人臣隶圉等的各种承诺,实际上就是利用军功爵制以壮大自己。一方面,作为奴隶主的君主们要奋发图强,改革政治,需要有才干的人辅佐;另一方面,地主阶级或正在向地主阶级转化的鄙人、士和工商业者,也要求有相应的政治地位。"奴隶主的君主想用田宅爵禄换取臣下的效力,而新兴地主阶级的代表们,则利用得到的田宅爵禄壮大了自己的力量,并培养出更多的新兴地主。"②但是,历史的发展趋势,必然是新兴的地主阶级战胜腐朽的奴隶主阶级。在春秋时期新旧制度的转变过程中,军功爵制起到了很大的作用。

2. 有利于新兴地主阶级巩固政权,打击奴隶主贵族残余势力的复辟

战国时期,虽然新兴地主阶级大多已掌握国家政权,但奴隶制残余

---

① 《国语》(共二册),上海师范大学古籍整理组校点,上海古籍出版社,1978,第476页。

② 朱绍侯:《军功爵制研究》,上海人民出版社,1990,第13页。

势力依然很强大,世卿世禄的世袭观念在社会上仍有一定的影响。为了彻底剥夺奴隶主贵族的世袭特权,各国普遍进行了政治改革,建立了以"食有劳而禄有功"①、"见功而与赏,因能而授官"②和"循功劳,视次第"③为原则的军功爵制。《史记·商君列传》载"秦王显岩穴之士……序有功,尊有德"④,实行"有军功者,各以率受上爵……宗室非有军功论,不得为属籍。明尊卑爵秩等级,各以差次名田宅,臣妾衣服以家次"⑤的政策,就是为了使"有功者显荣",以打击旧贵族势力。而甘龙、杜挚等人,主张"缘法而治""不变法而治",甚至提出"法古无过,循礼无邪",实际上是要"安于故俗",即维护奴隶主贵族的世袭等级制。裴骃"集解"引《新序》称商鞅变法,"内不阿贵宠,外不偏疏远,是以令行而禁止,法出而奸息"⑥。正是由于商鞅变法剥夺了旧贵族的世袭特权和既得利益,因而引起他们的激烈反对,以致"商君相秦十年,宗室贵戚多怨望者"⑦。

当时的一些政治家、思想家如墨子、商鞅、韩非、石仇等人,都高度评价军功爵制对于巩固政权、稳定统治的作用,如《墨子·尚贤中》云:"何谓三本?曰:爵位不高,则民不敬也;蓄禄不厚,则民不信也;政令不断,则民不畏也。"⑧而商鞅更将是否能有效推行军功爵制,提到了关乎国家"存亡之机"的高度。⑨《说苑·敬慎》引石仇列举的九种足以亡国的原因,其中一条就是"国爵不用,足以亡"。他们的论述,虽有夸大之处,但军功爵制在战国的政治生活中具有不可忽视的作用,则是毋庸置疑的。⑩

---

① 刘向:《说苑校证》,向宗鲁校证,中华书局,1987,第165—166页。
② 《韩非子集释》(上、下册),陈其猷校注,上海人民出版社,1974,第662页。
③ 《战国策》,刘向集录,上海古籍出版社,1978,第929页。
④ 司马迁:《史记》卷68《商君列传》,中华书局,1959,第2235页。
⑤ 司马迁:《史记》卷68《商君列传》,中华书局,1959,第2230页。
⑥ 司马迁:《史记》卷68《商君列传》,中华书局,1959,第2238页。
⑦ 司马迁:《史记》卷68《商君列传》,中华书局,1959,第2233页。
⑧ 《墨子》,毕沅校注,吴旭民校点,上海古籍出版社,2014,第30页。
⑨ 蒋礼鸿:《商君书锥指》,中华书局,1986,第63页。
⑩ 朱绍侯:《军功爵制研究》,上海人民出版社,1990,第25页。

3. 有利于秦汉封建统一中央集权制国家的建立和巩固

秦的统一,是大势所趋,人心所向。但秦国能次第消灭关东六国,建立起空前统一的封建国家,与其推行军功爵制是密切相关的。李斯在狱中上书云:

> 先王之时秦地不过千里,兵数十万。臣尽薄材,谨奉法令,阴行谋臣,资之金玉,使游说诸侯,阴修甲兵,饰政教,官斗士,尊功臣,盛其爵禄,故终以胁韩弱魏,破燕、赵,夷齐、楚,卒兼六国,虏其王,立秦为天子。①

李斯此言,实为自陈己功,以期秦二世"瘳而赦之",故应是可信的。他将秦"卒兼六国"的原因,归结为"修甲兵,饰政教,官斗士,尊功臣,盛其爵禄",足见军功爵制在秦统一六国中的作用之大。又如秦军攻赵,"秦王闻赵食道绝,王自之河内,赐民爵各一级,发年十五以上悉诣长平,遮绝赵救及粮食"②。秦在临战之际"赐民爵各一级",其动员民众、鼓舞士气的目的是显而易见的。

军功爵制对刘邦建立汉朝,同样发挥了重要作用。如汉五年(前202年)五月,当刘邦在洛阳南宫宴会上,令群臣尽言汉得天下而项羽失天下的原因时,高起、王陵就认为,汉得天下,在于"陛下使人攻城略地,所降下者因以予之,与天下同利";而项羽失天下,是由于嫉贤妒能,"战胜而不予人功,得地而不予人利"。③ 这实际上是说项羽没有利用军功爵制来奖赏将士。此前,护军中尉陈平在项羽兵临荥阳的危急关头,对刘邦说:"项王为人,恭敬爱人,士之廉节好礼者多归之。至于行功爵邑,重之,士亦以此不附。今大王慢而少礼,士廉节者不来;然大王能饶人以爵邑,士之顽钝嗜利无耻者亦多归汉。诚各去其两短,袭其两长,天下指麾则定矣。"④陈平建议先用反间计离间项羽与其"骨鲠之臣"亚父范增、钟离眛等人的关系,再举兵攻之,如此,则"破楚必矣",随后,陈平即"宣言

---

① 司马迁:《史记》卷87《李斯列传》,中华书局,1959,第2561页。
② 司马迁:《史记》卷73《白起王翦列传》,中华书局,1959,第2334页。
③ 司马迁:《史记》卷8《高祖本纪》,中华书局,1959,第381页。
④ 司马迁:《史记》卷56《陈丞相世家》,中华书局,1959,第2055页。

诸将钟离眛等为项王将,功多矣,然而终不得裂地而王,欲与汉为一,以灭项氏而分王其地。项羽果意不信钟离眛等"。① 可见能否认真实行军功爵制,对楚汉之争结局是有很大影响的。

刘邦非常重视利用军功爵制,故在其登基称帝之时,群臣皆曰:"大王起微细,诛暴逆,平定四海,有功者辄裂地而封为王侯。"②后来,为铲除异姓诸侯王,他也屡次"论功,与诸列侯剖符行封"③。如在平定燕王臧荼后,即封陈豨为阳夏侯,以其为赵相国。在刘邦看来,"豨尝为吾使,甚有信。代地吾所急也,故封豨为列侯,以相国守代"④。

虽然军功爵对于笼络人心有重要作用,但若封赏失当,也会激化矛盾。据《史记》卷55《留侯世家》,汉六年(前202年)正月,刘邦封张良、萧何等二十多人为侯,"其余日夜争功不决,未得行封"⑤,结果引起诸将不满和抱怨。张良分析说:"今军吏计功,以天下不足遍封,此属畏陛下不能尽封,恐又见疑平生过失及诛,故即相聚谋反耳。"⑥高祖乃依张良建议,先封他平素最不喜欢的雍齿为侯,然后"急趣丞相、御史定功行封"⑦,从而化解了矛盾。终高祖之世,功臣、外戚及王子封侯者凡一百四十三人,"其有功者上致之王,次为列侯,下乃食邑。而重臣之亲,或为列侯"⑧。连汉高祖也得意地认为:"吾于天下贤士功臣,可谓亡负矣。"⑨

4. 军功爵制之弊

虽然军功爵制对历史发展有很大积极作用,但其消极影响也是不容否认的。特别是商鞅变法所确立的"计首授爵"制,助长了战争中的大屠杀,故秦国被时人称为"弃礼义而上首功之国"⑩。朱绍侯先生在《"计首授爵"之弊与吕不韦、尉缭在秦统一战争中的贡献》⑪一文中,列举了自

---

① 司马迁:《史记》卷56《陈丞相世家》,中华书局,1959,第2055页。
② 司马迁:《史记》卷8《高祖本纪》,中华书局,1959,第379页。
③ 司马迁:《史记》卷8《高祖本纪》,中华书局,1959,第384页。
④ 司马迁:《史记》卷8《高祖本纪》,中华书局,1959,第387页。
⑤ 司马迁:《史记》卷55《留侯世家》,中华书局,1959,第2042页。
⑥⑦ 司马迁:《史记》卷55《留侯世家》,中华书局,1959,第2043页。
⑧⑨ 班固:《汉书》卷1下《高帝纪下》,中华书局,1962,第78页。
⑩ 司马迁:《史记》卷83《鲁仲连邹阳列传》,中华书局,1959,第2461页。
⑪ 朱绍侯:《军功爵制研究》,上海人民出版社,1990,第160-178页。

商鞅变法至秦昭王五十一年(前256年)秦军的历次大屠杀记录。他指出,在此前后110年间,共有1617000人惨遭杀戮。其中秦昭王时就有14次大屠杀,死者1253000人。这种灭绝人性的大屠杀,正是秦国"计首授爵"奖励军功政策的必然后果。为了立功受奖,就要多杀人;为了增加斩首的数量,甚至不惜杀良冒功。因此,《史记》卷83《鲁仲连邹阳列传》"集解"所引谯周关于"秦用卫鞅计,制爵二十等,以战获首级者计而受爵。是以秦人每战胜,老弱妇人皆死,计功赏至万数"[①]之说,是可信的。朱先生还援引《睡虎地秦墓竹简·封诊式》中记载的两个夺首争功的案例,进一步说明在"计首授爵"政策的蛊惑下,秦军杀良冒功已非个别现象。这必然引起关东六国人民普遍而激烈的反秦情绪,许多地方都顽强抵抗,誓死不降,从而使秦的统一战争遇到了前所未有的困难。直到吕不韦当政期间(前249—前237年),秦国改变了单纯"计首授爵"的奖励军功政策,才扭转了秦军日益严重的大屠杀趋势。秦王政十三年(前234年),秦军攻赵平阳,又发生了大屠杀。但在国尉尉缭的影响下,再一次扭转了"计首授爵"制,故在秦统一六国的战争中,未见有大屠杀的记录。秦国仅用十年时间,就以摧枯拉朽之势,迅速消灭关东六国,最终完成统一大业,固然与秦始皇"续六世之余烈"不无关系,但更主要的还在于秦政权接受尉缭的军事思想,适时改变策略。正如朱先生所论:如果秦不改变其在战争中的大屠杀政策,就不可能完成统一六国的大业。

朱先生对军功爵制的研究,绝不限于此。但仅就以上数端来看,不论是其研究范围,还是研究深度,都取得了前所未有的成就。这对于我们全面认识军功爵制的演变过程,恢复其历史的本来面貌,正确把握军功爵制的性质、作用和历史地位,都具有重要的指导意义。他在研究中旁征博引,用具体的史实和大量的数据,将定性分析与定量分析相结合,得出的结论信而有征,颇具说服力。他往往能从细微处看全局,从平常中见卓识。他的研究自成一家之言,但并不故步自封。正如朱先生所说,他对军功爵制的研究经历了长期的过程,对某些问题的认识也有一

[①] 司马迁:《史记》卷83《鲁仲连邹阳列传》,中华书局,1959,第2461页。

个不断深化,甚至是从否定到否定的过程。他在研究中还特别注重利用考古新材料,及时充实和完善旧说。近年来他利用张家山等地出土的简牍材料所写的多篇系列研究论文,就是很好的例证。这种求真务实的科学态度,一丝不苟的敬业精神,为学界树立了榜样,更是值得敬佩的!

——原载《史学月刊》2005 年第 10 期

评朱绍侯先生《军功爵制研究》

文以明

"新史学的要求,是理论与实际相结合。我们新中国史学工作者的任务,就是要用马克思列宁主义毛泽东思想为指导,来研究中国和世界的历史。这不是件容易的事情。也不大可能是短期内就会做得很好的。但是,只要我们在党的领导下,提高思想政治水平,努力钻研历史业务,发挥集体力量,树立好的学风,经过10年、20年,或者更长一点——30年吧;总会有所收获,做出成绩来的……"这是1950年白寿彝先生一次讲话中的一段话。他当时说话的语调很亲切又很坚定,给人一种既实事求是又充满信心的感觉。那时,毛主席在开国大典上发出"中国人民站起来了"的伟大声音刚过去一年,我当时想,这段话,也就是我们历史系师生响应与落实领袖的召唤的誓言了吧。40年过去了! 老一辈马克思主义史学家的这个属望与预测,不断被实践回答及证实。最近读到朱绍侯同志的《军功爵制研究》(本文以下简称《研究》)一书[1],就是较好的研究成果之一,是一本力图用马列主义观点来分析认识中国历史问题的好书。因工作需要,从1980年起,我把日本学者西嶋定生《中国古代帝国的形成与结构——二十等爵制研究》(本文以下简称《结构》)一书[2]读了几遍,并做了详细的笔记。西嶋先生根据史籍所载和出土汉简,对二十等爵制的产生、形成、发展及演变,对它在秦汉社会历史中的地位及作用,做了全面、深入、严密的分析论述。他认为二十等爵制是秦汉统一帝

---

[1] 上海人民出版社,1990。
[2] 原文为日文,系由东京大学出版会出版,1961。

国社会政治结构的基盘和框架,是中央皇帝与一般庶民间的政治联系与精神纽带,是秦汉时期社会历史上层建筑中一个独具特色的事物。他从居延汉简与史籍记述的两相比照中,判明了爵级形成的奥秘;论证了爵制的机能最终体现为由赐爵而形成的社会身份;广大庶民成为有爵者,本质上是中央皇权对个体农民的人身支配;爵制秩序形成的具体机制,就在于赐爵之际"里"中的"酒礼之会";而爵制秩序的全面铺开,是与郡县制的建立相配合而推行到全国的,等等。西嶋对二十等爵制的研究与阐述,正是从政治制度的一个侧面探考了秦汉社会的政治结构以及它赖以存在的经济形态,有着自己的由浅入深、由表及里地逐步展开研究的科学方法和内在的严密的逻辑体系,并本着实事求是的精神提出了不少带有开创性的命题,勇敢而又审慎地得出了若干结论。例如,在第二章中,根据原始资料,举出汉代 420 年间民爵赐予事例 90 例,指出这些民爵赐予都是说"赐爵一级"或"赐爵二级"等,绝不说"赐公士"或"赐上造"之类。从居延汉简中择出有关赐爵记事的断简 14 片,验明它们原本是同一文书的各个部分。根据汉简记事内容,首次弄清了一个极为重要的概念,那就是:民爵赐予之际的"赐爵一级",是赐给作为单位的"一级爵";被赐爵者,将所得爵级累加起来,而具有相当于其合计级数之爵称。再例如,在第四章中,研究了为使爵具有实质意义与实际效益,就必须在汉代社会的细胞——地方基层组织——"里"中,形成具体的爵制秩序。作者提出并论证了一个重要命题:由赐爵而形成身份,其奥秘即内蕴于赐爵的具体形式之中。作者抓住并解剖了典型的东西——汉文帝即位年(前 180 年)诏书中的后半段文字:"朕初即位,其赦天下,赐民爵一级,女子百户牛酒,酺五日。"①作者从这短短 22 字赐爵诏文中,认定出"赐爵形成身份,身份形成秩序"的全部核心内容。诏文内容各点是有内在联系的不可分割的一个整体,而其中心项是"赐民爵一级"。这就是汉代社会爵制秩序形成过程的中心环节和具体图景。当然,西嶋的全部论述与命题,并非必为我国史学界所完全同意和接受。但是,在我国还没有关

---

① 班固:《汉书》卷 4《文帝纪》,中华书局,1962,第 108 页。

于秦汉爵制的这等系统、全面、严密的著作面世的情况下,西嶋的劳作本身就是对进一步的研究做了可贵的引发,也在秦汉史研究的总体工程上做出了重大贡献。众所周知,历史学与纯自然科学不同,它具有强烈的阶级性和党性,这是它的研究对象与内容所决定的。历史研究,要对人类过往活动做总括性的认识与掌握,要求认识并说明人类历史行程的本质及规律。世界上不少严肃认真的学者,通过科学研究的实践,往往也会在实际上走到或接近历史唯物主义的科学真理的。但是,能自觉立足于历史唯物论的观点,应用阶级分析的方法来研究历史,则是在党的教育下我们社会主义国家史学工作者的优势所在;这也正是有时只就史料的掌握与考释本身而言,我们并不比世界上其他史学家高出几许的情况下,而往往在分析上见长的原因所在。

《研究》一书,20余万字,分上下两编。上编按春秋、战国、秦、西汉、东汉的顺序,用六个标题,阐述了"军功爵制"的产生、确立、演变、因袭改革、轻滥和衰亡。下编是有关爵制的十篇论文。限于学识和时间,这里不可能就该书全部内容进行分析评论。现就读后几点突出感受,并结合西嶋书中的一些论点,提出些粗浅看法。

(1)《研究》一书材料翔实精审具体。"研究必须充分地占有材料,分析它的各种发展形式,探寻这些形式的内在联系。"①作者较详尽地占有和利用了资料。例如,在"三、秦代二十级军功爵制的演变"②中,首先抄录了《汉书·百官公卿表》并师古注、《秦会要订补》、《史记·秦本纪》"集解"、《后汉书志·百官五》注引刘劭《爵制》、《汉旧仪》、《通典·职官》以及《北堂书钞·封爵部下》"商君为法"条引徐野民注等7种有关爵制的文献资料,比起《结构》所列还为详备。而且列表对照了各书所载爵级爵称之异同,不但便利于作者成书过程中之思索考辨,而且也方便了读者的理解。同时,作者在每引述一段古文献之后,多用现代汉语做一译释。例如,作者精选精用了两条《睡虎地秦墓竹简》的资料:"公士以下居赎刑罪、死罪者,居于城旦舂,毋赤其衣,勿枸椟欙杕。鬼薪白粲……""有为

---

① 《资本论》第1卷,第2版,人民出版社,2004,"第二版跋"第21页。
② 朱绍侯:《军功爵制研究》,上海人民出版社,1990,第28—50页。

故秦人出,削籍,上造以上为鬼薪,公士以下刑为城旦。"作者据此来比照《商君书·境内》篇所载:"军爵,自一级以下至小夫,命曰校、徒、操,自二级以上至不更,命曰卒。"作者解释说:秦简第一条资料的意思是说:有公士以下爵者犯罪后可享之减刑优待。第二条资料的意思是说:若有人助秦人越境叛国,则削其名籍,上造爵以上者罚为鬼薪,公士爵以下者刑为城旦。然后阐述说:秦简明白示出:公士以下还有爵称,并推断那就是《境内》篇所云校、徒、操三级。而秦简中"上造以上""公士以下"之分界,也应跟《境内》篇"自二级以上""自一级以下"的提法相等。这就是说,在秦简及《商君书》,公士以下应还有爵三级;而在《汉书·百官公卿表》,则公士为二十等爵之最低级。其何以故?作者从商鞅变法当时和秦统一之后的社会阶级状况及军队构成情况上做了分析,是很有创见性的。而且从爵制的发展史上看,这正与《结构》所论秦汉二十等爵制之"民爵赐予"只给编户良民而不及奴隶的问题,客观上暗示出某种衔接。

(2)重视阶级分析方法。马克思在1867年《资本论》第一版序中说:"这里涉及的人,只是经济范畴的人格化,是一定的阶级关系和利益的承担者……不管个人在主观上怎样超脱各种关系,他在社会意义上总是这些关系的产物。"①超阶级性的历史研究是不可能的,也是没有过的。而在对复杂纷繁的阶级社会历史进行研究时,"马克思主义给我们指出了一条基本线索,使我们能在这种看来迷离混沌的状态中找出规律性来。这条线索就是阶级斗争的理论"②。《研究》一书,立足于翔实可靠的材料,在对爵制进行分析批判和总结时,多处表现出从阶级关系分析问题。例如,在对比西周五等爵制与秦汉二十等爵制时,指出:"如果说五等爵制是西周奴隶主阶级所建立的奴隶社会等级制度的话,那么军功爵制就是适应春秋战国时期新兴地主阶级在政治、经济等方面的需要,而建立的封建等级制度。"③又指出:"到了春秋晚期,它甚至成了新兴地主集团

---

① 《资本论》第1卷,第2版,人民出版社,2004,"第一版序言"第10页。
② 《列宁全集》第21卷,人民出版社,1959,第39页。
③ 朱绍侯:《军功爵制研究》,上海人民出版社,1990,第6页。

向奴隶主贵族的夺权工具。"①尽管在中国社会史分期问题上我国史学界还存在不同看法;尽管更存在有西周五等爵制纯粹是统治阶级内部的等级划分,而二十等爵制中的民爵部分则下及编户齐民这个重大区别;但作者勇于把"爵制"这个上层建筑,密切照应于社会历史上阶级力量的升降变化来判断,确是试图用马克思主义理论之矢射中国历史问题之的的工作。再如,作者认为刘邦入关后的约法三章,"至少标志着两个问题的大转变。第一,标志着刘邦由农民起义领袖转变为地主阶级的政治代表;第二,标志着放弃楚制而继承秦制"②。过去,对"杀人者死,伤人及盗抵罪"的约法三章,一般多侧重于从"除秦烦苛,约法令,施德惠"上来看待;作者在仍然承认有这种"善政"的一面,因而出现过人民"争持牛羊酒食献飨军士"的场面之同时,又从阶级本质上尖锐指出:"这是保护地主阶级身家性命不受侵犯的约法,也是稳定社会秩序的约法。"③作者的揭露是深刻的。再如,起于春秋战国、盛于秦汉之交的军功爵制,到了两汉时期,出现了根本的发展变化。原来是在战争年代,按军功赐爵,在理论上应是自低而高、有军功则授的爵级,怎么到汉代的二十等爵制,就在"八级公乘"这个坎儿上截然划分为高低两档了呢？作者正确指出:"这不仅是等级的界限,也是阶级的界限。高爵实际上是当官人的爵位,与高爵相对的低爵,则是一般吏民的爵位。在汉代低爵通称为民爵,即所谓民爵八级。"④这就是社会历史条件的变化所带来的爵制内容及性质的变化。战争年代鼓励打仗的按军功给爵,转变到了相对和平年代的统治天下使用的二十等爵了。高爵给予地主阶级,构成为统治者群的各级官员;低爵则普"赐天下男子",稳定为编户齐民,保证租税赋役来源。正是封建生产方式中地主、农民这两大剥削、被剥削阶级的分野,决定了民爵八级这一界石的客观必要性;也才产生出人民获爵,不过八级,过则移让这个必不可免的规定。实质是:在"和平"的统治被统治、剥削被剥削

---

① 朱绍侯:《军功爵制研究》,上海人民出版社,1990,第 13 页。
② 朱绍侯:《军功爵制研究》,上海人民出版社,1990,第 53 页。
③ 朱绍侯:《军功爵制研究》,上海人民出版社,1990,第 54 页。
④ 朱绍侯:《军功爵制研究》,上海人民出版社,1990,第 68 页。

秩序中,封建帝王认为农民阶级中人,再也不应该,再也不允许挤入特权阶层中去了。

刘邦大封高爵。王爵由皇帝子弟世袭,王之子弟又可封侯。汉封王侯,初意在"惩戒亡秦孤立之败",欲为中央树立屏藩;但这批人,居国则尾大不掉,在京则挟控朝政,成了中央皇权的祸害。景帝以后,乃取消掉王侯管治封国的权力,他们只能"衣食租税"了。而随着生产恢复,民户繁息,食封增加,剥削增大。王侯子孙,代代世袭,坐吃爵禄,骄奢淫逸,很快衰落腐朽下去。到宣帝时,汉之为汉,也就二百来年,"诏令有司求其子孙"时,这些"世胄苗裔",竟"咸出庸保之中"①了,盘剥了人民,烂掉了自己。《研究》作者指出:"世袭制度,对于当权的统治阶级具有强烈的腐蚀性。"②作者在"综论"中,更把"防止世袭的和一切变相世袭的政治制度死灰复燃"③,作为中国政治史上的严重教训来提起注意,语重心长,发人深省。这是作者治史知史,以史为鉴的心声,表现出史学工作者的历史责任感。

爵制,是一种统治方式;高爵,是统治阶级禁脔。那么,在得低爵之人来说,"爵"是不是就毫无意义了呢?也不是。首先,有爵可不沦为奴隶。《研究》引用了《汉书·刑法志》所言周法"凡有爵者,与七十者,与未龀者,皆不为奴"④的记载,并指出这实际上反映了汉法的规定。师古注云:"有爵,谓命士以上也。"⑤《结构》也多处指明,民爵八级,只给编户良民男子。在奴隶、奴婢仍大量存在的汉代社会,"凡有爵者皆不为奴"这一条,尽管屡遭破坏,但它跟爵级不得擅自买卖之规定一起,多少还在妨碍和限制豪强变民为奴的随意性,对民爵持有者还有一定的意义。其次,有爵可获刑罚减免。《汉书·惠帝纪》说:"爵五大夫、吏六百石以上及宦皇帝而知名者有罪当盗械者,皆颂系。上造以上及内外公孙耳孙有罪当

---

① 班固:《汉书》卷16《高惠高后文功臣表》,中华书局,1962,第528页。
② 朱绍侯:《军功爵制研究》,上海人民出版社,1990,第64页。
③ 朱绍侯:《军功爵制研究》,上海人民出版社,1990,第103页。
④ 班固:《汉书》卷23《刑法志》,中华书局,1962,第1091页。
⑤ 班固:《汉书》卷23《刑法志》,中华书局,1962,第1092页。

刑及当为城旦舂者,皆耐为鬼薪白粲。"①既表明了凡有爵者可得减轻刑罚之普遍性,又显示出九级五大夫以上高爵者、八级公乘以下低爵者间之差别性,也就是说,从减刑这个角度反映出爵之有用性和爵等之阶级性。再次,有爵可减免徭役。早在汉五年(前202年),刘邦刚完成统一,就下诏说:"……其七大夫以上,皆令食邑,非七大夫以下,皆复其身及户,勿事。"②也同样显示出爵之普遍有用及高低爵之不同待遇。最后,爵可移让,也说明爵还有实际价值。东汉明帝即位诏中规定:"其赐天下男子爵,人二级;三老、孝悌、力田人三级;爵过公乘,得移与子若同产、同产子。"③西汉虽无明文规定,但也有民爵八级不过公乘的精神和实际。晁错在其实边策中有句名言:"爵者,上之所擅,出于口而亡穷;粟者,民之所种,生于地而不乏。"④他规划了一个用爵换粟、爵粟周转的妙计,实际很难行得通,而且弊病百出。不过,当我们揭露封建皇帝用不断颁赐民爵这个不花成本的办法以图控制人民、巩固统治的本质目的时,却不好认定爵就是毫无意义的欺骗或空洞的符号。否则,就不存在移让给亲人的问题了。还是要叫人有个"奔头"。爵,这个无形有价之物,你还可"积攒";不过,"多了"不能归己,而须"移与子若同产、同产子"。这样,既可维持爵哪怕在八级以下范围内之某种有用性,又可防止一般平民因爵级增多而挤入高爵之林的危险;从而维护并强化了爵制的等级性——实质上还是那个阶级性。最后,从"卖爵"的两种完全不同的类型,也可看出爵在不同人身上的不同意义。一种是纳粟授爵及国家之卖爵。在这种场合,卖的对象,即买爵者,是富人。如秦始皇四年(前243年),"天下疫。百姓内粟千石,拜爵一级"⑤。汉文帝时,"匈奴数侵盗北边……于是募民能输及转粟于边者拜爵,爵得至大庶长"⑥。东汉灵帝中平四年

---

① 班固:《汉书》卷2《惠帝纪》,中华书局,1962,第85页。
② 班固:《汉书》卷1下《高帝纪下》,中华书局,1962,第54页。
③ 范晔:《后汉书》卷2《显宗孝明帝纪》,中华书局,1965,第96页。
④ 班固:《汉书》卷24上《食货志上》,中华书局,1962,第1134页。
⑤ 司马迁:《史记》卷6《秦始皇本纪》,中华书局,1959,第224页。
⑥ 司马迁:《史记》卷30《平准书》,中华书局,1959,第1419页。

(187年),"是岁,卖关内侯……入钱五百万"①。另一种是贫民不得已而卖掉自己的爵。如文帝后元六年(前158年),"大旱,蝗……发仓庾以振民。民得卖爵"②。又如,贾谊上疏中说的"失时不雨,民且狼顾;岁恶不入,请卖爵、子"③。再如淮南王安上书中说的"间者,数年岁比不登,民待卖爵赘子以接衣食"④。这些都属于后一种情况。《结构》分析道:这些都显示出:"处在凶年,作为为了生存下去的最后手段,人民将要把自己所特有的爵或者自己的儿子卖掉。""因连遭凶年而贫穷化了的农民,作为最后手段,进行卖爵、赘子,以获得衣食之资。"他又对比指出:"这跟前述纳粟授爵的场合,定为授爵对象的并非一般农民而是富人相反;在这种场合,毋宁说是遭际凶年、处于生死存亡关头的农民,作为最后手段而卖掉自己的爵……他们的卖爵,是跟把儿子卖做奴婢同样的最后手段;因此,这就是说,在他们来说,其所持有的爵,是极为贵重的东西。对他们来说,爵,是具有非常大的价值的。"最后小结一句道:"像这样,直至贫民都有爵,而且这个爵又是那般贵重的东西。这一点,就成为我们为要能理解这一时代爵所具有的意义时不可忘掉的了。"实质上,从"卖爵"这个角度,《结构》《研究》两书都观察到了爵的阶级性特质,当然,论述的角度与重点不会是完全一样的。

(3) 吸收其他研究成果。这是《研究》一书的另一优点。①西嶋定生《结构》一书第二章第一节"民爵赐予的事例",详细抄录并正确读解了自公元前205年至公元215年间两汉民爵赐予诏令90项,跟地下出土居延汉简一起,这是西嶋整个研究开展的基石;也是他从对编户良民男子普遍赐爵这一事实来论断爵制秩序成为汉代社会政治结构重要因素的主要依据。②第二节是"民爵赐予的方法",他从对"居延汉简所见赐爵记事"与史载记事结合比照的科学分析中,探明了"爵级与爵称的关系"。这是西嶋整个爵制研究的核心与精髓,是对爵制研究难点的重大突破,

---

① 范晔:《后汉书》卷8《孝灵帝纪》,中华书局,1965,第355页。
② 班固:《汉书》卷4《文帝纪》,中华书局,1962,第131页。
③ 班固:《汉书》卷24上《食货志上》,中华书局,1962,第1128页。
④ 班固:《汉书》卷64上《严助传》,中华书局,1962,第2779页。

是在秦汉政制史研究上具有开创性的功绩。这样，就判明了从未判明过的二十等爵制的爵级之实质。西嶋从写有赐爵记事的 14 片居延断简中，把所记内容各项，参较比照，发现其中形式全部完备的是记有如下文字的(K)简：

豆卅七公乘邨宋里戴通卒故小男丁未丁未丙辰戊寅乙亥癸巳癸酉令赐各一级丁巳令赐一级。

(K)简此 39 个字，记录了戍卒的爵称、乡贯、姓名、状貌、赐爵时间和级数。从对汉简的研究中，终于窥破了爵级计算之奥秘。科学没有国界。包括上述①②两项在内的西嶋研究成果，自应尽早引进。但正如《研究》所说，《结构》一书，虽"已传入我国"①，但是，"该书至今尚未译成中文，国内学人读到者甚少"②。在这种情况下，《研究》作者做了一件大好事。他写道：由于《结构》一书"已传入我国，这就使我大开眼界，有条件吸收一些新的研究成果"③。于是撰写了分别与①②相照应的《秦汉非军功赐爵诏令及说明》《关于赐爵级别计算问题》两篇文章。作者指出："这两篇稿子主要是读了日本学者西嶋定生先生的《中国古代帝国的形成与构造——二十等爵制的研究》的相应部分，受到启发之后而写成的。这两篇文章既不是西嶋定生先生著作中相应部分的翻译，也不是节录，而是根据我自己对原始资料的理解，按照我自己的意见写成的。"④把它们作为两篇附录，收在了上编之末。我们感到，《研究》作者的这种做法，既尊重他人劳动成果，又加有自己的研究功夫，又跟其他诸篇区分安排，是一种重在学术交流，严格实事求是，而又谦虚谨慎的负责态度，是颇为可取的。

另外，笔者提出一个很不成熟的问题，来同《研究》著者商榷，向研究"爵制"的专家请教。那就是：曾存在于秦汉社会的（主要是在两汉）"爵制"，究竟是只能看作是产生于春秋战国的"军功爵制"的演变、因革、轻

---

① 朱绍侯：《军功爵制研究》，上海人民出版社，1990，"前言"第 4 页。
② 朱绍侯：《军功爵制研究》，上海人民出版社，1990，"前言"第 1 页。
③④ 朱绍侯：《军功爵制研究》，上海人民出版社，1990，"前言"第 4 页。

滥、衰亡呢？还是可以像西嶋那样把它本身就看作是两汉社会政治结构的一种框架或形式——"二十等爵制"呢？促使人们这样考虑的，主要有以下几点：(1)在秦汉，特别是两汉，多次颁布"民爵赐予"诏令(即《研究》所称"非军功赐爵")。赐爵的原因或根据，根本与"军功"不挂钩儿、不沾边儿。换句话说，并不是此人军功不足勉强给他"军功爵"，也不是明知无军功可言而硬按"军功"给爵；而是：赐爵的出发点就不在"军功"，赐爵时就未考虑"军功"这个概念。《结构》一书按年代先后，全文引录了两汉有关赐爵诏令。如果按诏文内容整理一下，大致有以下几种情形及提法：赐天下民(男子)爵，赐长子或为父后者爵，赐三老孝弟力田爵，赐爵给吏给民，赐爵又赐粟帛，规定爵过公乘则须分移，宣布流民复籍予以赐爵。或是相当于这些内容而有所拆、合、增、减的提法。正如西嶋所概括的，这是普遍地赐给天下良民男子爵，汉代庶民之广泛成为有爵者，正是来自这种"民爵赐予"。当然，"军功赐爵"也仍存在，但它已不占主要地位。上述这些赐爵诏令中，从未出现过"军功爵"的概念或字样，卖爵的场合也是一样。《研究》作者写道："汉政府滥赐滥卖军功爵，使军功爵与奖励军功毫无关系。"①"军功爵制已滥到与军功没有必然的联系。"②实际上指的是同一事实。这里有一个对两汉爵制的实质、实态的认定与评价问题。若按《研究》，则它只能是"军功爵制"的轻滥与衰亡，"特别是八级以下的'民爵'，成为徒有其名而无实际价值的空虚头衔"③。若按《结构》，第三章题目就叫"二十等爵制的机能"，副题为"——尤其是就民爵而言——"，详述了"民爵赐予"是汉代政制中有重大意义与实际价值的事物。(2)早在秦统一之前之后，就有过"赐民爵"的事实与"军功爵"平行存在，那并不是对"军功爵制"原则的偏离，也不是"军功爵制"的轻滥与衰亡。秦昭襄王二十一年(前286年)，"(司马)错攻魏河内。魏献安邑，秦出其人，募徙河东赐爵，赦罪人迁之"④。《研究》正确指出：这是"对

---

① 朱绍侯：《军功爵制研究》，上海人民出版社，1990，第75页。
② 朱绍侯：《军功爵制研究》，上海人民出版社，1990，第202页。
③ 朱绍侯：《军功爵制研究》，上海人民出版社，1990，第75页。
④ 司马迁：《史记》卷5《秦本纪》，中华书局，1959，第212页。

人民赐爵,对罪犯免刑"①。翌年,秦在"河东为九县"②,即在安邑及其附近设新县,使新迁来者分属此九县而为郡县民。秦始皇帝三十六年(前211年),"迁北河榆中三万家。拜爵一级"③。这当然不是只为应卜"卦得游徙吉"而为,仍是充实边地的需要。可见,早在秦时,就已有不因军功而为徙民的赐爵了。又如,秦昭襄王四十七年(前260年),在赵、秦战争间,"秦王闻赵食道绝,王自之河内,赐民爵各一级,发年十五以上悉诣长平,遮绝赵救及粮食"④。这是为激励当发秦民而普赐民爵,虽与战事有关,但也非"军功"赐爵。情况类似的还有,秦始皇帝二十七年(前220年),"是岁,赐爵一级。治驰道"⑤。这里虽未明确说出赐爵对象和赐爵原因,但是,"秦为驰道于天下,东穷燕齐,南极吴楚……"⑥。很明显,这是赐天下男子爵人一级,动员去修筑驰道。还有一种情况,是秦始皇帝四年(前243年)"十月庚寅,蝗虫从东方来,蔽天。天下疫。百姓内粟千石,拜爵一级"⑦。这是因天灾而纳粟授爵。综上可知,很早以来,就有了与军功赐爵无涉、与军功赐爵并行的民爵赐予了。那么两汉时期大量的民爵赐予,跟这些早期的"非军功赐爵",是不是不但内容相关,而且也是它们在新条件下的继承、扩充与发展呢?!若然,则两汉的赐民爵,不必都是来自"军功爵"的轻滥吧!(3)民爵有价值与实效。《结构》认为,爵所具有的本质机能,就在于通过赐爵而形成身份,此身份具有特权,由身份构成秩序。"特权",实际是说民爵的实效性,西嶋还从中国古算书《九章算术》的《衰分论》中摘用了反映出民爵实效性的材料。即因爵等之不同而产生的高爵有利、低爵不利的利得上之差异,正是现实生活中爵之实效性的体现。这是从现实生活中抽象提炼的凝缩材料;如前述,《结构》曾就两汉史实多次阐述了民爵的机能与效用。

---

① 朱绍侯:《军功爵制研究》,上海人民出版社,1990,第104页。
② 司马迁:《史记》卷5《秦本纪》,中华书局,1959,第212页。
③ 司马迁:《史记》卷6《秦始皇本纪》,中华书局,1959,第259页。
④ 司马迁:《史记》卷73《白起王翦列传》,中华书局,1959,第2334页。
⑤ 司马迁:《史记》卷6《秦始皇本纪》,中华书局,1959,第241页。
⑥ 司马迁:《史记》卷6《秦始皇本纪》,中华书局,1959,第242页。
⑦ 司马迁:《史记》卷6《秦始皇本纪》,中华书局,1959,第224页。

最后,关于名称问题,《研究》的"前言"写道:"在这里要谈一谈关于军功爵制的正名问题。对于这个从春秋、战国时期新产生和确立的爵制,现在称谓不一。有的称为'二十等爵制'①,这是由于这种爵制在秦汉时期共有二十个等级而得名。有人称为'赐爵制'②,这是由于政府对立有军功、事功者赐以爵位而得名,特别是在西汉中期以后,爵制轻滥,政府赐爵已与军功没有必然联系,因此称为赐爵制就显得顺理成章。其实这种爵制的正式名称应称为'军爵制',秦律中的《军爵律》……就是关于军人在战场上因功赐爵、因罪夺爵的法律。"③那么,如果说两汉搞的本就是不按军功的普遍的民爵赐予,它又早已有之,它又非毫无意义,可否就不一定非把它算作"军功爵制"的轻滥衰亡了呢?对秦汉爵制,是否也可像西嶋先生那样称为"二十等爵制",或如高敏先生那样称为"赐爵制",而不必"正名"为"军功爵制"呢?

——原载《史学史研究》1990年第3期

---

① 原注:"西嶋定生著《中国古代帝国的形成与构造》一书的副标题即为《二十等爵制的研究》。"
② 原注:"高敏在《秦汉史论丛》即主此说。"
③ 朱绍侯:《军功爵制研究》,上海人民出版社,1990,"前言"第2、4页。

朱绍侯先生与军功爵制研究

陈长琦

朱绍侯先生长期以来专注于秦汉魏晋南北朝史的研究。在秦汉魏晋南北朝史研究领域,先生辛勤耕耘,建树颇丰。其中先生对土地制度、阶级关系、军功爵制的研究所花力气最多,取得的成果也最多。尤其是他的军功爵制研究,在当代中国古代史研究领域占有重要的地位。

军功爵制度产生于春秋,确立于战国,在秦和西汉初期达到了鼎盛,其后逐渐走向衰落,其制度之精神消亡于东汉,其形式之余韵则绵响于六朝。在军功爵制消亡之后,人们对其记忆亦逐渐淡化,以至于长期以来,学者对其已不甚了了。甚至包括在学术上颇有成就的宋儒和清乾嘉一代的考据大师,对军功爵制研究都没有留下多少弥可称道的文字。

朱先生自20世纪50年代涉足于军功爵制研究领域,迄今50年来,已发表有关军功爵制研究的论文30余篇,出版著作《军功爵制初探》《军功爵制研究》两部。他系统研究了军功爵制产生、发展、衰亡的历程,深入探讨了军功爵制施行中的许多具体问题,取得了一些开创性的成果,一些凿空之论填补了军功爵制研究方面的空白。先生多年之心血倾注于斯,其用力之勤、用力之深,罕有学者相匹。在他自己的学术生涯中,军功爵制研究所下的功力也应该是其他研究难以相比的。概括先生在军功爵制研究领域的成就,主要集中在三个方面。

一、确定了军功爵制的概念

对于军功爵制的概念,长期以来,学者存在着不同的认识,也有一些误解。正如朱先生所言:"有人甚至把春秋、战国时代出现的军功爵制,和西周的'选建明德,以藩屏周'的诸侯分封制混为一谈。"①也有学者把军功爵制与汉代的王侯二级爵制、武功爵制混淆在一起。因此,在研究过程中,人们对军功爵制缺乏一致的定义。概念的分歧,影响了人们对军功爵制发展与演化过程的把握,影响了人们对军功爵制性质的认识,也影响了研究的拓展和深入。

一些学者把这一爵制称为"二十等爵制"。这在我国学者和日本学者中都相当普遍。例如日本著名学者西嶋定生采用的就是这一概念。西嶋定生先生的成名之作《中国古代帝国の形成と构造》,其副标题就是《二十等爵制の研究》。回想起 20 多年前,我在河南大学跟随先生读研究生,当时开放不久,西嶋定生先生的大作虽然是 20 世纪 60 年代出版的,但还不易找到。我是在朱先生的支持下,用研究生的外汇额,到北京的中国图书进出口公司订购了一部。书买回后,我草草翻了一遍,就去送给先生,先生如获至宝,就边翻着书,边和我讨论起爵制的概念。朱先生不停地赞赏西嶋定生先生的功力,但认为把这一爵制称为"二十等爵制"不妥,因为这一爵制在春秋产生的时候,乃至到战国时期都没有达到二十个等级,把它定名为二十等爵制,不能完全概括它的发展、演变过程,容易使人产生误解。朱先生在他的论文与书中也多次谈到这一观点。

有学者把这一爵制称为"赐爵制度",如高敏先生。高敏先生在《郑州大学学报(哲学社会科学版)》1977 年第 3 期发表有《试论商鞅的赐爵制度》一文,提出了自己的观点。也有学者把这一爵制概称为"爵位制度",如廖伯源先生。廖先生在香港《新亚学报》1973 年第 7 期发表有《汉

---

① 朱绍侯:《军功爵制研究》,上海人民出版社,1990,"前言"第 1 页。

代爵位制度试释》一文。朱先生认为,这些概念没有清晰地界定研究的内容,如"赐爵",没有讲明是赐什么爵。先生认为,"二十等爵制""赐爵制度""爵位制度"这些概念大都抓住了军功爵制某个发展阶段或某个方面的特征,但都难以概括、界定军功爵制的内涵与外延。即在内涵上,将秦统一以前的军功爵制与秦统一以后的二十等军功爵制包容起来;在外延上,将军功爵制与周代的五等爵制以及汉代的王、侯二等爵制和武功爵制区别开来。因此这些概念都是欠精确的。在长期的研究探索中,朱先生认为,准确地讲,应该将这一爵位制度定名为军功爵制。

朱先生给军功爵制所下的定义是:"所谓军功爵制,就是因军功(实际也包括事功)而赐给爵位、田宅、食邑、封国的爵禄制度……这种制度是春秋战国时期,奴隶制社会向封建社会过渡时期,新兴地主阶级向没落的奴隶主阶级夺取政权、巩固政权斗争中的产物。"①

这一定义准确界定与表达了军功爵制的含义,可以从三个方面来理解:(1)定义准确表达了军功爵制创立的基本精神,即其"以爵赏战功"②的原则。军功爵制一创立,就与周代原来存在的爵制有着根本的区别,它不再是以宗法制为基础,以"亲亲"为原则,而是以赏军功为原则。以宗法制为基础,以"亲亲"为原则的五等爵制,虽然不排除个别的赏军功的案例,但其基本精神是贵族化的,其授予对象基本是与周王关系亲密的贵族。而军功爵制所授爵,虽然也不排除授予贵族的个案,但其基本精神应该是平民化的,其授予对象基本是来自非贵族阶层的立功者。(2)定义尊重历史和关照了古籍沿用习惯。而事实上秦人自己正是把这一爵制称为"军爵"的。湖北云梦考古所发现的秦律之中,就有《军爵律》③,可以充分说明这一点。(3)定义揭示了军功爵制的本质及其历史作用。产生于春秋战国时代的军功爵制,其本质正是为新兴地主阶级服务的,它打破了旧的权力格局,冲破了旧的统治阶级垄断政治的局面,为

---

① 朱绍侯:《军功爵制研究》,上海人民出版社,1990,第3页。
② 朱师辙:《商君书解诂定本》,古籍出版社,1956,第71页。
③ 睡虎地秦墓竹简整理小组编《睡虎地秦墓竹简》,文物出版社,1978,第92—94页。

新兴地主阶级由军功的途径走上政治舞台提供了机遇。因此,把这种随着时代的需要而产生,为新兴地主阶级服务,以赏军功为原则而建立起来的爵制定名为军功爵制,是十分恰当的。朱先生为军功爵制正名所做的努力,正在被越来越多的学者理解,同时军功爵制这一概念也正在被越来越多的学者接受。

二、总结了军功爵制产生、发展、衰亡的规律

众所周知,政治制度史研究是一件非常困难的工作。这不仅是由于在研究的过程中要下许多考证的功夫,而且要探索、总结隐藏在制度背后的历史规律,更是一件不容易的事情。朱先生不畏艰辛,在军功爵制研究领域坚持长期艰苦跋涉和探索,为了搞清楚军功爵制的来龙去脉,他通检先秦、秦汉文献,旁及后人的研究成果。从经、史、诸子着手,到清人的笔记、文集,进行了大量的翻阅、搜讨。同时,他又广泛收集考古材料,与文献相互比勘,从中钩沉索隐,求证探微,终于厘清了军功爵制的原有眉目,把握了其产生、发展、演变的规律。

朱先生认为,军功爵制首先是时代的产物,它是适应春秋战国时代新兴地主阶级政治、经济等方面的需要而诞生的一种封建等级制度。它区别于西周奴隶主阶级所建立的五等爵制,也区别于汉代王、侯二级爵制及武功爵制,是新兴地主阶级扩展势力,登上政治舞台和向奴隶主阶级贵族夺权的工具。

朱先生考证,春秋时期的齐国是萌生新爵制最早的国家。先生认为,《左传·襄公二十一年》"(齐)庄公为勇爵"①的材料,当是春秋时期的齐国已建立因军功而赐爵制的明证。而《太平御览》卷198《封建部》的注文说齐庄公建立"勇爵"的目的,是"设爵位以命勇士",则为《左传》的记载做了准确的注解。勇爵"设爵位以命勇士"的原则与军功爵制"以爵赏战功"的原则,可谓同曲同工。春秋时期除了齐国之外,在晋国、秦

---

① 《春秋左传集解》(第2册),上海人民出版社,1977,第977页。

国、楚国、宋国也先后出现了区别于旧爵制的新爵制。齐、晋、秦、楚、宋等国所出现的新爵制,是军功爵制的雏形。

朱先生认为,战国时期是军功爵制的确立时期。先生运用大量文献材料和考古材料,考证了战国时期各国普遍建立军功爵制的史实,论证了军功爵制在当时政治、经济生活中所发挥的重要作用。他指出:当然,在战国时期,"把军功爵制发展到完备程度的还是秦国"①。先生认为,秦国的商鞅变法吸收了其他各国的经验,结合秦国的情况,颁布了"有军功者,各以率受上爵"②的法令,从而在秦国确立了军功爵制。建立了"明尊卑爵秩等级,各以差次名田宅,臣妾衣服以家次"③的新的封建等级制度。这一新的制度,对于巩固新兴地主阶级的统治、打击奴隶主旧贵族的势力、鼓舞军队士气都起到了一定的积极作用,同时,一般人民也有获得爵位的机会和可能。有些人可以通过军功爵制来摆脱被奴役的地位,并获得一定数量的土地,甚至可以充当小吏,可以获得自耕农的身份。军功爵制在战国政治生活中有不可忽视的作用。

朱先生的研究,从一个非常重要的侧面,至少是从秦国历史的角度,揭示了军功爵制与封建中、小地主诞生过程的联系,支持和补充了战国封建论的观点。

在朱先生的军功爵制研究系统中,秦和西汉初期被视为军功爵制发展的鼎盛时期。从朱先生的一系列研究中可以概括出这样一些观点:(1)军功爵制的二十等爵位制度,是在秦统一前后完善定型的。(2)军功爵制的赐爵手续和程式即劳、论、赐等制度臻于完备。(3)军功爵制度在秦和西汉初,成为当时社会政治权力、经济权力再分配的一种基本形式。如在秦代,有爵者可以当官为吏、乞庶子,可以用爵位赎罪免刑,可以用爵位赎取自己或父母的奴隶身份;在汉初,有爵者可以依其爵位之高低食邑、名田、复其身、复其家等等。"秦汉时代,通过军功爵制培养了一大批军功贵族和军功地主,也培养了大量的自耕农。"④

---

① 朱绍侯:《军功爵制研究》,上海人民出版社,1990,第20页。
②③　司马迁:《史记》卷68《商君列传》,中华书局,1959,第2230页。
④ 朱绍侯:《军功爵制研究》,上海人民出版社,1990,第99页。

朱先生认为,西汉中期以后到东汉,是军功爵制由轻滥走向衰亡的时期。而这个源头则可以追溯到西汉初的文帝、景帝时期。西汉初年,政府为了解决财政困难,开始卖爵和赐爵,从而破坏了军功爵制的严肃性和以爵赏功劳的原则。晁错甚至说:"爵者,上之所擅,出于口而亡穷。"①鼓吹国家利用卖爵作为扩大财政收入的手段。如当时规定,百姓贡献粮食于国家,并且运送到边防所在地,即"入粟于边"者,可以根据其入粟的数量多少,分别授予不同的爵位。授爵高者可以达到五大夫爵。五大夫爵是军功爵制二十等爵位中的第九等爵位。这对于一般百姓而言,应该是一个相当高的爵位。从当时来说,卖爵确实为国库带来了一时丰厚的收入,确实舒缓了国家粮食储备匮乏的困境,为西汉初年社会的稳定与经济的恢复发展,为国防的加强和巩固做出了贡献。但是,从军功爵制施行的角度来看,爵位一旦变成商品,它就开始失去了原有的价值和荣誉。特别是汉武帝以后,甚至皇帝即位、立皇后、立太子都普赐天下民爵一级或二级,赐爵变成了君主欢庆自己喜日的点缀。爵位,这一原来靠血与汗,靠战场上拼命才能够得来的东西,现在,只要君主高兴,只要付出一定的财物,就可轻易获取,那么其价值自然就不可与往昔同日而语。滥赐和轻取是造成爵位贬值和军功爵制走向衰亡的重要原因。

朱先生指出,东汉时期军功爵制衰亡的原因,主要还有两点。一是从社会着眼,东汉时期豪强地主势力的发展和膨胀,使仕途已为豪强地主所垄断,军功爵制失去了参政阶梯的作用。二是从军功爵作为一种军队激励机制来看,更戍制的废止和募兵制的兴起,使军功爵失去了其原有作用。军功爵与减役、免役以及士兵的地位已无必然联系。军功爵原有的优待条件和特殊权力也已不复存在。因此,军功爵渐渐已不为国家和人民所重视,所谓赐爵不喜、夺爵不惧,真实反映了东汉时期人们对爵位的麻木与无所谓的心态。

归根结底,军功爵制的衰亡是历史的必然。军功爵制诞生于社会新

---

① 班固:《汉书》卷24上《食货志上》,中华书局,1962,第1134页。

旧交替的时代,是新兴地主阶级夺取政权、巩固政权的工具。随着汉代社会的稳定、大规模战事的结束、经济的恢复与发展、地主阶级政权的日益巩固、统一的封建国家的建立,以及这一过渡时代的结束,军功爵制也就完成了自己的历史使命,其走向衰亡就是历史必然。

三、解决了军功爵制研究中的许多重要问题

这些成果散见于朱先生的多篇论文及两部著作中。我想主要谈三个问题,当然,朱先生的贡献不止以下三个问题,而主要限于篇幅,不能展开来谈。

1. 订正了军功爵制的二十等爵制的形成问题

过去,传统的看法认为,汉代所施行的二十等爵制是商鞅变法所确立的。例如《后汉书志·百官五》注引刘劭的《爵制》即持这一观点。朱先生通过缜密和可以信赖的考证,纠正了这一观点。朱先生精辟地指出,商鞅变法时所建立起来的爵位只有十七个等级,其最高爵位是"大良造",大良造之上没有后来所看到的侯爵。而一级爵位公士之下,则有校、徒、操三个等级。汉代所奉行的军功爵制的二十个等级,则是在秦统一前、后确立的。其时间上,最早不超过秦惠王时期,先生所提出的令人信服的证据之一是秦自惠王改元称王,以前国君尚自称公(侯),显然不可能在军功爵制中设置与自身相同的爵位。这确实是学者都了解的常识问题,但又往往是许多人都忽略的问题。

2. 辨别了军功爵制中的贵族爵、官爵、民爵的划分问题

军功爵制中的高级爵位与低级爵位之间,是存在着贵贱之分的。这就是特权享有与非特权享有的区别。统治者为了发挥军功爵制对下层人民的激励作用,同时又为了阻止具有低级爵位的下层人士通过不断的晋爵(特别是在汉代滥赐爵位的情况下),由低级爵位而晋升入高爵,设置了民爵与官爵的分界线。据朱先生考证,汉代民爵的最高级别是军功爵制中的第八级"公乘"爵位。公乘爵是一般百姓不可逾越的爵位。九级以上的爵位则是官爵,而侯爵则是贵族的爵位。官爵、民爵以及贵族

爵的辨别,对于我们认识军功爵制的实质、把握军功爵制的规律具有重要的帮助。

3. 科学地解释了军功爵制与秦汉重要的土地制度——名田制的关系

名田制在秦汉时期的社会生活中具有重要的地位。"名田",即以个人之名领有田地。朱先生对秦汉土地制度与阶级关系素有研究,这些成果主要集中在他的《秦汉土地制度与阶级关系》一书中,把军功爵制与秦汉的名田制联系起来考察,进而得出名田制是军功爵制的经济基础的结论,是朱先生在秦汉史研究领域里的主要发明。先生考证,军功爵制与名田制联系在一起,并作为相互关联的制度确定下来,是从商鞅变法开始的。二者的结合,使爵位的高低与名有土地数量的多少有机联系起来,爵位越高,名有土地数量越多;爵位越低,则名有土地数量越少。名田制实质上是一种地主等级土地占有制。这种政策导向,不仅把整个秦国的国民纳入了战争的轨道,也为中、小地主的产生铺平了一条大道。

这一研究成果,不仅揭示了军功爵制在中国封建社会初期所起的重要作用,同时也揭示了中国封建社会所具有的一个重要特点,即在中国封建社会中,政治地位具有决定的因素,政治往往决定着经济,因为政治是经济的集中表现。封建政治权力是一切权力的集中。

先生学问博深,治学严谨,能够娴熟地运用辩证唯物主义理论和多种研究方法,因而能够在军功爵制研究领域取得丰硕的成果。如他能够熟练地运用唯物辩证法和阶级分析方法,始终把军功爵制度放在宽阔的社会历史背景中去考察,把军功爵制的演变与社会、阶级的变化和变动联系起来,不仅深刻地揭示了军功爵制变化的原因,而且有力地解说了其发展规律。

在考证军功爵制的具体问题中,先生把归纳法与二重证据法有机结合起来,尽可能全面、无遗漏地收集有关文献材料,同时,也尽可能全面、无遗漏地收集考古材料,从中分析问题、归纳问题,使得出的结论更具科学性、更具说服力。先生治学严谨,一贯信守"以经解经"的原则,强调从材料中归纳问题、解说问题,从材料中找出本证,决不为有利于自己的立论而"改字解经""增字解经"。因此,先生的军功爵制研究成果和其他一系列研究成果都是可靠的、经得起检验的。

先生为人与为学都非常谦虚和低调。在军功爵制研究问题上,学术界向来就有不同的观点与看法。不管是前辈还是后学,与先生讨论问题的时候,先生都能以平常之心平等对待,心平气和地与之讨论,宽容地对待不同的声音,从不盛气凌人。从先生的军功爵制研究中,我不仅学到了知识,也学到了做人的榜样和为学的方法。

——原载《史学新论:祝贺朱绍侯先生八十华诞》,河南大学出版社2005年版

朱绍侯与军功爵制研究

陈长琦

朱绍侯先生是我国学术界享有盛名的历史学家。

长期以来,朱先生专注于中国古代史,特别是秦汉魏晋南北朝史的研究。在秦汉魏晋南北朝史研究领域,先生辛勤耕耘,建树颇丰。其中对土地制度、阶级关系、军功爵制的研究所花力气最多,取得的成果也最多。尤其是他的军功爵制研究,在当代中国古代史研究领域占有重要的地位。

军功爵制度是中国古代,特别是战国秦汉时期十分重要的一种制度。它产生于春秋,确立于战国,在秦和西汉初期达到了鼎盛,它最初是一种军制,其后作用于政治、司法、经济等社会各个领域,成为一种十分重要的社会等级制度。西汉中期以后,军功爵制逐渐走向衰落,其制度之精神消亡于东汉,其形式之余韵则绵响于六朝。在军功爵制消亡之后,人们对其记忆亦逐渐淡化,以至于长期以来,学者对其已不甚了了。甚至包括在学术上颇有成就的宋儒和清乾嘉一代的考据大师,对军功爵制研究都没有留下多少弥可称道的文字。

朱先生自20世纪50年代涉足于军功爵制研究领域,迄今50多年来,已发表有关军功爵制研究的论文30多篇,出版著作有《军功爵制试探》(上海人民出版社1980年版)、《军功爵制研究》(上海人民出版社1990年版)、《军功爵制考论》(商务印书馆2008年版)等三部。他系统研究了军功爵制产生、发展、衰亡的历程,细致探讨了军功爵制施行中的许多具体问题,实事求是地评价军功爵制的历史作用,深刻揭示了军功爵制与中国早期封建社会等级结构的内在联系,取得了许多开创性的成果。很多凿空之论填补了军功爵制研究方面的空白,也填补了秦汉史研究方面的空白。先生多年之心血倾注于斯,其用力之勤,用力之深,罕有学者匹敌。在先生自己的学术生涯中,军功爵制研究所下的功力也应该是其他研究难以相比的。概括先生在军功爵制研究领域的成就,主要集中在以下方面。

一、确定了军功爵制的概念

对于军功爵制的概念,长期以来,学者存在着不同的认识,也有一些误解。正如朱先生所言:"有人甚至把春秋、战国时代出现的军功爵制,和西周的'选建明德,以藩屏周'的诸侯分封制混为一谈。"①也有学者把军功爵制与汉代的王侯二级爵制、武功爵制混淆在一起。因此,在研究过程中,人们对军功爵制缺乏一致的定义。概念的分歧,影响了人们对军功爵制发展与演化过程的把握,影响了人们对军功爵制性质的认识,也影响了研究的拓展和深入。

一些学者把这一爵制称为"二十等爵制"。这在我国学者和日本学者中都相当普遍。例如日本著名学者西嶋定生采用的就是这一概念。西嶋定生先生的成名之作《中国古代帝国の形成と构造》,其副标题就是《二十等爵制の研究》。回想起20多年前,我在河南大学跟随先生读研究生,当时开放不久,西嶋定生先生的大作虽然是20世纪60年代出版的,但还不易找到。我是在朱先生的支持下,用研究生的外汇额,到北京的中国图书进出口公司订购了一部。书买回后,我草草翻了一遍,就去送给先生,先生如获至宝,边翻着书,边和我讨论起爵制的概念。朱先生不停地赞赏西嶋定生先生的功力,但认为把这一爵制称为"二十等爵制"不妥,因为这一爵制在春秋产生的时候,乃至到战国时期都没有达到二

---

① 朱绍侯:《军功爵制研究》,上海人民出版社,1990,"前言"第1页。

十个等级,把它定名为二十等爵制,不能完全概括它的发展、演变过程,容易使人产生误解。朱先生在他的论文与书中,也多次谈到这一观点。

有学者把这一爵制称为"赐爵制度",如高敏先生。高敏先生在《郑州大学学报(哲学社会科学版)》1977年第3期发表有《试论商鞅的赐爵制度》一文,提出了自己的观点。也有学者把这一爵制概称为"爵位制度",如廖伯源先生。廖先生在香港《新亚学报》1973年第7期发表有《汉代爵位制度试释》一文。朱先生认为,这些概念没有清晰地界定研究的内容,如"赐爵",没有讲明是赐什么爵。先生认为,"二十等爵制""赐爵制度""爵位制度"这些概念大都抓住了军功爵制某个发展阶段或某个方面的特征,但都难以概括、界定军功爵制的内涵与外延。即在内涵上,将秦统一以前的军功爵制与秦统一以后的二十等军功爵制包容起来;在外延上,将军功爵制与周代的五等爵制以及汉代的王、侯二等爵制和武功爵制区别开来。因此这些概念都是欠精确的。在长期的研究探索中,朱先生认为,准确地讲,应该将这一爵位制度定名为军功爵制。

朱先生给军功爵制所下的定义是:"所谓军功爵制,就是因军功(实际也包括事功)而赐给爵位、田宅、食邑、封国的爵禄制度……这种制度是春秋战国时代,奴隶制社会向封建社会过渡时期,新兴地主阶级向没落的奴隶主阶级夺取政权、巩固政权斗争中的产物。"[①]

这一定义准确界定与表达了军功爵制的含义,可以从三个方面来理解:(1)定义准确表达了军功爵制创立的基本精神,即其"以爵赏战功"[②]的原则。军功爵制一创立,就与周代原来存在的爵制有着根本的区别,它不再是以宗法制为基础,以"亲亲"为原则,而是以赏军功为原则。以宗法制为基础,以"亲亲"为原则的五等爵制,虽然不排除个别的赏军功的案例,但其基本精神是贵族化的,其授予对象基本是与周王关系亲密的贵族。而军功爵制所授爵,虽然也不排除授予贵族的个案,但其基本精神应该是平民化的,其授予对象基本是来自非贵族阶层的立功者。(2)定义尊重历史和关照了古籍沿用习惯。而事实上秦人自己正是把这

---

① 朱绍侯:《军功爵制研究》,上海人民出版社,1990,第3页。
② 朱师辙:《商君书解诂定本》,古籍出版社,1956,第71页。

一爵制称为"军爵"的。湖北云梦考古所发现的秦律之中,就有《军爵律》①,可以充分说明这一点。(3)定义揭示了军功爵制的本质及其历史作用。产生于春秋战国时代的军功爵制,其本质正是为新兴地主阶级服务的,它打破了旧的权力格局,冲破了旧的统治阶级垄断政治的局面,为新兴地主阶级由军功的途径走上政治舞台提供了机遇。因此,把这种随着时代的需要而产生,为新兴地主阶级服务,以赏军功为原则而建立起来的爵制定名为军功爵制,是十分恰当的。朱先生为军功爵制正名所做的努力,正在被越来越多的学者理解,同时军功爵制这一概念也正在被越来越多的学者接受。

二、总结了军功爵制产生、发展、衰亡的规律

众所周知,政治制度史研究是一件非常困难的工作。这不仅是由于在研究的过程中要下许多考证的功夫,而且要探索、总结隐藏在制度背后的历史规律,更是一件不容易的事情。朱先生不畏艰辛,在军功爵制研究领域坚持长期艰苦跋涉和探索,为了搞清楚军功爵制的来龙去脉,他通检先秦、秦汉文献,旁及后人的研究成果。从经、史、诸子着手,到清人的笔记、文集,进行了大量的翻阅、搜讨。同时,他又广泛收集秦汉简牍等考古材料,与文献相互比勘,从中钩沉索隐,求证探微,终于厘清了军功爵制的原有眉目,把握了其产生、发展、演变的规律。

朱先生认为,军功爵制首先是时代的产物,它是适应春秋战国时代新兴地主阶级政治、经济等方面的需要而诞生的一种封建等级制度。它区别于西周奴隶主阶级所建立的五等爵制,也区别于汉代王、侯二级爵制及武功爵制,是新兴地主阶级扩展势力,登上政治舞台和向奴隶主阶级贵族夺权的工具。

朱先生考证,春秋时期的齐国,是萌生新爵制最早的国家。先生认

---

① 睡虎地秦墓竹简整理小组编《睡虎地秦墓竹简》,文物出版社,1978,第92—94页。

为,《左传·襄公二十一年》"(齐)庄公为勇爵"①的材料,当是春秋时期的齐国已建立因军功而赐爵制的明证。而《太平御览》卷198《封建部》的注文说齐庄公建立"勇爵"的目的,是"设爵位以命勇士",则为《左传》的记载做了准确的注解。勇爵"设爵位以命勇士"的原则与军功爵制"以爵赏战功"的原则,可谓同曲同工。春秋时期除了齐国之外,在晋国、秦国、楚国、宋国也先后出现了区别于旧爵制的新爵制。齐、晋、秦、楚、宋等国所出现的新爵制是军功爵制的雏形。

朱先生认为,战国时期是军功爵制的确立时期。先生运用大量文献材料和考古材料,考证了战国时期各国普遍建立军功爵制的史实,论证了军功爵制在当时政治、经济生活中所发挥的重要作用。他指出:当然,在战国时期,"把军功爵制发展到完备程度的还是秦国"②。先生认为,秦国的商鞅变法吸收了其他各国的经验,结合秦国的情况,颁布了"有军功者,各以率受上爵"③的法令,从而在秦国确立了军功爵制,建立了"明尊卑爵秩等级,各以差次名田宅,臣妾衣服以家次"④的新的封建等级制度。这一新的制度,对于巩固新兴地主阶级的统治、打击奴隶主旧贵族的势力、鼓舞军队士气都起到了一定的积极作用,同时,一般人民也有获得爵位的机会和可能。有些人可以通过军功爵制来摆脱被奴役的地位,并获得一定数量的土地,甚至可以充当小吏,可以获得自耕农的身份。军功爵制在战国政治生活中有不可忽视的作用。

朱先生的研究,从一个非常重要的侧面,至少是从秦国历史的角度揭示了军功爵制与封建中、小地主诞生过程的联系,支持和补充了战国封建论的观点。

在朱先生的军功爵制研究系统中,秦和西汉初期被视为军功爵制发展的鼎盛时期。从朱先生的一系列研究中可以概括出这样一些观点:(1)军功爵制的二十等爵位制度,是在秦统一前后完善定型的。(2)军功爵制的赐爵手续和程式即劳、论、赐等制度臻于完备。(3)军功爵制度在

---

① 《春秋左传集解》(第2册),上海人民出版社,1977,第977页。
② 朱绍侯:《军功爵制研究》,上海人民出版社,1990,第20页。
③④ 司马迁:《史记》卷68《商君列传》,中华书局,1959,第2230页。

秦和西汉初,成为当时社会政治权力、经济权力再分配的一种基本形式。如在秦代,有爵者可以当官为吏、乞庶子,可以用爵位赎罪免刑,可以用爵位赎取自己或父母的奴隶身份;在汉初,有爵者可以依其爵位之高低食邑、名田、复其身、复其家等等。"秦汉时代,通过军功爵制培养了一大批军功贵族和军功地主,也培养了大量的自耕农。"①

朱先生认为,西汉中期以后到东汉,是军功爵制由轻滥走向衰亡的时期。而这个源头则可以追溯到西汉初的文帝、景帝时期。西汉初年,政府为了解决财政困难,开始卖爵和赐爵,从而破坏了军功爵制的严肃性和以爵赏功劳的原则。晁错甚至说:"爵者,上之所擅,出于口而亡穷。"②鼓吹国家利用卖爵作为扩大财政收入的手段。如当时规定,百姓贡献粮食于国家,并且运送到边防所在地,即"入粟于边"者,可以根据其入粟的数量多少,分别授予不同的爵位。授爵高者可以达到五大夫爵。五大夫爵是军功爵制二十等爵位中的第九等爵位。这对于一般百姓而言,应该是一个相当高的爵位。从当时来说,卖爵确实为国库带来了一时丰厚的收入,确实舒缓了国家粮食储备匮乏的困境,为西汉初年社会的稳定与经济的恢复发展,为国防的加强和巩固做出了贡献。但是,从军功爵制施行的角度来看,爵位一旦变成商品,它就开始失去了原有的价值和荣誉。特别是汉武帝以后,甚至皇帝即位、立皇后、立太子都普赐天下民爵一级或二级,赐爵变成了君主欢庆自己喜日的点缀。爵位,这一原来靠血与汗、靠战场上拼命才能够得来的东西,现在,只要君主高兴,只要付出一定的财物,就可轻易获取,那么其价值自然就不可与往昔同日而语。滥赐和轻取是造成爵位贬值和军功爵制走向衰亡的重要原因。

朱先生指出,东汉时期军功爵制衰亡的原因,主要还有两点。一是从社会着眼,东汉时期豪强地主势力的发展和膨胀,使仕途已为豪强地主所垄断,军功爵制失去了参政阶梯的作用。二是从军功爵作为一种军队激励机制来看,更成制的废止和募兵制的兴起,使军功爵失去了其原

---

① 朱绍侯:《军功爵制研究》,上海人民出版社,1990,第99页。
② 班固:《汉书》卷24上《食货志上》,中华书局,1962,第1134页。

有作用。军功爵与减役、免役以及士兵的地位已无必然联系。军功爵原有的优待条件和特殊权力也已不复存在。因此,军功爵渐渐已不为国家和人民所重视,所谓赐爵不喜、夺爵不惧,真实反映了东汉时期人们对爵位的麻木与无所谓的心态。

归根结底,军功爵制的衰亡是历史的必然。军功爵制诞生于社会新旧交替的时代,是新兴地主阶级夺取政权、巩固政权的工具。随着汉代社会的稳定、大规模战事的结束、经济的恢复与发展、地主阶级政权的日益巩固、统一的封建国家的建立,以及这一过渡时代的结束,军功爵制也就完成了自己的历史使命,其走向衰亡就是历史必然。

三、解决了军功爵制研究中的许多重要问题

这些成果散见于朱先生的多篇论文及三部著作中。我想主要举几个例子。

1. 订正了军功爵制的二十等爵制的形成问题

过去,传统的看法认为,汉代所施行的二十等爵制是商鞅变法所确立的。例如《后汉书志·百官五》注引刘劭的《爵制》即持这一观点。朱先生通过缜密和可以信赖的考证,纠正了这一观点。朱先生精辟地指出,商鞅变法时所建立起来的爵位只有十七个等级,其最高爵位是大良造,大良造之上没有后来所看到的侯爵。而一级爵位公士之下,则有校、徒、操三个等级。汉代所奉行的军功爵制的二十个等级,则是在秦统一前、后确立的。其时间上,最早不超过秦惠王时期,先生所提出的令人信服的证据之一是秦自惠王改元称王,以前国君尚自称公(侯),显然不可能在军功爵制中设置与自身相同的爵位。这确实是学者都了解的常识问题,但又往往是许多人都忽略的问题。

2. 辨别了军功爵制中的贵族爵、官爵、民爵的划分问题

军功爵制中的高级爵位与低级爵位之间,是存在着贵贱之分的。这就是特权享有与非特权享有的区别。统治者为了发挥军功爵制对下层人民的激励作用,同时又为了阻止具有低级爵位的下层人士通过不断的

晋爵（特别是在汉代滥赐爵位的情况下），由低级爵位而晋升入高爵，设置了民爵与官爵的分界线。据朱先生考证，汉代民爵的最高级别是军功爵制中的第八级"公乘"爵位。公乘爵是一般百姓不可逾越的爵位。九级以上的爵位则是官爵，而侯爵则是贵族的爵位。官爵、民爵以及贵族爵的辨别，对于我们认识军功爵制的实质，把握军功爵制的规律具有重要的帮助。

3. 科学地解释了军功爵制与秦汉重要的土地制度——名田制的关系

名田制在秦汉时期的社会生活中具有重要的地位。"名田"，即以个人之名领有田地。朱先生对秦汉土地制度与阶级关系素有研究，这些成果主要集中在他的《秦汉土地制度与阶级关系》一书中，把军功爵制与秦汉的名田制联系起来考察，进而得出名田制是军功爵制的经济基础的结论，是朱先生在秦汉史研究领域里的主要发明。先生考证，军功爵制与名田制联系在一起，并作为相互关联的制度确定下来，是从商鞅变法开始的。二者的结合，使爵位的高低与名有土地数量的多少有机联系起来，爵位越高，名有土地数量越多；爵位越低，则名有土地数量越少。名田制实质上是一种地主等级土地占有制。这种政策导向不仅把整个秦国的国民纳入了战争的轨道，也为中、小地主的产生铺平了一条大道。

这一研究成果不仅揭示了军功爵制在中国封建社会初期所起的重要作用，同时也揭示了中国封建社会所具有的一个重要特点，即在中国封建社会中，政治地位具有决定的因素，政治往往决定着经济，因为政治是经济的集中表现。封建政治权力是一切权力的集中。

四、实事求是地评价了军功爵制的历史作用

站在俯瞰中国古代社会发展全程的高度，朱先生对军功爵制的历史作用进行了认真的考察及实事求是的评价。

在对战国时期军功爵制确立过程的研究中，朱先生发表过《战国时期各国变法与军功爵制的确立》《商鞅变法与秦国早期军功爵制》等论

文。在这些论文中,朱先生实事求是地肯定了军功爵制的积极作用。朱先生认为,军功爵制在确立的过程中,不仅对新兴地主阶级夺取政权起过作用,就是对受奴役的人民摆脱枷锁,获得一小块土地也带来了希望。同时,他又成为新兴地主阶级巩固政权、反对奴隶主旧贵族复辟的工具。

在《统一后秦帝国的二十级军功爵制》《军功爵制在秦人政治生活中的地位》《吕后二年赐田宅制度试探——〈二年律令〉与军功爵制研究之二》《从〈二年律令〉看汉初二十级军功爵的价值——〈二年律令〉与军功爵制研究之四》等一系列论及秦及西汉初年军功爵制的论文中,朱先生利用丰富的文献材料与秦汉简牍材料,认真细致地考察了军功爵制与秦及西汉初期所施行的一系列政治、经济、司法等制度、政策之间的关系。朱先生认为,军功爵制在秦汉王朝建立封建统一中央集权国家的过程中也发挥了积极作用。它是秦始皇、汉高祖在实现统一的战争中奖励臣下,鼓舞士气,提高军队战斗力的工具。通过历史考察,我们可以发现,当时有许多在统一战争中立有战功的人物,通过军功爵制爬上了社会高层,甚至有许多一般的士卒,也能通过军功爵制而获得若干田亩,或获得一些法律及赋役方面的优待。

朱先生进一步指出,在秦汉时代,通过军功爵制培养了一大批军功贵族和军功地主,也培养了大量的自耕农。这些在军功爵制下培植起来的封建地主阶级和自耕农之间,虽然存在着阶级矛盾,但在当时的历史条件下,在封建社会处于上升的历史时期,他们之间的关系与生产力发展水平是基本适应的,因此,在秦汉时期,中国封建社会出现了一个新的发展时期。这些研究与评价抛弃了在过去"文革"时期所形成的僵化的"左倾"思维,无疑对处于鼎盛时期的军功爵制的历史作用做出了实事求是的判断。

作为一种社会激励机制的军功爵制,其制度的基本精神或者其基本操作原则应该是功、爵对等,也就是说,应该根据立功者的功之大、小或多、少,授予其相对等的爵位,简言之,应该是有功者爵之,无功者不爵。然而,根据朱先生的研究,作为激励机制的军功爵制,其制度之精神,从秦末开始,已受到亵渎。而亵渎这一制度的,却正是极力推行军功爵制并从军功爵制的推行中获得莫大好处的秦始皇帝。朱先生从1979年至1980年秦始皇陵秦俑坑考古队在秦始皇陵西侧赵背户村出土的一批瓦文中,先是找到了一批具有爵位的"居赀"者,揭示了军功爵制开始受到轻视的信息,而后,又从《史记》中找到了秦始皇徙民,"迁北河榆中三万家。拜爵一级"①等史料,指出秦已有非功赐爵的史实。

这说明,军功爵制的基本精神与操作原则,即功、爵对等原则,自秦末已开始受到破坏。朱先生指出,汉自文帝、景帝以后,军功爵制逐渐趋于轻滥,由于大量赐爵、卖爵使军功爵制与奖励军功失去必然联系,成为政府增加财政收入的廉价商品,成为欢庆节日的点缀,军功爵制失去了原有的价值与荣誉,已不被人们重视。东汉以后,军功爵制已名存实亡。朱先生对军功爵制在不同历史阶段所起之不同历史作用,有区别地进行了客观的实事求是的分析与评价,这种历史唯物主义的认识为我们了解和深入认识军功爵制的历史地位、分析军功爵制的历史价值与意义提供了明确的向导与正确的指引。

五、深刻揭示了军功爵制与中国早期封建社会等级结构的内在联系

中国早期封建社会是建立在等级结构基础之上的社会。然而,一些学者对此并不赞同。特别是一些对中国古代社会了解不深的西方学者,甚至认为中国古代社会没有等级。例如,著名的美国学者本尼迪克特,在她的著作中,就曾反复提出"无等级的中国""中国那种无等级的社会组织"等概念。②

秦汉社会其实是有等级的社会。这种等级及其结构与军功爵制有密切的关系。朱先生在其《关于汉代的吏爵与民爵问题》《关内侯在汉代爵制中的地位》《西汉初年军功爵制的等级划分——〈二年律令〉与军功

---

① 司马迁:《史记》卷6《秦始皇本纪》,中华书局,1959,第259页。
② 鲁思·本尼迪克特:《菊与刀——日本文化的类型》,吕万和、熊达云、王智新译,商务印书馆,1990,第41页。

爵制研究之一》等一系列论文中,深入论述了军功爵制的自身等级划分与社会等级的关系,朱先生指出,军功爵制中的一到四级爵位,即从公士到不更这四级属于小爵,也就是传统上所讲的士爵;从第五级爵大夫到第九级爵五大夫属于大夫爵;自第十级爵左庶长,到第十八级爵大庶长,属于卿爵;十九级关内侯、二十级彻侯属于侯爵。爵制的四个等级与社会等级密切配合。侯爵属于贵族爵,它具有特殊的社会政治、经济地位,具有许多社会特权。卿爵基本属于吏爵,是许多官僚者的爵位,而五大夫以下,即从公士到公乘爵,则属于民爵。

从张家山汉简《二年律令》所载《户律》条文来看,军功爵制与土地的占有具有严格的对应关系。从公士一顷半,到关内侯95顷,每个爵位等级应该占有的土地数量规定得清清楚楚,说明爵位的等级与社会等级,与社会的政治、经济地位密切相关。西嶋定生先生在他的大作中曾说:"这个田宅赐予应认为不是与爵制相伴行的本质特权。"[①]如果西嶋定生先生看到张家山汉简《二年律令》,相信他会改变这一看法。

朱先生学问博深,治学严谨,能够娴熟地运用辩证唯物主义理论和多种研究方法,因而能够在军功爵制研究领域取得丰硕的成果。如他能够熟练地运用唯物辩证法和阶级分析方法,始终把军功爵制度放在宽阔的社会历史背景中去考察,把军功爵制的演变与社会、阶级的变化和变动联系起来,不仅深刻地揭示了军功爵制变化的原因,而且有力地解说了其发展规律。

在考证军功爵制的具体问题中,先生把归纳法与二重证据法有机结合起来,尽可能全面、无遗漏地收集有关文献材料,同时,也尽可能全面、无遗漏地收集考古材料,特别是秦汉简牍材料,从中分析问题、归纳问题,使得出的结论更具科学性、更具说服力。先生治学严谨,一贯信守"以经解经"的原则,强调从材料中归纳问题、解说问题,从材料中找出本证,决不为有利于自己的立论而"改字解经""增字解经"。因此,先生的军功爵制研究成果和其他一系列研究成果都是可靠的、经得起检验的。

---

① 西嶋定生:《二十等爵制》,武尚清译,国际文化出版公司,1992,第404页。

先生为人与为学都非常谦虚和低调。在军功爵制研究问题上,学术界向来就有不同的观点与看法。不管是前辈还是后学,与先生讨论问题的时候,先生都能以平常之心平等对待,心平气和地与之讨论,宽容地对待不同的声音,从不盛气凌人。从先生的军功爵制研究中,我不仅学到了知识,也学到了做人的榜样和为学的方法。

——原载《邯郸学院学报》2010 年第 4 期

从军功爵制研究看朱绍侯先生的学术风格

姜建设

一

1980年9月,我从豫西南一个小山村考入河南大学历史系,开始了开封8年的求学生涯。由于班干部的缘故,入学不久为课程上的一件小事,我与一位同学来到时任历史系主管教学工作的副主任朱绍侯先生的家。在这之前两天,刚刚拿到十院校合编的《中国古代史》教材(试用本),教材封面上赫然印着"朱绍侯主编"5个大字。1980级同学是使用这部教材的第一届学生。第一次拜访一部大书的主编,一切显得那么神秘,那么新鲜,心里不免有点紧张。那时电话还很少,事先没有任何约定,少年不更事,没想先生有多忙,我们便摸到家里去了。先生没有一点架子,让座,倒茶,娓娓道来,亲切随和,拘谨很快释然,我便向先生问起问题来。先生没有因为问题的幼稚而不屑一顾,回答起来耐心细致,一脸的宽厚和慈祥。在这次拜访中,先生的一句话吓了我一跳:"不要看轻了历史学,大学4年能够入门已经是学得很好的学生了。"当时我感到不解,不恭敬的念头甚至在脑海里闪了一下:历史学有那么难学吗?先生是不是在故弄玄虚呢?多年以后,当明白了这是一句饱经风霜之后的大实话时,我也不断地向我的学生们重复它。第一次拜会朱先生,我听到了历史研究的不容易。

有了第一次,便有了第二次、第三次。4 年大学期间,单独向朱先生当面请教不下 10 次。在先生的指导和鼓励下,我的本科毕业论文《游士宾客在秦汉的兴衰演变》在《史学月刊》1986 年第 5 期上发表,这篇习作被中国人民大学复印报刊资料复印后,增加了我学习中国古代史的信心。本科毕业后留校任教,一年后有幸考取中国古代史专业研究生,进一步拜在了先生的门下,求教的机会便多了起来。硕士 3 年中,先生给我们讲了一门课——秦汉史专题研究,其中"秦汉土地制度与阶级关系"和"军功爵制研究"两个专题给我留下了深刻的印象,从中感受到了先生的博学和严谨。硕士研究生毕业后考入华东师范大学,拜在了史学宿儒吴泽先生的门下,继续从事中国古代史的学习和研究。1991 年博士毕业来到郑州大学工作,郑、汴之间只有一个多小时的路程,向老师请教起来十分方便。这些年来学业上的些许进步,与朱先生的指导帮助是分不开的。

25 年转眼过去了,现在已经人到中年,社会角色也从大一新生变成了专业史学工作者。在 20 多年的求学道路上,十分幸运遇到了许多好老师,正是在他们的引领下,自己才一步步走进了史学殿堂。在这些老师中,有河南大学的郭人民先生(已故)、郭豫才先生(已故)、陈昌远先生、郑慧生先生、范振国先生、杨天宇先生(后调郑州大学)、赵世超先生(后调陕西师范大学)、李振宏先生等,有华东师范大学的吴泽先生、袁英光先生、简修炜先生等,有郑州大学的高敏先生、李民先生等,但毫无疑问,朱绍侯先生是给我指导最多的几位老师之一。

学者是朱先生的本色,读书、教书和学术研究是其生活中的主要节目。朱先生一直辛勤耕耘在先秦秦汉史领域里,取得了令人瞩目的成就。笔者谫陋,全面总结朱先生学术非区区不敏所堪任,所以本文打算从朱先生对军功爵制的研究上来探讨一下他的学术风格。几十年来,朱先生对此孜孜以求,试图通过军功爵制研究来揭示周秦两汉政治制度的发展演变,这一研究最能显示朱先生的学术风格。

二

军功爵制萌芽于春秋时期,在战国时代确立下来,西汉中期以后渐趋轻滥,东汉以后被废弃,这是上古时代十分重要的一项政治制度,在公元前5—前2世纪的社会生活中曾经发挥过极其重要的作用。"所谓军功爵制,就是因军功(实际也包括事功)而赐给爵位、田宅、食邑、封国的爵禄制度。"①

长期以来,军功爵制研究几乎无人涉足,也不为史学界所重视,原因有前人留下的历史记载极其贫乏,且零乱模糊,有的甚至互相抵牾,研究起来难度很大。先秦两汉历史典籍的记载,大都局限在某一具体细节上,对这一制度的全貌及其发展演变几乎是个空白。随着这一制度的废弃,人们对其来龙去脉的认识逐渐模糊起来。"有人甚至把春秋、战国时代出现的军功爵制,和西周的'选建明德,以藩屏周'的诸侯分封制混为一谈。"②

这种状况在20世纪七八十年代略有改观。国内史学界一些古代史论著开始注意到战国秦汉时期的赐爵制、军功地主和汉初"复故爵田宅"③等问题,并对此做了一些探讨,但这为数不多的探讨又都集中在军功爵制的某一方面或某一历史阶段上,对其发生、发展到衰亡的全过程缺乏描述、揭示和剖析,对其阶级属性、历史作用等问题仍然少有明确的解释和分析。在这一问题的研究上,日本学者倒是走在了前面。1961年西嶋定生出版了一部《中国古代帝国的形成与构造——二十等爵制的研究》的专著,对二十等爵制的产生、发展和演变做出了比较全面的阐述,系统分析了这一制度对秦汉大一统帝国的影响,并对其在大帝国建构中的地位做出了比较准确的界定。可惜的是,这部著作直到1992年8月才由北京师范大学武尚清先生译成中文介绍到国内(国际文化出版公司

---

① 朱绍侯:《军功爵制研究》,上海人民出版社,1990,第3页。
② 朱绍侯:《军功爵制研究》,上海人民出版社,1990,"前言"第1页。
③ 班固:《汉书》卷1下《高帝纪下》,中华书局,1962,第54页。

出版,2004年10月中华书局再版),在此之前国内学人能够通读者寥寥无几。

朱绍侯先生不辞劳苦,知难而进,独辟蹊径,自20世纪50年代以来一直致力于军功爵制的研究,逐渐形成一家之言,填补了国内史学界在该领域研究的空白。1980年,上海人民出版社出版了朱先生的《军功爵制试探》一书,这本小册子对军功爵制产生、发展和衰亡过程做了粗略的勾勒描述,对军功爵制的阶级属性和历史作用进行了初步的探讨,取得了一定的成果,引起了学术界对这一问题的关注。10年之后,经过进一步探讨和充实,朱先生将《军功爵制试探》扩充为《军功爵制研究》,仍然交由上海人民出版社出版。

西嶋定生《中国古代帝国的形成与构造——二十等爵制的研究》译成中文在中国出版,比朱先生的《军功爵制研究》出版晚了2年。两人的研究相比较,前者偏重于探源与考证,通过爵制来研讨秦汉帝国的形成及其结构,对军功爵制的内涵与外延并未给出明确的界定,对军功爵的演变、性质、作用和历史地位等问题的探讨也有待于进一步深入。朱先生的《军功爵制研究》全书共21万余言,分为上、下两编,上编从整体上阐述了军功爵制产生、发展和衰亡的历程,下编是对具体问题的专题研究和考证,眼光独到,思路开阔,充分显示出先生非凡的思辨能力、对材料的驾驭能力和求真务实的精神。全书遍涉先秦两汉的文献资料和相关的地下出土文物资料,钩沉索隐,去伪存真,终于厘清了军功爵制发生、发展脉络,科学地诠释了军功爵制产生、发展和衰亡的历史进程,恢复了历史的本来面目。该书荟萃了先生40年的研究心血,考证严谨,资料翔实,论证精辟,在许多方面都取得了开创性的成果,深受学术界好评,充分表达了朱先生作为一位社会科学家勇于探索、实事求是的科学精神。

三

朱先生认为,军功爵制是中国奴隶制社会向封建制社会过渡时期新兴地主阶级向没落的奴隶主阶级夺取政权、巩固政权斗争的产物。它是作为五等爵制的对立面而产生的。经过深入细致的考证后,朱先生认定:齐国是建立"赐爵制"最早的国家,在春秋时代,齐、晋、秦、楚、宋等国相继出现了"因功赐爵"这种新制度,这是后来军功爵制的雏形。军功爵制在由封建社会代替奴隶社会的过程中,曾经发挥过非常重要的推进作用。

军功爵制在战国时代普遍建立起来,它"成了新兴地主阶级巩固封建政权,打击奴隶主贵族残余势力的工具"①。朱先生对战国时期各国普遍实行的军功爵制进行了翔实的比较研究,阐述了军功爵制在新旧体制转变过程中的重要作用。通过比较后他得出结论,"秦国的军功爵制是最完备的"②,这也是秦国军队战斗力较强,最终能够灭掉六国、统一天下的重要原因之一。

秦和西汉前期是军功爵制发展的鼎盛时期。秦统一六国后,形成了一整套完备的二十级军功爵制。为使这一制度能够切实有效地推行,"秦政府从上到下,建立了一套完整的管理、评议、颁赐军功爵的机构,并采取了相应的措施"③。爵位不同,享受的待遇也不同,这就使军功爵制"在秦代是具有实际政治、经济价值和意义的一种制度"④。

西汉初期的二十级军功爵制在因袭秦代的基础上又有所变异。朱先生主要列举了四个方面的变化:

(1) 有无王爵的不同。秦始皇统一中国后实行郡县制,彻底废除了诸侯割据时代的王爵;两汉建立前后,刘邦为立"磐石之宗",在分封异姓王的同时,又大封同姓王,把王爵纳入了军功爵的范畴。

(2) 彻侯能否立国的不同。秦在全国推行郡县制,彻侯不能立国;汉初地方实行郡、国并行制度,彻侯以县为国。

(3) 高爵级别的不同。秦代七大夫以上为高爵,汉朝建立不久便明确规定五大夫以上才是高爵,高爵从第七级提到了第九级。

---

① 朱绍侯:《军功爵制研究》,上海人民出版社,1990,第18页。
② 朱绍侯:《军功爵制研究》,上海人民出版社,1990,第28页。
③④ 朱绍侯:《军功爵制研究》,上海人民出版社,1990,第48页。

（4）低级爵位待遇不同。

文、景之后，军功爵制逐渐趋于轻滥并直至衰亡。为了解决财政困难问题，汉文帝接受"智囊"晁错的建议，"令民入粟边，六百石爵上造，稍增至四千石为五大夫，万二千石为大庶长，各以多少级数为差"①。这样，"军功爵制与奖励军功失去了必然的联系，成为皇帝欢庆节日的点缀品，成为政府增加收入的廉价商品"②，从而失去了原有的荣耀、信誉和价值。武帝时期"外事四夷，内兴功利"，曾经推行过"武功爵"，同样因为可以买卖和滥赐，因而也只能是昙花一现。到了西汉后期，军功爵制开始由轻滥走向衰亡。

东汉时期，任官制度以征辟察举为主渠道，废止更戍制，实行募兵制，军功爵制与任官服役断绝了联系，从而失去了现实意义和存在的价值，人们得爵不喜，夺爵不惧，军功爵制实际上已经名存实亡了。

经过钩沉索隐，《军功爵制研究》下编澄清了许多疑难问题，纠正了前人的一些误说，恢复了历史的本来面目。试举几例以说明之。

《汉书·百官公卿表上》在记下二十级爵名之后有这样一句话："皆秦制，以赏功劳。"③这种说法很笼统，容易让人产生误解：这个"秦"是商鞅时代呢，还是秦统一以后？传统观点多认为，汉代实行的二十级军功爵制就是商鞅变法时所制定的"赐爵制"，《后汉书志·百官五》注引刘劭的《爵制》就持这种说法。朱先生经过考证后指出，商鞅变法建立起来的爵制只有十七级，二十级爵制是秦统一以后才确立下来的，汉朝所承之"秦制"是秦始皇时期的制度。

在人们不经意处，朱先生还发现了一个历史的细节：西汉初期实行的二十级爵制，传统说法是从秦朝直接承袭下来的，但朱先生经过考证之后指出"刘邦在起事之初，奉行的是楚制，而不是秦制……在反秦战争中，所施行的军功爵制，也同样是楚国的制度"④，入关以后改行秦制。

---

① 班固：《汉书》卷24上《食货志上》，中华书局，1962，第1134页。
② 朱绍侯：《军功爵制研究》，上海人民出版社，1990，第100页。
③ 班固：《汉书》卷19上《百官公卿表上》，中华书局，1962，第740页。
④ 朱绍侯：《军功爵制研究》，上海人民出版社，1990，第51-52页。

公元前202年,刘邦灭掉项羽统一中国,提出"复故爵田宅",这标志着汉王朝"正式承认秦的军功爵制在汉代享有同等的法律地位"①。西汉在继承秦代二十级军功爵制的同时,又有所变革。这些长达两千年的误说终于得到了订正。朱先生的这些说法已经得到了史学界的广泛认同。

根据《居延新简》所收录的一条简文——"颇有军功爵者后减",朱先生明确指出,汉代确已把这种爵制称为"军功爵"。

秦代有爵位者所享受的待遇问题,军功爵制中贵族爵、官爵、民爵的划分问题,军功爵制与名田制的关系问题,西汉时期的功劳、阀阅制度问题,关内侯在汉代爵制中的地位问题,汉代封君衣食租税制问题,凡此种种,史书记载或语焉不详,或阙而不录,朱先生在钩沉索隐之后都给予科学的解释和清楚的回答,从中反映出朱先生坚实的学术功底和严谨扎实的学风。朱先生的研究,为我们进一步认识和研究军功爵制奠定了一个坚实的基础。

四

不断创新是朱绍侯先生学术研究的又一个鲜明品格。关注新材料,把握新动态,发现新问题,提出新观点,这是朱先生的一贯做法。

军功爵制研究历来被视为畏途,原因之一是资料匮乏。随着云梦秦简、张家山汉简等秦汉文书的重见天日,文献不足的问题有所改观。朱先生密切关注着这些新材料,一经得到便立即引进研究当中,及时用这些新材料来补充修正、扩展自己的研究。只要有可靠的材料作证,他就敢于否定自我,不断推陈出新,从而将自己的研究推向前进。

记得《张家山汉墓竹简》刚刚出版的时候,我刚好到北京出差,所以顺手买了一部。回来后花了几天时间,把《二年律令》和《奏谳书》录入到电脑里。当时这部书在郑州和开封的书店里还没有上架。又过了两天,中州古籍出版社开会,朱先生也来了。会议间隙聊到了这部书,朱先生听说我已

---

① 朱绍侯:《军功爵制研究》,上海人民出版社,1990,第56页。

买回,并将最重要的两部分录入电脑,他要求我从电脑里给他出一份,并将原书带来让他看几天。我按照他的吩咐做了,第二天把书和电脑打印稿交给了他。两天会议结束后,为了及时把书还给我,他在郑州专门又停了几天,对打印稿逐字逐句做了校订,并做了大量的笔录,直到认为没有太大的问题时才把书还给我。回到开封后,他立即投入到对新资料的研究中,并很快推出了一批有分量的研究成果。朱先生这种勤奋好学、"器惟求新"的精神,让我深受感动。张家山汉简的出土,把朱先生的军功爵制研究推上了一个新台阶。

从高祖到文帝、景帝之间,军功爵制如何实施?其中有无变化?若有变化,都有哪些?这些问题在《军功爵制研究》一书中是个空白,原因在于文献不足征。《二年律令》的出土改变了这种状况。朱先生拿到《张家山汉墓竹简》之后,凭借自己对传世文献的娴熟,一口气发表了四篇"《二年律令》与军功爵研究"的系列论文,彻底解开了这些谜团。这四篇论文是:(1)《西汉初年军功爵制的等级划分——〈二年律令〉与军功爵制研究之一》,文章发表在《河南大学学报(社会科学版)》2002 年第 5 期;(2)《吕后二年赐田宅制度试探——〈二年律令〉与军功爵研究之二》,文章发表在《史学月刊》2002 年第 12 期;(3)《从〈二年律令〉看与军功爵制有关的三个问题——〈二年律令〉与军功爵制研究之三》,文章发表在《河南大学学报(社会科学版)》2003 年第 1 期;(4)《从〈二年律令〉看汉初二十级军功爵的价值——〈二年律令〉与军功爵制研究之四》,文章发表在《河南大学学报(社会科学版)》2003 年第 2 期。

另外他还推出了《〈奏谳书〉新郪信案例爵制释疑》《论汉代的名田(受田)制及其破坏》《商鞅变法与秦国早期军功爵制》等与军功爵制有关的三篇论文,解决了许多军功爵制研究中的疑难问题。

《西汉初年军功爵制的等级划分——〈二年律令〉与军功爵制研究之一》一文指出,在官爵和民爵中,特别是民爵八级,是西汉中期以后军功爵制轻滥的源头之一。西汉初年军功爵划分为侯级爵、卿级爵、大夫级爵、小爵等四大等级,这四个等级与刘劭在《爵制》中提到的四个等级基本吻合,这就印证了刘劭《爵制》的这条记载是有历史根据的。这篇文章还对四个等级进行了详细的考证。军功爵制四大等级的确定,对于研究各个等级享有的政治经济权利是非常有益的。

在《吕后二年赐田宅制度试探——〈二年律令〉与军功爵制研究之二》一文中,通过张家山汉简的有关法律条文,朱先生考证出这种受田宅制度实际上就是传世文献中所说的名田制。过去他在《军功爵制与名田制的关系》一文中曾经指出,名田制"是按军功爵秩等级的不同,赐予立有军功者不同数量的田宅的制度"[①]。至于赐予每级爵位多少田宅,史无明文,只能做些推测。张家山汉简《二年律令》的出土解决了这个问题,同时也印证了朱先生在《秦汉土地制度与阶级关系》一书中提出的一个著名论点——名田制就是封建地主阶级军功爵制的经济基础——的正确性。在对商鞅变法时以军功赏赐田宅、汉五年(前202年)刘邦诏书中赐予田宅、武帝军功爵赏赐制度与《二年律令》赐田宅制进行比较后,朱先生认为《二年律令》中的赐田宅制度"只是吕后当政时期制定的制度"[②]。通过这种赐田宅制度,培植了一大批军功地主,巩固了军功地主集团在西汉初期的统治地位。这些问题的解决,弥合了《军功爵制研究》中从高祖到文帝、景帝时代军功爵制演变的缺环。

在《从〈二年律令〉看与军功爵制有关的三个问题——〈二年律令〉与军功爵制研究之三》一文中,朱先生借助于《二年律令》的记载,澄清了军功爵制研究中一直没有得到很好解决的三个问题——关于爵级与官级的对比关系问题、在军功爵制下妇女待遇问题和军功爵如何继承问题。在此基础上他得出一个结论——"吕后时期,军功爵制在政治、经济等方面还有实际价值,军功爵制在社会上还很受尊重"[③],进一步验证了《军功爵制研究》一书中提出的一个观点——这一制度"逐渐趋于轻滥"是文帝、景帝之后的事情。

---

① 朱绍侯:《军功爵制研究》,上海人民出版社,1990,第147页。
② 朱绍侯:《吕后二年赐田宅制度试探——〈二年律令〉与军功爵制研究之二》,《史学月刊》2002年第12期,第16页。
③ 朱绍侯:《从〈二年律令〉看与军功爵制有关的三个问题——〈二年律令〉与军功爵制研究之三》,《河南大学学报(社会科学版)》2003年第1期,第1页。

在《从〈二年律令〉看汉初二十级军功爵的价值——〈二年律令〉与军功爵制研究之四》一文中,朱先生全面评说了军功爵在西汉初年的经济价值、政治价值以及以爵赎人、赎罪等其他社会价值,进一步阐明这一制度在西汉初期社会生活中的重要地位。通过这些评说和阐释,巩固和完善了自己以往研究中的一些论点和提法。

2001年8月,在江苏徐州召开的"秦汉兵马俑比较暨两汉文化学术研讨会"上,朱先生宣读了《秦汉简牍与军功爵制研究》一文。文章概括总结了秦汉出土文书对军功爵制研究的意义。文章指出,秦汉简牍的出土,解决了军功爵制颁赐程序、赐爵累计方法、"士伍"身份等重要问题。"从军当以劳、论及赐。未拜而死,有罪废,耐迁其后,及废、耐迁者,皆不得受其爵及赐。其已拜,赐未受而死及废耐迁者,予赐。"①朱先生指出,这就是军功爵赐爵程序的三个步骤。在两汉文献所记载的赐爵诏令中,经常看到赐民爵一级、二级或三级的记载,有些皇帝在位期间,赐爵几次甚至十几次。对于这些赐爵是单计还是累计,前次赐爵与以后赐爵有无联系,史焉不详,不免让人疑窦丛生。朱先生根据《居延汉简》的一些材料解开了这些谜团。"士伍"究竟是指哪种人,学术界分歧很大,朱先生根据《睡虎地秦墓竹简》记载的"士伍"资料,将秦代"士伍"归纳为五种类型:(1)有奴隶、有资产的士伍;(2)告子不孝的士伍;(3)逃亡的士伍;(4)参过军的士伍;(5)转为盗贼的士伍。通过对五种"士伍"的综合分析,他指出"士伍"的真正身份,是指居住在里伍之中,没有官职、爵位,在户籍上有名的成年男子。

这些系列研究文章,环环相扣,互为印证,弥补了《军功爵制研究》一书中的不足和空白,从而将军功爵制研究推上了一个新台阶,在学术界引起了强烈的反响。

朱先生强调"以史为鉴",坚持古为今用,倡导历史研究要为现实社会服务。通过对军功爵制产生、发展和衰亡的全过程考察,朱先生得出结论说:"不论是什么样的官爵制度,一旦变成世袭制,它很快就要腐朽

---

① 朱绍侯:《军功爵制研究》,上海人民出版社,1990,第40页。

下去。"①与西周时期的五等封爵制、两汉时期的征辟察举制以及魏晋南北朝时期的九品中正制、隋唐以后出现的科举制一样,军功爵制实施之初也是生机勃勃的,到处充满了活力。一旦变成世袭或变相世袭,很快便败坏了,因此朱先生明确指出:"从中国政治史看,有两点教训值得注意:一是防止世袭的和一切变相世袭的政治制度死灰复燃,一是防止人们的思想僵化。"②这是朱先生《军功爵制研究》得出的重要结论之一。朱先生这种治学精神值得我们学习。

在朱先生八十寿辰大喜日子即将来临之际,回忆20多年来老师对自己的谆谆教诲,老门生不禁思绪万千,平添了几多感慨。叹时光之飞逝,祈先生之眉寿。撰此小文,以志贺喜。

——原载《史学新论:祝贺朱绍侯先生八十华诞》,河南大学出版社2005年版

---

① 朱绍侯:《军功爵制研究》,上海人民出版社,1990,第101页。
② 朱绍侯:《军功爵制研究》,上海人民出版社,1990,第103页。

朱绍侯先生与中国古代土地制度研究

龚留柱

一

朱绍侯先生是名动学界的历史学家。他学术视野广阔,研究领域涉及中国古代史的许多方面。但几十年来,他始终关注并且深拓不辍的一个重要课题,却是对中国古代土地制度的研究,于此可以说是用心特精、用力特勤。

朱先生1954年由东北师范大学历史系的研究生班毕业后,来到中原,任教于河南大学。在工作后的前3年,他把主要精力放在教学上,然后就开始搞科研。前些年他在自己某部著作的"前言"中说:"我从一九五六年开始研究秦汉土地制度和阶级关系……在一九五八年我写了一篇《秦汉土地制度和生产关系》。"[①]后来他又说:"我研究秦汉魏晋南北朝土地制度与阶级关系……用了四十多年的时间,直到现在仍没有停止。"[②]信然。2001年11月张家山汉墓竹简中《二年律令》的内容公布之后,朱先生在以前研究的基础上,又连续发表系列文章,结合新出土的考古资料不断深化自己对中国古代土地制度问题的认识,或论析,或辩难,

---

① 朱绍侯:《秦汉土地制度与阶级关系》,中州古籍出版社,1985,"前言"第2—3页。
② 龚留柱:《治学不为媚时语 惟寻真知启后人——朱绍侯先生访谈录》,《史学月刊》2005年第10期,第89页。

或争鸣,与学术界的同人一起,将此一领域的研究水准大大推向前进。

朱先生为什么如此重视对中国古代土地制度问题的研究呢?

他在1985年曾说:"封建土地所有制的发展和变化,是揭示封建社会历史发展规律的一条根本线索……是打开封建社会历史发展规律奥秘的钥匙之一;对于研究中国古史分期,确定秦汉时代的社会性质问题,也是大有裨益的。"①

他在2005年又说:"我研究秦汉至魏晋南北朝土地制度与阶级关系的目的,是想搞清中国古代土地所有制的演变情况、中国古代剥削关系的演变情况以及土地制度对剥削关系演变的作用,并由此最终通过这些研究,解决中国古代社会的历史分期问题。"②

朱先生将自己的学术研究与中国古代社会的历史分期问题联系在一起,一方面,它说明朱先生不是那种致力于饾饤堆砌的象牙塔中之人,而是一个有强烈社会责任感的学者;另一方面,他的这种选择也并非全是个人兴趣的原因,而是有着深刻的社会背景。

20世纪30年代,学术界有一场"中国社会史论战",起因是1927年大革命失败后,为总结经验教训,共产国际和国内曾经就中国革命的性质问题展开激烈争论。1928年中共六大通过决议,确定当时中国社会的性质是半殖民地半封建社会,提出要由无产阶级领导进行反帝反封建的资产阶级民主革命(新民主主义革命)。这引起其他政治派别的反弹。同年10月,陶希圣发表《中国社会到底是什么社会?》的文章,提出中国的封建社会在战国时已经崩坏,秦以后已经是商业资本主义社会。言下之意是当时中国社会的性质已经是资本主义社会,但尚不具备进行社会主义革命的条件,所以中国共产党应该全力支持国民党发展资本主义。这就挑起了"中国社会性质论战",并且把这一争论从现实扩展到历史领域。

"中国社会史论战"的中心议题主要是两个:一是秦朝以后的中国社

---

① 朱绍侯:《秦汉土地制度与阶级关系》,中州古籍出版社,1985,"前言"第1页。
② 龚留柱:《治学不为媚时语 惟寻真知启后人——朱绍侯先生访谈录》,《史学月刊》2005年第10期,第89页。

会的性质,是封建社会、亚细亚社会、商业资本主义社会(前资本主义社会)或是专制主义社会;二是中国历史上是否存在奴隶社会,如果存在,它又存在于哪一个时代? 并且由此引申出中国古史的分期问题。

1930 年郭沫若出版的《中国古代社会研究》一书,揭开了中国古史分期讨论的序幕。由于政治立场、理论方法和对史料理解的歧异,人们对于中国古代社会形态的演进阶段曾提出各种不同的意见,即使在马克思主义史学家阵营内部,也有不同的分期主张。但大体上说,参加论战的大多数学者都采用了马克思主义社会形态理论的概念、范畴来诠释中国历史,而且又主要是列宁、斯大林的五种社会形态的线性发展模式,对这时一部分学者(如陈邦国、李季、王礼锡等)提出的中国历史特殊性(否认中国存在一个奴隶社会的阶段)的观点,人们在很长时间里则有意无意地加以漠视。①

古史分期讨论从 20 世纪 30 年代到 80 年代末,历时 60 余年,大致可划分为三个阶段。第一个阶段是 30 年代,主要是围绕中国社会史的论战展开,争论的中心内容是马克思主义理论是否适用于中国社会,以及中国社会的性质问题。第二个阶段是 40 年代,讨论主要是在马克思主义史学家内部展开,大家都是按五种社会形态说来划分中国历史的不同阶段,但郭沫若、范文澜、吕振羽、侯外庐、翦伯赞等人形成了不同的分期说,其中比较突出的是"西周封建说"和"战国封建说"。第三个阶段是1949 年以后,作为历史研究"五朵金花"之一的古史分期讨论进入新时期,并且在 1955－1956 年形成高潮。这时除"西周封建说"和"战国封建说"的争论依旧外,"魏晋封建说"异军突起,进而出现"三论五说八种意见"竞起的局面,争鸣更趋激烈。

历史分期的问题既重要又复杂,久议不决,既有人们不顾史实拿一种理论来硬套不同地区的历史,以至于方枘圆凿的原因,也有中国古代史料不足而且大家对文献理解歧异的原因,其出路只能是俯下身来,力戒浮躁,由具体问题入手,踏实缜密地对史料进行分析研究,让结论自然

---

① 王彦辉、薛洪波:《古史体系的建构与重塑——古史分期与社会形态理论研究》,河南大学出版社,2010,第 17－23 页。

浮现出来,"论从史出"。陈其泰指出,由古史分期讨论引发的一些相关问题,如封建社会土地所有制形式和经济结构问题,其实也应该包括在广义的古史分期讨论中,不应该简单地理解成分期只是为奴隶社会和封建社会来划线。① 古史分期与古代土地制度的问题关系密切,朱先生的初衷当然是为古史分期而研究中国古代土地制度问题,但从今天看来,其意义早已溢出了这个框限。

有人说,史学的本质就是写出一种器物、一种生活方式、一种人群组织的演变轨迹来。在中国古代,不管是政治制度还是社会面貌的种种方面,都与其他文明区域如中东、印度、西欧呈现出非常不同的特点,其文化影响甚至一直延续到今天。其原因是什么?这是无数人苦苦求索但尚无正解的一个问题。按照马克思《〈政治经济学批判〉序言》一文的陈述:"人们在自己生活的社会生产中发生一定的、必然的、不以他们的意志为转移的关系,即同他们的物质生产力的一定发展阶段相适合的生产关系。这些生产关系的总和构成社会的经济结构,即有法律的和政治的上层建筑竖立其上并有一定的社会意识形式与之相适应的现实基础。"②也就是说,要研究中国古代社会的特点和演变轨迹,必须从它的经济结构入手,才能切入本质原因。作为一个典型的农业社会,中国古代最重要的生产资料就是土地。土地为谁所掌握,土地通过什么媒介与劳动者相结合,土地的收益如何分配,只有解答好这些问题,才能找到理解中国特色的"钥匙"。这就是朱先生几十年深入研究这个问题的意义所在。

当然,朱先生并不是对中国古代的土地制度进行全面的研究,他所重点解剖的只是其中的秦汉魏晋南北朝时期,特别是从战国中期到东汉末年的一段。为什么?因为这是中国历史上的一个大转折的时期,而历史演变的规律常常在新旧交替时才能更清楚地显现出来。这些变化有一个长期酝酿积聚过渡的过程,不是在一夜之间发生的。历史的研究非

---

① 陈其泰主编《中国马克思主义史学的理论成就》,国家图书馆出版社,2008,第99页。
② 《马克思恩格斯选集》第2卷,第3版,人民出版社,2012,第2页。

细微而不能严密,必须建立在实证的基础上,尽可能准确地将隐晦的细节把握住,才能敲开真相之门。朱先生摒弃过去那种疏离原始史料的考证,从而将高层理论完全建立在纯粹的推论和假设之上的形而上的方法,而是由材料的考证出发,经过一个反复分析比较和论证的过程,从而让自己的结论更加使人信服。

二

朱先生第一篇研究中国古代土地制度的论文《秦汉土地制度和生产关系》完成于1958年,发表于《开封师范学院学报》1960年第1期。由于这时的《开封师范学院学报》是内部发行,再加上由于其他文章的问题该期刊物被追废,故这篇文章未能广泛传播,知道的人很少。这篇文章从商鞅变法所建立的土地制度开始分析,涉及井田制、辕田制、名田制等问题;接着又分析土地私有制的发展和两汉三次土地兼并的高潮;然后是朱先生借助于史料分析田庄经济和假田制的问题;最后是对秦汉时期阶级关系问题的分析。由于只能借助于有限的文献材料,许多后来发表的考古学材料此时还无法被利用,故朱先生有关土地制度的一些观点尚未定型,如他在总体上还倾向于认为秦汉的社会性质是奴隶社会。但不管怎样,这篇文章奠定了朱先生以后几十年学术研究的基本格局。

以后,朱先生继续对这些问题进行深入思索,并且对所有已发表的考古资料都十分积极地充分利用,以不断校正自己的认识,甚至还会有自己的观点回环往复的情况出现。他在1985年说:

> 我在研究汉代的田庄和假田制时,发现秦汉时期的封建租佃关系,在私有土地和国有土地上都占了很大的比重;在研究军功爵制中,发现军功地主从春秋时期已开始出现,到战国时代即取代奴隶主贵族而掌握了政权。基于上述认识,我(从认为秦汉的社会性质是奴隶社会)又改从郭老的春秋战国之际封建说。对于名田制,我又根据历史资料经常见到的买卖××所名有土地的记载,而认为是土地私有制。发表在《中国古代史论丛》一九八一年第一期上的《名

田浅释》,就持这种观点。但是,后来在给研究生讲课中,我进一步研究了名田制资料,特别是《睡虎地秦墓竹简》及青川木牍《田律》的发现,使我认识到,商鞅变法所建立的名田制、辕田制,都不是土地私有制,准确地说是土地长期占有制。①

20世纪80年代及其以前朱先生的秦汉土地制度研究成果,都融汇于1985年出版的《秦汉土地制度与阶级关系》一书中。本书分为七章,第一章是"辕田制和名田制",第二章是"名田制破坏与土地私有制的发展",第三章是"秦汉时期三次土地兼并高潮",第四章是"汉代的田庄经济",第五章是"两汉的假田制与假税制",第六章是"秦汉时期的自耕农、依附农民、奴隶和其他劳动者",第七章是"从户籍制度看秦汉时期的阶级关系",最后是"附录"。

表面上看,此书格局似乎是《秦汉土地制度和生产关系》一文规模的扩大和内容的细化,其实不然。首先是对秦汉社会性质的认识,朱先生由过去的奴隶社会说变成了封建社会说。但作者并不否认秦汉时代有大量奴隶的存在,也不否认奴隶参加社会生产的广泛性。这就体现了作者实事求是的精神,因为任何社会的阶级状况都是复杂的,而不可能是纯而又纯。其次,作者摆脱了过去孤立地研究土地制度的做法,而是注意系统地、有联系地看待多个历史问题。比如关于名田制与军功爵制的关系,在本书中被联系起来进行研究,得出的结论是:"如果说井田制是奴隶主贵族五等爵制的经济基础的话,那么名田制就是地主阶级掌权的军功爵制的经济基础。"②这样使得人们对二者的认识都得以深化。再次是作者大量使用考古文物资料,旁征博引,这样就突破了文献资料的局限,真正做到发前人之所未发。比如用青川木牍和睡虎地秦简证明秦"受田制"的存在,用居延汉简和汉碑、买地券材料证明汉代的土地私有,用简牍材料研究秦汉的户籍制度和阶级关系等等。最后是朱先生对史学界长期争论的问题,都能摆脱那种非黑即白的成见,只根据自己的研

---

① 朱绍侯:《秦汉土地制度与阶级关系》,中州古籍出版社,1985,第3页。
② 朱绍侯:《秦汉土地制度与阶级关系》,中州古籍出版社,1985,第16页。

究拿出结论,显示出了一种治学上的大家气度。例如对秦汉土地制度的性质,"主张秦汉土地国有制的人,就极力否认秦汉时代土地私有制的存在和不断发展的事实……主张秦汉土地私有制的人,就极力否认国家在某种程度上可以干预私有制的事实……我认为这两种意见都有一定的片面性。事实上,在秦汉时代土地国有制和土地私有制是并存的。秦在商鞅变法中建立了名田制、辕田制,这就是土地长期占有制,以后才演变为私有制"①。另外如对田庄经济的看法也是这样,都能摒弃成见,实事求是。

三年以后,即1988年,朱先生又出版了《魏晋南北朝土地制度与阶级关系》一书。此书是《秦汉土地制度与阶级关系》一书的姊妹篇,它对魏晋时期的屯田制、占田制、均田制等土地制度以及门阀士族、佃客、兵户、吏户、百工杂户、僧侣户、奴隶等社会等级的发生原因及演变规律进行了深入细致的分析和论述,在魏晋南北朝历史的研究上自有其不可替代的学术价值。

从中国古代土地制度研究的角度来看,研究秦汉的土地制度之后,再清理魏晋南北朝的土地制度,不仅顺理成章,而且有深意在焉。中国古代的土地制度,夏商周三代并延及春秋前期,都是稳定地实行被称为"井田制"的土地国有制,绵延1000多年,应该是没有问题的。从唐朝中期"均田制"彻底瓦解之后,民间的土地买卖被彻底放开,所谓"田无常主,民无常居",一直到近代,土地私有制也被稳定地实行了1000多年。而在此二者中间的1000多年,从春秋后期到六朝结束,是中国古代田制最纷乱多变的一个时期。其间,土地的国有制、私人的长期占有制或者国家对民众土地占有数量的干预迟迟不愿退出历史舞台,主要体现在授田、名田、屯田、均田等土地制度上;以土地的自由买卖为标志的土地私有制因为其在发展经济方面的高效率性而充满活力,因而代表了历史前进的方向,不断向束缚自己的行政权力发起冲击,并最终取得了胜利。这样,在对战国秦汉的土地制度进行了深入的研究之后,厘清同为过渡

---

① 朱绍侯:《秦汉土地制度与阶级关系》,中州古籍出版社,1985,"前言"第6页。

期的魏晋南北朝土地制度的发生和演变规律,同样是很有意义的。

这部书以时间为经,以国家政权为纬,并适当归类综合,可分为四大组。全书12章,前四章分别叙述曹魏、孙吴和蜀汉的土地制度与阶级关系,重点在屯田制;第五章研究西晋的占田制、课田制及户调式、荫客制,重点在分析占田制的性质;第六、七、八章研究北魏的均田制、租调制、三长制及户籍制度,重点在分析均田制的历史作用和局限性;最后四章关注的是东晋南朝,除对江南田庄的分析外,这时的阶级关系为研究历史上著名的士族门阀制度提供了难得的样本。当然,从某种意义上说,写作这本书比研究秦汉时期的土地制度还要有难度。作者自述道:

> 在三国分立至隋统一的三百四十多年时间里,先后建立了三十几个政权,国家分裂,头绪杂乱,史料分散,仅正史从《后汉书》到《隋书》就涉及十三部之多,占二十四史的一半以上。如果再加上《十六国春秋》以及《三通》《会要》《补食货志》等典章制度一类书,就更为浩繁。在这样分散浩瀚的史料中,来研究这一时期的土地制度与阶级关系,其难度要比秦汉时期大得多。①

但是,朱先生克服了种种困难,在两年左右的时间里,就完成了这部著作,并且以其丰富的内容和精到的分析受到学术界的普遍好评,此亦足以彰显他在学术耕耘上勤奋踏实的一贯作风。

不断创新是朱先生学术研究的鲜明特点。2001年11月文物出版社出版《张家山汉墓竹简》以后,学术界很快形成研究张家山汉简的热潮。由于其中的《二年律令》对研究秦汉土地制度具有难得的重要价值,朱先生立刻扑到上面,连续发表多篇关于秦汉土地制度研究的论文。

朱先生在《史学月刊》2002年第12期发表《吕后二年赐田宅制度试探——〈二年律令〉与军功爵制研究之二》一文。通过对《二年律令·户律》相关条文的分析,朱先生认为这里的授田宅制度,实际上就是他过去提到的名田制。这种授田的对象是全国合法民众,但重点是有军功爵

---

① 朱绍侯:《魏晋南北朝土地制度与阶级关系》,中州古籍出版社,1988,"后记"第346页。

者:"从《二年律令》中得知,汉初所培养的军功地主集团的实力,比原来估计的要强盛得多。"①"由于田宅是按不同等级由政府授予的,故在法律上名田制是土地长期占有制,而不是土地私有制,所以土地买卖是要受法律约束的,《二年律令》也反映了这方面的问题。"②朱先生还比较了《二年律令》与商鞅时军功赐田宅的关系、与刘邦汉五年(前202年)诏令赐田宅的关系、与汉武帝时军功爵赏赐的关系,认为其内在精神有某种联系,但在具体规定上都不尽一致,《二年律令》只是吕后当政时期制定的制度。

接着,朱先生在《河南大学学报(社会科学版)》2003年第2期发表了《从〈二年律令〉看汉初二十级军功爵的价值——〈二年律令〉与军功爵制研究之四》一文。此文的主旨虽是研究军功爵制问题,但其中对名田制的分析很值得注意。作者认为,刘邦汉五年说"法以军功行田宅",但没有提到赐予田宅的具体数量,《二年律令》补上了这一空白。从《户律》条文看,授田宅的对象,既有有爵者,也有庶人等平民,还有司寇等轻刑犯,只是上下之间授田宅的数量悬殊。这说明在培养一批军功地主的同时,也培养了大量的自耕农作为稳定社会的基础。这也验证了作者过去曾经提出的一个观点,即以名占田,实际是一种有授无还的土地长期占有制,"它刚建立时,是按军功爵制的级别,由国家赐给不同数量的土地,因此,我们说名田制是军功爵制的经济基础"③。

在2004年第1期《河南大学学报(社会科学版)》上,朱先生又发表了《论汉代的名田(受田)制及其破坏》一文。作者首先指出,看到吕后二年(前186年)受田宅的材料后,没有想到侯爵、卿爵、大夫爵三个级别所受田宅数量是如此之高,这证明过去说名田(受)制是军功爵制的经济基础、汉初是军功地主的天下的论断是正确的。这种有授无还的土地长

---

① 朱绍侯:《吕后二年赐田宅制度试探——〈二年律令〉与军功爵制研究之二》,《史学月刊》2002年第12期,第13页。
② 朱绍侯:《吕后二年赐田宅制度试探——〈二年律令〉与军功爵制研究之二》,《史学月刊》2002年第12期,第14页。
③ 朱绍侯:《军功爵制研究》,上海人民出版社,1990,第157页。

期占有制,虽然在吕后时还有一些规定限制"贸卖田宅",并且政府对授出的田宅进行严密的管理,但它的一个不以人的意志为转移的规律就是必然迅速演变为土地私有制。所以,汉武帝时期出现了第一次土地兼并的高潮,其所兼并的就是原来名田制下的土地,从而使名田制退出历史舞台,连带着军功地主也退出历史舞台,接替他们掌权的是豪强地主。

在2004年第5期《零陵学院学报》上,朱先生还发表了《商鞅变法与秦国早期军功爵制》,其中有一部分谈到秦早期"可以不受限制地逐级晋升爵位受赐田宅"的问题,将之与吕后二年的情况进行比较。其中谈到,秦早期军功爵制从一级公士到十七级大良造可以逐级晋升,畅通无阻;而其待遇"赏爵一级,益田一顷,益宅九亩"也是可以逐级累计的。而到了汉初,从《二年律令》的授田宅数字来看,其所划分的六个层次之间占有田宅的数量非常悬殊,说明军功爵制在发展中越来越向高爵方面倾斜,低爵者已经不可能逐级晋升至高爵,也不可能得到更多的田宅。

总之,关注新材料,把握新动态,发现新问题,提出新观点,这是朱先生在学术上永葆青春的唯一原因。

三

朱先生用几十年的时间进行中国古代土地制度尤其是战国秦汉土地制度的研究,精益求精,与时俱进,做出了多方面的贡献。其荦荦大者,可见以下数端。

一是确立了名田制的概念。

自从张家山汉简《二年律令》中的受田宅制度发表后,学术界进行了热烈的讨论。首先是朱先生发表《吕后二年赐田宅制度试探——〈二年律令〉与军功爵制研究之二》一文,认为这里的赐田宅,实际上就是他过去提到的名田制。这种授田的对象是全国的合法国民,但重点是有军功爵者。那么什么是名田制? 朱先生在《论汉代的名田(受田)制及其破坏》一文中进行了清楚的表达:"名田就是'以名占田'之意,也就是'受田'。就是在军功爵制盛行时,按户籍上的人名和军功爵高低及其他身份不同,各有不同数量的田宅制度。"①按朱先生的意见,这里的名田制,是包括了原来对庶人进行普遍授田的辕田制在内的,只不过在此基础上,再依照军功"益"田"益"宅。这两种田制是一个有机的系统,所以后来一般只提名田而不提辕田或授田。

但其他学者对此的意见并不太一致。臧知非先生主张将吕后时期的土地制度定性为授田制,认为是西汉继承了秦朝的土地制度,以名籍为准,每夫一顷,有军功爵者依次增加。②高敏先生也反对将这套制度定性为"赐田宅",认为是"授田制"而不是"名田制",并且认为这两种制度的性质截然不同。③杨振红先生认为历史上存在过各种形式的授田,从井田制到北魏隋唐,都实行授田,授田的外延如此宽泛,历史时段如此之长,所以将商鞅至吕后时期的基本土地制度称为"授田制"并不合适,不如用当时人自己的说法"名田宅"。她将之正式定名为"以爵位名田宅制"。④

杨振红先生认为国内较早提出名田制概念的是朱先生,20世纪四五十年代,日本学者西嶋定生等人讨论秦汉土地制度问题,也主要围绕"名田""占田"等概念。所以,在土地制度的命名上,还是名田制比较确切。

二是确立了名田制的性质。

关于战国秦汉时期土地所有制的性质问题,学术界曾经进行过长期的争论,至今也没有完全解决。朱先生在长期研究的过程中,起初认为名田制是土地长期占有制,后来又认为是土地私有制,最后又恢复为土地长期占有制的认识。但是,朱先生又认为土地的长期占有并不稳定,商鞅既然废除了土地公有制的井田制,由此必然导致土地私有制的发生

---

① 朱绍侯:《论汉代的名田(受田)制及其破坏》,《河南大学学报(社会科学版)》2004年第1期,第38页。
② 臧知非:《西汉授田制度与田税征收方式新论——对张家山汉简的初步研究》,《江海学刊》2003年第3期,第143—151页。
③ 高敏:《从张家山汉简〈二年律令〉看西汉前期的土地制度——读〈张家山汉墓竹简〉札记之三》,《中国经济史研究》2003年第3期,第143—147页。
④ 杨振红:《秦汉"名田宅制"说——从张家山汉简看战国秦汉的土地制度》,《中国史研究》2003年第3期,第49—72页。

和发展。这个时间的节点,朱先生认为是秦始皇"使黔首自实田",它标志着土地私有制在全国范围内正式得到确认。但是对刘邦汉五年诏令"复故爵田宅"和吕后二年的"赐田宅"如何解释?朱先生认为这种对名田制的"恢复"只是一种特殊形势下的政策,并未能阻止土地私有和土地买卖的历史趋势,到汉武帝时名田制就正式退出了历史舞台。

当代学者对这个问题也是仁智互见,有各种各样的认识。臧知非先生虽然认为秦的授田还是土地国有制,但从秦始皇三十一年(前216年)"使黔首自实田"后,国家放弃了对土地的严格控制,农民可以自由垦田了,授田制度退出了历史的舞台。西汉授田以名籍为准,土地一经授予即归私有,可以在法定的范围内买卖、赠予、世袭。① 高敏先生认为授田制是国有土地,所授田宅地,其最终所有权还是属于国家。但他认为另外一种土地制度即商鞅"名田宅,臣妾衣服以家次",就是把田宅等置于私人名号之下,这种"名田制"就是私有土地制度的时代名称,"名田"就是私田。② 多数学者不同意高先生的看法,认为授田制度本身就是以名占田,二者是一回事。另外曹旅宁和李恒全先生比高先生更进一步,径直认为《二年律令》所反映的就是一种土地私有制。③ 张金光先生持不同观点,他认为,《二年律令》中的土地制度是传统庶人普遍授田制的延续,其性质是土地国有制。自秦始皇三十一年"使黔首自实田"后,土地买卖便日渐公开化。至汉文帝即位废止国家普遍授田制,也就标志着土地私有权制度的确立。杨振红先生对秦汉时期的土地制度进行了深入思索,并没有简单回答其性质是国有还是私有的问题,而是通过对法学"物权"概念的解释,认为继承、转让和买卖都不能视为所有权的标志,所有权必须具有明确的法律权属界定,但是战国秦汉时的法律不可能明示

---

① 臧知非:《西汉授田制度与田税征收方式新论——对张家山汉简的初步研究》,《江海学刊》2003年第3期,第143—151页。

② 高敏:《从张家山汉简〈二年律令〉看西汉前期的土地制度——读〈张家山汉墓竹简〉札记之三》,《中国经济史研究》2003年第3期,第143—147页。

③ 曹旅宁:《张家山汉律名田宅的性质及实施问题》,载曹旅宁:《张家山汉律研究》,中华书局,2005,第106—121页。李恒全:《汉初限田制和田税征收方式——对张家山汉简再研究》,《中国经济史研究》2007年第1期,第122—131页。

"名田宅制"的所有权性质。无论如何,汉文帝使这套制度名存实亡,脱缰的土地兼并引发了严重的社会危机。①

三是厘清了名田制与军功爵制的关系。

名田制是军功爵制的经济基础,这是朱先生一再强调的观点。他专门发表有《试论名田制与军功爵制的关系》一文,提出"名田制和军功爵制是在井田制、五等爵制破坏的基础上,同时产生和发展起来的;在历史的演变过程中,两者又是同时遭到破坏的"②。战国时期,各国都有了根据爵位高低占有相应数量田宅的制度,商鞅更是在秦国"明尊卑爵秩等级,各以差次名田宅,臣妾衣服以家次"③,正式确立了军功爵制和名田制。名田就是"以名占田",即根据户籍上的人名和爵位占有不等量的田宅。汉高帝五年诏令中的"法以功劳行田宅"和吕后二年律令中的"授田宅"规定,都是这种精神的延续。同样,文、景之后,由于军功爵的轻滥和土地兼并的盛行,它们两败俱伤,于是一同走向衰亡。

杨振红先生与朱先生持有相同或相近的观点。她把汉文帝以前的土地制度命名为"以爵位名田宅制",明确提出,二十等爵制是《二年律令》田宅制度的基础,田宅占有的数量要根据户主的爵位确定,同时还要有爵位继承制配套实行。以爵位名田宅的制度是以国家拥有和授受田宅的权力为前提的,文帝废止这一制度的因素一是赐爵的溢滥,二是土地兼并的迅速发展。④ 而张金光先生却不以为然。他认为,《二年律令》的授田制度,尽管"爵户占了二十级……却并不能说是以二十等爵制为基石构建起来的。恰恰相反,它其实是以广大庶人的普遍份地授田制为基础构建起来的……秦军功爵授田,原本是在庶人普遍授田制基础上设

---

① 杨振红:《秦汉"名田宅制"说——从张家山汉简看战国秦汉的土地制度》,《中国史研究》2003 年第 3 期,第 49—72 页。
② 朱绍侯:《试论名田制与军功爵制的关系》,《许昌师专学报(社会科学版)》1985 年第 1 期,第 54 页。
③ 司马迁:《史记》卷 68《商君列传》,中华书局,1959,第 2230 页。
④ 杨振红:《出土简牍与秦汉社会》,广西师范大学出版社,2009,第 127—156 页。

计出来的制度……军功授田制,在实质上可称之为庶人份地益田制"①。

由于材料的不够充分,在土地制度研究上对各种问题的争鸣是非常正常的,而且它还是促进学术繁荣的不二法门。在中国土地制度尤其是秦汉土地制度的研究中,虽然朱先生的意见经常被作为主流观点来对待,但朱先生并不以权威自居。不管是同辈还是后学,在与先生讨论问题时,先生都能以平常之心,宽容温厚地对待不同意见。人们在获益知识的同时,也从朱先生那里学到了为学的方法和做人的道理,可谓"问一而知三"。

——原载《邯郸学院学报》2010 年第 4 期

---

① 张金光:《普遍授田制的终结与私有地权的形成——张家山汉简与秦简比较研究之一》,《历史研究》2007 年第 5 期,第 50 页。

朱绍侯先生与魏晋南北朝史研究

陈长琦

朱绍侯先生是我国著名的历史学家,也是魏晋南北朝史研究领域的名家。1926年,先生出生于辽宁沈阳,1954年毕业于东北师范大学研究生班,是新中国成立后培养的第一批中国古代史研究生之一。先生在研究生阶段学习时就主攻魏晋南北朝史,因此,也可以算是新中国培养的第一批魏晋南北朝史研究方向的研究生之一。先生毕业后即由原国家高等教育部分配至河南大学工作,至今已经在河南大学工作60多年。先生长期在中国古代史领域,特别是秦汉魏晋南北朝史研究领域辛勤耕耘,取得了丰硕的研究成果,培养了一大批史学研究人才,为中国古代史研究,特别是秦汉魏晋南北朝史研究做出了卓越贡献。先生还长期担任中国史学会理事、秦汉史研究会副会长、魏晋南北朝史学会顾问,为组织与推动全国的秦汉魏晋南北朝史研究做出了重要贡献,深受学术界的赞誉。

先生从1954年踏入河南大学起,即主讲中国古代史课程,并担任《中国古代中世纪史》讲义中的魏晋南北朝史部分的编写,曾写下了30万字左右的教材,这是先生第一次对魏晋南北朝史所进行的系统总结,也是国内编写较早的魏晋南北朝史教材之一。1985年,先生曾经提议由我参与,和他一起对这部教材进行整理与补充,以期重新编写、完成一部具有自己研究风格与特点的魏晋南北朝史,但由于后来我离开河南大学,没有完成先生的这一愿望,至今仍存遗憾。先生在魏晋南北朝史研究领域用力甚勤,他功力深厚、视野广阔,研究课题对魏晋南北朝时期的各个时段,如三国、两晋、十六国、北朝、南朝等时段都有涉及,在政治、经济、文化、社会、民族以及古籍整理等方方面面都有发明。我想主要从以下几个方面对先生的魏晋南北朝史研究做一介绍:

一、政治与社会

魏晋南北朝时期,在中国古代社会发展史中具有独特的地位,它处于中国古代汉、唐这两个强大、统一的王朝之间,从传统的大一统的观念出发观察这一时代,无疑看到的是这一时期大一统王朝的崩溃、国家的分裂,然而,统一与分裂仅仅是历史的表象,其背后则隐藏着王朝崩溃、国家分裂的深刻原因,如果不对其原因进行深入的分析与探讨,不对社会发展的实际状况做全面对比分析,而仅仅简单地一味从分裂的表象即对魏晋南北朝史做负面的评价,进而认为魏晋南北朝时期是一个倒退的时代、黑暗的时代,实际上无助于我们对中国古代历史做出正确的判断,无助于我们对魏晋南北朝史做出实事求是的评价。自 20 世纪 80 年代开始,在拨乱反正、实事求是思想的指导下,历史学界开始对旧的史学观念、史学观点进行反思,对魏晋南北朝史在中国古代史中的地位进行重新审视,朱先生走在这一研究的前列,他发表了《研究魏晋南北朝史要着眼于光明和进步》①等重要论文,旗帜鲜明地对传统的魏晋南北朝"黑暗论""倒退论"进行批评。

朱先生认为,纵观整个魏晋南北朝史,第一是"要看到这一时期建设时间超过屠杀和混乱时间"②。他历数这一时期的史实,指出:"首先要承认三国鼎立是一个建设时期,而不是破坏时期。蜀汉在四川的建设,东吴在江南的开发,其成就都超过两汉。"③在曹魏统治下的北方,由于大力推行屯田以及租庸调制改革的成功,使北方经济走出了东汉末年的

---

① 《文史哲》1987 年第 1 期,第 9—12 页。
②③ 朱绍侯:《研究魏晋南北朝史要着眼于光明和进步》,《文史哲》1987 年第 1 期,第 10 页。

一派破败景象,而走向恢复和发展。

西晋统一之后,由于占田制、租调制的推行,农业生产有一定发展,曾经一度出现"太康繁荣"局面。

五胡十六国时期,是学术界通常认为的一个混乱时期,但朱先生仍然指出其值得肯定之处。朱先生指出,"随着'八王之乱'及'五胡十六国'时期的到来,中国北方出现了前所未有的混乱",但是,"就是在这个混乱、破坏、屠杀最严重的时期,中国北方也出现过两次统一、两个新开发区"。① 两次统一即指后赵石勒的统一与前秦苻坚的统一。朱先生指出,后赵石勒的统一虽然短暂,但其"在河北地区劝课农桑,恢复经济,建立太学、小学,发展文化,都很有成效"②。而前秦苻坚对北方的统一,则使关陇地区"出现一片升平景象"③。两个新开发区,即指前燕对辽东、辽西的开发及前凉对凉州的开发。朱先生认为,前燕对辽东、辽西的开发与前凉对凉州的开发使这两个地区的发展都远远超过了两汉水平。

南北朝时期,在朱先生的眼里也是一个发展时期。朱先生认为,南北朝时期双方的战争主要是发生在长江以北和黄河以南的边界线上,而且后来进一步缩小在江淮之间,而南北方的腹地则受战争影响小,"经济、文化一直保持上升、发展的势头"④,江南地区的发展,已超过两汉时期的关中。

第二是"要看到民族融合的重大成果"⑤。朱先生指出,在魏晋南北朝的民族矛盾与战争中北方的五胡,"南方的越族、蛮族、奚族,经过魏晋南北朝时期的融合与斗争,大部分与汉族融为一体"⑥。朱先生评价道:"在这种民族融合中形成的隋唐时期的新汉族,精神面貌与性格同以前完全不同,民族素质大大提高……创造出了隋唐时期的繁盛新局面。"⑦

第三是"要看到封建生产关系进一步完善和巩固"⑧。朱先生认为,

---

①②③④⑤　朱绍侯:《研究魏晋南北朝史要着眼于光明和进步》,《文史哲》1987年第1期,第10页。

⑥⑦　朱绍侯:《研究魏晋南北朝史要着眼于光明和进步》,《文史哲》1987年第1期,第11页。

⑧

"曹魏的赐公卿租牛、客户制,东吴的领兵制、赐客制,就开始承认了地主占有佃客的合法性。西晋的占田荫客制及东晋的'客注家籍'的规定,使地主占有佃客的权利在法律上被正式肯定下来"①。他指出:"魏晋南北朝的封建生产关系,比秦汉时期有明显的进步,是封建生产关系进一步完善、巩固的表现,这是历史发展中的一大进步。"②

第四是"要看到科学文化的重大进步"③。朱先生认为,这一时期科学文化的成就超过了秦汉时期的水平。如灌钢冶炼技术的发明,指南车、千里船、水排的创造,是生产力有巨大进步的鲜明标志。《齐民要术》是世界农业史上一部划时代巨著。青瓷"达到完全成熟的历史阶段"④。造纸技术的发展使其完全替代竹木简成为书写材料,"对于科学文化教育事业的发展所起的巨大推动作用是无法估量的"⑤。而在科学领域也是一个成就辉煌的时代,虞喜的岁差研究,祖冲之的圆周率计算,华佗的麻沸散发明,以及陶弘景的《神农本草经集注》、葛洪的《肘后备急方》对医学的贡献,都"是当时世界最先进的科学成就"⑥。王羲之的书法、顾恺之的绘画"都达到了登峰造极的地步"⑦,《后汉书》《三国志》成为以后史学著作的楷模,建安文学、陶渊明的田园诗令人叹为观止。值得补充的是,2015年10月瑞典卡罗琳医学院宣布,将该年度的诺贝尔生理学或医学奖授予中国科学家屠呦呦。屠呦呦团队与中国其他机构合作,从葛洪的《肘后备急方》中获取灵感,先驱性地发现了青蒿素,开创了疟疾治疗新方法,全球数亿人因这种"中国神药"而受益。目前,以青蒿素为基础的复方药物已经成为疟疾的标准治疗药物,世界卫生组织将青蒿素和相关药剂列入其基本药品目录。正是葛洪《肘后备急方》有关"青蒿一握,以水二升渍,绞取汁,尽服之"的截疟记载,挽救了古往今来无数人的生命,成就了中国医学的世界影响。

朱先生指出,在这一历史时期国家虽然处于分裂割据、动荡混乱时

---

①②③④ 朱绍侯:《研究魏晋南北朝史要着眼于光明和进步》,《文史哲》1987年第1期,第11页。

⑤⑥⑦ 朱绍侯:《研究魏晋南北朝史要着眼于光明和进步》,《文史哲》1987年第1期,第12页。

期,但历史并没有倒退,而是在迂回曲折中前进,并且取得了辉煌的成就。

朱先生对魏晋南北朝这一历史时期的深刻认识与宏观评价已经为越来越多的学者所接受,成为人们的共识,"黑暗论""倒退论"渐已淡出人们的视野,而这一学术史的回顾,有助于我们了解前辈的贡献、了解魏晋南北朝史研究的学术进程。

魏晋南北朝史的开端是三国鼎立局面的形成,三国鼎立局面形成的原因也是学术界关注的重要问题。朱先生先后发表《略论三国鼎立形成的原因》①、《吴蜀荆州之争与三国鼎立的形成》②、《"借荆州"浅议》③等论文,对三国鼎立形成的原因与过程进行解析。朱先生的研究长于宏观与微观的结合,善于从宏观出发把握历史的面貌,从微观分析揭示历史的真相,因此往往能够解释历史的真谛。针对有学者提出"赤壁之战是三国形成的原因",朱先生从宏观上进行了剖析。他认为历史的发展是偶然性与必然性的统一,三国鼎立的形成首先是历史的必然性的体现,"一个历史局面的形成,是由在当时历史条件下所出现的必然因素起决定作用的。赤壁之战和其他战役一样,是一个偶然事件。偶然事件对历史不能起决定作用,因此,说赤壁之战决定了三国鼎立局面,或者说赤壁之战是三国鼎立形成的原因的提法,都是不恰当的"④。朱先生指出,归纳三国鼎立局面出现的原因,主要有以下几点:"即由于东汉末年军阀及地方地主势力的发展,而出现了分裂割据的条件;三国的创始人都是在一定的地主集团支持下,而巩固了自己的势力;南北方在人力、物力方面都出现了势均力敌的鼎足而立的形势,三峡、剑阁、长江天堑的地理条件,也成为三国鼎立的暂时因素;而人心向背问题也起了一定的作

---

① 载朱绍侯:《雏飞集》,河南大学出版社,1988,第191—198页。
② 《史学月刊》1991年第1期,第14—24页。
③ 《许昌师专学报(社会科学版)》1992年第4期,第73—76页。
④ 朱绍侯:《略论三国鼎立形成的原因》,载朱绍侯:《雏飞集》,河南大学出版社,1988,第196页。

用。"①朱先生的观点,对三国鼎立形成的原因做出了合理的、深刻的解释。

二、经济与土地制度研究

朱先生在魏晋南北朝史研究领域着力最多的,应该是经济方面,特别是土地制度方面。在这一领域他发表了一系列论文,代表作有中州古籍出版社1988年出版的《魏晋南北朝土地制度与阶级关系》一书。在这一著作中,朱先生从中国古代经济研究的最基本问题——土地问题着手,对魏晋南北朝时期的土地所有制关系、国家对土地的管理与经营、大土地所有制的形成等土地制度的表现形式进行了系统的、细致的研究。

中国古代社会属农业社会,农业是社会的主导产业,而农业生产赖以依存的基本条件就是土地,所以对土地所有制关系、土地的管理与经营等问题的研究,是我们研究古代经济、认识中国古代社会的必要途径。正是有基于此,朱先生的土地制度研究,不是就事论事,不是仅仅研究土地管理形式,而是将其与社会的发展、土地所有制关系的变化联系起来,他力求在研究中找出魏晋南北朝经济与土地制度演变的原因与发展的规律,找出国家在分裂时期的历史发展脉络。

三国时期的屯田制度发轫于曹魏,此后被孙吴与蜀汉采纳,成为三国时期重要的国家土地管理与经营形式。朱先生首先对屯田产生的原因,其经营管理形式、屯田民的来源与身份地位、屯田制度的历史作用进行了系统考证与分析。

朱先生指出,屯田制度虽然是曹魏统治区普遍推行的一种制度,但其最集中的地区则在三类地区。第一类是"曹魏的首都及其旧根据地周围地区"②,这些地区所实行的屯田,"其目的是充实曹魏政权的经济实

---

① 朱绍侯:《略论三国鼎立形成的原因》,载朱绍侯:《雏飞集》,河南大学出版社,1988,第196页。

② 朱绍侯:《魏晋南北朝土地制度与阶级关系》,中州古籍出版社,1988,第29页。

力,保证军队、政府的粮食供应"①。第二类是为了加强边境地区的防御力量,在与吴蜀接壤的地区屯田,其目的是保障驻军的军粮供应。第三类是在交通要道及运输线附近的屯田,其目的是保障运输队伍的粮草供应。因此,从整体上来看,曹魏屯田是为了军事的需要。

曹魏的屯田有民屯与军屯两种形式,民屯主要是政府招致屯田客,以军事方式编制,设置典农中郎将、典农校尉、典农都尉进行管理的一种屯田形式,屯田客承租国家的土地,不能自由迁徙,按照土地的收获,向国家缴纳50%—60%的田租,同时,还要承担一些劳役。军屯则是由军队系统组织的屯田,属军队在没有军事任务时所承担的一种"且佃且战""且佃且守"活动。屯田兵与屯田客一样承担着大体相同的田租负担。

朱先生认为,曹魏的屯田在当时的历史条件下发挥了重要作用,具有积极意义。他指出,首先是在恢复北方经济方面起了积极作用,"在屯田中还兴修了大量水利工程,同时还推广了区田法,注意精耕细作,使产量大大提高,对恢复残破的北方经济,发展北方的农业生产,起到了积极的推动作用"②。其次,是为曹魏统一北方奠定了物质基础,屯田"把大量流民安置在国有土地上,使大批劳动力不至于流入豪强地主的门下,增强了经济实力,给曹魏统一北方奠定了雄厚的物质基础"③。

对于三国时期孙吴与蜀汉的屯田制度,学术界过去关注不多,朱先生钩沉索隐,对孙吴与蜀汉的屯田制度进行了系统整理。朱先生指出,孙吴与蜀汉的屯田与曹魏一样,亦有军屯与民屯两种形式,并且孙吴与蜀汉的屯田最初也是为了解决军粮问题而采取的行动。孙吴的屯田主要集中于与曹魏对峙的江淮防线,特别在长江中下游地区广泛分布。蜀汉的屯田则主要集中于东、南、北三个方向,北方地区的屯田,集中于汉中,明显是为了支援对曹魏的战争;东方的屯田则是沿与孙吴对峙的长江防线分布;南方的屯田集中于庲降,主要是为了保障经营南中的军事活动的军粮需要。特别是对庲降地区军屯问题的考证,虽然话语不多,

---

① 朱绍侯:《魏晋南北朝土地制度与阶级关系》,中州古籍出版社,1988,第29页。
②③ 朱绍侯:《魏晋南北朝土地制度与阶级关系》,中州古籍出版社,1988,第34页。

但其揭示了过去学术界忽视的蜀汉南中军屯的存在及其在蜀汉经营南中活动中的战略意义,具有重要的学术价值。

朱先生认为,从历史发展的流变来看,三国时期曹魏、孙吴、蜀汉的屯田制度上承两汉的屯田制与假田制,下沿至两晋南北朝各个时期,但是这种制度唯独在三国时期,对恢复和发展农业生产取得成效最大。三国中又以曹魏的屯田制收效最为显著,无论是军屯,还是民屯,对于恢复和发展北方的农业生产都起了巨大作用,也为北方统一南方奠定了经济基础。

朱先生对西晋土地制度的研究,主要集中在对西晋占田、课田问题研究方面。西晋占田、课田问题是魏晋南北朝史研究中的一个重要问题,也是一个热点问题,国内外学者为此投入了大量的精力,发表有大量论文。除朱先生外,中国学者唐长孺、张维华、王天奖、高敏、高志辛等都发表过相关论著。日本学者宫崎市定、米田贤次郎、越智重明、堀敏一、铃木俊、西村元佑等都提出过看法。日本学者认为,对于土地制度的研究,"从研究文献的密集这一点来说,在魏晋南北朝史研究领域里恐怕数得上第一"①。虽然我们并没有做过精确统计与比较研究,仅从宏观了解来看,这一判断大体是不错的。

2007 年,在武汉大学举行的魏晋南北朝史学会年会上,日本学者伊藤敏雄提交会议的论文《日本学者关于占田课田制的研究的回顾与展望》,将日本学者的相关研究成果进行了归纳与总结。伊藤以西晋的占田、课田制为中心,根据占田和课田的对象与其之间的关系的理解方式,对日本学者的研究进行整理,观点概括为 A、B 两类。A 说把占田和课田作为不同系统分离开(把占田和课田理解成以各个不同的农民户为对象)。B 说理解为占田和课田是以同一农民户为对象而组成的。

A 说认为,占田制和课田制是分别针对不同郡县民的田制,也就是说,占田制和课田制属于不同系列的两种土地制度。占田制以曹魏以来的郡县编户为对象,课田制则以曹魏屯田制废止后新编入郡县的编户为

---

① 山根幸夫主编《中国史研究入门》(增订本·上下册),田人隆、黄正建等译,社会科学文献出版社,2000,第 291 页。

对象。占田制带有私有制的性质，课田制由于来源于旧屯田，具有国家所有制的性质。因此，在土地所有制和编户种类上各自形成了两组概念，即占田与课田，占田民与课田民。既然土地所有制的性质不同，两种编户所承担的租调额自然不同。这一学说由宫崎市定首倡，继承这一说法的主要有米田贤次郎和越智重明等人。

B说将占田与课田看作是国家针对同一农户设计的田制。由于以同一农户为对象，因此是一种复合的田制。既然是复合田制，根据组合方法的不同又可细分为B1、B2、B3等三种。

B1说，认为占田和课田是针对同一户中不同男女所实施的田制，占田的对象是户主，课田的对象是户主以外的"余夫"。这一说法的支持者主要有玉井是博、曾我部静雄、铃木俊、西村元佑等。

B2说，认为占田和课田都针对同一民丁实施，尤其是户主。课田的亩数包含在占田的亩数之中。比如，户主丁男可以拥有70亩的占田，其中50亩为课田；户主之妻拥有占田30亩，其中20亩为课田。这一学说得到天野元之助、堀敏一等人的支持。

B3说，在占田和课田以同一民丁（特别是户主）为对象这一点上与B2说相同，不同之处在于，B3说没有把课田包含在占田之中。比如，户主男子在占田之外还可获得50亩课田，丁女和次丁男也以此类推。这一说法主要的支持者有吉田虎雄、藤家礼之助、楠山修作等。①

相对于日本学界主要关心占田、课田的形成及其对象，中国史学界关注的面要更宽一些。中国学者不仅关注占田、课田的形成及其对象，更关注占田与课田的所有制性质，即生产关系。从20世纪30年代以来，不仅有解释占田的授田说、限田说、税制说、限额内私田申报制度说，以及解释课田的劳役地租说、耕作分摊说、佃户公田赋课说、税制说等，还有国有土地所有制说、私有土地所有制说、混合制土地所有制说等。

朱先生在其20世纪50年代发表的《关于屯田制、占田制》（《史地教学通讯》1957年第7期）、《关于西晋的田制与租调制》（《理论战线》1958

---

① 参见张学锋：《汉唐考古与历史研究》，生活·读书·新知三联书店，2013，第181—183页。

年第 2 期)及 80 年代出版的《魏晋南北朝土地制度与阶级关系》中系统阐述了自己的看法。朱先生基于对秦汉土地制度的研究与把握,从发展、变化与联系的视野出发,指出:占田制是屯田制破坏的基础上而颁布的一种土地制度,西晋的占田制只对原来居住在屯田区的屯田农民有实际意义,它是在屯田制破坏之后,政府公布的允许和限制农民占有一定数量土地的法令,而不是对全国自耕农重新分配土地。这一研究,与日本学者所提出的"占田制和课田制属于不同系列的两种土地制度。占田制以曹魏以来的郡县编户为对象,课田制则以曹魏屯田制废止后新编入郡县的编户为对象"迥然不同,指出实施占田制的对象是原来屯田制下的屯田民,而不是日本学者所认为的是原来的郡县民,对占田制的来源与形成提出了新的解读。关于占田制的土地所有权性质,朱先生指出占田制其实是一种长期占有制,并在向私有制方向发展的国有制,占田制对土地的分配,有授无还,从某种意义上讲很像秦汉的名田制和爰田制。从法律的角度讲,受田的农民只有长期占有权、使用权,而无所有权。但是,正如我们在论述秦汉名田制、爰田制已经说过的那样,土地已经长期占有,必然向土地私有发展,占田制也是这样,从它颁布的那天起,就向土地私有制方向发展,这是任何力量都无法阻挡的。

关于西晋的课田,朱先生认为所谓课田,并不是同日本学者所说的那样,是西晋政府针对屯田民所采取的一种土地制度;也不是一些中国学者所认为的那样属"课税之田",或者属于一种赋税制度。朱先生指出:"西晋的课田制既不是土地制度,也不是赋税制度,它是一种劝民归农的督耕制。"①朱先生指出,放眼历史,"虽然正式提出课田制是在西晋,但这种制度并不创始于西晋,最早起源于西汉的边境屯田"②。在西汉宣帝时期,将军赵充国率军在河湟地区屯田,就采取了考课士兵耕田的方法,"这应是最早的课田督耕制"③。这一制度在东汉、三国曹魏时期都推行过,"曹魏在刘廙的建议下全面地推广了课田制"④。《晋书·傅玄传》提到,傅玄曾评价曹魏课田效率说"魏初课田,不务多其顷亩,但

---

① 朱绍侯:《关于西晋的田制与租调制》,《理论战线》1958 年第 2 期,第 61 页。
②③④ 朱绍侯:《关于西晋的田制与租调制》,《理论战线》1958 年第 2 期,第 60 页。

务修其功力"①,就是有力证明。朱先生对课田的认识与解说独树一帜,推进了有关西晋田制问题的研究,至今在学术界仍有重要影响。

北魏的均田制是学术界关注的又一重要问题,它是隋唐均田制的直接渊源,对南北朝、隋唐历史产生过重大影响。因此,在朱先生的魏晋南北朝土地制度史的系列研究中,北魏均田制的研究也占有重要地位。朱先生在前人研究的基础上,提出了自己对北魏均田制的看法,归纳起来,主要有七个方面:

(1) 均田制是一种带强制性的国有土地还受制。均田制首先是在国有土地上实行的。北魏政府所掌握的大量无主荒地,是均田制得以颁行的物质基础。均田制有国有土地还受的具体规定,受田农民的迁徙自由受到严格限制,这一制度,强制性地把农民束缚于一定数额的国有土地上,受田农民实际上是北魏国家的农奴。

(2) 均田制并不触动土地私有制,相反,它是保护土地私有制的。均田制规定"诸桑田不在还受之限",即使农户原有的桑田超过均田制所规定的额度,超过的部分可以以露田之名冲减应受露田之额,但也不入还受之列。同时,桑田皆为世业,即使以后家庭人口减少,桑田数额超过规定也无须归还国家。

(3) 均田制维护大土地所有制。均田制是以国家所控制的土地分配给农民,并不触动已有的大土地所有者的土地。同时,北魏均田制规定奴婢可以与农民同样授田,且对奴婢的数量没有限制,又规定耕牛也可以授田,这样强宗豪族便可通过广蓄奴婢和耕牛,合法地大量占有土地。

(4) 均田制对土地买卖的限制,从立法形式上破坏了土地私有权的完整性,并对大土地所有者兼并小农多少有所限制。而实际上均田制并未能真正禁止土地买卖。

(5) 均田制实际不均。均田制并不是均分土地,而是不触动土地私有制,同时维护均田制颁布前贫富悬殊的现状。

---

① 房玄龄等:《晋书》卷 47《傅玄传》,中华书局,1974,第 1321 页。

（6）均田制关于照顾老小贫弱和疾病者的规定，应该是源于儒家思想，并非所谓源于"公社传统"。

（7）均田制中有关"诸宰民之官，各随地给公田"的规定，开后来职分田与公廨田之先河。

朱先生指出，均田制是我国封建土地所有制的一种特殊形态，是当时中国特定历史条件下的产物，由于它适应了当时的历史形势，所以它能够在中国历史上存在达三个世纪之久。

朱先生对魏晋南北朝时期屯田制、占田制、均田制等问题系统深入研究的系列成果，既推动了魏晋南北朝史研究的深入，也奠定了其在魏晋南北朝史学界的显著地位。

三、文献整理与研究

对魏晋南北朝历史文献的整理与研究，是老一辈学者非常重视的一项史学基础工作，也是一项惠及后人的大德修为。朱先生在魏晋南北朝史领域的文献整理工作，代表作是《宋书》的校注。1995年，先生以年近70之身，承担挑起了《宋书》的整理与注释的主编工作，我当时刚年过40，受先生之命，承担《宋书·百官志》及近20卷《列传》的校注工作，承担这一任务的还有程有为、龚留柱等师兄。在先生的主持下，我们确定了校注所用的工作底本、校本、参考文献，以及工作原则与规程。先生虽年近古稀，但对学术的认真与执着丝毫不亚于中青年人，他对我们交上的稿子，像批改作业一样进行逐字逐句的审核、校对，对审查出我们应注而漏注的地方、错误的地方，可能考虑我们工作忙，没有返回让我们补注或修改，而是亲自进行补注与修改，当我看到稿子中熟悉的先生的笔迹，不禁为之动容。整部《宋书》的校注稿，最后约有600万字，通读一遍已属不易，而先生读了不知多少遍，为之所付出的心血，更是难以为外人所知。先生对学术的认真与执着，也时时成为对我的无言教诲与鞭策。

《宋书》是系统记载南朝刘宋一朝60年历史的史书，历代视之为正史，至清代列之为二十四史之一，在魏晋南北朝史研究中具有不可替代的重要地位。《宋书》成书于南朝齐的永明年中(483—493年),数百年间以抄本传世,渐见残缺、散佚,到北宋仁宗嘉祐年间(1056—1063年),宋仁宗下诏由阁臣收集天下佚书,进行整理校雠,这一工作大约进行了50年左右,到徽宗政和(1111—1118年)方完成,并由国子监刻印,颁之于学官,这应该是《宋书》的第一个刻本。但不久,靖康之难,宋室南渡,北宋文化典籍遭到灭顶之灾,包括《宋书》初刻本在内的许多典籍都在此刻被毁灭。我们今天所能够看到的《宋书》最早的版本,是在宋刻本的基础上,经历元、明补刻的所谓递修本,或谓三朝本。在对《宋书》的校注中,朱先生考察了《宋书》的编撰、成书过程及版本源流,对《宋书》的史学价值进行了实事求是的评价,并亲自写下了许多校注成果。还先后发表了《陈郡谢氏在刘宋》①、《沈约〈宋书〉述评》②、《中华本〈宋书〉校点失误商榷》③等论文,对《宋书》的相关问题提出了自己的看法。

朱先生在比较了至今所见《宋书》不同版本之后认为,目前《宋书》最好的版本,应属中华书局点校本。但智者千虑,总不免有失误之处,如同古人所言,校书如同扫落叶,不断校总能不断发现问题。朱先生指出,中华书局点校本《宋书》的失误,主要有三个方面:

一是中华书局点校本没有发现的《宋书》原有的失误。朱先生列举了五条,在此仅举两例。例一为《宋书》卷52《王诞传》:"孙伯符(孙策)岂不欲留华子鱼(华歆),但以一境不容二君耳。"④此处用典,讲的是汉末孙权(仲谋)继其兄(伯符)控制江东时,曹操以天子之诏诏豫章太守华歆,孙权放华歆北归的故事,事见《三国志》卷13《华歆传》,但《宋书》用典误孙权为孙策。中华本失校。例二,《宋书》卷95《索虏传》:"赫连定在陇上,吐伐斤乘胜以骑三万讨定,定设伏于陇山弹筝谷破之,斩吐伐斤,尽坑其众。"⑤这是南朝宋所记载的一例北魏早期与匈奴夏政权赫连定之

---

① 《河南大学学报(社会科学版)》2001年第6期,第49—54页。
② 《南都学坛》2001年第4期,第17—24页。
③ 载本书编委会编《庆祝何兹全先生九十岁论文集》,北京师范大学出版社,2001,第591—601页。
④ 沈约:《宋书》卷52《王诞传》,中华书局,1974,第1492页。
⑤ 沈约:《宋书》卷95《索虏传》,中华书局,1974,第2330页。

间发生的陇山战役的史事。朱先生考证,在这次战役中,吐伐斤并没有战死,而是战败被俘,直到后来魏太武帝拓跋焘击败赫连定,攻占平凉,吐伐斤方得以解救归魏,并被降职为厨事宰臣,备受屈辱。南朝宋不是当事者,因此《宋书》记事失之于传闻,未尽考证之职。中华本之误,失之于与《魏书》对校。

　　二是中华书局点校本没有发现的《宋书》在流传中产生的失误。这里也举朱先生考证中的两例。例一,《宋书·武帝纪中》:"吾處(处)怀期物,自有由来。"①朱先生考证,《册府元龟》卷275、《晋书》卷37引此句均作"虚怀期物",虚怀即心胸开阔之意,期物即期待有才干的人物之意。此处虚怀误为處怀,显然是因为"處"与"虚"字形近而讹,中华本失校。例二,《宋书》卷73《颜延之传》:"况动容窃斧,束装滥金,又何足论。"②朱先生考证,其"束装滥金",当为"束装盗金"之讹。《艺文类聚》卷23引颜延之《庭诰》,正作"束装盗金"。其典出《汉书》卷46《直不疑传》。"盗"误为"滥",亦为形近而讹。中华本失校。

　　三是中华本《宋书》标点、校勘中的失误。例一,《宋书》卷24《天文志二》:"三年正月,东海王越执长沙王乂,张方又杀之。"③此处的三年正月,接上文太安二年(303年)七月叙事之后,以史实揆之,是谓晋惠帝太安三年(304年)正月无误。中华本《宋书》校勘时,误以周家禄《宋书》校勘记为据,以为太安纪年只有二年,无三年;又据《永乐大典》7857所引文,认为"三年"当为"二年"。按晋惠帝太安年间,正是"八王之乱"炽烈之时,政局动乱,年号改易频繁,不深谙其史者,往往难得要领。朱先生考证,太安纪年其实有三年,但这一年政局动荡,四易年号,按太安三年正月二十六日改元为永安元年,七月又改元建武,十一月复为永安,十二月又改元为永兴元年,一年改了四次年号,让历史学家实难抉择。再据《晋书·长沙王乂传》"乂以正月二十五日废,二十七日死"④,可知长沙

---

① 沈约:《宋书》卷2《武帝纪中》,中华书局,1974,第33页。
② 沈约:《宋书》卷73《颜延之传》,中华书局,1974,第1897页。
③ 沈约:《宋书》卷24《天文志二》,中华书局,1974,第702页。
④ 房玄龄等:《晋书》卷59《长沙王乂传》,中华书局,1974,第1615页。

王乂废在改元前,死在改元后,《宋书·天文志二》言"三年正月,东海王越执长沙王乂",是为实录。朱先生指出,"写作'太安三年正月长沙王乂被杀'亦无不可,如改作太安二年正月长沙王乂被杀,就闹出了笑话,属于误改"。实际上《晋书·惠帝纪》《晋书·长沙王乂传》都明确记载,太安二年时,长沙王乂仍是"八王之乱"的参与者,直至太安二年七月,他都是朝廷权力的掌握者。

结合自己的校勘体会,在此再补充中华本《宋书》点校中的误改一例。《宋书·恩幸传》叙幸臣朱幼的官宦经历,其中有:"幼,泰始初为外监,配张永诸军征讨,有济办之能,遂官涉三品,为奉朝请、南高平太守,封安浦县侯,食邑二百户。"①这段话中,"官涉三品"一句,引起校勘者的注意。在用为校勘工作本的宋元明三朝递修本、明北监本、毛氏汲古阁本、清乾隆武英殿本、金陵书局本、商务百衲本《宋书》中,其实这句话均一致,即皆作"官涉二品"字样。但校勘者对"官涉二品"一句感到困惑,认为,"官涉二品"应当是朱幼做官做到官阶二品的官之意,但遍检文献,检索朱幼之官宦经历,发现朱幼本人一生都没有做过官阶二品的官。矛盾如何解决?困惑中,校勘者对校了唐人所修《南史》,在《南史·恩幸传》中,"官涉二品"一句,作"官涉三品"。据此认为诸本《宋书》中的"二品"皆应为"三品"之误,遂将《宋书·恩幸传》"官涉二品"一句,改作"官涉三品"。为此,在该传校勘记中,专写说明一条,阐述自己校改的理由:"'三品'各本作'二品',据《南史》改。按朱幼封县侯,官第三品,其余奉朝请、南高平太守,皆不至三品,官无有涉二品者,《南史》作三品是。"②这一校改是不妥的,属于误改。一是既然诸本皆作"二品",说明该文传承有序,无节外生枝,应予尊重,不应更改。二是南朝宋的官品不是官阶而是任官所需之资品,二品官指的是需要二品人担任的官。南朝宋、齐文献中所见"二品官"皆指二品人担任的官,没有官阶二等的用法。在南朝宋,担任奉朝请、南高平太守等皆须有二品资品。"官涉二品",讲的是出身寒人的朱幼因军功而官位得到晋升,得以担任了奉朝请、南高平太

---

① 沈约:《宋书》卷94《恩幸传》,中华书局,1974,第2315页。
② 沈约:《宋书》卷94《恩幸传》校勘记第17,中华书局,1974,第2320页。

守等这些需要二品资品才能担任的官,原文并没有错。由此可见,在古籍整理中,不能轻易更改原有文字,除非有确凿的证据、万全的把握,宁可存疑,以免失误。

例二,《宋书》卷 67《谢灵运传》录谢氏《山居赋》自注,其中说:"鹿苑,说《四真谛》处。灵鹫山,说《般若法华》处。坚固林,说泥洹处。庵罗园,说不思议处。"①中华书局点校本《宋书》,在上述句子中的"四真谛""般若法华"旁标书名符号,表明点校者认为"四真谛"与"般若法华"二者为书名。朱先生指出:佛典中并没有《四真谛》《般若法华》这两种经书。所谓"四真谛",也称"四圣谛",是佛陀所悟到的苦谛、集谛、灭谛、道谛四种真理。在佛经中有讲解四谛之法的《四谛经》一卷,为安世高所译,还有解释四谛之法的《四谛论》四卷,著者为婆薮跋摩,陈真谛译。这有关四谛的一经一论,都不叫《四真谛》,故可以肯定"四真谛"不是经名。"般若法华"更不是经名,而是两种学说。所谓"般若",汉译为智慧。宣传"般若"的经书有《般若经》《般若心经》《般若道行经》等。所谓"法华",是妙法莲花的简称。佛教以莲花的花开花谢,莲成莲落的过程比喻佛家虚(暂时存在)和实(万有本体)变化的妙法。其理深奥,比喻浅明。有关妙法莲花的经典,有《妙法莲华经》《法华论》等。朱先生进一步指出,从《宋书》上述全文来看,这段文字说的是释迦牟尼的讲道情况。释迦牟尼虽创造了上述各种学说,但作为经典,当时并未成书。因此只有把"四真谛""般若法华""泥洹""不思议"都理解为四种学说才是正确的。

在通校《宋书》和对魏晋南北朝史书对比研究的基础上,朱先生对《宋书》的史学价值与地位给予较高的评价。朱先生认为,《宋书》在中国史学史上具有重要的地位,它虽不能与《史记》《汉书》相提并论,但比之于《后汉书》《三国志》并不逊色,在南朝四书中应属上乘。可谓中肯之论。同时,《宋书》能够经历曲折与磨难,成为保存至今的唯一一部记述南朝宋的史书,就是其价值的明证。朱先生指出,《宋书》流传至今是经过了历史的考验,在与沈约《宋书》问世的同时或稍后,还有五种《宋书》

---

① 沈约:《宋书》卷 67《谢灵运传》,中华书局,1974,第 1764 页。

也在流传,如南齐孙严《宋书》65卷、王智深《宋纪》30卷,萧梁裴子野《宋略》20卷、王琰《宋春秋》20卷、鲍衡卿《宋春秋》20卷,都曾流行于世,但是都被历史淘汰而亡佚,唯有沈约的《宋书》历尽波折而保存下来,历史的选择是公正的。

以上主要从三个方面介绍了朱先生在魏晋南北朝史研究领域的成就,限于篇幅,只能摘其要者谈自己的体会,对朱先生许多领域的研究成果都没有涉及,比如在民族史研究领域,朱先生亦有许多重要成果,他的《三国民族政策优劣论》①就是这一领域内的开创性研究,他对魏蜀吴三国的民族政策的综合研究、比较研究,至今也不多见。又如他在2010年前后,以80多岁的高龄亲自深入考古工地,对曹操高陵所做的调查和研究,以及先后发表的一系列论文《曹操与曹操墓》②、《曹操高陵考古发现的历史学意义》、《对曹操高陵石牌'猎'字解释不能以偏概全》、《论曹魏政权的历史地位》等,对曹操高陵的确定,对墓葬的深入分析,以及由此扩展的对曹操的研究与评价,产生了巨大的学术影响与社会影响,推动了曹操高陵考古工作的进展,推动了对曹操的研究,也推动了魏晋南北朝史研究的深入。

即便已过90高龄,先生现在也仍然保持着每天读书、研究与著述的习惯,继续坚守在魏晋南北朝史研究的领域。我非常赞同李振宏兄所讲过的一句话:朱先生是以学术为生命,用生命做学术。先生以自己的作为在向我们讲述一个真正的学者对生活、生命的理解与追求。先生是我的导师,也是我追随的榜样,先生对学术的执着与不懈追求,是引领我们的灯塔,也是鞭策我们砥砺前行的动力。

——原载《许昌学院学报》2018年第11期

---

① 《河南师范大学学报》1981年第3期,第36—43页。
② 《史学月刊》2010年第5期,第5—10页。

朱绍侯先生地方文史研究撷英

刘坤太

朱绍侯先生是中国历史学界著名的中国古代史研究大师,在他的学术生涯中,曾经在中国古代政治制度、经济、军事、文化等方面,分别做出了一系列重大的研究成果。不过,朱先生还有另一个通常被人忽视的研究领域,那就是对地方历史文化的研究。几十年来,他在承担教学和重大历史研究课题的同时,不惜分出巨大精力,积极投身于地方历史、地方民俗传说、地方特色文化、地方名人故里、地方姓氏祖源等"应用性"研究,为地方政府解决各种有关地方历史文化的实际问题,并且同样取得了丰硕成果。忝为先生弟子,我有幸多次追随先生参与或关注他的地方历史文化研究。如今先生已经仙逝,在我们缅怀他辉煌的成就之时,且就我所知,撷取先生有关地方文史研究的几片彩页,奉献于学界,以彰显先生作为人民史学家高度的历史责任感和为促进现实社会发展而努力奉献的高贵品质。

一、为地方做"小文章"

作为史学大家,朱先生当然是以身作则,带领我们努力承担有关历史发展大势和重大历史转折等规律性、全局性、关键性以至于能够填补空白的重大研究项目。但是,他同时也经常给我们讲史学的人民性和史学的社会服务功能。在我读研究生的时候,曾受托帮某县地方志办公室全文句读标注嘉靖古本县志。因其篇幅较大,耗费了近一个月的时间,心中颇有怨词。和先生偶然提及此事,先生马上语重心长地教导我说:我们学历史,和旧社会的那些史家的目标是不完全一致的。一个好的史学工作者,不仅要能在象牙塔里雕象牙,还要能做直接为社会解决问题的"新史学"①!毛主席说要为人民服务,你用你的知识帮县上的同志句读县志,解决了他们读不成句的工作难题,这不也是在"为人民服务"吗!这种能用知识服务社会的事儿是好事儿,历史上的大文章要做,地方上的这些"小文章"也要做,而且还要积极做才对!

朱先生不仅这样教导我们,他自己一生也都是把"用知识服务社会"当作自己的职责,把为地方解决实际文史难题,为地方做"小文章",当作自己义不容辞的大事。现在回忆起来,先生所做的这类具体事例,简直是不胜枚举,随手皆可举出二三例:

1975年夏,朱先生带领历史系学生到洛阳作例行考古见习。在此期间,他应邀到龙门石窟管理处,给那里的讲解员讲了一次课。当时有一位讲解员问朱先生,"龙门二十品"中有一幅《比丘慧成为亡父洛州刺史始平公造像题记》(以下简称《造像记》),这上面说的"始平公"是个什么人呢?由于此前并没有对龙门造像记多做研究,朱先生坦诚地说:"我还不清楚。"返校之后,本着为社会负责的历史责任感,朱先生就开始认真地查阅《魏书》《北史》等相关史籍,试图为龙门管理处的同志们解答《造像记》中的始平公是谁的问题。查阅的结果,共发现五位带始平公头衔的人(不含始平王、始平侯、始平伯、始平男),计有始平声公司马休之、始平公隗诘归、始平县公元矩(孝矩)、始平公元钦、始平县公侯莫陈相。其中始平声公的"声"是谥号,始平县公的"县"表明是县级公爵,其实都可以简称为始平公。但是,对照《造像记》全文,这五位"始平公",没有哪一位能和《造像记》中的始平公对上号,显然都不是《造像记》中的始平公。这一来,问题便陷入了绝境:"能查的书查完了,能走的路却全都堵死了!"按照常规,直接回复"古籍失载,无从求解"即可无憾。但是,这个很

---

① 新中国成立之初,河大历史系曾出版《新史学通讯》杂志,为《史学月刊》前身。其中专门设有为地方解答历史问题的专栏,"新史学"便成为先生具有特指意义的用词。

具体而看起来学术价值又不大的小问题,朱先生却一直铭记在心。直到 20 多年后的 1998 年 6 月,在洛阳城北邙山上的孟津县向阳乡南陈庄,出土了一块《北魏于昌容墓志》。朱先生一读到相关考古报告,立即就发现这块墓志的记载与《造像记》中的"始平公"有直接关联。于是他又根据墓志提供的线索进行梳理研究,最终考订出《造像记》中提到的"始平公",就是这块墓志中所提及的"始平公",从而成功地为洛阳龙门管理处破解了一个历史文化悬案,大大丰富了"龙门二十品"这一珍贵文物的文化内涵。朱先生为了一个地方文化难题坚持 20 多年不懈努力,终于将之解决,也成为省内文史界一段佳话。①

　　另一个小例子是,1996 年底,朱先生陪外地友人到位于郑州市不远的荥阳鸿沟楚汉古战场考察凭吊,看到如此重要的汉文化遗址,极目尽是荒芜凄凉。问起走近来"看热闹"的当地人,虽然也知道这里曾是刘项楚河汉界,但再细说就不知就里了。回来之后,朱先生对这件事儿很重视。记得他和我聊起此事时,很郑重地对我说,民族文化的遗忘,常常都是从小事上忘记开始的。我们要让人们记住历史大事,也要让人们记住楚汉鸿沟古遗址是什么样子这样的小事。于是,先生就在《古今郑州》1997 年第 1 期专门发表了一篇题为《郑州荥阳广武涧,楚汉相争胜败分》的科普性文章,以通俗浅显、娓娓动人的笔法,为大众读者详细讲述了当年项羽和刘邦两军在郑州荥阳广武涧古战场对峙的历史故事。通过清晰的时间脉络和刘邦大败彭城、连败荥阳、广武坚守、烹父分羹、鸿沟中分、东追穷寇等一系列真实有据的重要事件,介绍了郑州广武涧在楚汉战争中的重要战略地位,客观评述了鸿沟对峙的历史影响。同时也简明分析了这一个以"楚河汉界"闻名于世的古战场在中国古代传统历史文化发展历程中的价值和地标意义,并且引用唐代诗人李白的《登广武古战场怀古》这一著名诗篇,说明此地的历史文化魅力。不仅如此,为了引起当地有关部门的关注,朱先生还重点分析了此地的文化资源价值,对郑州市保护和开发这一个楚汉古战场遗址历史文化资源表达了热切期

---

① 朱绍侯:《〈北魏于昌容墓志〉研究》,载《朱绍侯文集》,河南大学出版社,2005,第 360—366 页。

望。他写道：

> 我在1975年冬曾去过广武，并在汉霸二王城下拾到楚汉双方互射而遗留下来的铜箭头（现在河南大学文博馆），遥想当年感慨万千。最令人遗憾的是，汉霸二王城由于长期受黄河侵袭，已有很大一部分坍入水中，如不及时抢救，过若干年后，这样具有深远历史影响的文物古迹，就可能荡然无存。据专家实测，汉王城东西长约530米，南北残存仅190米，墙宽30米，高约6米，最高处10米，霸王城东西长400米，南北残存340米，墙宽26米，高约7米，最高处约15米。这残存的汉霸二王城，是历史遗留下的中华民族珍稀的财富，是开发旅游事业的宝贵资源，也是进行爱国主义及优秀文化传统教育的好教材，必须严加保护。令人欣慰的是，在霸王城西城墙北部，已竖立"战马嘶鸣"的大型铁铸塑像，说明有关部门已经重视汉霸二城的重要价值。希望今后会有一些重要保护措施出台。①

这篇大史学家为地方社会大众写"小故事"、热情宣传地方传统文化的佳作，表达了朱先生对地方历史文化研究的高度重视，也被学界誉为史学科普和优秀传统文化教育的典范。此后，朱先生对广武涧二王城遗址的保护和开发一直非常关注，不断利用各种机会向相关各级政府部门宣传此处的历史文化价值，积极推动二王城遗址保护工作的进展。更可喜的是，这篇文章也在社会上产生了很大影响。当地政府克服许多困难，通过改善道路等环境条件，提升了这个古遗址的文物保护水平，把这里建设成一个可以让大众游览的历史文化景点。2004年8月，还正式建立了郑州市汉霸二王城古战场旅游区。到2013年5月，广武涧二王城遗址被国务院核定为第七批全国重点文物保护单位，朱先生对广武二王城遗址保护所做的努力也受到普遍赞誉。后来，朱先生仍然不断以二王城为例，提醒我们后学，要以史学工作者的历史责任心，多多关注地方历史文化研究，尽力在历史文化传承等方面为当代社会多做贡献。

---

① 朱绍侯：《郑州荥阳广武涧 楚汉相争胜败分》，载《朱绍侯文集》，河南大学出版社，2005，第239页。

还有一个出人意料的例子，是朱先生主动参与"南阳襄阳之争"。

关于诸葛亮隆中躬耕地究竟是襄阳还是南阳，本来是一个历史旧案。千百年来，两地的民间文化人，为了抬高本地的文化声誉，各自依凭一些历史记载和民间传说，相互之间进行了长期的无名之战。对于历史的真实，社会有识之士都心知肚明，但一般也都尊重双方的乡愁情感，并不过分计较。以至于有了清朝道光年间，襄阳人顾嘉蘅就任南阳知府后和稀泥，写了"心在朝廷，原无论先主后主；名高天下，何必辨襄阳南阳"的条幅挂在武侯祠，巧妙平息"南阳襄阳之争"的佳话。但是，改革开放以后，诸葛躬耕之地成为重要的文化旅游资源，一些地方人士不仅重提争议，而且还动用政府和学界等多种力量，非要把诸葛躬耕地占为独有，导致争议一再升级。由于朱先生是中国古代史大家，又主攻秦汉历史，两地的文史人士便想方设法给朱先生"做工作"，都来邀请朱先生参加所谓的"躬耕地论证会"等活动，希望朱先生能明确表态支持一下自己所在的地方。据我所知，起初朱先生对两地人士都是呵呵应对，对于这种几乎毫无学术价值的话题，并没有太过当真。后来，双方争议的规模越来越大，并且从少数民间人士直接向中小学等社会群体扩散，也对正常的地方历史文化研究产生了严重影响。记得有一天在系阅览室读书，朱先生专程从出版社过来借书，出人意外地问起我们是否注意到"南阳襄阳之争"的最新动向。在场的几位老师都说让他们争吧，这闲事不值得管。朱先生说：我看两家争得过火了，需要我们适当关注一下啦。随后，朱先生真的就放下手头的项目，专门抽出时间写下《李兴与〈诸葛亮故宅铭〉》一文，用自己对旧史料的最新释读和研究，亮明自己对"南阳襄阳之争"的学术观点：

> 关于李兴所写的《诸葛亮故宅铭》，过去并没有什么争议，争议是由于诸葛亮躬耕地究竟是在南阳还是在襄阳引起的。因为李兴距诸葛亮时间最近，所以他写的《诸葛亮故宅铭》就具有相当大的权威性。主张诸葛亮躬耕地在南阳的论者，极力否认李兴所写《诸葛亮故宅铭》的可靠性，是不符合历史事实的。笔者认为，历史是科学，必须以科学态度来对待历史。历史事实证明，李兴所写的《诸葛

亮故宅铭》是真实可靠的,诸葛亮躬耕地在隆中也是不容置疑的。可以这样说,从古至今,没有哪一位严肃的中国历史学家,哪一部严肃的中国古代历史、地理著作,认为诸葛亮躬耕地不在隆中。习凿齿不仅在《诸葛武侯宅铭》和给桓秘的书信中说明诸葛亮躬耕地在隆中,他写的《汉晋春秋》更清楚地指明"(诸葛)亮家于南阳之邓县,在襄阳城西二十里,号曰隆中"。著名的历史地理专著,如南朝刘宋盛弘之的《荆州记》《荆州图副》、北魏郦道元的《水经注》、唐李吉甫的《元和郡县志》、北宋乐史的《太平寰宇记》、南宋王象之的《舆地纪胜》、元明清的《一统志》,无不指明诸葛亮的躬耕地在隆中。①

在尊重历史真实的前提下,对于南阳地方人士开发利用卧龙冈文化资源的强烈愿望,朱先生也表示充分理解,并提出善意的劝告:

> 笔者也认为,现在的河南省南阳市,作为历史上南阳郡治的所在地宛城,纪念诸葛亮,修建武侯祠,也是理所当然的。特别是作为旅游胜地,卧龙冈也有保存价值,它可以引起人们对诸葛亮的怀念和遐想。正如一般人心目中的曹操、诸葛亮,并不是来自《三国志》而是来自《三国演义》一样,虽然已经达到"以假乱真"的地步,但并不影响历史学家对曹操、诸葛亮的认识,对南阳卧龙冈也应作如此认识。②

这篇文章的发表,对襄阳、南阳两地相关人士都产生了较大触动。首先是襄阳不再对南阳横加封堵,南阳也不再与襄阳死拼硬扛,论战很快缓和下来。朱先生坚持尊重历史、以科学的历史研究成果为依据的基本原则,出面管了这个"闲事",表现出史学大家勇于担当的社会责任心。一篇"小文章",却当真产生了良好的社会影响,也为我们树立了榜样。

当然,先生说自己为地方做"小文章",是万分谦虚的。其实他为地方文史研究做了更多"大文章"。如河洛文化研究、客家文化研究、河南地方通史专史研究、帝舜故都研究、夏都老丘研究等不可胜举的重大研

---

①② 朱绍侯:《李兴与〈诸葛亮故宅铭〉》,载《朱绍侯文集》,河南大学出版社,2005,第301页。

究成果,都具有重要的指导性和开拓性价值,不仅为学界所公认,也对地方文史研究产生了很好的推动作用。

二、帮四海赤子"寻根"

自古以来,中华民族就非常注重文化传承。对自己"姓氏""祖根""族源"的认同,是四海华人最普遍、最基本的民族文化情怀,也是中华民族大家庭中一条超越自然物化境界的文化纽带。随着中国实现伟大复兴的进程,中国在世界舞台上的地位迅速升高,中国的综合国力不断增强,这让海外华人华裔为身为中华儿女而扬眉吐气。华人华裔在世界上的民族自信心、自豪感也空前提高。回到祖国寻根谒祖,也成为海外赤子传承中华文化传统的重要追求。特别是在改革开放以后,各地也纷纷借助于海内外宗亲联谊开展经贸活动,促进当地经济和社会的发展。各种形式的姓氏宗亲寻根活动,伴随着经济发展大潮,在各地政府的无形推动下,轰轰烈烈地全面展开,成为一种前所未有的民间文化热潮。

朱先生作为中国古代历史研究大家,非常理解这种寻根活动在民族文化发展中的深远价值,因而也非常重视这种社会文化现实对历史文化学者的需求。所以先生不仅是对地方上的宗亲寻根求助"有求必应",而且经常把地方上的姓氏寻根研究项目当作自己工作的首要任务。近几十年来,朱先生应邀到各地参加的各种大大小小的姓氏寻根活动多得无法统计。仅以较大规模的海外宗亲寻根项目而言,就有张姓、陈姓、刘姓、蔡姓、谢姓、林姓、叶姓、吕姓、阮姓、沈姓、柳姓、赖姓、许姓、郑姓等10余个。朱先生先后在各种报刊上发表了一系列姓氏研究文章,为加强地方对外开展经济文化联系、繁荣地方"寻根文化"和乡土文化资源的综合开发,做出了巨大贡献。对此,我们也可试举几例:

第一个例子,是朱先生对"张姓祖根地望在河南濮阳"的严密论证。

张姓是汉民族五大族姓之一。据人口专家研究统计,分布在中国和世界各地的张姓人口有1亿左右。这样一个显赫大族,无论其经济力量还是文化影响,都是绝对无法忽视的。因此,对张姓祖根地的"争夺",历代都是格外瞩目的文化焦点。从古至今,张姓族中最占优势的有三种说法:一说张姓始祖为黄帝之孙挥公,其祖根地望为今河南濮阳;一说张姓始祖为春秋时期晋国大夫解张,其祖根地望在今山西太原;另一说张姓始祖为汉留侯张良,其祖根地望为今河北清河。相比之下,濮阳说源流最久远,而清河说族人最多,持太原说者当然也是笃定不移。三说相争,各有所据,令族人也难以取舍。

在改革开放后招商引资发展地方经济的热潮之中,张姓族根祖源更成为各地奋力抢夺的重要文化资源。地处中原文化古城的河南濮阳,自古就有"张姓祖根地"的历史传说,民间也有历代挥公庙等文化遗存,并且一直传承着相关祭祀张姓始祖的民俗活动。为了强力开发"张姓祖根地"这一重要文化资源,1993年春,濮阳县人民政府根据广大人民群众的意愿和海内外张姓华人寻根谒祖的需要,采取政府组织、民众自愿捐资的办法,重修了张姓始祖挥公的陵墓,并以挥公墓为基础,建设了一个占地1000余亩的"挥公文化园"。其中包括一个占地约百亩的"挥公祭祀区",另加一个占地近千亩的森林文化园。整个园区堪称气势浩大,壮观辉煌。可是,这一举措并没有在国内外引起足够关注,就连一些海外的张姓宗亲组织,也对濮阳当地政府大力宣扬的"张姓祖根在濮阳"之说将信将疑。究其原因,还是因为时代久远,古籍记载错乱相异,没有一个能让四海张姓宗亲都能信服的权威论证。在这种背景下,濮阳派人找到朱先生,请求朱先生为濮阳"张姓祖根地"做一个专题研究论证,以彻底打破僵局,把海外张姓宗亲引到濮阳来寻根。

接受这一任务之后,朱先生查阅了宋代之前的几乎所有相关古籍,先从"破"字入手,对得姓时代明显较晚的山西太原说和河北清河说进行了考证。结果发现这两种说法都不足立论:首先,山西太原说张氏得姓于春秋时期晋国大夫解张,是北宋末年人郑樵在南宋时著的《通志·氏族略三》一书中才提出来的。按郑樵的说法是:"晋有解张,字张侯,自此晋国世有张氏,则因张侯之字以命氏,可无疑也。"①可是,早在《诗

---

① 郑樵:《通志》卷27《氏族略三》,清文渊阁四库全书本。

经·小雅·六月》中,就有"侯谁在矣?张仲孝友"的诗句,注文中又写明:"张仲,吉甫之友也。善父母曰孝,善兄弟曰友。此言吉甫燕饮喜乐……而孝友之张仲在焉。"①这说明早在晋国的"张侯"之前,就有一个名叫张仲的贤士。再根据北宋中期欧阳修等人著的《新唐书·宰相世系表二下》所载:"周宣王时有卿士张仲,其后裔事晋为大夫。张侯生老,老生趯,趯生骼。至三卿分晋,张氏仕韩。"②这就说明,晋国的张氏,并不始于解张,而是周宣王卿士张仲的后代,显然不当称为张姓之祖。其次,河北清河说张氏得姓于汉留侯张良,更明显有误。《史记·留侯世家》载:"留侯张良者,其先韩人也。"③"索隐"曰:"而韩先有张去疾及张谴,恐非良之先代。"④如此说张良只是韩之张姓后代。《新唐书·宰相世系表二下》明确记载:"清河东武城张氏本出汉留侯良裔孙司徒歆。歆弟协,字季期,卫尉。生魏太山太守岱,自河内徙清河。"⑤因此,清河张姓只是张良的后裔张岱由河内迁来。虽然清河张氏在张姓中的影响很大,声望很高,却只是张姓中的一个分支,并不能称为张姓族源。

既然太原说和清河说都不足为凭,那濮阳说是否真实可信呢?朱先生并没有简单下结论,而是花费了更大精力,依据至少是先秦时期成书的谱牒古籍《世本》及现存各朝代相关史籍和民俗、文物等其他相关资料,对张氏得姓于挥公、祖姓地望为濮阳说进行了缜密考证。

首先,他先重点考证了张姓与挥公的关系。经过查阅比较,现存史籍中,除了郑樵《通志·氏族略三》不承认张挥为张姓始祖,主张解张为张姓始祖之外,其他所有史籍都认为挥公为张氏始祖。其中有所谓张姓得姓于汉留侯张良的记载,如果仔细上溯,仍然是指向始祖挥公。数千年间史籍记载竟如此一致,在中国古代历史研究中并不多见。而《世本》是记载从黄帝到春秋时期的"帝王""诸侯""卿大夫"世系和氏姓的谱牒专志,曾为司马迁等后世史家所采信。虽曾经散佚,但经历代学者辑补,

---

① 《诗经》,朱熹集传,上海古籍出版社,2013,第224—225页。
② 欧阳修、宋祁:《新唐书》卷72下《宰相世系表二下》,中华书局,1975,第2675页。
③④ 司马迁:《史记》卷55《留侯世家》,中华书局,1959,第2033页。
⑤ 欧阳修、宋祁:《新唐书》卷72下《宰相世系表二下》,中华书局,1975,第2711页。

现有的《世本八种》已经基本可以窥其全貌。其中明确记载张挥因发明弓矢而职掌"弓正","因姓张氏",然后又为历代史家所认同。因此,张姓得于挥公之说是有据可考的。

其次,朱先生又进一步考证挥公与濮阳的关系。他指出:根据现存多种史学、文学、地理学古籍记载,濮阳在上古时是东夷族势力与黄帝族势力的交接地区,黄帝必须在此设防,所以才把其子玄嚣封于此地。张姓始祖挥幼年随其父玄嚣生活在濮阳,应该确定无疑。到颛顼帝时,直接改以濮阳为帝都。挥公职掌弓正这样关系全族武装实力的重要职务,不可能远离帝都。那么,挥公在濮阳任职,也是顺理成章的事。由此可以推断,挥公是在濮阳被颛顼帝"赐姓张氏"的,因而张姓祖根就在濮阳。①

随后,朱先生把他严密的论证过程和依据写成了《张姓祖根在濮阳》一文。但是,为了保证论证结果的科学性,他并没有急于发表,而是先在有关讨论会上做了口头阐述,征求学界同人的意见。然后又经过将近一年的沉淀和琢磨、补充,直到1995年2月,濮阳召开第二次全国张姓起源学术研讨会,才正式提交给会议发表。

朱先生的这篇考证力作一经公开发表,便以其考据讲究、论证严谨博得了与会著名专家学者的一致赞同。随后,濮阳政府为了慎重起见,又专门把这篇论文和本次会议其他学者的论证意见、会议讨论发言等汇集成册,送到北京请中国大师级学者张岱年、李学勤、张政烺、傅振伦、张中培、杨向奎等10位先生审阅,很快就得到这些德高望重的学者的书面文字肯定。接着,这篇论文又被专门面向海外华人华裔的《寻根》杂志刊载,在海外引起强烈反响。从此,"张姓起源于濮阳"便成为世界张姓宗亲的共识。

朱先生的这次考证为濮阳开发张姓祖根文化资源提供了强大活力。论证会后不久,濮阳"挥公园"就开始不断有海外张氏宗亲前来拜谒。到2005年在此举办"世界张氏总会第二届恳亲大会"时,已经先后有来自美

---

① 朱绍侯:《张姓祖根在濮阳》,载《朱绍侯文集》,河南大学出版社,2005,第425－430页。

国、加拿大、马来西亚、新加坡、泰国、菲律宾以及中国港澳台地区的数百个张姓宗亲团队陆续前来寻根谒祖。濮阳在国内外的知名度和美誉度得到空前的提升,招商引资工作果然也随着海内外赤子亲情联络的不断加深,得到很大力度的积极推进。

2021年9月17日,适逢辛丑年中秋前夕,濮阳市、县政府专程派人来河南大学拜望朱先生,给这位96岁高龄的鲐背老人送来了中华张姓祖根地濮阳40万张姓宗亲诚挚的中秋祝福,称他为"张姓文化奠基人"。世界张氏总会副会长、濮阳县张姓研究会会长张跃进简要汇报了2021中华张姓拜祖大典、上古文化论坛等活动的开展情况。朱先生高兴地说:我和濮阳的感情很深,我和濮阳张姓文化结下的感情更深。"张姓祖根在濮阳"是我和其他专家学者一致研究的理论成果,其历史事实清楚、历史文化遗存丰富,希望你们继续努力,把张姓文化事业做好,有机会我一定会再到濮阳走一走,看一看!

第二个例子,是先生对谢氏源流考证研究的境界提升。

特别需要指出的是,朱先生在做姓氏研究时,虽然常常是受地方姓氏宗亲团体的邀请而为,但他从来不是简单地附和地方上某些姓氏宗亲会"光宗耀祖"的需求,而是当作实实在在的历史文化课题进行研究。他总是把姓氏课题放在中华传统文化发展传承的大背景下进行探讨,从中华民族大家庭共存共荣的大视角解读姓氏的发展历史,超越局部地域时空进行全域、科学的分析评说,从而引导人们把姓氏宗亲的"小课题"做成中华文明发展的"大文章"。例如20世纪90年代末,他在应"世界谢氏宗亲总会"之邀,研究陈郡谢氏源流发展之时,就分别撰写了《陈郡谢氏在东晋》和《陈郡谢氏在刘宋》两篇大论文,以翔实的史实说明:

> 陈郡谢氏是一个有优秀文化传统的家族,对东晋政权也是一个有突出贡献的家族……东晋政府在其后期,已到了腐朽没落阶段,它的存在对社会发展只会起阻碍作用,而以刘裕为代表的,以北府兵将领为骨干的军功地主集团,却处于兢兢业业的艰苦创业阶段,处于朝气蓬勃的上升时期,这从刘裕掌权后所进行的包括土断在内的一系列改革以及刘宋初期出现的"元嘉之治"中可以得到证明。

据此而论,说陈郡谢氏在晋宋递嬗过程中,拥宋反晋是顺应了历史潮流,所起的是进步作用,也不能算是过誉之词。①

一、在刘宋时期,陈郡谢氏仍保有一流门阀的社会地位,可以说名人辈出,享有高官厚禄,并拥有众多田园、资产、僮仆和奴婢。二、刘宋历代皇帝还是极力争取陈郡谢氏的支持,甚至给予某种宽容……陈郡谢氏已失去东晋时期左右局势的权势。在刘宋时期,他们必须小心谨慎、谦退自守,而不能接近权势核心,如果违反这些无形而又有力的规范,必遭杀身之祸……刘氏皇权为什么对陈郡谢氏采取如此严厉的态度?这是总结门阀政治经验教训的结果。一旦门阀得势控制了政权,皇权就要旁落,皇帝就形同木偶,刘宋王朝不想这样局面重演,故对门阀士族进行了严密的控制……刘宋皇权所以对陈郡谢氏控制较严,也有其特殊的历史背景。第一,陈郡谢氏在东晋是最后一个掌实权的一家门阀士族,直到刘宋犹有深刻的影响;第二,也是最主要的,刘宋开国皇帝刘裕出身于北府兵的下级军官,而北府兵则是陈郡谢氏一手创建的。从隶属关系来说,刘裕是谢玄、谢石、谢琰的老部下,所以刘裕在得势后,对他的老上司陈郡谢氏就不能不存有戒心,生怕谢氏利用北府兵的余威,再夺回刘氏政权。这就是刘氏皇权一方面不能不拉拢、尊重陈郡谢氏,另一方面又对陈郡谢氏严加控制的根本原因。陈郡谢氏中的识时务者,认识到了这一历史背景,就采取谦退态度,而有荣无辱,不识时务者,非要争强斗胜,结果必遭杀身灭门之祸。②

如此一来,就把以陈郡谢氏为对象的姓氏宗亲研究完全提升到中国历史文化发展的大进程中,从而揭示出以谢氏为代表的姓氏历史文化发展与中国历史发展的密切关系。

第三个例子,是先生对荥阳郑氏地望研究的纠偏考辨。

---

① 朱绍侯:《陈郡谢氏在东晋》,载《朱绍侯文集》,河南大学出版社,2005,第322—323页。

② 朱绍侯:《陈郡谢氏在刘宋》,载《朱绍侯文集》,河南大学出版社,2005,第334—335页。

对于各地政府积极推动本地姓氏文化资源的开发,朱先生是非常赞同的。但是,朱先生发现,在各地姓氏文化研究热潮中,出现了两种错误的现象,一种是唯我独尊,一种是冒充作假。唯我独尊就是强调本地而忽略其他地方,只认为自己这里是本姓寻根谒祖的地方,而不愿承认其他地方同样也是本姓寻根谒祖的地方。对于这种偏向,朱先生主张:中国姓氏文化的形成和发展,是一个多因素形成的历史现象。一些大姓在历史上曾经多次大规模迁徙,流布九州,此间也形成了一些重要的宗亲分支。后世族人崇拜分支祖先,甚至以分支祖先为寻亲祖根,也是合情合理的。因此,无论是地方政府还是姓氏文化研究者,都一定要抱着宽容的精神来对待。当年在濮阳张姓文化研究会上,大家一致赞同他考证的"张姓祖根在濮阳",他却专门做了一个发言,主旨就是要提倡宽容的精神,要容纳得下山西太原、河北清河等地举办的张姓寻根活动。

但是,对于冒充作假现象,朱先生觉得是不能容忍的。他说:个别地方搞冒充作假,就是本来姓氏的起源地不在自己这里,为了吸引海内外华人华裔,却硬要说自己这里就是某姓的起源地。人家去了,也拜祭了,后来一看文章,根本不是这回事,他说的起源地是假的,让人家上当受骗。这怎能让人家产生信任?最后的结果必然是适得其反。出于历史学家的高度责任感,朱先生也曾多次主动进行"纠偏"。其中最典型的就是他对于"荥阳郑氏祖源地"的考辨。

大约是在1992年12月,忽然有一个消息传来:郑州市荥阳县举办了一个"世界郑氏宗亲'92荥阳祭祖大会"。据称当地政府为办好这次大会,曾在国内广撒"英雄帖",以相当优厚的接待条件,号召国内外郑姓人氏前往出席,组织了来自美国、加拿大、菲律宾、泰国、马来西亚和中国福建、香港、台湾的郑氏宗亲170多人参会拜祖。特别让人眼红的是,这次宗亲大会为当地引来了一笔数目可观的文化发展资金。

郑氏以国为姓,祖源地范围广阔,但史载的最著名的郡望确实是荥阳,因而有"荥阳郑氏"和"天下郑氏出荥阳"的说法。不过,学界同样也都清楚:郑姓虽以荥阳为郡望地,却不是兴盛于现在的荥阳,而是在现在的开封市!因此,荥阳的这次郑氏宗亲寻根活动,有很明显的"假冒"

嫌疑，激起开封市地方文史界的强烈反对。对于这件事情，朱先生觉得必须要"说几句"。于是，虽然没有政府邀请，他还是放下案头的课题，专门对"荥阳郑氏"的郡望进行了研究考证，公开发表了《荥阳郑氏县籍开封》的专论。

在论文中，朱先生列举《汉书》《后汉书》《三国志》《晋书》《宋书》《梁书》《陈书》《魏书》《北齐书》《周书》等正史和有关列传记载，简要地叙述了荥阳开封郑氏从汉至隋600年左右的兴旺发达史，论证了开封郑氏确立以荥阳为郡望的过程：

郑氏出自姬姓，周宣王二十二年（前806年），封周厉王少子友于郑，其地在今陕西省华县西北一带，国号为郑，姬友称郑桓公。因其国君属爵位之三等伯爵，郑桓公也叫郑伯。

周平王东迁后，郑国迁于溱水、洧水之间，谓之新郑，其地在今河南新郑。

至二十三任君主郑幽公时，郑国为韩国所灭，郑国人流亡于陈（今河南淮阳）、宋（今河南商丘）之间，以国为氏，此时才正式有了郑姓。由于在原郑国的东部边境有个开（启）封城，是郑庄公（前743—前701年）时"开（启）拓封疆"时所建立的军事据点，一些贵族便集聚在开封古城一带定居，形成一个以开封郑氏为主体的集聚中心。

到西汉武帝时，出身开封郑氏的大臣郑当时担任汉大司农，位居九卿，郑氏重新声名天下。其子孙后代在东汉、魏、晋也相继出任高官，随着东汉以后门阀士族制度的形成与发展，开封郑氏逐渐成为天下名门望族。

因三国魏正始三年（242年），诏割河南郡巩县以东创建荥阳郡，治荥阳（今河南荥阳），辖荥阳、京、密、卷、阳武、苑陵、开封、中牟8县。当时已经成为望族的开封郑氏，沿用士族以郡望为名的惯例，开始改称"荥阳郑氏"。其后荥阳虽一度废郡，但晋时又复置，并相沿至唐代门阀士族彻底崩溃之后。在整个士族制度延续的历史时期，士族是不能擅改先祖郡望的，否则其地位便难为天下认同。因而地望开封的郑氏，才一直沿用荥阳郡望之名。

因荥阳设郡时开封是其属县,这一历史现象可称为"荥阳郑氏县籍开封"。①

接着,朱先生又从考古资料着手,对荥阳郑氏大族实际兴盛于开封进行了缜密的补充论证:从河南各地特别是开封"启封故城"周边的大量考古出土文物资料证明,不仅历史上众多郑氏权贵是出自开封,自称"荥阳开封人",开封还是众多郑氏历史名族的归葬地,可见古代郑氏对开封祖籍地是完全认同的。

那么,如何处理荥阳地方已经既成事实的"荥阳郑氏族源寻根地"问题呢?开封的一些同志提出要向世界郑氏宗亲会通报,将"荥阳郑氏"改称"开封郑氏",朱先生却并不赞同。他解释说:"因为当时都是以郡的归属为单元,而称郡望,不称县望。如果有人因为荥阳郑氏县籍开封,就称为开封郑氏,就违背了门阀士族时代的社会习俗,那就是和历史开玩笑。"②正确的处理方法是,荥阳地方政府可以继续以"郑氏郡望地"之名搞"郑氏宗亲寻根"活动,但要坦诚地把"荥阳郑氏县籍开封"这一历史事实告诉海内外郑氏宗亲,不要再渲染荥阳是"郑氏祖根地"这一明显有"假冒"色彩的错误提法,免得以后让海外郑氏宗亲产生"上当受骗"之类的误解。他强调说:"历史的价值就在于它的科学性,在于实事求是地、历史主义地对待历史事件。因此,要谈论荥阳郑氏,实事求是地指明荥阳郑氏县籍开封,荥阳郑氏的祖茔在开封,只能增强中华民族的凝聚力,有利于荥阳郑氏寻根访祖事业的开展,同时也不会降低河南荥阳在荥阳郑氏后裔心目中的地位。"③

1996年初,朱先生这篇论文在《开封文博》1996年第1期发表,立即在姓氏文化研究界引起巨大反响。朱先生坚持科学求实的原则来甄别复杂的历史姓氏祖源,成为河南姓氏文化研究界的一条准则。此后,河

---

① 朱绍侯:《荥阳郑氏县籍开封》,载《朱绍侯文集》,河南大学出版社,2005,第431—439页。
② 朱绍侯:《荥阳郑氏县籍开封》,载《朱绍侯文集》,河南大学出版社,2005,第434页。
③ 朱绍侯:《荥阳郑氏县籍开封》,载《朱绍侯文集》,河南大学出版社,2005,第441页。

南省各地都不约而同地引以为戒,让宗亲寻根活动走上正轨,再也没有出现以假冒祖源地开展海外宗亲寻根的轻率活动。

三、为地方圆"历史文化名人故里梦"

对地方历史文化名人故里和重要名人遗迹的研究,可称是朱先生承接的地方历史文化研究项目中最多、最频繁的内容。仅举其大者,就有嫘祖、帝舜、老子、鬼谷子、庄子、范蠡、李斯、孙膑、诸葛亮、蔡邕、许慎、曹操、李贽等10余人。地方政府之所以就这类问题向朱先生求助,通常是因为本地有相关的历史文化传说,想对其进行实际开发利用,却又苦于无力取得实证,难以得到社会各界的认同。于是就想通过朱先生这样的历史学名家的考证认定,取得具有权威性的学者所赋予的"历史名人专属权",从而利用这些历史名人的文化影响,为本地的文化旅游产业发展服务。这样一来,这类课题就有了两大特色:

首先是难度极高。因为这类历史文化名人虽然在历史上声名显赫、影响巨大,但具体到其出生故里是当今何县何村,其成名地是当今何城何寨,其归葬地是当今何山何冢,则往往是史无明载,或者是虽有所记,但语焉不详。要解决这样的问题,需要从古往今来的浩瀚史籍中"披沙拣金""抽丝剥茧",还要实地考校当地的山川地理、州县沿革、文脉形胜、风土民俗等等,其工作量可想而知。也正因为如此,这类课题在学界极少有人认真研究,因而罕有可以参考的学术性研究成果,一般都只能从头"开拓生荒"。这会耗费大量的科研时间,而成果却常属寥寥。对于一个高级科研人员来说,是极不划算的。

其次,自古以来,各地都流行以名人故里或名人胜迹以夸耀邻里。正因为其真伪难考,便经常出现多地纷争同一名人同一胜迹的局面。特别是在各地都要开发文化旅游资源的大背景下,这种争夺更是空前激烈。因此,这类课题虽然是地方政府邀请进行"科学研究",却总是带有明显的目标倾向性,甚至可称为"功利性"。地方上所能提供的所谓"资料"和"依据",都是对他们所设想的研究结果有利的,如果不做深入研究,很容易受其"误导"而使研究陷入歧途。但如果研究结果与地方期望相悖,又必然会让地方相关人士倍感失落,甚至会受其责难。浪费科研时间不说,还会影响与地方政府及友人、学生的友好关系。

有鉴于此,许多学者都对这类项目完全不感兴趣,即使是自己家乡的人找上门来,也会找出各种理由拒不承担。

然而,朱先生却从不计较个人的得失,只想着"人民史家"就是要把自己的史学知识奉献给社会,尽力为社会解决一些实际问题。只要他认为地方政府所期望的论证目标有可能符合历史实际,他就会尽力承担下来,不惜耗费宝贵的时间和精力,一点点地去拓荒攻关。在朱先生承担的众多有关地方名人故里和名人胜迹类研究项目中,我们随手举出几例,都可以清晰地看到朱先生这种高尚的奉献精神。例如:

在 2006 年 9 月,驻马店地区西平县政府派出一位同志到朱先生家里,邀请朱先生帮他们考证"嫘祖故里在西平县",并且想在 10 月份就在西平县召开一次具有社会影响力的"嫘祖文化研讨会",要请朱先生在会上就发布研究论证的成果!岂不知,嫘祖是黄帝时代的历史人物,那时的中国历史还处于传说时代,根本没有任何直接史证和史籍留存。而在当时,全国宣称本地是"嫘祖故里"的地方已经有 12 处之多!要在一个月内得出结论,并且还要推翻所有其他地方的论据,把嫘祖故里"抢"到西平县来,简直是异想天开!然而,朱先生并没有简单地拒绝,仍然实实在在地告诉客人:我很理解你们的心情,但这件事情论证起来很难,现在说只能是让我试试看。如果能找到说得通的证据,我就一定会去参加你们的论证会。

送走客人,朱先生立即全力投入这项研究。关于嫘祖,朱先生早年就一直关注。能找到的有关典籍,他已经读过无数遍了,印象中并没有嫘祖故里在西平县的记载。但他还是不放心,所以将一部部古籍重新查阅一遍。当时,我偶然有事到朱先生家请教,看到先生正在从一大堆史书中考证嫘祖故里,就向他报告说不久前我为地方政府做旅游规划,去过西平县一个叫"师灵岗"的地方,并且在那里做了历史文化旅游资源野外踏勘。当地人传说这地方就是嫘祖的老家。当时还有一位农民偷偷让我看过一把磨制得非常精细的石斧,说是下雨后从玉米地里捡的,怕官员们知道了给他没收。那把石斧拿在手里,用当年我下乡锻炼时的话说,非常"可手"。只能是实际使用过的生产工具,绝不是自然形成的,也不会是后世的工艺品,我看着应该是新石器时代的遗物。另外,那里远离村庄,一大片庄稼地里却散布着不少粗制的红色夹砂古陶片,应该是一处古代文化遗址。朱先生听了之后非常重视,立即就与西平县联系,询问当地现存的古文化遗址状况,并且亲自去查阅相关的考古报告。得知 1984 年进行全国文物普查时,曾确认西平县吕店乡(现更名为嫘祖镇)的董桥遗址(即"师灵岗"),是一处新石器时代遗址,总面积达 48 万平方米,出土有与黄帝、嫘祖生活年代相当的仰韶、龙山文化时期的生产工具和生活用具,包括用来抽丝捻线的红陶纺轮等。几天后朱先生给我打电话说:你去考察的"师灵岗",确实是一处新石器时代遗址,可能就是郦道元《水经注》中记载的"西陵吕墟"。史书上都记载嫘祖是"西陵氏",如果是"以地为族名",就是"家在西陵"。那这个"师灵岗"很可能就是"西陵岗"的转音,这就能和嫘祖故里对上号啦!从话筒传来的声音里,明显地能感觉到朱先生兴奋的心情!

有了这个基础,朱先生转而重点从考古资料着手考证。很快,他从《武威汉简·王杖十简》中又查到一条简文,其中写道:"河平元年,汝南西陵县昌里先年七十受王杖,颍部游徼吴赏使从者殴击先,用诉,地太守上谳,廷尉报:罪名明白,赏当弃市。"①这条简文明确记载西汉成帝河平元年(前 28 年)有"汝南西陵县"的设置。但是在《汉书·地理志》中,当时汝南郡设有"西平县"而不是"西陵县"。虽然《武威汉简》是考古实物,具有不容置疑的权威性,但这一字之差,朱先生还是不肯放过。随后他又再查《水经注》,在卷 31"沭水"条中发现对西平县的记载是:沭水"又东过西平县北,县,故柏国也,《春秋左传》所谓江、黄、道、柏,方睦于齐也。汉曰西平,其西吕墟,即西陵亭也。西陵平夷,故曰西平"②。沭水是汝河

---

① 甘肃省博物馆、中国科学院考古研究所编《武威汉简》,文物出版社,1964,第 140 页。

② 《水经注》,郦道元原注,陈桥驿注释,浙江古籍出版社,2001,第 496 页。

支流,现在称为洪河,是淮河的支流之一,正从西平县流过。这一串史料链证明,现在的西平县在西汉时原本称汝南郡西陵县,后来大约是因为西陵一带地貌多为平原,才改"陵"为"平",称为西平县。那么,既然这里在汉称西陵,其名称就有从古代延续下来的可能性。再结合这里有如此丰富的嫘祖故里传说,又有"师灵岗"这样大规模的远古文化遗址,作为"西陵氏"的嫘祖在现今称为西平县的地方出生成长,显然是可以顺理成章的。

随后,朱先生又从古地理、古民俗等诸方面进一步进行了深入论证,指出:嫘祖时代实行的是部落之间的族外婚,黄帝和嫘祖都不能在距离很近的本部族生活圈内寻找配偶。学界已经公认,黄帝故里在河南新郑,距西平的吕墟西陵仅有 120 公里,中间没有高山大河阻隔。两个部族属地缘性联盟,相互之间的交往比较方便,结成通婚族相互婚姻的可能性应该很大。相比之下,其他地方的所谓"嫘祖故里",距离新郑黄帝故里都很远,有的甚至在千里之外。按常理当时黄帝应该还很年轻,华夏尚未一统,他的势力范围主要在黄河流域的中原地带。他的主要精力也在中原,还要对付蚩尤作乱,在这种情势下,跑到他势力范围千里之外的地方去娶亲几乎是不可能的,只有西平县的西陵氏嫘祖出嫁给黄帝才最合乎情理。再加上当地气候温和,雨量充足,适宜植桑养蚕;从西平古遗址又有大量陶纺轮出土,民间还流传着大量的嫘祖传说和植桑养蚕的风情民俗以及嫘祖庙、嫘祖陵,还有每年在农历三月初六和小满节气举行两次祭祀嫘祖活动等独特的嫘祖文化。所以无论是从历史学、考古学分析,还是从民俗学、姓氏学论证,都能说明西平的"嫘祖文化"根于西陵古国,衍于有熊,广布于华夏。西平嫘祖文化是地地道道的原生文化,而其他地方之蚕桑文化,应视为次生文化,它主要是由文化传播和族群迁徙而形成的。①

---

① 朱绍侯:《〈嫘祖文化研究〉序》,载《朱绍侯文集(续集)》,河南大学出版社,2015,第 621-622 页。

于是,朱先生把他的研究成果写成了《嫘祖故里试探》①一文提交给西平县。一经发表,就在学术界起到了近乎"一锤定音"的作用。2007年7月,中国民间文艺家协会派专家组到西平县进行了认真考察,参考朱先生的缜密论证,正式将西平县定为"中国嫘祖文化之乡"并同意成立"中国嫘祖文化研究中心"。西平县的历史文化资源开发工作,也一下就跃升了一个新台阶。当地政府的报道称:"这是西平文化发展中的一件大事、喜事,掀开了西平文化事业发展新的一页,在西平文化史上留下了浓墨重彩的一笔,对于解读远古文明密码,弘扬民族精神,打响文化品牌,扩大文化影响力,提升文化软实力,促进文化大发展大繁荣,增强民族凝聚力、创造力,具有重大的历史意义和现实意义。"②

再如朱先生应山东菏泽地区政府的请求,对"孙膑故里"的研究,也同样非常有代表性。

大约是在1991年春天,山东省菏泽地区社科联来函来人,给朱先生送来一部据说是孙膑后人珍藏的《孙氏族谱》,请求朱先生帮助考订真伪,并希望能出面论证孙膑故里就在当地鄄城县孙老家村,以便于当地利用孙膑这一历史文化名人资源,迅速提高本地的知名度,进行相关文化旅游项目的开发。

当时朱先生正忙于河南大学出版社的诸多事务和省文化厅的文化研究项目,几乎没有多余的时间。可他还是没有推托,接受了这一"援外"(朱先生对这类项目的戏称)任务。随后,他便加班加点开始研究。《史记·孙子吴起列传》虽有"膑生阿鄄之间"③的记载,但对于究竟是出生在当今哪个村镇的考证,却是一件难事。朱先生认真地重新查阅了相关古籍,费了不少时间,结果还是一无所获。先生又对近百年来有关孙膑的研究成果进行了详细梳理和甄别,也没有找到明确可信的结论。这

---

① 朱绍侯:《嫘祖故里试探》,载《朱绍侯文集(续集)》,河南大学出版社,2015,第9—19页。

② 《〈嫘祖文化研究〉首发式在嫘祖故里河南西平举行》。中国新闻网:http://news.sina.com.cn/o/2007-11-11/204812883571s.shtml。

③ 司马迁:《史记》卷65《孙子吴起列传》,中华书局,1959,第2162页。

样,只能把重点放在地方提供的乡土史料上了。于是,朱先生逐字逐句地对山东送来的《孙氏族谱》进行辨析。一方面与古籍的记载进行对照,一方面结合古代地理变迁、民俗演变等区域文化要素进行综合研判。在审读中,他发现这本据称是族内秘传的古本《孙氏族谱》,虽然大多记载有据,但却有近代才使用的简体字,从学术上足可证其为伪本,那就不能作为论证孙膑故里的信史了。但是,朱先生并没有简单定案,而是非常慎重地与菏泽市社科联相关同志联系,请他们调查这本族谱的流传经历。很快,当地回复说,这个族谱的清代传本在"文革"期间被焚烧了,现在看到的这个本子是依据之前一个手抄本复制的。由于古书在抄写过程中常常会有自以为是的恣意增删编纂等行为,既然是抄本,在别无旁证的情况下,这个族谱的原真性、可靠性就更值得怀疑了。可是,朱先生还是没有就此止步,他又进一步对抄写者进行调查。这才了解到:当年抄写《孙氏族谱》的人,既不是史学家,也不是专业文史研究人员,而是当地农村一个略有文化的普通农民!这下好啦,朱先生正式下结论:从《孙氏族谱》上年代史事的记载来看,与古籍等历史资料都非常吻合,这说明凭空编造是绝不可能的。不用说一个普通的农民,就是一般的知识分子也搞不清这些复杂的历史事件。因此,抄写者没有恣意增删编纂的水平和能力,这本族谱应该是按照原来的《孙氏族谱》抄写的副本,是可以作为研究依据的。①

正是在这种严谨的论证之中,朱先生依据古籍、《孙氏族谱》、明朝万历年间绘制的《孙膑传影》等确凿证据和当地文化调查、重点人物访谈等材料反复分析研究,最终得出了"孙膑故里就在鄄城县孙老家村"的结论,为当地解决了一个历史文化难题。

特别值得一提的是,朱先生在研究这类有旅游开发价值的地方历史文化项目时,不仅只研究项目本身,还经常结合当地的经济、交通,以及其他旅游资源等条件,高瞻远瞩地为当地提出科学合理的开发建设指导意见。因此,朱先生又一如既往地对当地开发利用"孙膑故里"历史文化

---

① 朱绍侯:《在"孙氏族谱暨孙膑故里研讨会"上的发言摘要》,载《朱绍侯文集(续集)》,河南大学出版社,2015,第519页。

资源,热情提出了自己的规划开发建议:

第一,地点要定在孙老家。孙膑故里的确定,我们几经周折,经过相当长时间的考察论证,已有了定论,所以孙膑故里的地点现在就定在孙老家,不能再给以后的事情制造麻烦了。将来孙膑故里、祠堂都要确定在孙老家进行建设规划。

第二,要考虑经济效益。我们现在谈论建设只是纸上谈兵,还未接触实际问题。将来真正搞起来是会有经济负担的。特别是对孙老家来说,我们规划建设孙膑故里,其一是为了弘扬我们的古代文化;其二是为了让孙老家人得到很好的经济效益,而不应让他们背上经济包袱。这个问题应该全面考虑。根据现在的形势,我们要大量地从海外吸引资源,争取援助,可以利用各种形式争取他们赞助,包括道教在内,只要他们愿意认祖宗、认道祖,我们都不反对,我们要从多方面争取力量,这样可以促进建设的步伐。

第三,孙膑故里的建设。我的想法是要分几步走。首先应考虑的就是在 4 月份参观的时候,一定要将我们论证的依据展示出来,给人以完整的印象,让他们充分认识到孙膑故里就在孙老家。成都武侯祠里,诸葛亮的像刻在了碑上,孙膑的这两幅画像也很适合刻碑,将来可以制作拓片,作为一项经济收入。至于孙膑塑像,这是定型设计,不像这二幅画像,可以带有艺术加工和想象,一定要请古塑雕专家按战国时的时代风貌构思雕塑。这两次论证的结果可以制成碑文,修一处碑亭以作纪念。这样,就可以让人清楚地知道孙膑故里定在孙老家是经过深入细致的反复考察和翔实论证而确定的。其次,就是远期规划,在村北建一个纪念馆或孙膑祠。将来建设时可以到开封看看,包公祠就是后来建的,里面有些壁画。孙膑的故事很多,若画壁画不必用传说,依据历史事实就行了,例如:马陵战役、桂陵战役以及孙膑魏国脱险、随鬼谷子先生学艺等等,这些内容丰富生动,可以很好地制成系列故事进行绘制。另外,作为旅游点,将来的建设布局就可以灵活一点了。只要能与孙膑联系上的都可以搞一个旅游点。孙花园的孙膑著书处及孙膑墓址将来的建设要考虑进去。总之,孙膑故里的建设,我们既要考虑鄄城县的总体建设规划,又要考虑孙老家人的经济收入,只有这样,我们的论证才有价值。另外,《孙氏族谱》要妥善保存,《族谱》和两幅画像都属于珍贵文物,不能再让人随便看了,如果再拿来拿去很容易损坏。若将来建成纪念馆,这些珍贵资料可以原样复制陈列。我们研究孙膑就是要考虑他的历史意义、社会价值,更要考虑他带来的经济效益……要围绕发展经济这个中心做文章。①

今日再读先生这些热忱而又朴实的文字,其拳拳之心,实在令人泪目!得到先生的缜密论证之后,菏泽开始大张旗鼓地利用"孙膑故里"这一文化品牌,开发相关文化产品,提升当地的文化形象。鄄城在红船镇孙老家村建设的"孙膑纪念馆""孙膑旅游城"旅游景区,现在已经成为国家4A级景区,为鄄城带来了良好的社会效益和经济效益。

四、结语

以上诸项,仅仅只是朱先生赤心投入地方文史研究的几片小小花絮,如欲细说,恐数百万言亦不能尽。这里顺便提一下:在20世纪,这类为地方服务的项目都是没有任何报酬的义务劳动。即使近年来偶有几次薄酬,由于政府财务规定限制,也不过只能象征性地付给一点车马之费。但先生却从不计较得失,几十年乐此不疲,表现出一个人民史学家乐于为社会奉献的高尚情怀!

再杰出的学者,其学术时光和精力总是有限的。朱先生为地方文史研究倾注的心血,耗费的学术生命,真不知世间还有几人能与之相匹。朱先生著作等身,是他生命辉煌的一部分,朱先生为地方文史研究无私做出的巨大奉献,是他生命崇高伟大的另一部分!

高山仰止,景行行止!

---

① 朱绍侯:《在"孙氏族谱暨孙膑故里研讨会"上的发言摘要》,载《朱绍侯文集(续集)》,河南大学出版社,2015,第520—522页。

朱绍侯先生与历史人物研究

李正君　姜　磊

朱绍侯先生是我国著名历史学家,尤其是秦汉魏晋南北朝史研究领域的名家。其在军功爵制、中国古代土地制度研究以及中国古代史教材建设方面都取得了突出成就,前辈学人对此已多有总结和评价。先生年过九旬仍然笔耕不辍,以学术为生命,为后辈学人树立了勤奋朴实的榜样。朱先生尤喜从人物的视角开展历史研究,研究成果相当丰富。

1984年,朱先生主编出版了《中外历史名人传略(中国古代部分)》[①],开启其历史人物的研究之路。1988年,朱先生主编出版了《昏君传》[②]一书,书中汇集了中国历史上的50个昏君,揭露了他们违背事物客观规律、逆历史潮流而动、丧失民族气节等行径。2008年,先生又主编出版了《中原文化大典·人物典·人物传》[③]。在访谈中,先生提及本拟出版一部《魏晋南北朝杰出人物传》,惜至今尚未完成。可见朱先生的历史人物研究贯穿了其历史研究的始终。

21世纪以来,新的史学研究方法与研究视角层出不穷,历史人物的评价与研究虽然已非学术热点,但还远没到淡出学者学术视野的程度,毕竟推动历史发展的任务是由人来完成的。朱先生正是在历史人物研究的道路上为我们树立了典范。因此,笔者想从以下几个方面对朱先生

---

① 河南人民出版社,1984。
② 河南人民出版社,1988。
③ 中州古籍出版社,2008。

的历史人物研究做一介绍。

一、朱绍侯先生历史人物研究的主要创见

历史人物是人们认识历史、研究历史的重要窗口。人们对历史的记忆往往烙印在历史人物身上,因此历史人物的作用和地位颇受世人关注,也是研究和评价历史的重要方面。朱绍侯先生长期以来专注于历史人物的研究与评价,其学术创见主要体现在以下三个方面。

1. 人物姓氏祖源及故里的研究

中国的姓氏文化源远流长。姓氏是研究中国古代人口迁移、社会结构和时代特征的一把钥匙,而祖源和人物故里又是家族变迁的起点、姓氏发展的源头。朱绍侯先生特别重视对历史人物祖源及故里的研究。

关于舜帝故里问题,朱先生认为古文献关于舜帝故里的记载,分歧并不大,只是由于对古地名的解释不同,才产生了分歧。郦道元错误地将卫邑的负夏(瑕丘邑)与鲁邑的负瑕(瑕丘县)混为一谈。经过考辨,朱先生指出帝舜故里姚墟、负夏及历山、雷泽、河滨均在今河南淮阳县境域之内。①

关于刘姓的祖源,朱先生认为刘累是陶唐氏后裔,死于鲁县。刘累后人在春秋时到晋国做官,改称范氏。范大夫士会奔秦,后改回刘姓,刘邦即其后人。这一支刘氏称为祁姓之刘。而周成王封王季之子于刘邑,其后人也姓刘,称之为姬姓之刘。到了汉代,两支刘姓被混为一谈,故而刘累成为刘姓的共同祖先,鲁县成为刘姓的祖地。②

关于嫘祖的故里问题,朱先生结合武威汉简与《水经注》相关记载认为,西平是嫘祖的故里。汉代西陵在今西平县境内,西平在远古时期又是炎帝族系西陵氏、吕氏、雷氏的聚居区,而西平又离黄帝故里的新郑较

---

① 朱绍侯:《帝舜故里负夏(瑕丘)考》,《洛阳工学院学报(社会科学版)》2001年第4期,第5—9页。
② 朱绍侯:《刘累、鲁山与刘姓的祖源》,《南都学坛》2005年第4期,第18—20页。

近,两部族完全有互相通婚的可能性。①

关于蔡邕故里的问题,朱先生赞同《后汉书·蔡邕传》中所说的"陈留人也"。同时也指出后人在作注时却产生了分歧:一说是杞县人,一说是尉氏县人。通过考辨,朱先生认为尉氏县说更占优势,但也没有完全摒弃杞县说,他希望持杞县说者继续查找相关文献资料,把辩论继续下去,使真理越辩越明。②

同类型的研究还有《张姓祖根在濮阳》③、《荥阳郑氏县籍开封》④、《赖国地望与赖姓起源》⑤、《刘累、鲁山与刘姓的祖源》⑥等。朱绍侯先生关于历史人物故里及祖源的研究,将政治史、文化史、民族史和历史地理学结合起来,通过爬梳史料、考辨历史的细节,对于学界长期存在争议的问题提出了自己独到的见解。

2. 人物专题的研究

人是历史发展的推动者,历史人物的活动理应是历史研究的重要内容。朱绍侯先生在历史人物专题研究领域也积累了十分丰富的成果。

朱先生在《字圣许慎》一文中将许慎称为"中国文字学的开山鼻祖",其所著《说文解字》所创的"六书"理论,是关于中国汉字构成和使用的六条基本方法。先生充分赞扬《说文解字》一书"创造的辞书部首编纂法、汉字形音义贯通说解法等都对后代影响深远",进而肯定"许慎是对国家和民族有巨大贡献的人物"。⑦

朱先生通过对贾谊相关史料和文章的考查,总结其民本思想主张为政必须以民为本、以民为命、以民为功;在法律思想上,主张刑罚的目的在于"以禁不肖,以起怠惰之民",反对疑罪立即判刑的诛杀。并将贾谊

---

① 朱绍侯:《嫘祖故里试探》,《许昌学院学报》2007年第6期,第94—98页。
② 朱绍侯:《蔡邕故里探源》,《中原文化研究》2019年第1期,第5—9页。
③ 载《朱绍侯文集》,河南大学出版社,2005,第425—430页。
④ 载《朱绍侯文集》,河南大学出版社,2005,第431—441页。
⑤ 载《朱绍侯文集》,河南大学出版社,2005,第442—445页。
⑥ 载《朱绍侯文集》,河南大学出版社,2005,第446—451页。
⑦ 朱绍侯:《字圣许慎》,《史学月刊》2005年第10期,第27—34页。

的民本思想与南朝萧梁学者刘勰相比较,认为前者更加深入全面。① 而后朱先生又重点研究贾谊的"疑罪从无"思想②,并强调他在这方面的开创性贡献。该文既是对贾谊法律刑罚思想的研究,同时也是对战国秦汉时期刑罚思想的全面梳理,在制度演变中,凸显贾谊首创"疑罪从无"法治观念的重要意义,指出这"在中国法制史上是破天荒的大事,也是世界法制史上的一件大事"③。

朱先生认为不应将竹林七贤视作一个整体来评价,而应根据其个人政绩、业绩做出单独的评价。沿着这个思路,朱先生对竹林七贤逐个展开研究。在谈及评价标准时,朱先生强调不应以曹魏或司马氏政权为归依,对于其中效忠曹魏或司马氏者,都应肯定其忠臣的品行和气节。据此构想,"肯定嵇康的忠魏气节,山涛对晋的忠心。对向秀则肯定他在学术方面的贡献。对阮籍既肯定他在学术方面的贡献,也指出他玩忽职守及败坏礼教的丑行。对王戎则批评他是贪财好利的腐朽的官僚。对阮咸和刘伶,则批评他们是为己避祸而又自矜风雅的俗人"④。历史人物能够成为公认的组合,正在于人们更加重视其共性的一面,而朱先生则另辟蹊径,重点探讨其中的差异。这也为我们研究历史人物组合提供了一个重要思路。

相关的研究还有《陈郡谢氏在刘宋》⑤、《试析〈隆中对〉兼论关羽之失》⑥、《炎黄二帝杂谈》⑦等。朱先生的历史人物专题研究看似庞杂、随心所欲,但所选取的人物都是在历史上有某方面的突出贡献甚至是历史转折过程中的关键人物,对于这些人物的研究极大地推动了对当时时代

---

① 朱绍侯:《贾谊民本思想浅析》,《中原文化研究》2016 年第 5 期,第 5—7 页。
② 朱绍侯:《贾谊是提出"疑罪从无"的第一人》,《史学月刊》2018 年第 12 期,第 126—128 页。
③ 朱绍侯:《贾谊是提出"疑罪从无"的第一人》,《史学月刊》2018 年第 12 期,第 126 页。
④ 朱绍侯:《竹林七贤拙论》,《史学月刊》2014 年第 11 期,第 20 页。
⑤ 《河南大学学报(社会科学版)》2001 年第 6 期,第 49—54 页。
⑥ 《河南大学学报(社会科学版)》2008 年第 1 期,第 103—108 页。
⑦ 《寻根》2012 年第 1 期,第 11—14 页。

的研究。

3. 人物评价研究

历史人物功过是非的评价是人物研究的落脚点,其评价的原则和标准又常常具有主观性,故对历史人物的评价研究是学者难以把握的问题。朱绍侯先生评价历史人物时,能够坚持全面性原则,从发展性和长时段的视角来审视历史人物,特别是能将人物个人的活动与命运和时代背景结合起来,在时代中认识人物,进而得出较为客观的结论。

朱先生在分析秦相吕不韦的功过问题时,认为其功绩在于:第一,减少了战争中的大屠杀,提倡"义兵",减少了统一六国的阻力。第二,招贤纳士,收罗人才。招揽宾客就是为了统一天下。第三,兴修水利,重视农业生产。第四,以杂家代替法家为政治指导思想。而提及吕不韦的过时,朱先生强调吕不韦不应把无德、无才的嫪毐推上政治舞台,扰乱了秦国政治稳定的形势。① 朱先生对于吕不韦一生功过的评价,实则是在分析秦国的政局,吕不韦只是打开秦国政治研究的一把钥匙。

而在讨论秦国另一位政治风云人物李斯时,朱先生主要从七个方面论述其功绩:"一是用阴谋之计离间六国君臣,二是《谏逐客书》为秦国留住了宝贵的人才,三是确立了秦封建统一中央集权君主专制的政治制度,四是确立适合中国历史发展的郡县制,五是统一车轨、文字、度量衡,六是统一思想,七是刻石记功宣传秦统一的丰功伟绩。"而李斯的"过"主要体现在废扶苏立胡亥、毒死韩非和在狱中上《督责书》三个事件上,而这三个事件都是由李斯自身法家的思想主张和立场决定的。② 此篇可以算作《秦相吕不韦功过简论》的姊妹篇,完整地再现了秦从统一天下到灭亡的过程,其间既有关键历史人物的作用,也是历史演进的必然结果。

朱先生近年来对于前秦君臣的研究与评价似乎情有独钟。《苻坚与

---

① 朱绍侯:《秦相吕不韦功过简论》,《河南大学学报(社会科学版)》2000 年第 5 期,第 26—30 页。
② 朱绍侯:《对李斯功过的述评》,《河南大学学报(社会科学版)》2005 年第 3 期,第 105—109 页。

淝水之战》①和《论王猛在前秦的政绩和军功》②两文,既肯定了苻坚在淝水之战前在政绩、武功和民族政策方面所取得的成就,同时指出其未能听从王猛的劝谏,发动对东晋的战争,并在战略战术方向上存在重大失误,最终导致政权灭亡的惨痛教训。朱先生指出,对于苻坚的研究不应存在偏见,对于其功绩不能埋没,对于其过错也不必讳言。"凡是中国古史中的人物,都属我们的先祖,只要其对中国历史发展有过贡献,应不分族别、'国别'而均予以肯定和表彰。"③这一理论,对于我们研究少数民族历史及人物具有重要的指导意义。

以上主要从三个方面介绍了朱绍侯先生在历史人物研究领域的成就,限于篇幅,只能简要地进行梳理。朱先生在历史人物研究与评价方面还有很多重要的成果,如《论"周召之业"与"周召之治"——兼谈召公在周初的历史地位》④、《对诸葛亮南征北伐的评价》⑤、《刘备东征孙吴诸葛亮为何不谏阻》⑥、《论刘裕》⑦等文章,都涉及历史人物的评价问题。这些文章既有对具体问题的分析,还对历史人物的研究提出了方法论方面的指导;既推动了人物个案的研究,也推动了断代史的相关研究。

二、朱绍侯先生历史人物研究的特点

朱先生从事史学研究 70 余年。通过梳理其相关成果,我们可以发现朱先生的历史人物研究具备以下特点。

1. 时段长,人物涉及范围广

朱绍侯先生的历史人物研究,上起传说中的黄帝时代,下至南朝时期,既有对帝王将相的宏观研究,又有对文化名人的专题探讨,学术视野

---

① 《中原文化研究》2018 年第 4 期,第 5—16 页。
② 《军事历史研究》2020 年第 1 期,第 1—11 页。
③ 朱绍侯:《论王猛在前秦的政绩和军功》,《军事历史研究》2020 年第 1 期,第 1 页。
④ 《南都学坛》2007 年第 3 期,第 24—28 页。
⑤ 《南都学坛》2011 年第 3 期,第 22—25 页。
⑥ 《南都学坛》2016 年第 2 期,第 15—16 页。
⑦ 《军事历史研究》2016 年第 6 期,第 31—56 页。

广阔,切入角度独特。而就历史人物研究的个案而言,朱先生也十分注重考镜源流,善于从长时段思考问题。比如,关于汝南许氏的研究,朱先生首先考查许氏的得名,进而详细梳理三代战国以来许氏家族的重要人物,研究时段及视角都比较宏大,能够在历史发展脉络中把握许氏望族的形成。① 朱先生在评价历史人物时也坚持长时段的视角,考察历史人物一生的功过是非,最终得出全面的评判。正如他在访谈录中提到的那样,他研究历史问题,喜欢自源而达流,自流而溯源,搞清其来龙去脉。

2. 不就事论事,把人物研究作为历史研究的一个视角

朱绍侯先生的历史人物研究不是停留在对历史人物及其行为的叙述与评价上,而是以历史人物为切入点,探讨人物在当时环境下所起的作用,进而对历史人物做出恰如其分的评价。例如,朱先生关于夏朝创始人的讨论,实质是利用唯物史观分析原始社会的社会状况,并就奴隶社会的建立问题提出自己独到的见解。② 再如朱先生曾多次撰文研究西汉元、成二帝,如《对汉元成二帝的评价》③、《汉元成二帝论(上)》④、《汉元成二帝论(下)》⑤。这一系列文章从质疑史书对元、成二帝的评价入手,研究二帝在西汉历史转折中的作用。文章视野宏大,涉及西汉中后期许多重要的社会政治现象,如儒家思想的发展、外戚宦官专政、对外政策的转变和土地兼并等问题。2002年,朱先生出版了《盛衰苍茫——汉元成二帝传》⑥,更加全面系统地对元、成二帝进行研究与评价。再如关于陈郡谢氏的研究,深入分析陈郡谢氏在刘宋政权中的处境、心态及刘宋皇帝对陈郡谢氏的拉拢、利用和抑制、打击情况。朱先生此文旨在论证门阀势力与皇权关系的变化,进而得出刘宋时期君主专制皇权已经

---

① 朱绍侯:《试论汝南许氏望族的形成——兼论许劭月旦评》,《黄河科技大学学报》2000年第1期,第33—40页。
② 朱绍侯:《谁是夏朝的创始人》,《河南文博通讯》1978年第4期,第7—9页。
③ 《洛阳大学学报》1996年第1期,第53—58页。
④ 《洛阳大学学报》2001年第1期,第1—8页。
⑤ 《洛阳大学学报》2001年第3期,第1—5页。
⑥ 大象出版社,2002。

恢复,门阀士族处于从属地位的结论。① 朱先生的研究总能以时代中关键的人物为切入点,最后升华到整个时代的大问题。

3. 注重对最新学术信息和资源的把握

朱绍侯先生虽年近九旬,仍时刻关注学界的最新动态,把握最新的学术资源,对于学界的热点话题保持高度的敏锐度。例如,2010年曹操高陵发掘公布之后,朱先生深入考古现场,进行实地考察和调研,并迅速撰文,把握学术热点,相继完成了《曹操与曹操墓》②、《曹操高陵考古发现的历史学意义》③、《对曹操高陵石牌"猎"字的解释不能以偏概全》④等文章,对曹操高陵真伪的确定,以及曹操本人的研究与评价都做出了重要贡献,并产生了巨大的学术价值和社会影响。在2015年海昏侯刘贺墓葬发掘出土后,朱先生以敏锐的学术洞察力,积极投身对于刘贺的研究中,次年即有《昌邑王废帝海昏侯刘贺经历考辨》⑤一文面世。该文详细考察了刘贺的生平,并解决了学界长期存在的昌邑国所在地的问题。朱先生认为山阳郡应是汉昌邑国所在地。对于刘贺被废的原因,朱先生认为刘贺被废是咎由自取,霍光废刘贺是忠于汉室,是为汉帝国的长治久安着想。朱先生对学术动态的把握源于其对历史浓厚的好奇心。先生在谈及自己的治史体会与风格时说:"研究历史,没有好奇心是不行的……在好奇心的驱使下,咬住问题不放,刨根问底,才能搞出新的东西,得出新的结论,找出历史的真相。"⑥朱先生就是始终保持着对历史的好奇,才支撑他年近九旬依然对历史保持着有增无减的热情。这是前辈学人激励后人不断探索前进的不竭动力。

现在,朱绍侯先生已年逾九旬,仍然笔耕不辍,且成果产量较高,以

---

① 朱绍侯:《陈郡谢氏在刘宋》,《河南大学学报(社会科学版)》2001年第6期,第49—54页。
② 《史学月刊》2010年第5期,第5—10页。
③ 载《朱绍侯文集(续集)》,河南大学出版社,2015,第348—351页。
④ 载《朱绍侯文集(续集)》,河南大学出版社,2015,第352—355页。
⑤ 《南都学坛》2016年第4期,第1—5页。
⑥ 王记录、程洋洋:《勤于治史多创获,鲐背之年霞满天——朱绍侯先生访谈录》,《史学史研究》2019年第1期,第84页。

学术为生命,用生命做学术。这份对于历史研究的热爱与激情,鞭策着我们继续前行。作为先生的再传弟子,虽未见先生之面,然读先生之书,想见其为人,先生的为人治学,是我们永远要学习的榜样。

——原载《淮阴师范学院学报》2021年第3期

朱绍侯先生与中国古代史教材建设

李振宏

一

研究改革开放以来的中国当代史学,研究朱绍侯先生的史学贡献和史学思想,人们都会注意到在高校历史系盛行30余年的十院校本《中国古代史》。这是中国当代高校教材建设史上一颗耀眼的明珠,也是一个学科建设的奇迹。

十院校本《中国古代史》教材的编写,最初的动议并不是朱先生,他甚至并不是发起人之一,而他最终则成为教材的主编,成为十院校编写组的核心,并成功地不负众望、团结十院校的教师们创造出独享盛名的教材杰作,这是值得研究的一个史学现象。

根据韩养民先生的回忆,十院校本《中国古代史》编写的最初动议,是1978年3月杭州大学历史系教师魏得良等先生在访问西北大学期间,和西北大学的林剑鸣、韩养民几位先生聊天时提出来的,后来在同年秋天辽宁大学召开的首届全国古代史学术研讨会上,联合河南师大(今河南大学)、安徽师大、山东大学、陕西师大等院校,做出集体编写教材的决定。① 1978年底,在杭州西子湖畔召开第一次编写会议。最初的参加

---

① 韩养民:《美好的回忆——记十院校合编〈中国古代史〉》,载河南大学历史文化学院编《史学新论:祝贺朱绍侯先生八十华诞》,河南大学出版社,2005,第644页。

者并没有十个院校,河南大学的朱绍侯先生到会时,已经是第七个与会学校的代表,后来到会的学校达到象征圆满的十院校。当十院校的老师们集聚在一起,兴奋地谈论一部新教材的诞生,对之充满向往的时候,一个令今天学者不可思议的问题却严峻地摆在人们的面前——谁来当这个教材的主编?

理解这个问题是需要有点历史感的。一个即将诞生的十院校本教材,是一个可能会行之久远的教本;这样一个教本的主编,在今天是个炙手可热的位置;然而,在刚刚粉碎"四人帮"、"左"的威胁显然还没有结束的时代,当这个教材的主编,则是需要一些魄力、智慧和勇气的。或许那时候的人们还不像今天的学界这样看重名利或功利,也或许那时的人们对刚刚过去的大批判时代还心有余悸,当时对于这个主编的位置,多数人都采取回避的态度,几乎没有人愿意来担当这个重任,甚至还有先生说,宁可退出编写组也不能当这个主编。教材的主要参与人之一、西北大学教授韩养民先生回忆说:

> 当此之时,群龙无首。我向我们系党总支书记李怀真、古代史教研室主任林剑鸣先生建议:河南师大朱绍侯先生毕业于东北师大研究生班,学术造诣很深,是宽以待人、严以律己的学者,可当主编。林剑鸣先生当时忙于撰写《秦史稿》,无暇顾及教材,他们当即表态支持我的建议,让我会下游说。有了尚方宝剑,我便到陕西师大牛致功、何清谷、杨育坤,安徽师大夏至贤、陈怀荃,广西师大何应忠、卢启勋等先生处游说,他们纷纷表示同意。之后杭州大学历史系总支杨书记(后任杭州市委副书记),山东大学历史系主任陈之安(后任山东大学党委书记)、郑佩欣,福建师大刘学沛、唐文基,山西大学师道刚,南充师院刘静夫先生等纷纷支持我们的建议。于是,在大家支持下,朱绍侯先生当了十院校《中国古代史》教材的主编。①

十院校本《中国古代史》的主编就是这样产生的。朱先生当这个主

---

① 韩养民:《美好的回忆——记十院校合编〈中国古代史〉》,载河南大学历史文化学院编《史学新论:祝贺朱绍侯先生八十华诞》,河南大学出版社,2005,第644页。

编,其实也可以用临危受命这个词来形容,因为在当时是有些风险的。在主编的问题解决之后,对于编教材来说,第一个要解决的问题,就是编写大纲的确定,根据一个什么样的指导思想制定一个教材大纲,这也是最困难的一步。当时,到会的十院校老师们,几乎都带去了他们各自学校使用的自编教材,都有自己对新教材的一些设想,而这些不同的教材设想是五花八门、很难统一的。最初是在大纲问题上争执激烈,各不相让。朱先生在会上讲了"文革"前他参加郭老主编《中国史稿》会议的情况,当时也是在教材大纲问题上争执不休,最后范老一句话一锤定音,谁当主编就按谁的意见办。集体编书要集思广益,但也必须体现主编的思想,没有统一的思想是无法成稿的。这是一个明确的也是合乎情理的唯一可行的解决办法,于是大家统一了思想,按朱先生的意见办,以朱先生带去的河南大学中国古代史教研室集体编写的曾经试用过的教材大纲为基础,讨论确定新的教材大纲。

据朱先生回忆,他当时在编写会议上讲了几点编写原则,以统一大家的思想:

第一点,不联系现实。

这在当时是一个极其大胆而充满智慧的提法。当时的现实是什么?"文革"中,"四人帮"出于自身的阴谋和野心,大讲"儒法斗争",将一部中国古代史篡改成一部"儒法斗争"的历史,所有历史书都必须贯穿"儒法斗争"的主线,严重地扭曲了中国古代历史的真实面貌。粉碎"四人帮"之后,批评"儒法斗争"论,是中国史学界的一项重大的历史任务。这就是现实。于是,当时有些学校编写中国古代史教材,就是贯彻批判"儒法斗争"的指导思想。朱先生提出我们的教材不联系现实,就是不要贯彻这样的指导思想,不要紧紧跟着政治的需要走。历史上的"儒法斗争"是"四人帮"伪造出来的,批判"儒法斗争"的问题,本身就不是一个历史上的问题,我们写历史为什么要把这个不是历史问题的问题写进去呢?况且我们编写的是教材,就是要教给学生纯粹的历史知识,告诉学生真实的历史面貌。不联系现实,无疑是正确的,而在仍然坚持学术为无产阶级政治服务的时代,这是需要胆识和勇气的。后来的事实证明,正是"不联系现实"这个指导思想,是十院校本《中国古代史》能够行之久远的秘诀。有些坚持贯彻批判"儒法斗争"思想的教材,虽然也下了很大功夫,但在短暂的几年批判结束之后,教材本身也失去了生命力,无法在学界推广开来。

第二点,抛弃农民战争推动历史发展的历史观,尽可能真实地展现历史发展的基本线索。

从 1958 年"大跃进"中的"史学革命"开始,中国历史都被写成了一部农民战争的历史。毛泽东说,"阶级斗争,一些阶级胜利了,一些阶级消灭了。这就是历史,这就是几千年的文明史。拿这个观点解释历史的就叫作历史的唯物主义,站在这个观点的反面的是历史的唯心主义"①,这就是"文革"前 17 年中国历史研究的基本指导思想。而在中国古代,最能反映阶级斗争,或者说阶级斗争的最高表现,就是农民战争。于是,在相当长的历史时期内,农民战争被看作是中国古代历史的最重大、最直接的推动力量。反映在中国古代史教科书中,就是农民战争开道,把农民战争放在每一章的开头去写,是一场农民战争开辟了一个新的王朝、新的时代。这样的处理,非常不符合历史的逻辑。在十院校本开始编写的时候,学术界刚刚有人提出历史动力问题的讨论,要求打破阶级斗争动力论,提出生产力动力说,但讨论远没有展开。② 动力说的讨论刚刚露头,朱先生就敏锐地抓住这个问题,在教材编写中排除阶级斗争动力说的干扰,以经济的发展为历史主线,充分体现唯物史观的历史观点。这在当时,无疑是需要勇气和魄力的。

第三点,重视少数民族的历史,要写出一个多民族共同创造历史的

---

① 《毛泽东选集》第 4 卷,第 2 版,人民出版社,1991,第 1487 页。
② 1979 年初,开始有人对阶级斗争动力说提出质疑。该时期发表的相关文章列举如下:林章:《生产力发展是社会前进的根本动力》,《解放日报》1979 年 2 月 13 日;邢贲思:《生产斗争比阶级斗争更根本——兼谈夸大社会主义时期阶级斗争的教训》,《中国青年》1979 年第 2 期,第 8—10 页;刘泽华、王连升:《关于历史发展的动力问题》,《教学与研究》1979 年第 2 期,第 26—33 页;戴逸:《关于历史研究中阶级斗争理论问题的几点看法》,《社会科学研究》1979 年第 2 期,第 68—75 页;戎笙:《只有农民战争才是封建社会发展的真正动力吗?》,《历史研究》1979 年第 4 期,第 49—56 页;董楚平:《生产力是历史发展的根本动力》,《光明日报》1979 年 10 月 23 日。

中国史进程。这是学术界已经形成的历史观念,是从中国历史实际出发,而又具有现实感的一个指导思想,当然不是朱先生的创见,但却是一个在编写教材时需要强调的问题。因为,这样的认识摒弃传袭千年的大汉族主义恶习,把多民族共同创造历史的思想真正贯彻到教材的行文中去,并不是一个很容易做到或者说能够做得很好的问题,强调这一点是非常必要的。

第四点,要充分反映考古学发展的最新成果。

这是一个在当时来说非常聪明的主张。新中国的考古,并没有因为"文革"而中断,相对于其他学科来说,考古学是受破坏相对较小的学科,即使在"文革"中,重大的考古发现依然在进行,并举世瞩目。"文革"前的教材对考古学成就的利用比较薄弱,又加上"文革"期间新的考古发现,对中国历史进程的阐述,提供了许多可资利用的新资料。对考古学成就或资料的自觉利用,充分吸纳,一方面会增强历史学知识的科学性;另一方面可以改变传统古代史教材的呆板面貌,使历史知识显得真实生动,增强其可感知性。后来的事实证明,这一点成为十院校本《中国古代史》的一个鲜明特征。

第五点,吸收史学研究的先进成果。

教材要反映学术研究的新成果、新进展,这是朱先生提出来的一个重要的编纂思想。教材编写之初,虽然是粉碎"四人帮"、"文化大革命"结束不久,但学术界已经迎来了科学的春天,在中国古代史研究的不少领域,都提出了一些新的学术思想,史学理论方面的研究也非常活跃。吸收新成果,是教材科学性和先进性的重要保障。

朱先生提出的这些编纂思想,在教材编写中得到了很好的贯彻。教材的试用本于 1979 年出版,1982 年被作为教育部推荐教材正式出版,立即风靡了高校的历史学科,被多数学校采用,并有不少报刊做了报道和评论。对教材基本内容的评述和它的主要建树,早在 20 世纪 80 年代,就有人系统评述。本文不愿赘述,仅将当时学界的一篇评论转述如下:

李瑞良先生在 20 世纪 80 年代末发文指出,十院校本《中国古代史》有三条主线和三个特点。其三条主线,一是社会经济的发展情况。全书根据生产力决定生产关系、经济基础决定上层建筑的原理,充分重视社会生产力状况及其与生产关系的交互作用,并作为历史发展的基本线索,贯串全书。书中对中国古代社会经济的发展状况做了比较系统的描述,对各个历史时期的经济发展水平做了比较明确的概括。二是政治斗争和政治制度的演变。作者注意清除"左"的思想影响,纠正长期以来在高校历史教学中忽视政治制度的倾向,比较重视典章制度的演化和统治阶级内部的矛盾斗争及其影响。三是科学文化的发展。从全书来看,科学文化部分的叙述比较详细,比同类教材占的篇幅较大,比较系统地向读者提供了中国古代科学文化发展史的基本知识。其三大特点,一是体现地区平衡原则。中原和边疆并重,特别注意历代边疆的开发。二是体现民族平等原则,全面反映我国境内各族人民的斗争,对少数民族的历史给以充分注意。从西汉以下,中央王朝和周边民族的政治经济文化联系,均有一定的反映。在论述民族关系时,既介绍了少数民族的反压迫斗争,又强调了民族大融合的历史趋势;既说明汉族文化的先进作用,又重视少数民族的重要贡献。书中用大量事实说明,中国历史是各族人民共同创造的。三是体现内外联系原则,重视中外往来,注意介绍中外经济文化交流的历史,真实反映中国历史各重要发展时期对外开放的规模和程度。①

应该说,李瑞良先生总结的三条主线和三大特点,基本上反映了朱先生关于中国古代史教材编写的基本思路和教材的基本状况。正是这三条主线和三大特点,奠定了教材的科学性和系统性,为当时中国古代史教材建设搭起了基本框架,并由此奠定了该教材在当时高校中国古代史教材中的主导地位。教材发行至今,已经有30余年了,其间重大的修订有四次,发行量达到100多万册,创造了新中国成立以来高校文科教材的奇迹。教材在框架体系方面的开拓,也为诸多同类教材所仿效。可以说,朱绍侯先生在中国古代史学科建设方面,其功甚伟!

---

① 李瑞良:《十院校合编的〈中国古代史〉简评》,《河南大学学报(社会科学版)》1988年第1期,第101—102页。

二

2005年底,河南大学出版社提出了一个编写一套新的高校中国史教材的设想。关于中国近现代史的编写,委托著名历史学家章开沅先生来主持;中国古代史教材的主编,他们自然想到了本社创办人、老总编,而又有十院校本成功经验的朱绍侯先生。先生接手此事,最初十分犹豫,因为他主编的十院校本发行正盛,誉满天下,如果另起炉灶,势必引起不少误解。社里的恳请不好推脱,十院校本的出版方也需要沟通,能不能写出超越十院校本的更好的教材体系一时也没有把握,此事真的使先生颇费思索。经过一段时间的思考,先生还是决定接手此事,想以80岁高龄,再来尝试一下学科建设方面的重大突破。

虽然有本社恳请这个人情的因素存在,而促使朱先生接手此事的,首先还是出于学术方面的考虑。先生考虑到经过改革开放30年来古代史研究的发展,认为有必要对古代史教材体例做出重大改造的尝试。

2005年12月,命名为《中国古代史教程》的新教材编写会议在华南师范大学召开,参与教材编写的有吉林大学、东北师范大学、武汉大学、华中师范大学、湖北大学、华南师范大学、暨南大学、河南大学等八所高校的教师。时代真的是发展了。十院校本编写时,由于中国20年没有评职称,参与编写者多是讲师和助教,主编朱先生也还是个讲师职称;而现在,参与编写的教师多数都已经是博士生导师,是享誉学界的知名学者。由于朱先生亲自挂帅,这支教材编写队伍可谓豪华和奢侈,有闻其事者都对这本新的教材寄予厚望。

既然是教材,其系统性无论如何是无法摆脱的,基本的历史线条、历史过程是必须描述的,所以,中国古代史教材在基本内容方面是无法突破的。教材建设的突破只能在两方面做文章:一是指导思想的突破,用什么样的历史观点去观察中国的历史进程,用什么样的语言体系去表述这个进程。同样的历史内容,用以解读的理论体系不同,教材便会呈现出不同的面貌。二是编写体例方面的突破,即表现形式上的突破。同样的内容,如何组织更适合于大学生的历史教学,更能激发或调动学生学习的主动性,更能反映历史进程的主要内容以体现教科书的科学性。不同的编写体例会有截然不同的效果,如同传统历史典籍中的体例问题一样,编年体与纪传体,对历史的反映与表述是大异其趣的。

朱先生主持的广州会议,在这两个问题上做了认真讨论,确立了基本的框架体系,统一了编纂思想和编写体例,进行了明确的责任分工。

当时,在基本的指导思想上,面对的主要问题是是否继续沿用五种社会形态理论作为描述中国历史的理论框架。这在当代中国仍然是一根理论红线,是一般人不愿意去冒险踩踏的。但是,史学理论界已经讨论有年了,编写新的历史教科书不能不面对,不管怎么处理,毕竟需要有一个回答。

朱先生是思想敏锐的人,尽管年事已高,还仍然对史学理论界的热点保持着兴趣和敏感。早在20世纪70年代末那个阶级斗争观念仍然统治森严的时代,先生就提出了对汉代田庄经济、魏晋时期的士族门阀的积极评价问题,在当时的学术圈子中引起哗然。90年代末,在修订十院校本的《中国古代史》教材时,他就认真了解了史学理论界讨论五种社会形态的情况,考虑是否将其反映到教材的修订中。笔者当时致力于史学理论研究,至今清晰地记得先生就此问题和自己讨论的情景。后来考虑到十院校本是教育部推荐的教材,需要特别慎重,最后仍然沿袭了五种社会形态的解释框架。而这一次,情况不同了,是编写一本新的教材,如何在理论上有所突破,如何使教材反映史学理论研究的最新成果,如何使教材体系更加沉稳和科学,先生反复考虑如何对待五种社会形态理论的问题,并就此在广州会议上征询大家的意见。

当时,朱先生在这个问题上的基本态度是,不赞成继续贯彻五种社会形态这个解释框架,但也不想去纠缠这个问题,教材中可以在绕不过去的地方,一般地使用诸如"奴隶制"和"封建制"的提法,而不在这些概念上多做文章,就全书来说对之做淡化处理。朱先生的态度引起了与会者的兴趣。在会议讨论中,笔者简单介绍了在史学理论界五种社会形态理论被多数学者抛弃,并提出了五花八门的中国社会形态的解读体系的基本事实。诸如田昌五先生将中国历史的发展进程划分为三个大的时段,即:洪荒时代、族邦时代、封建帝制时代或帝国时代。① 何兹全先生把中国古代社会形态的演变分为五个阶段:先秦时代——君权、贵族权、平民权三权鼎立时代;秦汉时代——君权渐强,贵族、平民权衰而力图挣扎的时代;魏晋南北朝时期——君权、贵族权保持平衡的时代;隋唐宋时代——君权恢复、贵族权削弱的时代;明清时代——专制主义时代。② 曹大为将中国古代社会形态划分为:夏商至战国,宗法集耕型家国同构农耕社会;秦汉至清,专制个体型家国同构农耕社会。③ 这样的中国社会形态划分五花八门,不一而足,都没有在学术界得到认可,甚至每个人的理论体系都没有得到第二个人的认可,呈现出理论新中国成立之初百花争奇、莫衷一是的局面。鉴于这种状况,笔者建议这本新教材应该按照历史的真实发展进程进行描述,既不采用五种社会形态概念,也不采用学术界已经提出的那些五花八门的新的概念体系,尽可能用中国人的本土概念来叙述中国古代的历史进程。华中师大的赵国华教授也发表意见说,五种社会形态理论造成了一些历史误解,用一朝一代式的写法较为妥当,原原本本地反映历史,那种打破王朝体系的做法不会有生命力。在经过一番讨论之后,朱先生对这个问题定了调子,不再采用五种社会形态的解释框架,也不在教材中讨论这个问题的是与非,而是采取回避的办法,尽量使用中国历史中已有的词汇来叙述中国的历史发展。这样简单的一种办法,实际上则意味着中国古代历史叙述体系的一个重大突破。

在关于中国社会形态问题的讨论中,有些人担心中国历史的叙述已经对五种形态的概念体系形成了严重的依赖,如果不使用它,古代中国的历史就会无法叙述。譬如,如果不把秦至清两千多年的中国历史

---

① 田昌五:《破除长期封建社会说建立中华帝国史发展体系》,《史学理论研究》2001年第1期,第39—46页。
② 何兹全:《中国社会形态演变——从三权鼎立走向专制》,《中国文化研究》1999年第4期,第1—8页。
③ 曹大为:《关于新编〈中国大通史〉的几点理论思考》,《史学理论研究》1998年第3期,第16—29页。

称作"封建社会",那么如何称呼它呢?回避这个概念,历史能说清楚吗?朱先生主编的《中国古代史教程》面临着这样一个理论转折的考验。

现在,这本教材已经出版了。通读全书,的确是没有再使用"奴隶社会""封建社会"等传统的一套意识形态极浓的概念,而是使用本土语言,平实地叙述了中国历史的发展进程。这是一个创造新的中国历史体系的极好尝试,对没有社会形态问题的中国历史叙述,达到了令人满意的效果。我们看到,不出现"奴隶社会"和"封建社会"概念的中国历史进程叙述,显得更流畅、更平实,更能反映中国历史进程的真实面貌。譬如,在一般的中国古代史教材中,关于秦统一后巩固统一的措施,在全国确认土地私有制度,多是使用"封建土地私有制是地主阶级统治的经济基础",秦统一六国后,"令黔首自实田",这就意味着私有土地受到统一的封建政权的保护,意味着"封建土地所有制在全国范围内正式得到确认","这也使地主阶级利用土地剥削人民成为合法,压在农民身上的地租、赋税以及各种徭役也愈来愈重"等等一类语言、概念来表述。

同样的内容,在《中国古代史教程》中则叙述为:

> 秦始皇三十一年(前216),下令"使黔首自实田",即命令土地拥有者向官府呈报占有土地的情况,然后官府根据其呈报的数额征收租税。这意味着秦在全国范围内承认土地私有权,中国古代的土地私有制正式确立。
>
> 为了征收租税的便利,秦颁布了统一货币、度量衡的法规……这些措施,对建立新的经济秩序、促进社会经济发展以及帝国赋税职能的实现,都起到了积极的作用。①

和一般教材中的说法相对照,教程在科学性方面的进展是极其鲜明的。"封建土地私有制"变成了"土地私有制";"地主阶级利用土地剥削人民"的表述不再出现,代之以"官府……征收租税";"剥削人民成为合法,压在农民身上的地租、赋税以及各种徭役也愈来愈重",代之以"对建立新的经济秩序、促进社会经济发展以及帝国赋税职能的实现,都起到

---

① 朱绍侯主编《中国古代史教程》,河南大学出版社,2010,第207页。

了积极的作用"。

关于清中期以后社会矛盾和社会危机的叙述,也是很好的例证。一般教材在谈到清中期以后的社会危机时,大体是强调这样几个因素:土地高度集中,清代封建地主阶级对农民剥削的加强,他们对土地的大量掠夺;高额地租的残酷剥削,农民一旦沦为佃户,就要承受地主阶级高额地租的剥削;繁重的赋役,清朝封建政府对农民进行的赋役剥削也越来越重;吏治的腐败,清代封建官僚统治机构日益腐朽,大小官僚结党营私,互相倾轧,贪污腐化,贿赂公行,等等。这样的形势下,清中期,川、楚、陕、甘、豫五省土地兼并、封建剥削都比较严重,大批农民失去土地,到处流浪,过着贫困不堪的生活。他们在白莲教的组织领导下,掀起了轰轰烈烈的反抗斗争,给了满、汉地主阶级以沉重打击,使得清朝开始了由盛到衰的转折。

而同样的历史内容和问题诠释,在《中国古代史教程》中是这样叙述的:

> 尽管除掉了乾隆时代腐败的象征和珅集团,但嘉庆并没有摆脱政治困境,也无法从根本上改变乾隆以来国运衰退、社会危机不时爆发的趋势。①

> 嘉庆帝的政治困境首先是其本人的保守性格所造成。乾隆帝虽然通过传位、训政顺利地实现了权力交接,但却塑造了嘉庆帝墨守成规、不思变革的性格,使得嘉庆年间的社会更趋于停滞后退。嘉庆表面上反对官场效率低下,但他自己也助长了这种风气。②

> 其次是乾隆以降形成官场因循守旧、官吏饱食终日、相互推诿的风气积重难返。③

> 再次是官场贪污腐败成风。曾有直隶官吏,上下串通,共同贪污,不仅州县司书、银匠私下侵吞,而且幕友、长随也参与分赃。④

> 政治困境难以摆脱,社会危机便接踵而至。就在颙琰即位的当

---

①②③ 朱绍侯主编《中国古代史教程》,河南大学出版社,2010,第832页。
④ 朱绍侯主编《中国古代史教程》,河南大学出版社,2010,第833页。

年,即嘉庆元年(1796),震惊全国的川、楚、陕三省白莲教大起义爆发了……他们对以前所赖以生存的组织机构已经失去信心,清朝官方的社会组织机构正趋于涣散和瓦解。虽然嘉庆朝镇压了几次大规模的农民起义,但社会危机并没有从根本上缓解……到咸丰朝发展为大规模的捻军,与太平军北南呼应,极大地动摇了清朝的统治基础。①

关于清中期以后社会矛盾的叙述,是一个很重大的理论转变。以往的教科书一般都将其归于阶级矛盾的激化而造成农民阶级反抗地主阶级的阶级斗争,阶级斗争理论是解释这一重大社会现象的唯一理论。现在不同了,在《中国古代史教程》中,阶级斗争理论不见了,社会矛盾作为一种常见的社会危机问题去处理。造成这一社会危机的主要因素,教材分析有嘉庆帝本人的保守性格,乾隆以降形成的官场之上因循守旧、相互推诿之风气,以及官场贪污腐败成风等方面,几乎可以视为带有普遍性的社会政治问题。将农民战争归入社会危机的社会问题范畴,分析造成社会危机的原因,寻找解决社会危机的途径和方法,在任何时代都是必要的,是有意义的。这样的历史解读,比起把一切社会问题都归之于两大阶级的对抗和斗争,不仅更符合历史的实际,更平实可信,也更具有普遍的历史借鉴意义。我们相信,由这样的教材培育成长起来的新一代青年,就不会再形成可怕的阶级斗争思维。

《中国古代史教程》抛弃社会形态概念体系,摒弃阶级斗争思维,用本土语言叙述中国历史的发展进程,是一个可喜的尝试,对今后的中国古代史教材编写将会产生重要的示范性效应。

现在我们来看看《中国古代史教程》在编写体例上的突破。

传统的中国古代史教材,都是按照一般的章节体,按王朝分章,按政治、经济、文化、民族等几大块分节,构造一个平面的叙述结构。虽然人们也是尽可能地将该时期的重大历史面相做全面的铺叙,但因为是一个平面的叙述结构,也就很难挖掘历史的深度。在《中国古代史教程》中,

---

① 朱绍侯主编《中国古代史教程》,河南大学出版社,2010,第833—836页。

这样的叙述结构发生了根本的改变。在朱先生的指导下,创造出一个立体的教材结构,一个带有研究性的非叙述性的结构。譬如《中国古代史教程》关于明代历史的叙述结构如下:

> 第九章　明王朝
> 导读
> 第一节　明朝的建立与明初制度的建构
> 第二节　明中期内外交困与国力趋弱
> 第三节　明后期的统治危机与明朝覆亡
> 第四节　明代君主集权的强化与政治格局的调整
> 第五节　明代的赋役制度与经济发展
> 第六节　明代社会的新动向
> 第七节　明代的边疆政策与对外交往
> 第八节　明代的思想文化

《中国古代史教程》各章的基本结构是分为三部分:导读、历史演变过程、专题分析。如上边的目录所示,第一至三节即是历史演变过程的描述,第四至八节是专题分析。编者的意图是:

> "导读"是全章的点睛之笔,又分三个部分。一是"××时期的历史特点",通过揭示一个时代的特点及其历史地位,展现历史发展的线索或路径,使学生能用宏观的整体的眼光来关照本章内容。二是"传统文献与参考资料",是给学生介绍必要的史料,使他们在学习中重视原始材料,知道历史研究的基本方法是实证基础上的史论结合。三是"对××史的研究",是对某一断代史的学术史、历史特点、研究趋向和前景的一般揭示、评述,这不仅对准备报考研究生的学生,也为准备到中学任教者将来进行研究性教学,提供必要的基础和准备。
>
> "历史演变过程"的叙述,是每章重要的有机组成部分,要以简洁准确的语言,给学生提供本历史时期完整、系统、连贯的事实过程。它的篇幅不是很大,既不能对历史细节进行非常具体的描述,

也不能面面俱到。它主要是以不间断的历史事件来做粗线条连接，以平实的讲述为主，基本上不做深度分析。但它也不是枯燥乏味的历史骨架，还要丰富多彩，有一定的可读性。

"专题分析"部分是各章的重心所在，主要是对某一历史时期政治、经济、思想文化等方面内容以专题的形式进行较有深度的分析。其意义除使学生对一个时代的社会风貌有较深刻的认识和把握外，还要引导学生进行研究性学习，并带有示范作用。①

"导读"既有对该时期历史特点的简要介绍，又概述学习该时期历史应该注意和利用的历史文献，并概述学术界的研究状况，有助于学生对某一历史时期历史认知进行总体把握，将学生的学习直接连接到学术前沿，引导学生的学习活动进入学术研究的氛围之中。"历史演变过程"解决的是历史发展线索问题，使学生对该时期的基本历史过程有一个完整的清晰的把握，这无疑是历史学习的基础性知识，是学生认知历史的基石。"专题分析"就是对历史时期重大历史断面的深度开掘，引导学生深入思考一个历史时期应该关注的重大问题。这样通过"导读"——整体的历史、"历史演变过程"——纵向的历史、"专题分析"——断面的历史这三个面相的揭示或描述，一个时期的历史面貌就在学生的头脑中鲜活地站立起来了。

导读、历史演变过程、专题分析这个"三结合教材结构"，是《中国古代史教程》在编写体例方面的重大突破，可以为将来的中国古代史教材建设提供示范。

三

编教材不同于学术研究的著书立说。学术研究是个性化的活动，研究成果的深刻性在很大程度上依赖于学术研究的个性化。而教材要传播最稳妥的学术研究成果，要把学术研究中比较成熟的部分化作知识性

---

① 朱绍侯主编《中国古代史教程》，河南大学出版社，2010，"前言"第2页。

的东西,那就需要尽可能地避免个性化。诚然,个性化的教材也是有的,也不应该完全拒绝,但作为要行之久远而广泛普及、力求具有最大限度的普适性的教材,避免个性化则是一个重要的要求。于是,教材的集体编写则是一种最普遍的形式。集体编写就增加了一个组织问题,一个如何凝聚众人智慧而成一书的问题。在这方面,朱绍侯先生前后两次主编中国古代史教材,为我们创造了宝贵的经验。

集体编书,把众人的智慧凝聚起来,不是一件容易的事情。十院校本编写之初没有人愿意当主编,除了政治上人们还心有余悸之外,另一方面的原因也在于统一思想的难度。有先生说,一个教研室的老师思想都统一不起来,编一本讲义异常困难,现在要统一十个院校老师的思想谈何容易!朱先生接受主编也不是不担心这个问题,但由于他有虚怀若谷的品格、平等待人的作风,以及善于听取不同意见的学术操守,他的组织工作取得了良好的效果,不仅成功地完成了教材的编写任务,而且还通过教材编写造就了一个在长达30余年的时间里团结合作的学术群体。十院校合作单位之一广西师范大学的钱宗范先生,在这方面有很深刻的感受,他在几年前写道:

> 这部教材历经十几年、二十几年,常用常新,长盛不衰,发行量数十万册,创造了改革开放以来多院校合编教材历史上的一个奇迹;而当时戏称为"第三世界"的十院校的教师,原来互不认识,思想、学术、习惯、观点各不相同,在长达二十多年的时间内,能够求同存异,平等相待,互相学习,取长补短,团结合作,非但编好了教材,而且结下了深情厚谊,同样创造了改革开放以来我国高等院校历史系关系史上的奇迹。朱绍侯先生作为十院校公认的深孚众望的主编,他不仅以自己的品德和学术,影响和教育了他人;而且他一贯善于听取不同意见,尊重他人,谦虚谨慎,发扬每一位编者的长处,调解编写中的矛盾和意见,做出正确的公正的决断,因而取得了大家一致的拥护。朱绍侯先生对十院校合编《中国古代史》教材所取得

的成功,对十院校友谊的建立和发展,起了核心的作用。①

朱先生自己体会,对于主编教材这样大的集体项目,主编自己的胸怀是非常重要的。就教材的框架体系说,自己要有主见,要善于用经过充分酝酿讨论而确立的编纂思想去统一大家的认识;而在一些具体的学术观点上,则不能一味地按自己的观点去要求编者,某些时候要学会妥协和让步。集体合作,主编与编者之间,也需要有相互尊重、互谅互让的精神。朱先生在回忆十院校本的编写过程时,谈到了这方面的问题:

> 令人欣慰的是,"十院校"同志间的关系非常好,包括几位老先生都欣然接受我的修改意见,这就有了很好的合作基础。但是,等到在桂林开全书定稿会时,与会者还是提出很多不同意见,主要是对我肯定田庄经济、门阀士族也有积极的历史作用的表述不同意。安徽师范大学的张海鹏先生,在编书过程中我们两人的意见经常是一致的,但对这一问题他绝不让步,他说主要是怕犯原则性、阶级性的立场错误。我对他说,"文革"后学术界开放许多,肯定统治阶级及其制度也有一定的历史积极性,这种观点是会被接受的。他说,不,门阀士族的反动性腐朽性太明显了,田庄是豪强、门阀的经济基础,剥削太残酷,不能肯定。我说,东晋的王导、谢安都是高级门阀的代表人物,他们不都是很有作为的宰相吗?田庄和坞壁在战乱时对社会生产不也很有保护作用吗?海鹏先生还是不肯接受我的意见,没办法我也只好把门阀和田庄的积极作用改得模糊一些。

> 在编写教材的过程中,并不是一切都由我主编说了算,有些问题我也要向执笔人让步,妥协是必要的。如我认为名田制是土地长期占有制,而多数人都主张是土地私有制,我也就只好按大家的意见办。既然是合作就要有互谅互让的精神。②

---

① 钱宗范:《我所认识的朱绍侯先生——浅谈朱绍侯先生对〈中国古代史〉教材和广西人才培养的贡献》,载河南大学历史文化学院编《史学新论:祝贺朱绍侯先生八十华诞》,河南大学出版社,2005,第639页。
② 龚留柱:《治学不为媚时语 惟寻真知启后人——朱绍侯先生访谈录》,《史学月刊》2005年第10期,第91页。

首先,从以上文字,我们看到的是作为一个主编,朱先生的胸怀和气度。大胸怀和大气度,是一个主编首先所需要的。

其次,根据朱先生两次主编教材的经验,统一思想是编写高质量教材、保障教材具有内在思想逻辑的首要环节。

一部中国古代史教材,反映几千年文明史的发展,要写出统一的思想逻辑,反映历史发展的内在线索,在大的历史观点方面前后贯通,必须靠各个编写人员拥有共同的指导思想来保障,所以,前后两次教材编写,朱先生都重视召集教材编写会议,在统一思想上下功夫。十院校本编写之初,朱先生提出的四个方面的指导思想,就是在编写会议上经过大家讨论认同,贯彻到具体的编写中去的。教材出版至今,已经修订了四版,出到了第五版,每一次修订都召开专门的编写会议以统一思想。最近几年,为编写出版《中国古代史教程》,就召开了一次策划会议、一次编写讨论会、两次小范围的通稿座谈会。时下有些集体编书,主编只提出写作要求和负责分工,作者之间并不见面和沟通,要想写出观点一致、逻辑统一、风格一致的作品是不可能的。

再次,关于书稿修改中如何发挥主编的作用和处理主编与作者的关系问题,朱先生也有不少好的做法和体会。

大型教材的编写,参加者众多,尽管有统一思想在前,写出的初稿仍会是五花八门。十院校本最初定的规模是80万字,而初稿字数有160万字之多;《中国古代史教程》初稿也出现类似情况,有一章规定的字数是10万字,而作者提交的初稿是22万字,压缩修改的任务是相当繁重的。主编修改是保障教材质量的最终环节。朱先生从来不做那种空头主编,所有稿子他都逐字逐句地改过。他的做法是,第一次修改是提修改建议,由作者根据主编的意见自己处理;第二次修改是在作者竭尽所能之后还不尽如人意,这就需要主编亲自操刀。十院校本教材初稿修改中,有些部分就是他重新写过的。

朱先生说,主编修改稿子是天经地义的,修改稿子要注意尊重作者的劳动和声誉。尊重作者的劳动,就是尽可能地多就少改,不是必须改动的就不要改动。尊重作者的声誉,就是在修改了稿子之后,不要对他人乱说你改了谁的稿子，谁的稿子如何不好。无论如何，参编者都是尽心尽力的。改动大的部分，要征得原作者的同意，还要保守秘密。朱先生回忆，十院校本的初稿中，有一位老先生写西周部分，自己持"西周封建说"，而教材的基本历史观点是"春秋战国封建说"，这位先生主观上想按"西周奴隶社会说"去写，用的也是奴隶社会的概念，而写出来的稿子无论如何都摆脱不了"西周封建说"的痕迹，最后受原作者委托，朱先生又将这一部分重新写过。这件事朱先生至今都未对外人说过，只是为成全笔者的此次写作才在30年后第一次谈起。主编要改稿，还要注意处理与编写者的关系，这对于集体编书是非常重要的。

最后，追随学术发展不断提出教材的修订问题。

教材既要有稳定性，又要有可持续性。编写一部教材不容易，要尽量能使其行之久远，具有尽可能长的生命力。但是，学术研究永远是鲜活的、发展的；教材要保持其科学性、先进性，就必须不断从发展的学术中汲取新的学术思想和学术成果，不断对教材的内容和材料做出修订和调整。

在十院校本的《中国古代史》出版之后，为了能不断依据新的学术成果修订教材，朱先生发起、组织以十院校教师为基础的中国古代史研究学术讨论会，十院校轮流做东，每年召开一次。每一次会议都安排一个关于教材讨论的专题，认真研究教师们在教学中提出的问题，以备下一次修订教材时参考。这样的学术讨论会一直坚持了10年。

从1978年底讨论十院校本《中国古代史》的编写至今，30多年来，朱绍侯先生把他的大部分精力都用到了中国古代史学科的建设方面，两部教材的成功编写、广泛发行，已经使他誉满天下。回顾总结先生在教材编写方面的历史经历和编纂经验，已经成为研究中国当代史学的一个重要课题，以本文之粗疏，也只能是在这个课题的研究中起到一个抛砖引玉的作用，谨望后续之探讨能从中发掘更加夺目的瑰宝！

——原载《邯郸学院学报》2010年第4期

回归本然：朱绍侯先生对中国古代史教材建设的思考与实践

——以《中国古代史教程》为中心

臧知非

教材建设是教学质量的保证，是教育发展、学科进步的体现。一个优秀的学者，为了学术的发扬光大和人才的培养，无不关注教材建设。肩负着探索事实真相、认知社会发展逻辑、化育人文精神多重使命的历史学科尤其如此。从 20 世纪初期新史学在中华大地生成以来，从事中国古代史或者中国通史教材编撰的历史学家不乏其人；新中国成立以后，中国古代史教材更成为历史学科教材建设的重中之重。无论是各高校，还是教育主管部门，抑或学者个人，都对中国古代史教材建设投入大量的精力和艰辛的劳动，贡献卓著。但是，若比较而言，朱绍侯先生无疑是对当代中国古代史教材建设贡献最大的史学家，这不仅仅因为朱绍侯先生主编的十院校本《中国古代史》是新中国成立以来发行量最大、使用最为广泛的教材，更主要的是因为朱绍侯先生在教材建设的指导思想上第一个明确提出编写教材"不联系实际"、要跳出"史学研究为无产阶级政治服务"政治藩篱的主张，同时体现在朱绍侯先生勇于自我超越的、不断创新的价值追求上：在十院校本《中国古代史》教材使用如日中天的时候，又主编了和十院校本《中国古代史》思想有别、体系迥异的《中国古代史教程》。从思想史层面分析朱绍侯先生对中国古代史教材建设的思考和实践，不仅是了解朱绍侯先生学术贡献的一个方面，也是了解新中国成立以来史学研究与史学教育之路的重要组成部分。故为本文，以资参考。

一

为了明白史学研究与史学教育的关系,首先要从现代史学和史学教育的缘起及其与政治的关系说起,以便对中国古代史教材建设的历史基础做出必要的观照。

现代意义上的史学和史学教育发轫于 20 世纪初叶,其时随着包括马克思主义理论和方法在内的近代西方历史学、哲学以及社会学等学科的理论和方法的传入,人们开始用近代西方的哲学、政治学、历史学、社会学等理论和方法认识中国传统社会,包括马克思主义的理论和方法,或以民族为本位,或以欧洲为中心,阐释中国历史特点和原因。现代意义上的历史学和历史教育因此而发展起来,教材编撰随之展开。但是,20 世纪上半叶的中国古代史教材多是个人撰著,其内容因作者的价值观念、学术兴趣、知识结构而各不相同,不仅指导思想相去甚远,内容选择更是五花八门,或取一断代,或选某几个专题,或侧重于某一方面,而名之为"通史""史纲"等等。这在当时的历史条件下,面对浩瀚的历史典籍,以个人之力,能够对中国历史发展的某一方面或者某一断代有着现代史学意义上的认识已经难能可贵了,其贡献是不容忽视的。但是,对于一门学科来说,这些论著只能是教材建设的探索阶段,所要表达的是作者的思想,而不是历史过程及其变动的内在关联,价值判断上各是其是、各非其非,知识上缺少系统性,可以作为个人讲义使用,而不具有普遍意义。也就是说,在 20 世纪上半叶尽管现代意义上的历史学已经形成并有了巨大的进步,但还不存在现代学科意义上的具有普遍意义的用于高校历史系本科生的中国古代史教材,当时的教育主管部门也没有统编教材的硬性要求。严格意义上的高校历史系中国古代史教材建设是在新中国成立以后。

新中国成立以后,面对旷古未有的历史大变局,史学界以空前的热情展开了学习辩证唯物主义与历史唯物主义的热潮,绝大多数学者自觉地摒弃以往的思想观念,真诚地学习马克思、恩格斯、列宁、斯大林、毛泽东的相关论著。当然,在当时的条件下,还不具备系统学习经典作家和革命领袖们理论的条件,学习的内容实际上只是一些选篇,谈不上系统性。如果说系统学习的话,怕只有斯大林的《辩证唯物主义与历史唯物主义》和《联共(布)党史简明教程》算是完本。也就是说,当时人们学习的内容主要是斯大林式的马克思主义史学理论。而这在当时都被看作马克思主义理论精华而全盘接受,作为史学研究的指导,把自己的立场、观点自觉地统一到这个马克思主义体系中来。高校历史系课程结构、教学内容均按照苏式历史唯物主义理论框架安排,其典型体现就是按照原始社会、奴隶社会、封建社会的逻辑进程和理论体系划分中国古代历史阶段,安排教学内容。由于对经典作家理论理解不同,加上中西历史道路差异巨大,人们对中国原始社会、奴隶社会、封建社会特点的把握分歧巨大,究竟是什么时候进入奴隶社会、什么时候进入封建社会、封建社会的本质特征是什么,歧见纷呈。就以奴隶社会和封建社会的分期来说,代表性观点有西周封建论、战国封建论、秦统一封建论、东汉封建论、魏晋封建论,而以西周封建论、战国封建论、魏晋封建论影响最大。各种分期说大都以斯大林的《辩证唯物主义与历史唯物主义》论述的社会形态理论为依据,都引用经典作家或者革命领袖的论述,解释中国历史现象,各成其说,一时之间,出现了"百家争鸣"的繁荣局面。当然,这只是马克思主义史学理论系统内部的"百家争鸣"。为了体现马克思主义史学的"百家争鸣",各个高校的中国古代史教学根据自己的学术特点讲授各自的学术体系,编写教材,最具有代表性的是主张魏晋封建论的尚钺先生的《中国历史纲要》和主张西周封建论的翦伯赞先生的《中国史纲要》。与此同时教育部于 1956 年颁布了《中国史教学大纲》,其古代部分则采用郭老的战国封建论。至此,西周封建论、战国封建论、魏晋封建论都有了自己的教学平台。但是因为郭老的战国封建论被教育部制定的教学大纲采用,等于是钦定化了,各个高校特别是地方高校基本上都采用战国封建论。

教育部《中国史教学大纲》的颁布,极大地推动了中国古代史教材建设。为了使中国古代史教学符合马克思主义历史学的要求,在教材一时难以完成的条件下为中国古代史教学提供必要的历史资料,教育部组织相关高校编纂《中国通史参考资料》,其古代部分(即远古至1840年之前)由翦伯赞、郑天挺任总主编,共分八册,各册主编分别是何兹全(第一册远古至春秋、第二册战国秦汉)、唐长孺(第三册魏晋南北朝)、董家遵(第四册隋唐五代)、邓广铭(第五册宋辽夏金)、韩儒林(第六册元朝)、傅衣凌(第七册明朝)、郑天挺(第八册清朝),由分册主编约请各高校专家选编资料。参考资料把1840年以前的中国历史分为三个历史时段:远古至禹为原始社会,大禹即夏朝开始至春秋为奴隶社会,战国至鸦片战争为封建社会。每一册的资料编排,除了原始社会时期以外,均按照教育部颁布的教学大纲的章节,分为政治、经济、思想文化以及民族关系等几大板块,具体内容则根据各个时代特点而有详略。

  资料内容的编排以历史唯物主义的理论为指导。其核心内容是:生产力决定生产关系,经济基础决定上层建筑,生产关系、上层建筑又反作用于生产力和经济基础,或者促进,或者阻碍,或者促进和阻碍并举。阶级矛盾是生产力和生产关系、经济基础和上层建筑矛盾的体现,在封建社会里这种矛盾的最高体现就是农民起义和农民战争,是农民起义和农民战争冲破封建上层建筑对经济基础和生产力的束缚,打击了地主阶级,实现了历史进步。所以在保证历史发展线索完整性的同时,重视生产技术进步和经济关系变迁,重视阶级矛盾和农民战争,重视民族史和民族关系史,重视商品经济和资本主义萌芽问题。对历史上的经济发展、阶级矛盾、农民起义和农民战争给予了充分的篇幅。同时为了说明新中国是各民族平等的国家,对历史上的各民族历史以及中原王朝与周边各族关系给予了尽可能多的叙述。这是新中国马克思主义历史学的特色和主要标志。

  《中国通史参考资料》(古代部分)的编辑和出版对于中国古代史教学内容建设具有极为重要的意义。资料的选编者均为各个领域的顶尖学者,所选资料无不具有典型性,不仅有助于学生掌握基本历史线索,而且有助于学生提高历史文献的阅读能力,更有助于教师对历史唯物主义基本理论的把握和运用,为进一步编写中国古代史教材奠定了良好的基础,是一项意义深远的基础工程。

从思想史的层面看,无论是《中国史纲要》《中国历史纲要》,还是《中国通史参考资料》(古代部分)的编著,或者是教育部《中国史教学大纲》的颁布,意义都不限于中国古代史教材建设,而有着强烈的意识形态的目的在内,既是学者自觉地把自己的历史观统一于马克思主义体系之内的体现,也是为了进一步用马克思主义统一学术与思想的体现。其突出表现就是严格按照五种生产方式的框架安排中国历史过程,其目的是说明当时的中国社会处在什么样的历史阶段,在这个历史阶段之下,中国未来应该走什么样的道路。若从学术史层面看,新中国成立以后,马克思主义史学迅速普及给学术发展带来的推动作用是不容否定的,其学术价值远非以往所能比拟:从此以后,中国史学不再是传统的治乱兴衰之学,也不是为了满足个人追求的各种专门之学,而是从社会关系的总体变动之中探寻社会发展规律之学,把社会经济、劳动民众纳入了史学研究的视野并充分肯定其作用,如人们经常提及的"五朵金花"即古史分期、农民战争、汉民族形成、资本主义萌芽、封建社会土地制度的大讨论,都是立足于探讨社会规律,无疑把对中国古代社会的认识推向了深入。但是,毋庸置疑的是,这些讨论都有着强烈的意识形态色彩,都是为了说明现实社会变革以及各项制度的合理性:社会形态的划分是为了说明中国共产党领导的新民主主义革命和社会主义革命符合历史规律;农民战争史研究是为了说明人民群众是历史创造者、阶级斗争是历史前进的动力;汉民族形成问题是为了论证现实民族政策的正确,说明只有中国共产党才真正地实现了民族平等;封建社会土地问题则是和现实土地改革相联系;资本主义萌芽探索则是为了说明中国没能进入资本主义社会是因为西方列强的入侵,从而说明反对帝国主义的伟大。

因为这种马克思主义统一指导之下的"百家争鸣"有着强烈的意识形态属性,不具有学术独立性,所以必然随着现实政治形势的变化而变化,其学术属性必然因为政治需要而变异。所以,自1958年"史学革命"口号提出之后,"古为今用,厚今薄古"思潮对史学研究和历史教学的冲击越来越大,史学研究完全政治化。因为现时政治的核心是阶级斗争,史学研究为现实服务,阶级斗争成为历史研究的核心,本来同属于马克思主义史学系统之内的"五朵金花"逐步地变为农民战争史"一朵金花",丰富多彩的中国历史被简化为阶级斗争发展史,教材建设难以深入。"文革"开始以后,学术研究完全停止,高校停止招生,中国古代史教材建设随之中断。

二

"文革"结束之后,高考制度恢复,历史系恢复招生。由于十年"文革"之祸,高校不仅师资匮乏,教材更是无从谈起。各高校为解决教材问题,一方面继续使用翦伯赞的《中国史纲要》和尚钺的《中国历史纲要》,同时将郭沫若的《中国史稿》、范文澜的《中国通史简编》作为教材或主要参考书;另一方面则在可能的条件下组织本单位师资编写教材,其总的特点是恢复20世纪50年代教材建设的思路,拨乱反正,就教材建设而言就是回到"文革"前的正确轨道上去。但是对于大多数高校来说,师资有限,无法自行编写教材,上述几种著作根本满足不了需要,学生用书严重缺乏。这有两个方面的原因:一是仓促之间,无处采购,限于当时计划经济,出版社无法安排出版计划。二是该书观点性太强,翦书持西周封建论,尚书持魏晋封建论,而史学界流行的是战国封建论,中学历史教科书普遍采用战国封建论。饱尝极左之苦的史学界在反思极左思想对史学危害的时候,对"文革"前的"五朵金花"特别是古史分期和农民战争问题,从方法到观点予以系统的分析,提出了一系列新认识,无论是尚钺的《中国历史纲要》、翦伯赞的《中国史纲要》,还是郭沫若的《中国史稿》、范文澜的《中国通史简编》,代表的都是过去的认识,与现实学术发展有着相当的距离,显然不适合作为普遍的教材。而恢复高考以后的1977级和1978级学生有着强烈的历史使命感和社会责任感,社会阅历丰富,求知欲望强烈,理解能力过人,知识面宽广,对各种问题有着强烈的探索欲望,又逢思想解放的时代,大学校园里春意盎然,洋溢着浓浓的学术气氛。这就急需新的教材和参考书满足教学和研究的需要,中国古代史教材成为各高校教材建设的重中之重。

"文革"以来的高校中国古代史教材建设可以用百花争艳来形容,其指导理论、内容结构处于不断探索之中。据笔者的不完全统计,自 1979 年以来至 2009 年 30 年间,出版的各种《中国古代史》教材不下于 50 种,有的是以教研室名义集体编写,有的是多所院校联合编写,有的是学者们自发联合编写,有的是教育部(国家教委)组织相关院校集体编写。其使用对象有的是历史系本科学生,有的是专科学生,有的用于成人教育。有的按照两学期课时编写,有的是按照三学期课时编写。教材的分量或多或少,质量有高有低,使用范围或者限于编写单位,或者仅仅在本校使用,有的仅仅昙花一现,用作全国高校教材者长期使用的只有少数几种,自 1979 年以来一直作为高校历史系本科教材使用的则只有朱绍侯先生主编的十院校本《中国古代史》。

大体说来,自 20 世纪 70 年代末至今,中国古代史教材建设若以 10 年为单元可以划分为 80 年代、90 年代和 21 世纪第一个 10 年三个阶段。第一阶段基本上是延续传统架构和理论体系。从 1978 年开始,拨乱反正、解放思想成为中国政治的核心,史学界迎来了科学的春天,恢复了因为"文革"而中断的各项学术讨论,主要任务是清理学术讨论中的政治谬误,恢复学术讨论的原貌,把五六十年代着手而没能进行下去的工作继续下去,尽管这一系列的史学理论经过争鸣而有了新的认识,如历史发展动力问题、五种生产方式的科学性问题、历史创造者问题等都取得了新的认识,但是要把这些成果写入教材还要相当时间的沉淀,所以,在拨乱反正思维指导之下编写的教材只能是继续 50 年代和 60 年代初期的路子向前。教育观念更是如此,其培养规格、课程体系、教学内容、课时量都是 60 年代初期的再版。比如,1980 年,中华人民共和国教育部组织北京师范大学、华东师范大学、河南师范大学(现河南大学)、东北师范大学等高校在 1956 年中国历史教学大纲的基础上,制定高等师范院校《历史专业教学大纲》,其中国古代史教学大纲尤其详细,将远古到 1840 年的历史分为 15 章,每一章均以相应的学术判断作为章节标题,如第一章原始社会,第二章夏商奴隶社会的确立和发展,第三章西周奴隶社会的进一步发展,第四章春秋时期奴隶社会的瓦解,第五章战国时期封建社会的确立,第六章秦统一封建国家的建立和秦末农民大起义,第七章西汉统一多民族封建国家的发展,第八章东汉豪族地主的经济和政治,第九章三国两晋南北朝时期社会经济的发展和民族大融合,第十章隋朝的统一和社会经济的发展,第十一章唐代统一多民族国家的繁荣,第十二章五代十国辽宋夏金时期各族联系的进一步加强和经济重心的南移,第十三章元朝的大统一,第十四章明代封建专制制度的加强和资本主义萌芽,第十五章清朝统一多民族国家的进一步发展。附有参考书和思考题,计划教学量为 3 个学期 208 学时。该大纲 1982 年正式公布实施,针对的是高等师范院校历史系,不包括综合性大学在内,但是就笔者所知,综合性大学也执行这个大纲。就课时安排来说,中国古代史一般都在 3 个学期 210 学时左右,只是在少数重点综合性大学的课时量比较少,因为这类高校通常是在通史课结束之后分为中国史、世界史专业分途培养。而通史教材要根据大多数院校需要编写,所以,各个院校包括教育部组织相关院校编写的教材在理论框架上基本上是传统的延续,叙事全面、资料丰富、理论鲜明,只是在一些具体问题上有不同提法。

  第二阶段则以求变为特色。这体现在三个方面:一是在历史阶段划分上呈现多样性。有的继续按照社会形态和不同时期历史特点设计章节,划分历史阶段。有的按照社会形态演进的上升、发展、衰落的思路将若干朝代并入一章,比如将战国秦汉合并叙述,名之为封建社会前期;魏晋南北朝隋唐宋元同属于封建社会中期;明清属于封建社会后期;等等。二是在内容上试图改变政治、经济、文化、民族关系的板块结构,在叙述朝代兴亡过程以后以专题形式叙述各项制度或者思想文化,不追求面面俱到,减少政治事件的叙述。三是减少字数,20 世纪 70 年代末和 80 年代出版的教材分量普遍较大,大都在百万字左右,经过教学实践的检验以后，新编教材字数有所减少，有的将整个古代史压缩为 1 册 40 余万字①。这由其特定的时代背景所决定。

20 世纪的最后十年，是中国社会结构深刻变迁的时代，体现在思想意识领域，传统价值体系破碎，已有价值理念无法解释现实的变动，一切都处于消解与重构的过程之中。在史学研究中的表现就是理论焦渴，不满足于苏式历史唯物主义的理论和方法，又缺少本土的理论和方法可资替代，遂生吞活剥式地吸收欧美的各种理论重新诠释中国历史，心理史学、计量史学、经济史学、"三论"（包括"老三论""新三论"）史学、政治史学、社会史学以及文化分析、哲学分析等理论和方法的引入与实践，可以说是理论焦渴的典型体现，体现了当时史学界的新探索，一切都在"求变"的跃动中摸索。

此外，20 世纪的最后 10 年，也是中国高校教学变化最大的 10 年，课程体系的设置、课时数量的削减、培养目标的变化、教学手段的多样化、社会对历史学认识的变化，似乎都在要求着中国古代史从教学内容到教材编写改变传统的单一呆板模样，以适应新的时代要求，各高校和教育管理部门都在不同的层面以不同的方式突破传统模式，或者打破王朝体系，或者避免意识形态的影响，或者加强新的理论和方法的运用，或者变动内容，等等。诸如此类，不一而足。

第三阶段教材编写的特点是走向深入。这主要体现在内容结构的调整和理论分析的提高。内容结构的调整主要是增加社会生活、思想文化，减少的是政治史——主要是农民战争史；理论分析的提高主要表现在对不同时代社会结构的解析方面，试图以新的理论框架——或者突出国家结构，或者突出经济特色等，从新的视角揭示中国古代历史特点。

---

① 比如齐涛主编的《中国通史教程》古代卷（山东大学出版社，1999）就是 1 卷 45 万字，该卷由李泉、傅永聚主编，分为上下两编，上编总计 6 章，叙述远古至 1840 年演变过程，打破以往按照王朝兴衰顺序逐一叙述的惯例，而以专题的方式合并同类项，将若干王朝的同类事件合并叙述，带有专门史特点。下编则是古代研究中重大理论问题评述，如古史分期、中国封建社会长期性、历史发展动力、农业与农民、资本主义萌芽、中华民族的形成等带有根本性的理论均有专门的叙述和评论，此外对传统政治制度与社会发展关系、民间社会、宗法与宗族等问题也列有专章。

这个过程实际上从 20 世纪 90 年代下半叶也就是"九五"期间已经开始，到 21 世纪初以教材的形式表现出来。

在这一阶段，教育部起到了不可忽视的推动作用。1998 年，教育部筹措专项资金，启动了高等师范教育面向 21 世纪教学内容和课程体系改革计划，内容包括教育思想和教育观念、培养目标和培养规格、教学计划和课程结构、基础课和主干课的教学内容等方方面面，历史学科有 13 个项目被立为教育部课题。这 13 个课题组成员由不同院校的教师组成，内容涉及历史专业课程体系、人才培养规格、主干课程教学结构、世界史、中学历史教材教法、专门史、中国古代史教学内容等方方面面，而以中国古代史教学内容、教材、教学体系为研究的重点，总计 13 项，中国古代史占 4 项。

"高等师范教育面向 21 世纪教学内容和课程体系改革"的特点是系统性，宏观和微观相结合，在充分调研的基础上，通过对以往不同地区、不同特点的高校历史专业培养目标和社会需求的总体研究，根据时代需求，针对存在的问题，确定具有时代特色的课程体系以及与之相匹配的教学内容，总体上是削减通史课时量，增加选修课，以突显不同高校的学术特色，满足不同地区对不同类型的人才需求，给学生以较多的选择权，以发挥学生的主动性，弥补以往教学过程中重教轻学的不足。体现在教学内容的变动和教材建设上，就是根据各校学术特点，减少基础知识，强化学术性，指导课外阅读，提高学生思考能力。中国古代史向来是基础课的重点，自然要做出调整，或者是减少政治史内容增加社会史内容，或者是高屋建瓴式地按照新的研究体系予以个性化的叙述。① 当然，若历史地看，对高等教育课程体系和教学内容改革在 20 世纪 90 年代初期就已经开始，至"九五"期间，教改呼声形成社会思潮，因此，教育部于 1998 年启动高等师范教育面向 21 世纪教学内容和课程体系改革计划。实际上思考、从事这一工程的远远不止立项的高校和项目组成员，在世

---

① 关于"九五"期间教育部组织的高等师范教育改革历史学科研究情况，参见王斯德、郑师渠主编《高等师范教育面向 21 世纪教学内容和课程体系改革成果丛书（七）历史学分卷》，北京师范大学出版社，2001。

纪之交的历史时刻,各个高校都在程度不同地从不同层面和角度思考着中国高等教育的未来,都在总结经验、发现问题、研究对策,历史学科也是如此。进入21世纪以后,"九五"期间所提出的各项思路渐次得以付诸实施并随着实践的总结而不断调整。

进入21世纪以后,中国高等教育已经实现了精英教育向大众教育的转变,而且大众化程度越来越高,培养目标也在改变,这就是由原来专才教育不断地转向通才教育,为适应这个教育目标的变化,教学计划不断变更,专业基础课不断削减,通识课程不断增加,加上政治理论、外语、计算机等公共课程的比重加大,对于师范院校来说还有心理学、教育学、教育技术学等师范类专业课程,中国古代史课时受到空前挤压,在中国古代史教材建设上的体现就是日渐多样化。这对综合性重点高校来说,可以发挥自身学术优势,自编教材,走学术高端路线:在基本历史框架之下,或者偏重于国家形态,或者偏重于经济结构,或者偏重于思想文化;众多的普通高校则较多地使用部颁教材,但在具体教学过程中采取灵活方式突出自身特色,或者突出区域特点,或者突出技能性;而对于众多刚刚升为本科的院校来说,则根据同类高校特点联合编写教材。因为对于升本未久的高校来说,重点高校使用的教材偏重于学术,而部颁教材的分量又太大,在规定的学时之内无法全面深入讲授其内容,最佳选择是另编分量适中、内容更加符合教学实际的教材,21世纪部分地方院校新编的教材大都是在这一背景下进行的。

三

简要回顾新中国成立以来中国古代史教材建设的历史之后,我们可以把握朱绍侯先生30年来对中国古代史教材建设的贡献及其思想史价值了。

纵观30年来中国古代史教材编撰之路,经历了由回复到突破的蝶变历程。所谓回复是指"文革"结束之后拨乱反正、对20世纪五六十年代教育思想和教学内容的延续,突破则是80年代后期开始的打破斯大林式历史唯物主义理论模式、采用新的理论和方法的探索,结果是在新的起点上逐步地按照中国历史"本然状态"建构中国古代史教材体系。如果用思想史语言概括这一否定之否定的过程,可以称之为"回归本然"。而在这个"回归本然"的过程中,朱绍侯先生始终走在时代的最前列,厥功至伟!这不仅仅因为朱先生早在百废待兴的1978年主持编写十院校本《中国古代史》教材时就独具卓识地提出编写教材"不联系实际"的指导原则,也不仅仅在以后修订过程中始终思考着如何使教材摆脱时事政治的羁绊,而是因为其在年逾八旬时几经修订已成为教材经典的十院校本《中国古代史》发行使用如日中天的时候,主持编写了《中国古代史教程》,实现了其教材建设以及其学术研究"回归本然"的新飞跃。

现在先谈十院校本《中国古代史》教材编写情况。

十院校本《中国古代史》编写开始于1978年,本来是高校教师之间的民间行为。1978年3月,杭州大学历史系魏得良先生一行三人访问西北大学,西北大学历史系韩养民、林剑鸣先生负责接待。闲聊之间,魏得良先生一行首先提出组织几个院校编写《中国古代史》教材,与韩养民、林剑鸣先生一拍即合,而后分头联络相关院校,于是年年底在杭州大学召开首次编写会议,有山东大学、西北大学、杭州大学(现并入浙江大学)、广西师范学院(现广西师范大学)、山西大学、安徽师范大学、陕西师范大学、南充师范学院(现四川师范大学)、福建师范大学、河南师范大学(现河南大学)十所院校的教师参加。其时我国思想界是乍暖还寒时节,"文革"虽然结束近两年,拨乱反正走向深入,"实践是检验真理的唯一标准"的讨论已经展开,但是新中国成立以来形成、"文革"中臻于极致的"左"化政治思维依然束缚着人们的大脑,政治形势左右人们的思维和观念,经典作家、革命领袖的论述在理论领域依然主导着人们的认识,理论禁区所在多有。在史学界,虽然经过对"文革"中间"影射史学"的批判,真正的学术讨论已经开始,但是,由于政治思维的惯性,对诸多历史问题的认识还难以完全回到学术轨道上,谈不上摆脱意识形态的束缚,而这些是编纂教材首先要解决的问题。显然,在这个背景之下,对于主编一部教材来说,难免要承担政治和学术的双重风险。就政治而言,有一个无法回避的事实存在：中国历史道路的特点和史学研究的学术传统，决定了史学研究和现实政治千丝万缕的关系，如何处理历史教科书与现实意识形态的关系，是个十分棘手的问题，由于长期受"革命史学"的影响，许多不符合历史真实的认识在人们的脑海中已经成为思维定式，成了无须证明的"公理"，要恢复历史真相、改变既定观念，需要相应的过程和智慧，稍有不慎就有可能遭到政治棒子的打击。在当时的理论界，确实有一些理论家的思维还停留在"文革"的轨道上而以马列正统自居，对不同的观念动辄施以政治棒喝。在这个历史背景之下，担任肩负着拨乱反正历史重任的《中国古代史》教材的主编，无疑要冒相当的风险。

就教材编写的学术要求而言，高校 10 年停止招生，所有教学与研究全部停止，每一个教师都远离教学第一线。而恢复高考以后的学生是"十代同堂"——从"老三届""新三届"到应届高中生同在一个班级，同学年龄平均相差近 10 岁[1]，其人生经历、思想观念千差万别，有的是人民公社社员，有的是军人，有的是工人，有的曾经是"反革命分子"，有的是革命干部。那些参加过"文攻武卫"，又经历了"上山下乡"的"知识青年"们饱经风霜，总结过去，以国家兴亡为己任；那些刚刚毕业的高中生不过是懵懂少年[2]；至于革命干部身份的学生对于"文革"还有着本能的回护。至于理解能力、知识结构，更是相去甚远。但是，这些学生的共同点是关心国家命运，追求事业和理想，积极进取，勤奋好学，如饥似渴，所以当时的校园里春意盎然，一派奋发向上的气象。而当时大多数教师或者是从中学，或者是从农村，或者是从工厂刚回到教学第一线，即使那些没有下放到工厂和农村一直在高校的教师也长期脱离教学。面对着这样的学

---

[1] 笔者是恢复高考第二年也就是 1978 级本科生，全班 54 人，年龄最大的是 1945 年出生的 1965 届高中生，最小的是 1962 年出生的 1978 届高中生。这种情况并非个别，而是带有普遍性。1977 年刚恢复高考时对考生年龄和政治条件限制严格，1978 年放宽了年龄和政治限制，因而 1978 级考生更为广泛，结构更为复杂，学生之间的年龄差距大于 1977 级。

[2] 在"文革"期间，开展教育革命，内容之一是缩短学制：改小学六年制为五年制、初高中三年制为两年制。新旧学制有一个过渡期，在过渡期内，有的小学是五年半毕业，有的初中是两年半毕业。但到"文革"结束前夕，从小学到高中统一为九年制。1977 年应届高中生，有的不到 18 岁，还属于懵懂少年时期。

生如何上课,对于大多数教师来说,心中没底,只能是"摸着石头过河",各位教师轮流上阵,把自己的心得端上讲台和学生讨论,许多认识都是在与学生的对话过程中深化的,正所谓边干边学。这样的好处是可以使同学们听到不同的声音、领略不同的风格,不足则是缺少系统性。若就各个高校之间的关系来说,"文革"十年,学术交流中断,彼此之间更是各敲各的锣、各喊各的号,就单位之间、作者之间的协调来说也是一件繁杂耗神的差事。

而编写教材必须统一观点、统一体例、统一文风。这既需要有对中国古代历史发展的通识性把握,才能从宏观上抓住历史变迁的内在理路,使得教材以一根主线贯而通之;还需要对当时学界各种有争议的问题有着全面的认识,才能择善而从;同时还要求主编有宽容的气度,有甘于奉献的精神,乐意为大家奔走。当然,首要的是学术能力。显然,如果有一位德高望重、识见过人的老先生担任教材主编是最好不过了,而当时参与其事者没有一位是德高望重、识见过人的老先生。因为各位作者都是名不见经传的小人物,最高职称的是讲师,像后来大名鼎鼎的林剑鸣先生还只是个助教。因为自1958年"大跃进"到"文革"结束,对知识分子的改造逐步升级,最后是知识分子劳动化,中国高校20年没评职称,尽管这些作者在高校工作有年,即使是在"文革"时也并未放弃学术研究,属于"文革"结束以后学术研究的先觉者,有着不俗的学术上的建树,但毕竟只是个讲师或助教。尽管职称不等于学术水平,但在人们的观念中,编写大学教材起码要有高级职称的人担任主编,"文革"前出版的几部教材和参考资料的主编可都是大名鼎鼎的大人物,所以大家都没有信心或者勇气挑起主编这个担子,有的先生宁愿退出编写组也不愿意任主编,就是担心无法承担主编的责任。据教材编写发起人之一、西北大学教授韩养民先生回忆,在1978年底于杭州召开第一次编写会议时,"提起编教材人人兴奋得眼里放光,脸上带笑,嘴上滔滔不绝,激动得如同八月钱塘江之潮。可是谁当主编?触及这一角色,许多人低头不语,会场上一片寂静,静得好似平湖秋月,浪平如镜,主持人紧锁愁眉,急得一筹莫展,无奈,只好休会再议"①。与会先生们的"低头不语"绝非后来的心口不一——心里想当而不好意思说出来,而是不愿意或者不敢当。在当时,人们考虑的是如何把事情做好,不愿当主编的原因是担心负不起主编的责任,影响教材的质量,希望有更合适的人选。在这相互推脱、群龙无首之际,韩养民先生首先向西北大学历史系党总支书记李怀真先生、古代史教研室主任林剑鸣先生建议由朱先生任主编,因为朱先生"毕业于东北师大研究生班,学术造诣很深,是宽以待人、严以律己的学者"②。李怀真先生、林剑鸣先生欣然支持,随之编写人员一致赞同。面对着"始料未及"的局面,朱先生"盛情难却,便迎难而上"③,颇似临危受命,担起主编的重任。

朱先生担任主编以后,面对五花八门的观点,首先确定工作思路和指导思想,即总结"文革"前教材编写的成果与经验,提出吸收考古新材料、重视少数民族历史、注意吸收新成果,突破"史学为无产阶级政治服务"的藩篱,明确"不联系实际"。这既有继承,更有创新,而且是更大胆的创新。吸收考古学成就、重视少数民族历史以突出多民族国家的演变过程,在"文革"前部分高校编写的中国古代史讲义和教材中已经有所体现,翦伯赞、郑天挺主编的《中国通史参考资料》更贯彻了这一学术思想,其第一册的原始社会、奴隶社会资料就选编了诸多考古资料和当时最新的研究成果,朱先生强调新编教材要充分吸收考古学成就和研究成果④,是在新的起点上对传统思路的继承,或者说是某种意义上的"回复"。至于明确提出"不联系实际"以摆脱"史学为无产阶级政治服务"的藩篱则是一个勇敢的创新,这既是对历史传统的突破,更是对现实政治的突破。

众所周知,在中国历代史家中,除了司马迁写《史记》是为了"究天人

---

① ② 韩养民:《美好的回忆——记十院校合编〈中国古代史〉》,载河南大学历史文化学院编《史学新论:祝贺朱绍侯先生八十华诞》,河南大学出版社,2005,第 644 页。

③ 韩养民:《美好的回忆——记十院校合编〈中国古代史〉》,载河南大学历史文化学院编《史学新论:祝贺朱绍侯先生八十华诞》,河南大学出版社,2005,第 645 页。

④ "文革"十年,各项学术研究停止,但是,因为基础建设的开展,考古发现与研究则取得前所未有的丰硕成果。

之际,通古今之变"①,有着某些探索社会变迁的内在逻辑的目的之外(当然这只是当时条件下的"内在逻辑"——天人关系系统内的社会变迁,和现在的"历史逻辑"性质有别),其余历代学者研究历史、编写历史的目的都是围绕着总结以往成败得失、为现实政权提供借鉴,这是中国传统史学的宗旨,"以史为镜""资治通鉴"是最为经典的概括。正是因为这个历史传统,新中国成立以后,"史学为无产阶级政治服务"才迅速地被广大史学工作者接受,到了"文革"时代,历史学完全成为现实政治的婢女。"文革"结束,人们大力涤荡极左的阴霾,但是,人们的思维依然沿着"史学为无产阶级政治服务"的定式滑行,此时的朱先生提出编写教材"不联系现实",显然要有敏锐的学术眼光和过人的政治勇气。要知道,在 1978 年底,史学界关于历史动力的大讨论还处于酝酿阶段,还没有对阶级斗争唯一动力论发出公开质疑②。而朱先生明确把"不联系实际"、摆脱"史学为无产阶级政治服务"作为《中国古代史》教材的编写原则,不能不令人钦佩!

四

十院校本《中国古代史》从 1979 年 5 月出版,至 1982 年被定为部颁教材,到 2000 年出版第三版,有过两次大规模的修订。第一次修订始于 1987 年。当时鉴于学术研究的进展和教学过程中总结的经验与不足,各位作者于 1987 年利用在桂林召开民族关系史讨论会的机会讨论教材修

---

① 班固:《汉书》卷 62《司马迁传》,中华书局,1962,第 2735 页。
② 历史发展动力问题讨论开始于 1979 年初。首先提出这一问题的是林章:《生产力发展是社会前进的根本动力》,《解放日报》1979 年 2 月 13 日;邢贲思:《生产斗争比阶级斗争更根本——兼谈夸大社会主义时期阶级斗争的教训》,《中国青年》1979 年第 2 期,第 8-10 页。史学界的讨论则由戴逸开其端绪,1979 年 3 月中国社会科学院在成都召开史学规划会议,戴逸作《关于历史研究中阶级斗争理论问题的几点看法》,明确提出生产斗争动力说,刊于《社会科学研究》1979 年第 2 期。同时发表论文质疑阶级动力说的有刘泽华、王连升:《关于历史发展的动力问题》,《教学与研究》1979 年第 2 期,第 26-33 页。详情参见肖黎:《近年来关于历史发展动力的讨论》,载《历史研究》编辑部编《建国以来史学理论问题讨论举要》,齐鲁书社,1983,第 390-416 页。

订问题。大家认为"这部教材与国家教委(教育部)颁布的《中国古代史教学大纲》在章节体系上基本一致,分量也适当。为了保持高等院校文科教材的相对稳定性与连续性,决定原则上只做小的改动,即在章节体系不变、总字数不变的前提下,着重纠正讹误,注重吸收文物考古的新成果"①,经过修订于1991年定稿出版。修改内容有如下几个方面:第一,改正旧版在印刷、校对及其他方面的失误;第二,删除繁杂,减少不必要的议论,使文句与内容更加精练,更符合教材的要求;第三,吸收文物考古和中国古代史研究的最新成果,做必要的增补,调整局部结构,使教材能够反映当前的学术水平,结构更加合理。如第一章,旧版的优点是资料丰富,且有特色,然而头绪较为纷杂,不太适合教学需要,根据读者意见,予以改写:减少母系社会分量,增加父系社会内容,使原始社会的结构趋于合理,层次更加分明,更适合教学需要。又如第六章的阶级关系部分,原来是节下的一个小标题,修订后扩充为一节,使读者更能把握秦代的阶级结构。②

  第二次大规模修订始于1998年。1998年,教育部启动高等师范教育面向21世纪教学内容和课程体系改革计划,安徽师范大学、河南大学、华中师范大学都以《中国古代史》教材修订作为研究核心内容,分别立项,十院校相关人员于1998年4月28—29日在安徽师范大学召开教材修订会议,讨论修订原则和内容,而后分别撰写。2000年1月6—12日在山东大学召开定稿会,仍由福建人民出版社出版新版《中国古代史》,将原来的上、中、下三册,改为两册。鉴于该教材从1979年出版以来,历时20年,发行百余万册,编写人员发生很大变化、大多数已经退休、有四位已经逝世的现实,1998年的教材修订首先是调整成员和分工,增加张海鹏、齐涛两位教授为主编;已经退休的原编写人员或因为身体原因,或因为其他条件限制不便参加具体内容的修订,改为顾问;吸收部分中年学者到作者队伍中来。本次修订的原则是:"坚持以马克思主义理论为指导,注意吸收中国古代史领域及文物考古方面的最新成果,

---

① 朱绍侯主编《中国古代史》,第2版,福建人民出版社,1991,"修订说明"第1页。
② 朱绍侯主编《中国古代史》,第2版,福建人民出版社,1991,"修订说明"第2页。

继承原版的优点,改正其缺点,进一步加强教材的科学性,全面提高质量,更好地适应教学的需要。在此原则下,全书框架结构做了必要的调整,章的设置仍按时代和朝代先后,节、目以下变动较大。各章内容都有所变动,不少地方都重新改写。比较明显的是增加了各时代社会生活和习俗方面的内容,适当压缩农民起义方面的分量,特别是简化战争过程,避免铺叙过细;对农民起义和其他重大历史事件的分析力求更实事求是,评价更全面,提法更科学;文字体例方面也做了规范化处理。总字数仍保持 90 余万字的总量,教学所需的资料力求丰富。这样做的目的是加强全书的科学性和内容的先进性,保持教材的适用性和稳定性。"①

这两次修订内容,反映了中国史学变迁的两个时代。20 世纪 80 年代的中国史学在走出了公式化的史学语境和"以阶级斗争为纲"的思想泥淖以后,人们关注的焦点一是在新的历史条件下恢复"文革"前的学术讨论,如因为"文革"而终止的亚细亚生产形态、古史分期、农民战争等问题又继续展开讨论,并一度形成热潮。二是引进现当代西方史学理论和方法,诸如上已提到的心理史学、计量史学、生态史学、"三论"史学等等,使得中国史学界呈多元状态。但教材建设的特点是知识的系统性、科学性,对新知识的吸收以实事求是、学界共识为原则,而不是一味地追求创新。就以各种新方法、新理论的引进和运用而言,80 年代可谓是百花争艳,但是具体运用到中国历史研究中来,对某些具体问题、现象的解释确有新意,可以引发人们的思考,但是无论是话语体系还是解释工具,这些所谓新的史学理论、史学方法无不以西方中心为基础,和苏式历史唯物主义理论没有本质不同,都是西方中心论,用以解释中国的历史现象,隔靴搔痒而已,难得肯綮。所以,第二版的《中国古代史》吸收的是具体的研究成果,使得某些内容叙述得更加合理。而 2000 版的《中国古代史》就不同了,可以称得上是十足的新版教材。

说 2000 版《中国古代史》是新版教材,主要基于两个方面的理由:一是较多地吸收新成果;二是改变了叙事方式和知识结构,在教材的编写

---

① 朱绍侯、张海鹏、齐涛主编《中国古代史》,新版,福建人民出版社,2000,"新版前言"第 2 页。

理念上体现了20世纪90年代中国史学新进展。就吸收新成果来说,如关于南朝阶级关系和政局,原版用了较多的篇幅叙述阶级关系的变动,如士族、庶族、门生义故、部曲、典客、奴隶等,新版则从中央集权强化的角度叙述中央权力机构设置、寒人地位上升的历史过程,从而说明士族衰落的必然性,揭示了东晋南朝谱牒学兴起的政治原因。又如唐代后期政治,旧版集中叙述的是藩镇割据、宦官专权、朋党之争的交替过程,给学生的印象就是皇权一蹶不振、无所作为,也无从说明宦官专权、朋党之争与君主专制政体之间的逻辑联系。新版则增加了"中枢政制的演变",叙述中枢权力由唐朝前期的三省宰相向翰林学士和枢密使转移的历史过程和内在机理,为学生了解宋代中央政制由来奠定基础。如此等等,不一而足。所有这些都是90年代学界重视制度史研究的体现。

就教材的编写理念来说,主要体现在农民战争比重的进一步减少和社会生活史内容的补入,这要对20世纪90年代中国社会形势变迁及其对史学研究的影响稍作回顾。当历史的车轮经过1989年的"政治风波"进入90年代以后,人们的政治热情普遍淡化,社会话语主题不再是政治改革而是经济发展,学者们的政治关怀既受到时事政治的排挤,又不被社会公众接受,史学研究逐步疏离政治,不再关注以社会结构、历史规律为核心的理论探讨,更罕言与现实的联系,而是转向对具体历史问题的描述,根据现实经济发展和社会变迁中所出现的问题,以"叙事"的方式研究社会史、慈善史、风俗史、环境史、文化史等等,也就是说根据现实关注的热点话题,确定个人的研究方向。如,现实出现了环境问题,就研究古代环境保护;现实要改善民生,就提倡眼光向下,关注芸芸众生的日常生活,提倡民本主义;现实社会转型过程中面临着道德伦理的裂变,就研究传统伦理道德,以弘扬传统文化;等等。这些看上去是研究者个人的兴趣,实际上是学术观念的转变,也是时代需求的反应,既是学者个人的选择,也是社会公众的需求。高校培养学生最终是要走向社会的,无论最终职业如何,总是要面向公众,负有传播历史知识的责任,在高校教学过程中自然有所反应,否则就脱离社会,使历史教学成为无源之水。尤其重要的是中学历史教学内容变革巨大,有的省份把历史的教学内容改成了朝代、文化成就和社会生活三大板块,朝代兴替交代的是王朝线索,目的是说明中国历史悠久;文化成就则是几个思想家和自然科技成就,目的是增强中学生的民族自豪感和陶冶爱国主义情操;社会生活讲的是衣食住行,目的是说明古代劳动人民对生活质量的追求。

因此之故,进入20世纪90年代后期,为了适应社会需求特别是中学教学需求,高校历史系课程体系和教学内容就处于不断的变革中,总的趋势是增加社会史、文化史、风俗史专业选修课。而中国古代史是历史系本科生的主干课,其教学内容必然要适应这一需要,否则即失去其专业基础课程的价值,只有在古代史的教学过程中,将社会生活、风俗文化与政治、经济、民族兴衰统一考察,才能把握古代社会生活、民俗文化的历史意义,避免就生活论生活、就文化论文化、就风俗论风俗的孤立破碎之弊,才能透过社会生活、民俗文化把握古代人民大众的生存状况。正是在这一背景之下,朱先生和他的同人们才对教材做了较大规模的修订,增加了社会生活和文化习俗的内容,以期全面反映古代社会面貌。这一修订是顺应时代需求的,所以新版《中国古代史》一经推出,立即受到各高校的欢迎。尽管因为教育部推动的教学内容和课程体系改革成果已在这个时候推出,与新版十院校本同时出版的有近十种相同性质的教材,但是绝大多数高校使用的仍然是十院校本。原因就在于该教材结构合理、内容科学,既有鲜明的特色,又能兼容其他;既能跟踪学术发展,又能适应教学需要;既能抓住时代脉搏,又不为社会风气所左右。

但是,所有这一切,在进入21世纪之后即处于新的变动之中。

五

教材的编写和更新既取决于教师之"教",同时也取决于学生之"学",在一定意义上,学生之"学"尤其重要,因为使用教材的最终目的就是提高学生的学习效率,所以教材的更新,不仅因学术发展而变,还要根据教学对象而变。

21世纪的中国教育事业和学术研究进入一个新的历史阶段,这决定了高校中国古代史课程建设也要因时而异,不能一成不变。以教育而论,集中体现在高考制度的变革上。高考决定了中等教育的教学内容和方式,也直接影响着高等教育的教学内容和方式。21世纪的中国高考方式和内容处于由一元向多元发展的态势,由全国统考逐步向各省单独命题发展,各省根据自身社会经济和教育发展特点决定考试科目、评分标准,总的趋向是灵活多变、独立思考,拓宽学生知识结构,引导中学教学培养学生的分析理解能力,在中学历史教学方面则是注重对历史现象的理解、强化历史材料分析,不再像以往那样一味追求基本知识的系统性,而是趋向于专题讨论。与此同步的则是从20世纪90年代后期,高等教育招生规模继续扩大。2001—2010年10年之间,招生人数成倍增加,尽管历史专业人数增加幅度小于其他应用性专业,但绝对数字远非昔日可比。

扩招以后的历史本科新生与以往在知识结构方面有着明显的不同,这就是历史知识系统性欠缺,对某些历史问题、现象的了解则比较深入,观点性明确。这一方面决定于中学教学内容的专题化,另一方面则是历史知识传播途径多样化所致。众所周知,进入21世纪以后,随着经济的发展、国家经济实力的增强,在意识形态领域则是民族主义抬头,所谓"历史热""国学热"并非学术的推动,而是诸多非学术因素共同作用的结果。媒体以各种方式传播所谓的历史、文化知识,有的演绎,有的戏说,学术研究和说书卖艺结亲,"历史"成为大众化快餐,使人难辨真伪。在这个社会环境中成长起来的大一新生的许多"历史知识"特别是对那些热点人物、热点现象的认识大都来自这些"快餐"。这就给大学中国古代史教学提出了新的任务,即新生入学伊始,不仅要系统传授历史知识,更要修正学生的史学观念,才能使之沿着科学轨道前进,不被似是而非的史学观念、历史立场左右。

与招生规模扩大的同时,是高校升格,师范学院升格为大学,专科学校升格为本科,高等教育以行政命令的方式迅速地完成了由精英教育向大众教育的转变。随之而来的是高校师资和图书建设严重滞后,许多高校教师工作量急剧增加,根本不可能像20世纪五六十年代那样先随资深教授听课进修、学有心得之后再走上讲台,只能是急就章式地匆匆上阵。教师如此,而学生又缺少必要的课外参考书,经过学术积淀、被大家公认的学术著作尤其缺乏,学生想通过课外自修以弥补课堂教学之不足也难以有效实现,更不用说面临着严峻的就业压力,在"毕业即待业"的现实面前,无不想以最有效的方式修完必要的学分,想方设法实现有效就业。在这个现实面前,要保证基本的教学质量,高水平的教师、高质量的讲授固然重要,高质量的教材则是基本保障。中国古代史课程尤其如此。因为新生入学的第一节专业课就是中国古代史,而此时的学生知识最少,理解能力最弱,所学的内容恰恰是理论要求最高、资料理解最难的内容。在这个现实面前,无论是教师之"教"还是学生之"学",内容科学、切实可用的教材都有着非凡的意义。

就学术研究来说,进入 21 世纪以后,中国古代史研究在史学理论和方法上既突破了教条式的马克思主义史学理论的束缚,也走出了 20 世纪 80 年代大规模引进的以"三论"为代表的西方史学理论的包围圈,不再以中国历史事实诠释既定理论,真正意义上的实事求是的研究走向纵深。而目不暇接的考古新发现,大大地开阔了人们的视野,使中国古代史研究一日千里,不断地更新着人们的认识,增强着人们的历史自信,中国古代史教学从理念到内容都在不断地改变。编写新的中国古代史教材既成为时代任务,也具备了新的学术基础。正是在这一时代背景之下,朱先生老骥伏枥,主持了《中国古代史教程》(本文以下简称《教程》)的编撰。

《教程》的编写开始是由河南大学出版社于 2005 年向朱先生提出的,该计划是出版大学系列文科教材,《教程》是其中的一种。动议的初衷,不无市场的因素。朱先生主编的《中国古代史》由福建人民出版社出版以来,印刷 20 多次,发行量百余万册,给出版社带来了丰厚的利益。如果朱先生主编新版教材,无疑会有蝴蝶效应,会给河南大学出版社带来社会和经济的双重效益。而朱先生对河南大学出版社的请求是矛盾的:一方面自己担任过河南大学出版社总编,自然关心河南大学出版社的发展。另一方面,新版《中国古代史》发行使用如日中天,加之自己年事已高,主持编写新教材既有些力不从心,又担心对《中国古代史》的使用形成冲击——那毕竟是里程碑式的倾心之作。此外,如果编写《教程》,是否意味着对自己以往教材建设的否定?福建版《中国古代史》早已被学术界、教育界认可,新编的《教程》命运会如何?如果不能被普遍接受,其学术价值、社会效益、经济效益都难以得到实现。这是个客观的现实问题,熟稔出版业的朱先生不能不有所顾虑。

经过再三考虑,朱先生最终接受了河南大学出版社的请求,毅然接受主编《教程》的任务。这倒不是因为河南大学出版社的盛情难却,而是因为朱先生对 21 世纪以来中国古代史学术发展和高校古代史教学中存在的问题进行了深入的思考:从理论上说,教材应该吸纳最新的研究成果,但是在实践上,教材建设有着相应的滞后性,最新的学术成果只能依靠教师在课堂教学过程中传授,但是,这在相当一部分高校难以实现。这固然有各个高校学术层次差异的原因,更主要的是现在各个高校普遍采用的学术考评机制导致教师把教学放在一个完成任务的位置上而不愿意花力气,新的研究成果、新的学术思想在课堂教学过程中难以得到体现。人人都认为大学是培养人才的地方,讲课是教师的天职,但是,现实教育管理体制恰恰使人们把教学视为程序性任务,因为教学质量不能在各种考评表格上反映出学校学术水平,对学校排名发生不了影响,不能提升学校知名度,只有发表的论文和项目才能提高学校知名度,因而学校实际关心的是教师发表论文和项目的数量与档次,而不是教学水平、教学效果;无论什么样的高校,职称晋升、奖励评定都是以论文和项目为依据,所谓的教学实际上是凑数。所以,教师无法,也不可能,更不愿意把精力放在课堂教学上,为了生存,只好把主要精力放在撰写论文、争取项目方面,根本谈不上吸收学术成果于教学之中。更主要的是,目前多数高校站在教学第一线的主要是年轻教师,他们工作伊始,往往承担好几门的专业课,而他们又面临着生存压力,必须在最短的时间里发表足够数量的文章,解决职称问题,所以上课大都是现炒现卖,谈不上严格意义上的备课,更不要说吸收学术成果了。在这个生存环境下,教学质量可以想见,其上者找两本教材拼凑讲稿,其下者只能按照教材随方就圆式地照本宣科。

在这一客观存在面前,教材内容和质量就显得尤其重要:教材越来越成为学生专业知识的主要来源,其对新知识的吸纳程度与效率直接影响着学生的知识结构和专业基础。十院校本《中国古代史》曾经很好地承担了这一角色,但是在新的历史条件下已经很难进一步满足这一现实需求了。因为该书系十所院校教师联合撰写,作者队伍变动很大,有的学校已经并入别的学校,各个学校办学特色日趋分明,教学理念差异扩大,统一修订教材面临着学术的、技术的多重困难,修订周期要长得多,即使能够组织起来,其结果限于思维惯性,在总体框架体系上也难以实现大的突破,因为修订毕竟不同于新编。朱先生虽然离开本科教学第一线多年,但是,始终关注着本科教学的变动,因而对 21 世纪高校历史系中国古代史课程建设和教学内容的改革及实践情况有着比较清楚的了解。这是朱先生决定主编《教程》的深层动因,也是一次勇敢的自我超越。

但朱先生毕竟年逾八旬,和现代教学第一线的教师之间无疑存在着代沟,担心自己对现代教学发展趋势与学术进展把握不准,而以河南大学的龚留柱教授作为执行主编,其作者来自河南大学、吉林大学、东北师范大学、华中师范大学、华南师范大学、暨南师范大学、杭州师范大学、湖北师范学院、武汉大学等九所院校,均为年富力强的学术精英,同时长期在教学第一线,对各自领域的学术进展有着精准的把握,都在思考着教学内容的更新,为提高教学质量、培养高质量人才而殚精竭虑,对如何把最新研究成果运用到教学过程中有着丰富的经验。只此之故,大家走到一起,经过近四年的反复讨论修改,《教程》2010 年 8 月由河南大学出版社出版。

六

朱先生在《教程》的"前言"中阐述其指导思想的总原则是,在"通"的前提下,"除了基本知识和发展线索之完整连贯,更应该用长时段的眼光去观察历史,从而体现出观念上的通达和通识"①。要求从四个方面实现这一目标。第一,培养学生的问题意识,"要使大学教材更能促进学生问题意识的培养,更具有深层次思维的启发性,而不仅仅是平面知识的描绘甚至堆砌";第二,尽量而又慎重地吸收新成果,教材必须与学术研究同步才能保持生命力,所以要"尽量吸收史学研究和文物考古的最新成果。但如果有的'新说'尚未经过时间的沉淀和检验,还不是学术界主流普遍认可的'成说',作为教材就不能一味猎奇,盲目将其纳入。在这方面应该掌握一个合理的分寸";第三,因材施教,根据"90 后"大学生"较早与电视、网络等媒体密切接触,知识面广,思维活跃"的特点,力求在"语言上简洁明快,内容上突出重点,而且要有启发性,避免晦涩沉闷";第四,分量适中,"一部成功的教材,是让学生使用后主动去找更多的参考书来读,而不是一本在手,别无所求,所以篇幅不是越大越好。但中国古代史头绪繁多,篇幅太小就会变成'压缩饼干',也影响实质内容的明晰表达"。② 在这个编写理念指导之下,《教程》按照两学期教学量设计,分为上、下两册,计 90 余万字,从远古至 1840 年,以时代为序,分为十章,上册包括远古时代、夏、商、周,春秋战国,秦汉,三国两晋南北朝五章,下册包括隋唐五代,宋、辽、西夏、金,元,明,清五章。

每章由导读、社会演变过程、专题分析三部分构成。导读是本章的点睛之笔,也由三部分构成:一是该时期的历史特点,"通过揭示一个时代的特点及其历史地位,展现历史发展的线索或路径,使学生能用宏观的整体的眼光来关照本章内容";二是传统文献与参考资料,"给学生介绍必要的史料,使他们在学习中重视原始材料,知道历史研究的基本方法是实证基础上的史论结合";三是对某段历史的学术史、研究前景的一般揭示、评述,"这不仅对准备报考研究生的学生,也为准备到中学任教者将来进行研究性教学,提供必要的基础和准备"。③

对社会演变过程"以简洁准确的语言,给学生提供本历史时期完整、

---

①② 朱绍侯主编《中国古代史教程》,河南大学出版社,2010,"前言"第 1 页。
③ 朱绍侯主编《中国古代史教程》,河南大学出版社,2010,"前言"第 2 页。

系统、连贯的事实过程","主要是以不间断的历史事件来做粗线条连接,以平实的讲述为主,基本上不做深度分析",但并不是枯燥乏味的历史骨架,而是有一定的可读性。①

专题分析是各章重心,主要是对该时期政治、经济、思想文化等方面的内容以专题的形式进行较有深度的分析,目的是使学生对一个时代社会风貌有较深刻的认识和把握之外,还能够引导进行研究性学习,并有着一定的示范作用。因而每一个专题都经过精心设计。专题的选择是在基本内容平衡的基础上,选择"在一个时期比较突出、对后来有长远影响甚至至今仍是学术热点被大家经常讨论的问题,如上古的'文明起源'、春秋战国的'百家争鸣'、隋唐的'科举制'、宋代的'理学'、明清的'西学东渐'等"②。但同时关注各时代政治、经济、文化等重大事项,如中国古代历史特点是以政治史为主脉,就要对各个时代的政治体制进行精到分析,才能对该时期社会变迁的其他领域有比较深入的认识。无论是政治制度,还是思想专题,在分析时"适当征引一些原始文献,以引导学生学会发现和正确使用史料。但是,其重点是在行文中恰到好处地分析议论史实,它既具有启发性,又要言不烦,不拖泥带水"③。

总览《教程》内容,可以说,上述编写思想得到了很好的贯彻,而对中国古代社会变迁认识的最大特点是"回归本然",也就是不再使用大家习以为常的按照社会形态划分历史阶段的方法,而是按照历史发展的本来面目叙述、分析历史进程,其分析问题的方法不是按照生产力、生产关系、经济基础、上层建筑的依次变动叙述、分析社会变迁,而是根据人们对社会的认识过程由表及里式地展开,真正地按照马克思主义的方法分析社会现象。让历史回归历史,一切都"回归本然"。

上已指出,1949年以后,史学界掀起了学习马克思主义理论的热潮,"史学研究为无产阶级政治服务"深入人心,体现在教材编写和通史著述上一方面是按照原始社会、奴隶社会、封建社会划分中国古代历史发展阶段;另一方面为了凸显不同阶段的历史特点,在拟定章节标题时

---

①②③ 朱绍侯主编《中国古代史教程》,河南大学出版社,2010,"前言"第 2 页。

加上相应的判断语。如以"战国封建说"为例,夏、商是奴隶制社会的形成和发展时期,西周是奴隶制社会发达时期,春秋是奴隶制社会瓦解时期,战国为封建制度的确立时期,秦朝是封建统一的多民族国家的实现时期,西汉为统一的多民族国家的发展时期,东汉是中央集权国家由统一走向分裂的演变时期,魏晋南北朝是民族大融合时期,隋唐是统一的多民族国家的繁荣时期,宋、辽、西夏、金是各民族联系加强和经济文化重心南移时期,元朝是空前大一统时期,明朝是君主专制的加强和资本主义萌芽时期,清朝(1840年之前)是统一的多民族国家的发展时期。稍加比勘,就不难发现,这种叙述方式并没有一以贯之的主线,时而突出民族关系,时而突出大一统,时而突出经济发展,时而突出君主专制政体,而这和历史实际是有距离的。如君主专制政体自形成以来始终处于发展强化之中,明朝固然是君权高度集中的时代,清代君权的集中丝毫不逊于明王朝。至于多民族统一国家,自秦朝形成以来,就一直处于融汇、冲突、整合、裂变最终实现新的统一这个循环往复的发展过程之中,并非到了元朝才是大一统,也非到了清朝才有新的发展。至于商品经济、城乡关系,从战国以来,就是一个多姿多彩的变动过程。而人们时而强调大一统,时而突出多民族,就是为了说明中国古代不同时期有不同的辉煌,是现实的政治体制、民族关系、国家形态的历史基础。既表明中国社会发展符合人类历史的普遍规律,经历过完整的原始社会、奴隶社会、封建社会,本来是可以进入资本主义社会的——已经出现了资本主义生产关系的萌芽,是西方列强打断了中国资本主义化进程,把中华民族推进了苦难的深渊。从而说明,中国共产党领导劳苦大众,推翻了帝国主义、封建主义、官僚资本主义三座大山,建设社会主义是历史的必然。也就是说,所有这些都是史学研究为现实政治服务的体现。

"文革"结束以后,人们逐步明白,原来奉为圭臬的五种社会形态的理论并非历史实然,所谓的五种社会形态说是欧洲中心论的历史和政治的产物,根本不能据以解释中国历史过程,尽管在用五种生产方式理论解释中国历史过程中取得了辉煌的学术成就,促进了中国历史学成为科学的进程,但是不能因此把中国装进五种社会形态的框架里。科学的方法,是按照马克思、恩格斯分析欧洲历史和现实的方法研究中国的历史和现实,得出符合中国历史实际的结论,建立中国的马克思主义历史学。尽管这在理论上似乎成为共识,但远未实践于学术研究中,更没贯穿于教学过程之中、体现在教材编写上。21世纪以来出版的各种中国古代史教材并没有从总体上突破社会形态理论的束缚就说明了这一点。这可能是出于意识形态方面的原因,也可能是思维惯性使然,个别教材主观上虽然试图跳出五种社会形态的框架,以王朝更替为序,但在叙述历代社会结构、社会关系时依然沿用了五种社会形态下的话语体系。① 而朱先生则彻底地突破了社会形态理论体系,其典型体现就是使用"远古时代"代替原始社会,其余则以朝代为序。

用"远古时代"概括中国的史前文明,按照朝代顺序叙述文明社会历史变迁,在20世纪40年代已经有学者使用过。从表面上看,《教程》叙事从"远古时代"开始,继以王朝兴替,似乎是在向传统叙述方式回归。但是,其实质远非过去可比:以"远古时代"而言,《教程》以现代考古学资料为依据,叙述的是前文明时代以及文明社会产生的时空演变。以三代以后的历史来说,既不是传统帝王家世兴衰的政治记录及其治民之术成败得失的总结,也不是现当代通行的政治、经济、文化、民族、国际交往几个板块的集合,而是立足于"社会关系"这一核心,从国家形态、政治变革、社会制度、社会结构、思想文化等不同方面,按照历史的本来状态、用本土语言叙述历史进程。这是真正的历史唯物主义指导下的回归本然。也就是说,《教程》不再使用原始社会、奴隶社会、封建社会的概念,并不等于无视中国古史历史阶段的区分,而是以新的更加科学的标准进行区分,比如把夏、商、西周合为一章,原因就在其社会关系、国家形态、行政组织虽然有因有革但本质相同,是同一社会的不同阶段,把三代合为一

---

① 在20世纪90年代,有的教材已经不再使用奴隶社会、封建社会的概念,开始脱离社会形态理论的羁绊,但这只是部分摆脱,使用"原始社会"指称夏朝以前的历史就是其体现。"原始社会"是五种社会形态进程的开端,使用"原始社会"也就意味着承认人类历史是由生产资料公有制的无阶级社会发展到阶级社会,这实际上还在五种社会形态理论里面打转转。

章,不仅有效地节省篇幅,而且更有助于读者把握三代的一致性,这是基于科学层面的历史分析的结果,而不是简单的旧话重提,更不能将其与"道不过三代,法不二后王"之"三代"等量齐观。其余各章的设计,如秦汉,三国两晋南北朝,隋唐五代,宋、辽、西夏、金,都是着眼于该时段社会矛盾、社会结构的共性,体现的是编者对中国古代史进程不同阶段的认识。

历史唯物主义的本质是历史哲学,是方法论和世界观,其核心是"社会关系",并不存在放之四海而皆准的理论,也不存在一成不变的认知次序。长期以来,人们一直认为先进的生产力一定会导致先进的生产关系,先进的生产关系必然导致上层建筑的改变。因此人们总是习惯于按照生产力、生产关系、经济基础、上层建筑的逻辑顺序叙述社会变迁的过程。其实,作为社会变迁原因的分析路径,这是有其科学性的,但是历史变迁的过程并非完全如此,不区分具体历史条件,把社会发展归结为生产力的提高,实际上滑进了经济宿命论泥淖,对历史和现实都有着诸多的滞碍难通之处。照此逻辑,势必会导致这样一个结论:只有生产力进步、经济发展才能实现社会变革,否则,任何社会变革都是缺少生产力支撑、缺少经济基础的,因而也是不可能成功的。这显然不符合马克思主义历史辩证法和历史实际。但是,由于长期形成的思维定式,人们无论是编写教材,还是其他通史,在叙述社会变迁特别是社会结构重大转变时总是直接或间接地从生产力、生产水平入手,和历史实际总有距离。如从20世纪上半叶开始的众多中国古代史论著在叙述春秋战国社会变动时,无论对这一变迁的性质持何种观点,在叙述顺序上都有一个共同点,就是从生产力进步说起,从铁器和牛耕的使用说起,说明春秋战国时代的社会变迁的根源是生产力的进步:因为生产力进步使个体农业生产成为可能,在"大田"上从事集体耕作的奴隶或者农奴能够脱离奴隶主或者农奴主的控制自行垦荒,中国历史上第一代个体农民就是这样产生的,上层建筑的一系列变化都建立在这个基础之上。而历史实际并非如此简单,出土文献和其他考古材料都说明,春秋时代社会关系变化并非因为生产力进步、农民能够自行垦荒的结果,战国时代的小农是国家为了富国强兵实行授田制的结果。正是在这一认识的基础上,在叙述春秋战国历史时,《教程》先说春秋霸政,后说国家形态,然后是经济与社会,在叙述经济与社会时并没有从生产力变化说起,而是从国家授田制开始。这并不是作者故意标新立异,而是因为历史本来就是这个样子,中国历史特点是国家力量决定社会、支配人身,从制度层面说明制度变革对经济发展的巨大作用,才能客观地揭示国家力量与社会变革的关系。

七

从20世纪90年代下半叶开始,随着我国经济的崛起和政治变革进程的变化,民族意识、大国意识兴起,对中国传统政治和文化由过去的学术分析变为欣赏,其优秀部分固然被现代提倡和接受,其糟粕也被当作了遗产。作为大学教材当然要担负起匡谬正俗、正本清源的历史责任,用科学成果揭去伪学术的面纱,揭示历史和现实发展的关系。这是朱先生的一贯原则,自然贯穿于《教程》的编撰之中。这集中地体现在对制度史和思想史的重视和内容的选择方面。

众所周知,从政体上说,中国的文明社会经历了宗族贵族政体和君主专制政体两个历史阶段①,有着发达的国家机器,极为重视制度建设,有着精密的思想理论系统,共同铸就了中国的民族心理,是中国文化心理和行为方式的历史基础,是分析当代社会转型过程中人们价值观念和行为特点的前提,有着极为重要的理论和实践意义。在时下复兴传统文

---

① 关于中国古代社会政体,学界有两种不同看法。传统观点一直认为,中国自进入文明时代起即从大禹建立夏朝开始就是君主专制政体,所谓"禹传子,家天下"就标着君主专制政体的开始,此后一直处于不断发展之中,到西周已经成熟,秦朝以后进入新的历史阶段。第二种观点认为夏、商、西周是宗族贵族政体时代。笔者赞同第二种看法,因为夏、商、西周社会结构的本质特点是宗族城邦,其时君权处于族权的制约之下;战国时代随着中央集权领土国家的建立、君权突破族权的传统制约而形成君主专制政体,这一观点体系由田昌五先生首先提出,现在已经成为共识。参见田昌五:《古代社会形态研究》,天津人民出版社,1980;田昌五:《古代社会断代新论》,人民出版社,1982;田昌五:《中国古代社会发展史论》,齐鲁书社,1992;田昌五、臧知非:《周秦社会结构研究》,西北大学出版社,1996。

化、提倡国学、从历史文化中寻找现实社会秩序合理性的情况下,学术界或者出于社会责任,或者因为学术为现实政治服务的历史惯性,或者基于价值理念,以六经注我的方式阐释文化典籍,绑架古人为自己说话,非历史主义大行其道,导致历史真相的迷失。更有所谓的学者打着文化建设的旗号,为了商业的利益,运用各种媒体,戏说历史、曲解文化,影响对中华民族精神的科学把握,青年人对历史的理解更是处于迷茫状态。历史系学生身负传播历史知识的责任,对中国历史文化内涵必须有准确把握,同时要有科学的解读方法、正确的价值观,教材内容准确与否、分析方法是否科学就极为重要,特别是对于那些普通高校的本科生来说,尤其如此。因为对许多普通高校来说,很少购买纯学术型的历史文化专著,历史系学生的专业知识主要来源于教材和课堂①。

《教程》针对当代社会转型过程中文化迷茫的现象,自觉地承担了正本清源、匡谬正俗的社会责任和历史使命,充分注意到了当代高校特别是地方高校历史系本科生学习过程中存在的实际问题,在教材内容设置方面,格外重视政治制度和思想文化——特别是儒家文化内容的叙述与分析。这是因为儒家思想是中国传统文化的主干,是传统政治运作和制度设计的指导思想,同时具有极大的涵容性,兼收并蓄其他各种思想学说、技术手段作为其核心政治理念、价值体系的补充,其学说内容因时而异又万变不离其宗,历时性与共时性相统一,这就要求学生在历时性和共时性相统一的基础上把握儒家思想特质和内涵,才能科学地把握儒家思想与社会发展的关系,不被时俗左右。正是基于这一理解,《教程》对思想文化和政治制度给予了充分的关注。要指出的是,这种关注不是分

---

① 笔者曾经利用不同机会对13所综合性大学和4所师范院校、3所招收历史学硕士(专门史、中国古代史)和中国哲学硕士研究生的工科高校近10年的图书建设情况做过非正式调查。在学校图书建设中用于购买中国古代史、中国哲学史或中国思想史学术专著和原始文献的资金仅仅是全部图书经费的百分之一,其中5所高校(其中1所综合性大学、2所工科大学、1所师范大学)4年没有购进一册中国古代史学术专著,14所高校取消了院系资料室的编制,把院系自行购买图书资料的经费收归学校,原来就很少的历史专业图书经费被完全收回,而在历史专业图书购买过程中,多集中在中国近现代史、中国革命史,中国古代史图书就更少得可怜了。

量的增加或减少,而是从思想生成的层面叙述其流变,将艰深的研究成果变作浅近的文化语言,使得学生掌握最前沿的学术成果。比如在春秋战国部分的思想史专题中,第一次从学术史的角度叙述诸子百家的生成与流变,首先叙述学在官府传统的崩解和士阶层与百家争鸣的兴起,而后介绍儒家的"五经"与"三传",先使读者了解春秋战国时代学术之大势,而后再以人物为中心纵向叙述儒家、道家、法家、墨家、阴阳五行和兵家的流变。这是一个为现代学者精耕细作的学术园地,也是一个歧见纷呈的学术领域,《教程》在内容的选择上,一方面根据本科学生的接受能力和认知特点对各家学说进行必要的学术过滤;另一方面有着自己的学术判断,寓判断于叙述之中,简明扼要而不失全面。

中国自进入文明时代以后,虽然有着世界上最为发达的国家机器,由于以往在观念上偏重于政治形势、王朝兴衰,加上在课程结构中有制度史选修课,作为通史教材对制度史叙述比较薄弱,这不利于学生把握国家制度与社会发展的关系。《教程》增加了制度史的分量。以西周史而论,系统地讲述了井田制、宗法制、分封制、国野体制,同时详细讲授了中央职官制度,使得读者对西周社会特点、国家机器发展程度有着充分了解,为以后的制度史、思想史学习奠定必要的基础[1]。其余各个时代都有专门章节叙述政治、经济、军事以及文化教育制度。而在叙述过程中,有的内容并不局限于章节的时间限制,而是根据制度形成过程采用倒叙的方式追叙其起源。如谈到魏晋南北朝时期的九品中正制时,则从东汉末年的"月旦评"说起,说明九品中正制起源及其在当时条件下的合理性,从而有助于读者对后来九品中正制演变为门阀政治工具的认识,深化对制度设计的初衷与实践结果背离原因的分析。又如府兵制,始行于北周,发展于隋唐,是隋朝和唐代前期军事制度的核心,《教程》把府兵制度放在隋唐,但在叙述时,则从其源头北周说起。这样处理无疑是科学的,既避免了制度的遗漏,又减少了文字、避免了重复,同时突出了不同时代的特点。对那些影响广泛的新制度,《教程》尤其注重其历史作用

---

[1] 朱绍侯主编《中国古代史教程》,河南大学出版社,2010,第83—93页。

的分析。如对唐朝科举制度的作用,《教程》指出该制度的实行,清除门阀政治的藩篱、公平地选拔人才、平民可以改变其地位、扩大统治阶级基础;虽然考试内容是死记硬背的多,但是通过检验其知识掌握情况可以了解应试者的资质,而资质的优劣是为官良否的前提①。又如宋代改进科举制度以后,具有皇帝总览科举大权、不重门第、考试公平、取士宽厚的特点,为宋王朝网罗了大批英俊,奠定了文官政治基础,刺激了文化教育事业的发展,等等。②不仅吸收了学界最新研究成果,丰富了学生的历史知识,同时有助于学生建立正确的历史观念,掌握科学的方法。将《教程》和十院校本《中国古代史》相比,和众多同类教材相比,无论是内容还是体例,其创新性都是十分明显的,本文仅举一二说明朱先生对教材建设的不断思考与实践,详细内容读者稍加比较就不难明白,这里不予赘述。

八

《教程》因为是众人合作,既可能存在观点上的分歧,也有着表述习惯的差异,因而在某些具体内容的安排、文字表述方面存在不够严谨之处,这是应该指出来的。如第二章标题是"夏、商、周(公元前21世纪—公元前771年)",根据给出的具体时间,这儿的夏商周是指夏、商、西周,所述王朝兴衰以及青铜文明也限于西周,第二节标题就是"西周王朝的兴衰",第三节"青铜文明的进步与繁荣"之下的子目也明确谓"西周青铜文明的持续发展与繁荣",而作为本章的总标题却是"夏、商、周",显然欠严谨。因为周有广、狭二义;广义的周包括西周(公元前21世纪—公元前771年)和东周(春秋战国,即公元前770—公元前221年)两个历史时段,狭义的周则是指西周。西周和东周的社会结构迥然有别。历史上史学家、思想家们往往使用狭义的周,这大约是由孔子开其端绪的,孔子致力于"复"周之礼乐制度,其周就是后来所说的西周,后世思想家所向往的夏

---

① 朱绍侯主编《中国古代史教程》,河南大学出版社,2010,第476—477页。
② 朱绍侯主编《中国古代史教程》,河南大学出版社,2010,第596—598页。

商周三代之政都是指夏、商、西周而言。现代学者则广、狭并用，如"夏商周断代工程"之"周"是狭义的周，"周秦社会研究""周秦汉唐研究"之"周"则是广义之周。作为教材，要避免歧义，因实而名，既然节、目说的是西周事实，则章也要以西周名之才是。

这并不是作者的疏忽，也不是印刷的错误，而是作者出于内容编排的需要，在第四节叙述井田制、宗法制、分封制、国野体制、职官制度等内容时就名为"周代的制度建设"，第五节"精神世界与社会生活"包括《周易》、五行、礼乐体系等，也笼统地归之于周代。这样做大约是因为某些内容有一个长期发展积累的过程，无法判定确切的时代，就含糊其词地名为周代，至于究竟是西周时代的内容，还是春秋时代的内容，在教学过程中根据主讲人的认识再判定。这样做的立意可以理解，但作为朝代专有名词应该精确和统一，至于某些内容时代的判定，可以在注释中说明，或者把下一章内容提上来，也可以留待下一章，视具体情况而定。事实上，井田制、宗法制、分封制、国野体制、礼乐体系的历史时代是十分明确的，都是西周制度，春秋是其瓦解时期，完全没有必要因为有些内容延续到春秋而模棱两可地用周代概括之，尽管有些内容特别是思想史内容固然有长期发展过程，但判定其时代还是要根据其典型形式。如《周易》，按照目前学界认同的观点，其"经"部分形成于西周，"传"部分形成于战国，教材叙述的主要是"经"，完全可以明确为西周时代的思想，至于在分析其阴阳思想时要使用"传"的资料，只要说明就可以了。如果为了内容的完整，索性把《周易》放在战国部分讲述，用追叙的方式说明其"经"形成于西周，可能更接近于实际。

中国古代许多制度一以贯之地延续于不同王朝而不断演变，其历史作用则因时而异。科学认识不同时期的制度与社会发展的不同作用，是把握中国古代社会发展的一把钥匙。《教程》对此是予以充分注意的。但是，各章之间的一致性还有欠缺。如科举制，对唐宋时期的科举制辟出专目予以评论，高度肯定其作用，而对明清时期的科举制仅仅是做了一般性的介绍，没有做出任何的评析。事实上，就制度的技术设计而言，明清科举制度远较唐宋成熟发达，但因其考试内容的差异，其历史作用和唐宋相比则大异其趣,深入分析明清时期科举制度的历史作用、分析其原因,将有助于学生把握中国古代官僚政治变迁的特质及其与现代社会的关系。《教程》对明清科举制历史作用分析的阙如,和对唐宋科举制的高度赞扬相比,显然有失连贯性。

《教程》的编写曾经过多次讨论修改,上述问题,无论是作为主编的朱绍侯先生,还是作为执行主编的龚留柱先生,不可能没有察觉。存在这些问题,大约和朱先生的主编作风有关。在主持十院校本《中国古代史》编写过程中,遇到观点分歧时,朱先生的做法是在基本原则一致的前提下,保留作者个人观点,不强求一致,不强加于人,必要时修正自己的观点以保持一致性。朱先生曾总结当年主持十院校本《中国古代史》编写体验:"在编写教材的过程中,并不是一切都由我主编说了算,有些问题我也要向执笔人让步,妥协是必要的。如我认为名田制是土地长期占有制,而多数人都主张是土地私有制,我也就只好按大家的意见办。既然是合作就要有互谅互让的精神,'一言堂'是办不成事的。"①朱先生1979年主持《中国古代史》教材编写,其时年龄刚过五十,又逢科学的春天,是意气风发的壮年时代,其时即有"互谅互让"的气度。主持《教程》的时候,朱先生已经年逾八旬,是名重海内外的史学家,其雍容宽厚,远非昔日可比,对不同观点、作者个性,更能包容。以上列举的问题,朱先生不可能没有觉察,在通稿过程中没做修改、不加以统一,大约是出于对作者学术观点的尊重。龚留柱教授出自朱先生门下,自然把朱先生的这一原则贯彻到底,《教程》各章均署作者姓名,其内容取舍是否得当、历史分析是否科学,则保留各自的学术观点,由读者自行判断,就是这一原则的体现。

编写教材也好,撰写专著也罢,就历史学来说,"回归本然"是个历史过程,而且不可能"回到本然",因为我们无法再现历史的"本然"。本文所说的"本然"只是就剥去了现实政治外衣的历史认识而言,用"回归本然"概括朱先生在中国古代史教材建设领域的思考与实践,是就其指导

---

① 龚留柱:《治学不为媚时语 惟寻真知启后人——朱绍侯先生访谈录》,《史学月刊》2005年第10期,第91页。

思想上摆脱社会形态、阶级斗争理论束缚,按照历史"实然"和中国本土话语编写中国古代史教材而言,以目前朱先生的思考和实践来说,还处于"回归"的旅途之中。《教程》是朱先生在中国古代史教材建设领域"回归本然"的又一个里程碑,但还没有达到"回归"的目标。《教程》把中国古代史下限定在 1840 年,说明还没有完全摆脱社会形态理论体系的羁绊。把清朝一刀两断,把 1840 年以后的清王朝划入近代史领域,是五种社会形态理论指导下的政治认识。因为从社会结构层面分析,1840 年以后的清王朝和此前的清王朝并没有发生本质的变化,只是社会矛盾更加复杂、经济结构有所差异而已,其统治走向更加腐朽和衰落罢了。所以,中国古代史下限无疑应该以清朝灭亡为标志。这在学术研究层面已无疑义,只是出于意识形态需要或者学科划分的客观畛域,在教学上仍然把 1840 年以后的清朝历史划入近代史领域而已。笔者以为,作为一部中国古代史通史教材,既然 1840 年前后清王朝的社会结构没有本质变化,就应该将其作为一个完整的朝代看待。如果因为学科划分的限制——将 1840 年以后的清朝历史归入古代史范围将导致与近代史学科的冲突,那么在《教程》的"前言"中给予说明,或者在最后做一个简短的概括,方能完整表达中国古代史的时空理念。如果这样,将更体现出向"本然"的回归。这也说明,史学研究和史学教育向"本然"回归之路还很漫长。

我们衷心期望朱绍侯先生在"回归本然"的道路上引领学界继续前行。

——原载《史学月刊》2011 年第 11 期

治学不为媚时语　惟寻真知启后人
——朱绍侯先生访谈录

龚留柱

　　春天,开封古城东北隅,一座静谧的庭院。推开虚掩的木扉,满目绿色令人心旷神怡。芳草绕径,青苔印屐,奇花点园。尤其引人注意的是,中间一棵虬枝老树生机勃发,苍翠浑然。谁又能说,这不是寓所主人的传神写照呢?

　　老树春深更著花。

　　半个世纪以来,历史学家、河南大学教授朱绍侯先生以其充沛的精力和坚韧不拔的作风,耕耘在学术园地,著作等身,新说迭出,享誉海内外史学界。应《史学月刊》编辑部之约,我们决定对八十高龄的朱先生进行一次学术访谈。以下是采访笔录的整理稿。

　　问:朱先生,您是历史学界尊敬的知名前辈。半个世纪过去了,您在中国古代史领域取得了令人瞩目的成就。千里之行,始于足下。请问您在学生时代,为什么要选择历史学来作为自己终身从事的专业?

　　答:1926年我出生于辽宁省新民县的一个贫民家庭。不久全家迁居沈阳,我在这里读的小学和中学。要说我后来从事历史研究,有两个主要因素,都植根于我的学生时代。一是在中学时就爱读历史演义小说,如《东周列国志》《三国演义》等,这样就引起了我对中国古代人和事的深厚兴趣。二是我在读辽宁省立沈阳师范专科学校时,给我们讲中国古代史的是进步教授滕宗汉(又名滕敬东,新中国成立后曾任北京师范学院历史系主任)。他讲课幽默生动,条理清楚,并且旁征博引大量史实来宣传爱国主义,给我留下了深刻的印象。1948年考入东北大学教育系,我最喜欢听的反而是历史课。兴趣是一个年轻人最好的向导。这样,在我1949年转入东北师范大学时,因为它没有教育系,我就决定转入历史系学习,先读本科,又读研究生班。

问:每个人都有自己独特的治学经历,从而形成有别于他人的学术风格。请朱先生您结合自己的史学研究工作,谈一谈在这方面的体会。

答:我在读研究生时,主攻秦汉魏晋南北朝史。1954年8月毕业后,从东北来到中原,任教于河南大学,主讲课程是中国古代史上段(从上古至南北朝)。我在工作后的前三年把主要精力放在教学上,等在课堂上站住脚后,然后才开始搞科研。我的体会是,教学与科研是相辅相成、互为促进的。不搞教学就不容易发现问题,科研会无的放矢;不搞科研会使人对许多问题的认识就浮在表层,人云亦云。教学没有坚实的学识基础,不可能把课讲得深入浅出、引人入胜,效果不可能好。

我刚开始搞科研时,主要是跟着史学界的热门课题跑,自己还提不出问题来,这就说明自己对科研还没有真正入门。20世纪50年代,史学方面的热门课题又被称为"五朵金花",即封建土地所有制形式、汉民族形成、农民战争、古史分期和资本主义萌芽。其中除资本主义萌芽的问题外,其他方面我都写过文章,特别是关于土地制度和农民战争的课题写的文章较多。所以我的老乡、陕西师大的赵文润教授开玩笑,说我也是靠农民战争起家的人。

跟着热门课题跑了一段以后,我认为这样不行。如此随大溜,人家顶多认为你是属于哪一派的成员,而你很难创造出具有自己特色的成果。于是我就思考出几个冷门课题,如军功爵制研究、户籍制度研究、治安制度研究等。我认为这几个问题很重要,但当时还没有人深入进行专门研究,我如果进行拓荒,即使成绩不大,也会有创新意义。

在这几个课题中,我对军功爵制的研究坚持得比较好,先后出版了《军功爵制试探》和《军功爵制研究》两本书,而且我如今正在对后者做进一步的修订和补充。根据近一二十年新发现的秦汉简牍中有关军功爵制的资料,可以把过去人的错误认识订正过来,把我们已经解决的问题增补进去,算是给我40年的军功爵制研究画上一个圆满的句号。对于户籍制度的研究,我只是在《秦汉土地制度与阶级关系》和《魏晋南北朝土地制度与阶级关系》两本书中,把秦汉至魏晋南北朝的户籍制度、土地制度以及社会阶级阶层的地位变化等涉及宏观历史演变的一些根本性的东西联系起来进行了探讨,提出了自己的见解,也在史学界产生了一定影响。对于古代治安制度我自己除写过两篇文章外,没有更多的深入研究。但是我曾经组织几位中青年骨干教师,共同撰写了一本65万字的《中国古代治安制度史》,对中国古代历朝的治安制度进行了较为全面的总结,不仅填补了该领域的一项空白,而且对今天的社会现实也有一定的借鉴意义。

我在课题研究中,喜欢写成组的系列文章,我认为这样做至少有以下几点好处:一是可以把自己对某一课题研究的时间拉长,方便个人全面思考进而能渐次深入,以便最终解决某一问题。二是便于全面详尽地搜集资料,并使资料在写系列文章时从不同角度得到充分的利用。三是有计划地写成系列文章,每一篇文章就是一项阶段性的研究成果,排列起来显得很有逻辑和层次。四是把系列文章组合成一本著作,这样的书可以保证内容充实,观点和材料结合紧密,学术成果带有强烈的个人印记。如果是先定书名,再执笔写书,容易使人走东拼西凑的捷径。我写的《军功爵制研究》和关于土地制度与阶级关系的几本书,都是由先期发表的系列文章组成的,书中的每个课题都是我长期深入研究的学术成果,而不是东拼西凑起来的东西。

问:朱先生的学术视野十分广阔,研究的领域牵涉诸多方面,除了十几部专著和教材外,您还撰写了150余篇论文,可谓硕果累累。请问您的代表作是什么?请展开谈一下该项研究成果的意义和价值。

答:在已经出版的著作中,我认为比较有特色的还是《军功爵制研究》。这是我在读《史记》《汉书》《后汉书》以及先秦诸子过程中发现并加以研究的问题。在读史书时,经常会遇到赐爵的问题。在《汉书·百官公卿表》《后汉书志·百官五》中都记有二十级爵制的名称,特别是在涉及秦的历史事例时,好像爵位比官职还重要,这不能不引起我的注意。于是我下决心搞清这种爵制的来龙去脉和它的产生背景、演变缘由及作用价值。秦汉简牍的不断出土,给我的研究创造了有利条件。经过长期研究得知,这种爵制的名称叫军爵制,通俗地被称为军功爵制,是秦汉时代一种非常重要的军政制度。这种制度是在反对西周带有世袭性质的五等爵制和世卿世禄制的前提下建立起来的,具有历史进步性。

这种爵制对立有军功和事功的人员既赐给爵位,又赐给田宅,与名田制有着密切的关系。因此,在新兴地主阶级反对腐朽的奴隶主贵族的斗争中,在秦国统一六国的斗争中,在刘邦打天下的过程中,军功爵制曾起过非常重要的历史作用。在秦代,爵位重于官位;在汉初,大小官吏也都拥有爵位,因此通过赐爵培养了一大批军功地主。但是从西汉中期以后,军功爵制逐渐衰落而趋向轻滥,从而也不再被人重视,所以司马迁写《史记》、班固写《汉书》对这种制度就记载甚少,使之几乎湮没无闻。我对此加以研究的目的,就是要搞清军功爵制曾经在春秋战国和秦汉时期所起到的重要作用,恢复历史的本来面目。

近些年来,我根据秦汉简牍提供的新资料,进一步解决了军功爵制研究中的一些长期无法解决的疑难问题。如刘邦在入关前和楚汉战争中施行过楚国爵制的问题,军功爵制中有侯爵级、卿爵级、大夫爵级和小爵级共四个等级的划分问题,汉初以爵赐田宅的具体实施问题,商鞅变法所建立的秦国早期军功爵制以及爵级与官级的对照关系问题等等。这些问题的解决,对于我们深入了解军功爵制在秦汉时期政治生活中的地位和作用,并进而把握秦汉社会的特性,都具有非常重要的学术价值和意义。

问:在您长期的学术研究中,是否有一个长远的规划或者准备构建一个学术体系?而这种成体系的学术课题的确立,又主要是出于一种什么样的考虑?

答:搞学术研究,不可以没有计划,也不可以没有长远的规划。东抓一把西抓一把的即兴涉猎、浅尝辄止的做法,不可能产生系统的、具有相当分量的和具有较高学术品位的著作成果。我研究秦汉魏晋南北朝土地制度与阶级关系,研究军功爵制,都是长期计划下的产品。前者我用了20多年的时间,后者我用了40多年的时间,直到现在仍没有停止研究。我研究秦汉至魏晋南北朝土地制度与阶级关系的目的,是想搞清中国古代土地所有制的演变情况、中国古代剥削关系的演变情况以及土地制度对剥削关系演变的作用,并由此最终通过这些研究,解决中国古代社会的历史分期问题。关于中国古代土地所有制及其演变,我在读大学时就知道井田制是土地公有制,商鞅变法"废井田开阡陌"就正式建立了土地私有制;在大学任教后又知道了史学界存在有封建土地所有制形式是土地国有制还是土地私有制的学术争论。我还知道土地制度史上有个普遍规律,即先有公有制,后有私有制,在二者之间有个土地长期占有制。但在中国以往的土地制度研究史上,好像没有这样一个土地长期占有制的过渡环节。于是,我在研究商鞅变法所建立的名田制(或称受田制、辕田制)时,认识到名田制就是有授无还的土地长期占有制。按商鞅变法"废井田开阡陌",其在中国土地制度史上有三点改变:一是废除井田制下的"三年一换土易居"的土地定期轮换制,改为有授无还的土地长期占有制。二是亩制计量改小亩为大亩。周的亩制是百步为亩,百亩给一夫;商鞅改为240步为亩,仍百亩给一夫。三是土地占有与军功爵制挂钩。商鞅宣布"明尊卑爵秩等级,以差次名田宅,臣妾衣服以家次",即按每人军功爵位的高低不同,赐给不同数量的田宅。允许立有军功者在原基础上再加赐田宅,斩一敌首"益田一顷,益宅九亩"。

这样,不论是庶民受田还是军功赐田,都是有授无还的土地长期占有制,而不是土地私有制。因为国家并没有明令放弃土地所有权,对授出去的土地,国家有权干预甚至是没收。但是,土地制度的演变有一个不以人的意志为转移的规律,即土地一经被长期占有,早晚会转化为私有。所以到秦朝末年,土地就出现可以买卖的私有现象,甚至"富者田连仟伯,贫者亡立锥之地"。秦末农民战争及楚汉战争使人口大量死亡,无主荒地增多,所以西汉初又恢复了秦的受田和军功赐田制。从张家山汉简《二年律令》相关条文看,庶民受田仍是一家百亩,而军功赐田则数量惊人——关内侯最多可赐田95顷,赐宅95宅;卿级爵可赐90顷、90宅,大夫级最高的还可赐25顷、25宅。这大概是中国历史上军功赐田与庶民受田制度的回光返照。经过汉初70年的发展,到西汉中期以后土地私有和土地兼并又几次出现新的高潮,于是官方就推出了"限田限奴""田私属"等应对措施,其理论根据正是古代国家的土地所有权,但时转世移,效果微乎其微。到了东汉,政府再没有实行过庶民受田、军功赐田的政策,土地私有和土地兼并已是大势所趋,不会再遇到干预,田庄经济遂迅速发展起来。

但是中国土地私有制的发展并非一帆风顺。三国时土地国有制一度抬头,西晋占田制实际也是土地长期占有制。北魏至唐早期的均田制,对大田是有授有还;但在具体执行时,又不是土地重新分配,而是在原来私有、私人占有的土地上做一些调整,出现了公不公、私不私的状态。至唐中叶均田制被破坏,土地私有制迅速发展起来,至宋"田制不立",土地私有制才在不受任何约束的形势下发展下去。以上就是我对中国土地制度演变史上的一个概括性认识。

关于剥削关系,我研究的重点是考察秦汉魏晋南北朝租税制度的演变。在秦汉时期租与税的含义与后世恰恰相反,当时的"田租"就是后世的土地税,当时的"地税"反而是后世的地租。土地税(田租)是各种形态的社会所共有的,只有轻重程度之分,没有性质的区别。而地租(地税)却具有封建属性。从秦汉的历史来分析,地租首先是从私有土地上产生的,即"或耕豪民之田见税十五"。然后国家利用"假田制"而收"假税",即在国有土地上也收地租,对假田农民实行封建性的剥削。曹魏屯田制就把国有土地的地租正规化,西晋的占田制、租调制同样也是在国有土地上征收地租,而荫客制就是把汉代地主对农民不合法的剥削进一步合法化,国家把一部分农民转让给豪门地主,农民与地主之间建立了封建租佃关系。均田制是国家以地主的身份,剥削均田农民,均田农民沦为国家的佃农。从秦汉到魏晋南北朝租税制度的演变趋势来观察,是封建剥削关系的逐渐强化和正规化。在历史唯物主义者看来,这是一种历史进步的表现。

关于各种土地制度的历史作用问题,说名田制、假田制、屯田制、占田制、均田制在一定时期内都对经济发展起过积极的推动作用,大家并无太大歧义。但对于我认为在私有土地制度驱动下,西汉中期以后广泛兴起的田庄经济这种劳动组合形式也有进步性,在当时却遭到学术界的普遍反对。其反对的理由是:田庄的所有者是豪强地主和门阀士族,他们生活腐朽,剥削残酷,实在体现不出来历史的进步性。我理解反对者的理由,但我认为田庄是一种农林牧副渔综合经营的经济体制,比起汉初的小农或地主单一经营机制有很大优越性。特别是在战乱时期,田庄和坞壁(适应战乱带有军事防御功能的田庄组织)对保护农业生产和农民生活具有积极作用。这种观点以前常常被作为丧失阶级立场的表现,而在20世纪80年代后才逐渐被学术界接受。

关于中国古史分期问题,我在大学本科时学的是"西周封建说"。当时范文澜先生的《中国通史简编》和吕振羽先生的《简明中国通史》盛行一时,而毛泽东的《中国革命和中国共产党》一文也主张此说,故当时我想当然地服膺此说,就不知道此外还有其他观点。读研究生时,我的导师陈连庆先生主张"魏晋封建说",同时我所敬仰的唐长孺、何兹全、尚钺、赵俪生诸先生也都很坚定地持此观点,于是我也就转向对"魏晋封建说"坚信不疑。在大学任教以后,郭沫若的"战国封建说"占了优势,成为主流。随着《中国史稿》的正式出版,我在教学和编写《中国古代史》讲义时,又采用了通行的"战国封建说"。对以上三种分期说,给我印象最深的是"魏晋封建说",但我基本上是人云亦云,没有进行认真深入的专门研究。直到我开始研究军功爵制之后,发现在商鞅所建立的军功爵制中,有"乞庶子"一条。庶子对于有爵位的人,在平时"其庶子役其大夫六日,其役事也,随而养之"。也就是说非战时庶子应该给有爵位的大夫一月服六天劳役。到了战时,庶子则跟随主人从军服役。我认为庶子与其主人之间是典型的封建依附关系,而军功爵制中的"食邑制",实际上也是封建主向其领地之民收取封建租赋。由此我就确认,中国封建社会应该从战国时开始。这种认识不管正确与否,都是我自己独立研究的结果,与以前那种人云亦云的"观点"应有所不同。

关于军功爵制与名田制的关系,一开始我是对二者分别进行研究的,也曾认为它们各不相属。等到这种研究越来越深入之后,我才发现军功爵制与名田制是同时兴起、同步发展,而且是同步衰亡的。于是我得出如下的结论:如果说井田制是西周世卿世禄制和五等世袭爵制的经济基础的话,那么战国之后的名田制就是军功爵制的经济基础。

以上所谈的相互关联的诸多学术课题,也可以看作是我有计划铺陈设置的一个学术体系。它们相辅相成,互为促进,都使我能够更好地从经济基础到上层建筑来把握中国古代社会的演进规律和品性特点。

问:朱先生,以上所谈,确实使我们很清晰地看到了您为自己所构建的学术体系,具有相当的深刻性。但同时我们也看到,您确实还有一些研究成果,主要体现了您学力宽广的一面。请问您是如何看待一些"计划外"的研究项目的?

答:我说过,搞学术研究不能没有计划,也不能没有长远规划。但学术界有时需要互相协作,搞一些非单个人所能承担的跨界大工程,比如编写带有"通"性质的著作或教材。另外,这些年各地兴起寻根热,海外和大陆各界寻姓氏之根和文化之根,我也难免被邀参加一些研讨论证会,写些临时性的题目。

我先后主编过《中国古代史》《中国古代史研究入门》《中国古代治安制度史》《中国历代宰相传略》《中国古代民族关系史研究》《叶姓溯源》《〈后汉书〉精言妙语》《中原文化大典·人物典》《今注本二十四史·宋书》等九部书。其中除了《中国古代民族关系史研究》《叶姓溯源》等属于论文集,不需要我花费太多精力外,其他都是先由我拟定提纲,物色作者,然后由多人进行合作撰写的。在修改书稿时,主编又要统一文风,统一观点,统一体例,所花费的时间与精力不亚于自己写一本书。我曾说:"编书不易写书难。"大概没有下功夫编过书的人,很难体会个中甘苦。就拿主编《中国古代史》来说,这是教育部组织山东大学、安徽师范大学等十院校合作编写的本科教材,最初有两位教授宁愿退出也不愿担任主编。我问为什么?他们说,一个学校的人合作编教材,意见都很难统一,现在十个学校的人在一起编教材,这协调工作怎么做?等我接受了主编任务后,才真知道了其中的难处。

首先讨论"中国古代史编写大纲"。小组会上大家各抒己见,每个人的理由都很充分,意见很难统一。但一部教材不能容纳五花八门的不同意见,自相矛盾。我一看没有办法,就把范文澜先生抬出来解围。当初在《中国史稿》的编写研讨会上,也是各种意见互不相让,范老站出来说:"在延安我编《中国通史简编》时,也遇到过大家意见不能统一的问题,我就说我是主编,应该按我的意见办;现在《中国史稿》郭老是主编,就要按郭老的学术观点、思想体系和具体意见来编写。"大家听我一说,也就不再争论,《中国古代史》的编写大纲就按我的意见确定了下来。

然后就分配编写任务,用半年的时间由各院校执笔人分头撰写。中间在开封还有一次小规模的样稿审定会。但后来等到书稿集中,我一看感到麻烦了。不仅每个人的文风体例很不一致,而且大大超出原规定的字数。原来规定要用精练的语体文,分期采用"战国封建说",每章都有字数限制,全书不超过90万字。但在交上的稿子中,有的接近文言文,有的是白话文,而西周那一章则写成了"西周封建说",字数有的章竟超出一倍之多。我对实在不合要求的退回修改,多数稿子留下来由我来"统",文言的改"白"一点,白话的改"文"一点,都向精练的语体文靠拢,字数也被压缩下来。西周一章由执笔人改了两次,还是不合要求,最后只得由我完善。令人欣慰的是,"十院校"同志间的关系非常好,包括几位老先生都欣然接受我的修改意见,这就有了很好的合作基础。但是,等到在桂林开全书定稿会时,与会者还是提出很多不同意见,主要是对我肯定田庄经济、门阀士族也有积极的历史作用的表述不同意。安徽师范大学的张海鹏先生,在编书过程中我们两人的意见经常是一致的,但对这一问题他绝不让步,他说主要是怕犯原则性、阶级性的立场错误。我对他说,"文革"后学术界开放许多,肯定统治阶级及其制度也有一定的历史积极性,这种观点是会被接受的。他说,不,门阀士族的反动性、腐朽性太明显了,田庄是豪强、门阀的经济基础,剥削太残酷,不能肯定。我说,东晋的王导、谢安都是高级门阀的代表人物,他们不都是很有作为的宰相吗?田庄和坞壁在战乱时对社会生产不也很有保护作用吗?海鹏先生还是不肯接受我的意见,没办法我也只好把门阀和田庄的积极作用改得模糊一些。

在编写教材的过程中，并不是一切都由我主编说了算，有些问题我也要向执笔人让步，妥协是必要的。如我认为名田制是土地长期占有制，而多数人都主张是土地私有制，我也就只好按大家的意见办。既然是合作就要有互谅互让的精神，"一言堂"是办不成事的。《中国古代史》在十院校的通力合作下，经过千辛万苦，终于在1979年由福建人民出版社先以"试用教材"的名义正式出版。1980年由教育部召开审稿会，通过正式验收。1981年以"高等学校文科教材"的名义出版。令人欣慰的是，自本教材面向高校、面向社会发行后，受到高校师生和各界的欢迎，迄今已修订改版4次，发行量达100多万册，这是我们所始料不及的。

再谈一下《今注本二十四史·宋书》的编写情况。这是国家重点出版工程《今注本二十四史》中的一部，该工程由中华民族文化促进会发起，由《今注本二十四史》编委会具体执行，总主编是著名学者、文史专家张政烺先生。以下每部史书设立一位主编，我被聘请为《今注本二十四史·宋书》的主编。

现在通行的"二十四史"，除"前四史"外原来都没有注释，所以这是一项开拓性的工作。为完成此项艰巨任务，我邀请5位拥有博士或教授头衔并且都出版过相关学术专著的中年学者参加。在工作正式开始之前，总主编张政烺先写出《〈今注本二十四史〉编纂总则》作为注释工作的法则。在此基础上，我又写出《〈今注本二十四史·宋书〉编纂细则》，作为注释《宋书》的执行依据。大家分工注释，我也分到《宋书》中的10卷"本纪"和4卷"列传"。严格地讲，我对古文献注释工作是外行，其他5位中年学者也都没有注释古书的经历，我们都得在实践中摸索前进，边学习边注释。原来我们都知道搞文献注释要有深厚的学识功底，需要有古文字学、古音韵学、目录学、训诂学、历史地理学以及典章制度、文化历史掌故等各类知识，并且手头还要备有各种合适的工具书。注释《宋书》是一项开创性的工作，肯定难度不小，但在我们工作开展起来以后，才知道原先对困难的估计还是非常不足。这主要表现在，原来以为找一个最好的《宋书》底本，然后对《宋书》中的疑难问题做出必要的解释就可以了,却没有想到一是《宋书》本身原来就有错误,二是它在流传过程中又产生不少错误,三是最好的中华书局本《宋书》在标点、校勘上也有错误,这就要求我们必须先做基础的校勘考证工作。另外,南朝人写文章爱用典故,沈约在《宋书》中就引用了很多这类文章,或一句一典,或两句一典,甚至一句两典。如果对典故的出处和内涵不清楚,对文章内容和历史背景也就不可能真正理解,在标点断句上就会盲目。为注释文中典故,我们耗费了许多精力。

参编的5位中年学者对注释工作尽心尽力,认真负责,都按时完成了任务,交上来的稿子总体质量上还是很好或较好的,但也存在一些问题。从技术的角度讲,有人注释时忘记了《〈今注本二十四史〉编纂总则》和《〈今注本二十四史·宋书〉编纂细则》的规定,而总按自己的写作习惯信笔而下。从注释的内容讲,有人对难度较大的问题,或略而不注,或虽注了但不够准确。对此,我作为主编必须"纠正、补充、修改"之。这虽然只有6个字,做起来却是很难的。为了《今注本二十四史·宋书》,从1996年到2000年,我整整耗费了5年时间。现在看来,虽不能说把《宋书》中存在的问题都解决了,更不能说准确无误,但我已是尽心尽力、尽职尽责了。至于遗留问题或注释中的失误,就只好在出版后敬请专家和读者指正了。

以上这些大型协作项目,虽然不属于我计划内的研究课题,但是我一旦接受下来,就把它们当作计划内的项目一样认真对待。另外像《中国古代史研究入门》《中国历代宰相传略》《〈后汉书〉精言妙语》《中原文化大典·人物典》等大型协作项目,我均持此态度。我绝对不做欺世盗名、不劳而获的挂名主编。最近几年由于年事已高,我无力再搞长期大型的研究项目,多做一些"零打碎敲"的研究课题。

所谓"零打碎敲"的课题,主要是随着姓氏溯源和文化寻根热潮涌来以及旅游事业的发展,我总是被邀参加一些文化研讨会或名人故里论证会,而且要写一些文章。对于这些会议的参加与否,我是有原则性的前提条件的:会议发起主持方所要达到的结论,如果与我一向的意见相合,我就参加;如果不合,则不参加。如果实在推托不掉,就事先说明我参加会议但不发言、不写文章,再不行就在会上讲些与主题不直接相关的意见。如有两个县邀我参加"鬼谷子故里"论证会,主持人是我的学生,推辞不掉,我就在会上讲了"关于鬼谷子研究之管见"。这是个纯学术的关于研究方法的问题,与功利性的论证"鬼谷子故里"在何处无关,总之我决不违心地逢迎主办单位的需要而"卖论取宠"。但如果是我心甘情愿参加的会,我就会根据历史文献记载、考古资料、当地古迹以及其他传说认真地写论证性的文章。最近几年这类文章我发表有 10 篇以上,其中有的被各种报刊多次转载,产生了较好的社会影响。如《河洛文化与河洛人、客家人》一文,我研究了什么是河洛文化、河洛文化区域及台湾河洛郎、世界客家人根在河洛等问题,在《文史知识》发表后,《人民日报》(海外版)和《寻根》杂志都有转载。又如《帝舜故里负夏(瑕丘)考》一文,则根据各种文献及濮阳县瑕丘的地形地貌,再结合当地有关舜的各种传说,我论证了帝舜故里在濮阳瑕丘。世界帝舜宗亲联谊会认同这一意见,并将该文刊刻石碑立在瑕丘遗址,正面书写"帝舜故里碑"几字。还有我的《张姓祖根在濮阳》《平乱兴国不谋私利的叶公子高》两文,也分别为世界张氏总会和世界叶氏联谊会认同,并被各种报刊转载。据说有的地方修《张氏族谱》《叶氏族谱》,就将二文分别收入族谱,作为他们寻根认祖的依据。总之,我写姓氏和文化寻根一类文章,是以历史研究的态度认真对待的,言必有据,决不写应景式的文章。

问:学术研究,有传承有发展,总是后浪推前浪。请问在您的学术生涯中,哪些前辈先生或他们的哪些著作对您产生过深远的影响?

答:在我学习和研究历史的过程中,对我影响最大的首先是我的研究生导师陈连庆先生。陈先生学识渊博,根基深厚,记忆力特别强,有过目不忘的灵性。他上通先秦下及明清,尤精于秦汉魏晋南北朝史。他在谈到古籍的版本目录时如数家珍,而且知道它们分别藏于哪个图书馆。陈先生对我影响最大的是他的"魏晋封建说"。他以后发表的《南朝奴隶考》《春秋奴隶考略》《秦代的奴隶问题》《试论汉代的社会性质》《试论魏晋时代奴隶制的农奴化问题》等文章的内容,在当时都曾给我们讲过。原先我们只知道"西周封建说",听到陈先生对自己观点的论证,感到既新鲜又十分令人信服。我后来虽改从"战国封建说",但我承认秦汉社会有大量奴隶存在,而且在讲魏晋封建化的发展时,实际上是沿袭了陈先生的学说。

在我学术生涯中第二位对我影响较大的是陈寅恪先生。其实我和陈先生只见过一面,也没有交谈,他怎么能对我有很大影响呢?原来陈连庆先生非常敬重陈寅恪先生,经常向我们介绍陈寅恪先生高超的学识和高尚的品德,并把其名著《隋唐制度渊源略论稿》和《唐代政治史述论稿》指定为我们的必读参考书。陈先生的隋唐制度三个来源说,他对府兵制的精密考证,他的"胡汉之分,不在种族而在文化"的民族融合论,都给我留下了深刻的印象。特别是陈先生十分谦和,学术上从不强加于人的态度更是令人敬仰。1999年11月在中山大学举行"纪念陈寅恪教授国际学术研讨会"时,我写了一篇《〈隋唐制度渊源略论稿〉读后》,以表示对陈先生的敬仰怀念之情。

对我的学术思想影响较大的第三位先生是唐长孺教授,他也是陈连庆先生所敬重并经常向我们介绍的著名学者。唐先生的《魏晋南北朝史论丛》,可以说是我研究魏晋史的入门指导书,我最初写有关曹魏屯田制、西晋占田制、九品中正制、北魏均田制等方面的文章,都是受唐先生这本大作的启发而动笔的。我工作以后与唐先生的交往比较多,有两件事让我终生难忘。一件事是当年我刚到河南大学的工作岗位,就把自己的研究生毕业论文《东晋南朝户籍里伍制度和阶级关系》寄给唐先生请求指教。唐先生给我写了14页稿纸的回信,除了肯定我的选题和基本观点外,还给我指出了18条错误和不当之处。唐先生特别指出我引用古书不分先后的毛病,即不知道引用历史资料要分清哪是第一手,哪是第二手。如某件事《史记》《汉书》所记载的内容文字相同,则宁用《史记》而不用《汉书》,因为《汉书》在后,是抄《史记》的。再如《通典》和《通考》记载的同类资料,如果文字相同就用《通典》而不用《通考》,因为前者成于唐代,后者出于宋元,明显是《通考》抄了《通典》。从这里我体会到唐先生治学的严谨态度和对青年后学的关心。另一件事是1988年我主编教育部组织的大学文科参考书《中国古代史研究入门》,其中有一个课题我请唐先生推荐作者,他就推荐了一位留校工作的研究生。这位同志认真负责地按期交来文稿,但随后我又接到他的一封信,说稿子是在唐先生的指导下写成的,但定稿后未让唐先生过目就寄走了,唐先生很生气,让把稿子要回。我把稿子寄回,过十几天稿子重又寄来,我一看唐先生改动很少。这件事使我大受教育。本来是一篇很成熟的文章,唐先生不放心,非要自己看过改过才可以。他对学术问题的态度真是一丝不苟,太认真负责了,有这样一位导师真是太幸运了。在唐先生的指导下,这位同志后来能大有学术成就是理所当然的,名师出高徒嘛!

以上三位史学前辈,道德文章都是我终生追求的楷模。如果说我的一生还有一点微小成就的话,也是在前辈们和其他师友的教育、指导、影响下取得的,我将永远铭感不忘。

问:您是青年学子崇敬的历史学家,他们除了通过阅读您的论著来学习您治学的原则和方法外,可否请您专门就史学观和方法论问题,给他们谈一些指导意见?

答:研究历史的人,不管愿意不愿意承认,自觉不自觉都要受一种或几种理论观点来支配,如历史唯物论、英雄史观、经济史观、历史循环论、历史虚无主义、地理环境决定论、社会达尔文主义等等。有些人尽管口头上不承认,实际上他的研究思路和得出的结论,正是某种观点的体现。"文革"刚结束时,学术界思想混乱,认为马克思主义和历史唯物主义过时的想法,在一部分中青年学者中泛滥。具体到史学界,有人特别反对五种社会形态说,认为"文革"以前史学界对历史分期的讨论毫无意义。当然,中国古代是否有过奴隶制社会,由原始社会是否可以跨越奴隶制直接进入封建社会,这些问题都可以讨论,但不能因此而认为历史唯物主义的基本原理错了、过时了。

像我们这种年龄的人,作为新中国的第一批大学生、研究生,是在马克思主义教育熏陶下成长起来的,到今天为止并不认为这种理论过时了。极左思潮泛滥时,史学界的偏差主要是贴标签,过分强调阶级斗争、农民战争对历史发展的作用,不承认统治者及其制度政策在一定时期内的积极作用,甚至搞影射史学等。但这并不是马克思主义、历史唯物主义基本原理的错误,而是人们运用中产生的偏差或问题。"文革"后我也进行过反思,也认识到中国古代史研究中的一些错误和偏差,但想过来想过去,还是认为马克思主义的基本原理没有错,也没有过时。因为研究历史,避不开生产力与生产关系、经济基础和上层建筑、阶级和阶级斗争的相互作用,避不开社会存在决定社会意识的原理,避不开对历史规律的探讨,避不开对英雄人物和劳动人民历史作用的评价,避不开地理环境对社会发展的影响,避不开对历史人物和历史事件所进行的辩证分析……用马克思主义基本原理来处理上述问题,才是最科学的态度,才能得出最符合历史实际的结论。

在学术实践中,我也感到用马克思主义基本原理来研究历史问题的优越性。我多次参加历史学的国际会议,知晓日本、韩国、英国、德国等国学者的众多学术成果。在某些具体问题上其研究的深邃细密程度可以说常常超出中国学者,但他们不重视历史规律性的认识,这样就往往看不清历史发展的大趋势,只见树木不见森林,也难以把握历史问题的深层本质。日本著名的学者西嶋定生,写了本《中国古代帝国的形成与构造——二十等爵制的研究》,这可以说是世界上研究军功爵制最高水平的著作。他对军功爵制一些具体问题分析之精细,洞察之透彻,令人钦佩叹服。但由于他不重视对军功爵制发展规律的研究,在书中对这种制度的来龙去脉及其历史作用并没有说清楚,这就给后来者研究此问题留下了很大余地。我承认自己对军功爵制的研究在总体上还赶不上西嶋定生先生,但在对军功爵制发展规律及其历史作用的认识上却可以说超过了他。此话虽有"王婆卖瓜"之嫌,但确是实话。

关于史学方法论,其目的无非是要找到一种能够洞见历史发展规律,并且事半功倍的研究途径。我认为研究历史没有多少窍门可找,既要勤奋,又要有时间的积累。研究自然科学和文学创作可以早出成果,成名于年轻时,但研究历史的人却是在 40 岁以前很难有大成就。首先你要有 10 年坐冷板凳的功夫,因为中国的史籍浩如烟海,如果没有足够的知识积累,人再聪明也不可能写出很有价值、很有分量的著述。我给自己立有座右铭:"天资愚钝凭勤奋,事倍功半终有成。聪明才智荒学业,虚度年华空一生。"要"勤",包括眼勤、脑勤、手勤、口勤和腿勤。眼勤就是多看书,脑勤就是多思考,手勤就是多记多写,口勤就是多问多切磋,腿勤就是多实地考察。要"奋",就是奋发有为,比别人多1倍甚至10倍的努力,百折不回,最终总会有所成就,才不至于"虚度年华空一生"。

具体到著述写作,我倒有一套工作程序,也可以在这里谈一谈。一旦确定某一课题,我首先搜集资料(已有的资料更要充分利用)。我的方法是摘录卡片,每张卡片只记一条资料,以便于后来按类分组。资料内容包括三方面:一为原始史料,二为理论指导,三为学者的有关论述。资料收集齐,还要认真审核,剔除不能用的,然后把保留下的卡片按不同类分成一组、二组、三组……再根据卡片分组拟写出所要著述的大纲。第一标题下用第一组卡片的内容,第二标题下用第二组卡片的内容,依此类推。将来全文写完卡片也就用完,我把这种写作方法叫"一遍净"。我认为这种工作程序有三点好处:一是避免写前忘后,使思路通畅无阻;二是避免卡片太多,使用时给自己造成混乱;三是避免内容前后重复或自相矛盾。凡是从事学术研究的人,都有适合自己的研究方法和写作程序,我以上所谈只能说适用于我自己,不是人人适用。特别是现在有了电脑这种工具,写作和研究的手段更科学、更实用、更便捷,但读书和写作的基本程序还是一样的。

问:现在的史学界尤其是中国古代史研究领域,在学风和研究路径上还有一些不能令人满意之处。您认为主要存在哪些问题或局限,应该怎样加以克服?

答:必须首先说明,我认为现在是新中国成立以来学术研究最好的时期。就史学领域来说,研究的深度和广度都要大大超过以往任何时期,成果的丰富多彩也是过去无法比拟的。但是,在中国古代史研究中也还是存在一些问题。

一是考古和文物领域所取得的成就,还不能悉数为中国古代史研究所及时吸收。"文革"后有很多重大考古发现,如先秦金文甲骨文、秦汉简牍、敦煌文书、秦公大墓、秦陵兵马俑、明清满文老档以及历代无法计数的铜、铁、瓷器和纺织品,都足以改写中国古代史。这些虽不能说在中国古代史研究中一点儿都没有吸收,但吸收程度则是微乎其微,几十年来中国古代史是一仍其旧的老面孔。这就要求历史研究者注意吸收文物考古新成果,考古学界也应主动提供信息和资料,帮助提高历史研究水平。但更主要的还要靠国家组织考古文物界和历史学界等多学科大协作,像"夏商周断代工程"和"中华文明探源工程"那样,中国古代史研究的状况肯定会有大改观。

二是边疆史、少数民族史的研究与中国古代史的研究仍是两层皮,未能紧密结合。边疆史与少数民族史的研究一向是学术界的薄弱环节,随着新编地方史志的推进,内蒙古、西藏、新疆、广西等地区都出了地方通史和民族专史,边疆与少数民族史的研究方兴未艾。但作为反映"中国各族人民古代历史"的专门著作《中国古代史》,还很少关注和吸收这方面的研究成果,这不能不说十分遗憾。如何把两方面的研究力量和成果结合起来,写出一部内容丰满、面貌一新的反映中国各族人民古代历史的《中国古代史》,仍是我们继续努力的目标。

三是现时各地方的古都故里之争给中国古代史研究带来了负面影响。随着海外姓氏寻根、文化寻根活动的升温,大陆各地为发展旅游吸引投资,一股姓氏研究和区域文化研究的热潮也在兴起。这有利于增强中华民族的向心力、凝聚力,有利于祖国统一大业,本来是件好事。但由于地方主义作祟,各地强拉名人,妄称古都故里,造成了学术界的混乱。如老子故里,《史记》写得很清楚,即"老子者,楚苦县厉乡曲仁里人也"①,也即今天的河南鹿邑。但却凭空冒出个"安徽说",说老子是安徽某地人。不仅地方部门这样讲,学术界也有人唱和,影响就大了。再如诸葛亮"躬耕南阳"的问题,学术界原本没有分歧意见,但现在也是争论不休,以致真假难辨。这类争论对老一辈学者不会有影响,真者自真,假者自假,但对后来人则有以假作真之虞。还有梁山伯、祝英台,本是戏曲小说中之传奇人物,一些地方却将其说成是真实的历史人物,纷纷开会论证其故里。类似问题很多,我在《科学深入地研究河洛文化》(《光明日

---

① 司马迁:《史记》卷63《老子韩非列传》,中华书局,1959,第2139页。

报》2004年12月7日)一文中讲了"研究姓氏文化三忌",已有所论及,此不赘言。

问:新中国成立后的史学工作者受社会背景和教育体制方面的影响,在知识结构的广度和深度上,很难比得上新中国成立前培养的那些史学大师,所以有人说我们是一个缺少大师的时代。您怎样看待这一问题?您认为我们现在治学应该如何打破严格的学科壁垒,真正做到厚基础、宽口径,或人们常说的"文史哲"不分家?

答:我要说明,我没有一代不如一代的想法,历史总是在发展,应当是后来居上。当然不是所有人都后来居上,而是总的趋势是后来居上,其中必有一大批人后来居上。历史不总是直线上升,而是有进有退。让现代人烧彩陶、黑陶,再好的窑工也烧不出仰韶、龙山时期那样的精品,但今天的瓷器要比古代的彩陶、黑陶好过千百倍。现代人造纺车,不会比古代的纺车好使,但现代纺织机比古代纺车的效率更高亿万倍。同样讲考据学,新中国成立前的先辈的考据水平已赶不上乾嘉学派,但他们的学术成果却高于乾嘉。要论古学的功底,新中国成立后培养的固然赶不上新中国成立前培养的学者,但后来者思路新,眼界宽,方法新。特别是"文革"后培养的一代学人,都会用电脑等新工具,又广泛吸取世界史学研究的新理论、新方法和新成果,能力肯定不会低于前人。从现在已经发表的史学论著看,今人在数量上不仅远超以往,质量上也不乏上乘之作。这是总体形势。具体到某一方面,新中国成立后特别是"文革"后培养的学者,古学根底较为薄弱,对马克思主义理论也不熟悉,这都有待于进一步提高。因为新工具的掌握只是便于史学研究,不一定就必然会产生超过前人的学术成果。

关于"史学大师",他们的出现与时代环境和个人机遇有关。像陈垣、唐长孺等泰斗级的历史学家,他们古学根底深厚,学术成就斐然,新中国成立后受到学术界的景仰。像郭沫若、范文澜、吕振羽等马克思主义史学家,对古学新学都有高深的修养,对马克思主义新史学有开创之功,后来成为史学界领袖。他们的"史学大师"地位是无可替代的。而新中国成立后培养的学人,在运动不断的背景下,有的成了革命先锋,有的成了被批斗的对象,专心业务者被划为"白专",要想在其中树立起"史学大师"何其难哉!尽管如此,在新中国成立后培养的史学家中,也还是有一些拔尖人才,在我的心目中有的人也可以被视为大师级的学者。我还觉得在"文革"后培养的人才中,有得天独厚的环境条件,有不断涌现的学术成果,如能假以时日,肯定会有出类拔萃者面世。但在"千峰争秀,万壑争荣"的形势下,一枝独秀也很难。不过再难也终会产生"史学大师",因为这是时代的需要。

关于学术研究的学科壁垒问题,我是这样看的。学术研究有两个发展趋势或规律:一是越来越向专业化发展,二是边缘学科的互相渗透和协作。从学术发展的专业化方向上看,文史哲应该分家,这有利于各自学科的深入,以取得突破性的成果。但这并不是说研究史学的人可以不懂文学和哲学。历史学家的著述需要用流畅的文笔,清楚明白、深入浅出地表达自己的观点,陈列自己的论据,没有相当的文学修养是不行的,语言表达也是需要有文采的。同样,历史学家也需要有哲学修养,要有哲理思辨和逻辑思维能力,这样写出的论著才能说理透彻,条理清楚,环环相扣,不容置疑。如果不是这样,写出来的东西像"瘪三"一样,枯燥无味,颠三倒四,自相矛盾,言不及义,他要想成"家"恐亦难矣。文史哲三者都是博大精深的专门学科,人的时间和精力是有限的,专治一门兼学其他还是必要的,要想门门皆精,那就不是一般人所能达到的了。

再谈各学科的互相渗透、互相协作问题,这作为一种学术发展方向,也是很重要的。我们看到,不论自然科学还是社会科学,有些综合项目如卫星、飞机、汽车……的研究制造,都不是单一学科所能解决的问题,必须协作攻关才能拿下。历史学也是这样,如"夏商周断代工程""中华文明探源工程"等,必须靠历史学、考古学、天文学、历法学、古文字学、历史地理学、民俗学、年代学以及物理学、化学等诸多学科的大协作才能完成预定的任务。对其中的参加者,并不要求他兼通各科,但必须精通一科,发挥其知识构成在总任务中应起到的那部分作用。从这个角度上说,学科专业化与边缘学科互相渗透的两个大趋势并不矛盾。当然我们不排除有的学者既精通一门,又兼及其他,"一专多能"会对学术研究起到锦上添花的作用，协作起来更容易沟通。另外，有些文化普及型的工作，并不需要精通一门学科，反而需要"多面手"，那又另当别论了。

问：历史学研究需要继往开来，您作为史学界的一匹"识途老马"，请展望一下21世纪的中国古代史研究前景。

答：随着电脑处理技术的发展以及更多地被应用于历史学研究，中国古代史研究领域的新成果将会比20世纪更加精彩，将会取得更加辉煌的成就，这是可以预言的。

随着文物考古新发现的不断积累增多，从远古到明清的历史都会有许多新的资料补充。再结合除汉族外其他少数民族古代历史研究的大量新成果，中国古代历史将会在更坚实的基础上进行全面改写。这样，一部部崭新面貌的中国古代断代史、专门史著作将会陆续面世，一部部崭新面貌的中国古代通史著作也将陆续问世。

由《今注本二十四史》编委会主持编写的《今注本二十四史》，明年将由巴蜀书社陆续出版，以填补传统二十四史中后二十史无注的空白（即使是"前四史"中的原注释，也不再适应现代人的阅读需要，必须重注）。这将为中国古代史研究提供更为便利的资料条件，也有助于史学新成果的更多涌现。

"夏商周断代工程"完成后，中国古代有确切纪年的历史已可推至4000年前。等到"中华文明探源工程"完成后，中华5000年的文明史也将被落实。21世纪写出的《中国古代史》将把5000年光辉灿烂的中华文明更加清晰周详地加以描绘和论述，以提供给年轻一代的读者。总之，21世纪的中国古代史研究前程远大，每一位研究者都可以在其中大展宏图。

采访结束后，我们对德高望重的朱绍侯先生表示衷心的感谢，同时祝愿他这样一株久阅霜寒的老梅铁枝更健，克享高年，为芳草葳蕤的史学园地更添新翠。

——原载《史学月刊》2005年第10期

史学大家朱绍侯先生访谈录

康香阁

一、做学问要从实际出发

问：朱先生，在20世纪80年代中期，我就常常查阅你主编的《中外历史人名传略》，直到现在还保留着这本工具书。确实没想到，在25年之后还能够有机会面对面采访你，这真是一种缘分。当然，这要感谢华中师范大学历史系赵国华教授从中牵线搭桥，《史学月刊》主编李振宏教授精心安排。作为史学大家，你从事学术研究近60年，在军功爵制度、户籍制度、治安制度、名田制度等研究领域均有筚路蓝缕之功。20世纪70年代末，你主编的《中国古代史》被教育部列为全国高校文科教材，至今已发行120多万套，长盛不衰。今天，想请您结合自己数十年的治学经历，谈谈你的治学经验、治学方向、治学方法，给我们青年人以启迪。每一位学术名家都有自己的治学特点，你是如何根据自己的条件做学问的？

答：首先说明，我不是名家，只是一个一般的历史工作者，搞了几十年的历史研究，也可以谈谈自己的治学体会。1948年我考入东北大学教育系，就是张学良当校长的那所东北大学。1949年东北解放，我又转入东北师范大学历史系，1954年8月研究生毕业，分配到中原古都河南大学任教，到现在已56年了。我治学开始还是从研究生毕业以后。我的研究生导师是陈连庆先生,我跟他主攻魏晋南北朝史。上研究生期间,陈先生不主张我们发表文章。他说,读研究生主要是训练研究方法、积累资料,不要急于发表文章。他那意思是说,你在研究生期间发表文章恐怕还不成熟,等你把资料搜集好了,自己观点思路都考虑好了,毕业以后再发表文章。我们按老师的教导,在研究生时也就没有发文章。

陈先生有个观点,他认为你要搞哪个专题研究,就要把那个专题的资料一网打尽。比如,你研究秦汉土地制度,就要把秦汉土地制度的资料全部搜集起来。实际上,我毕业以后才知道,我做不到这一点,一网打尽,谈何容易!我老师的目录学功夫很到家,哪部书在哪个图书馆他都知道。对我来说,即使我知道,也不能到全国去跑,我还要教学,还有经费等条件的限制等,这一条我没有按我老师的意见办,因为我搜集不全哪,不可能一网打尽。所以,我在毕业以后做研究,就是根据我手头、学校的材料,在我力所能及的范围,搜集的资料够写文章了,我就写。我老师认为这个办法是靠不住的,他说:"你不收集齐全,你根据你掌握的资料提出一个观点,恰好你没掌握的那个资料和你的观点相反,那你怎么办?"老师说得是有道理的,但如果按老师这个办法来,我就写不出文章了。所以,这一条我没有按老师的意见办。现在青年人搞研究差不多可以做到,我培养研究生时就讲:"你们现在有电脑了,通过电脑查阅资料非常方便,像《四库全书》里边的内容都能检索出来。"这样的话,你要说一网打尽,尽量多搜集资料,要比我们那时候的条件好得多。我头两天写了篇文章,这篇文章要是让我自己查资料写,需要3个月的时间。我让振宏的一个博士生帮我查资料,我告诉他我要查什么书,要什么内容,他通过电脑一搜索很快就查出来了。我拿到资料,结果7天就写出了这篇文章。我要是自己查资料,还要一页一页翻,还要有这本书才行,没有这本书,根本就做不到。我觉得做学问要从实际出发,在你条件不完全具备的时候,也要做研究,你能掌握多少就写多少,只有不停地写,反复训练自己,才能提高研究水平。当然,给学生讲的时候,还是鼓励学生要尽量搜集齐资料,这样对学生是有好处的。毕业以后,我就按照我自己的路子,能看到多少材料就写多少文章。

二、搞科研首先要在教学上站住脚

问：现在高校的教师既要教学又要搞科研，而且科研部分所占的比重好像越来越重，你是如何处理好教学与科研的关系的？

答：教学与科研是相辅相成、互相促进的。不搞教学就不容易发现问题，科研会无的放矢；不搞科研会使人对许多问题的认识浮在表层，人云亦云。对于两者的关系，我自己的体会是：搞科研首先要在教学上站住脚，这一点我是拿定主意的。我大学毕业以后前三年就发了一篇文章，我主要觉得是要先在教学上站住脚。当时的情况不像现在，现在大家都不愿意上课，都愿意搞科研。当时的教师都是抢着讲课，而且河南大学有一个不成文的规定：教授上本科，副教授上专科，讲师上外系，助教不让讲课，只能给教授服务。它这一条很严格，恐怕各校当时也都是如此。

我们当时的系主任叫黄元起，中国现代史专家。我报到后，他与我谈话，我急忙问："下学期能不能让我上课？"他可作难了，因为研究生毕业还只是个助教，他也不好说我没有资格上课。他说："你刚来报到，是否往后推一推，再说你还要写讲稿，时间也来不及。"我说我写好讲稿了，把他给堵住了。他说课程已经安排好了，现在不能再调了。他看我也很急，也不好驳我的积极性，就说："这样吧，有个老师身体不太好，下学期你替他讲几周（实际上是试讲的意思）。"我也不懂，只是赶忙说："好好，我替他讲几周。"

当时的孙海波老先生，是搞甲骨文研究的，在全国很有名气，他愿意搞他的甲骨文研究，不大愿意上课。他讲中国古代史，也不大备课，学生听得不系统，他是老牌子专家，学生也不敢反对他。我有时候晚上替他给学生上辅导课，疏通疏通学生不清楚的地方。这样一来，他看我愿意上课，就说："绍侯你替我讲吧。"我说："那行吗？"于是征求学生的意见，结果学生也愿意让我上课，学生觉得我讲得还比较系统，就这样我就开始上课了。我这个上课不是到教授再给本科生上课，是我自己硬给争上去的。后来知道这个情况后,我说,哎呀!自己真是不懂事,抢着要上课。就这样,在前三年,我主要是把时间用在了讲课上。我在课堂上站住脚了,又有文章,以后在职称晋升方面我始终"占便宜"。我1954年秋天毕业,1956年就升任讲师了,就一年多一点的时间。我从讲师直接破格晋升教授,是新中国成立后国内最先培养的一批教授。那时候参加会议,我是最年轻的教授,现在就不同了,前几天,我到襄樊开会,我是年纪最老的,没有再比我岁数大的。我觉得作为教师,首先要在教学上站住脚,这是你基本的工作,在教学上站住脚了,不管你以后搞科研还是从事其他工作,都打下了一个好的基础。

三、科研创新要另辟蹊径

问:就目前我国高校的教学科研体制来讲,搞科研是每一个教学人员必须承担的一项工作,很多人出版了著作,发表了文章,完成了学校规定的科研数量的要求,应付了考核的需要,但创新成果甚少。学术界一再惊呼:学术垃圾满天飞,抄袭文章满天飞。你在历史研究中是如何做到创新的呢?

答:在科研方面,我一开始就是搞我上研究生时的那些选题,以后就是随大溜。所谓随大溜就是说,学术界搞什么我就搞什么,学术界哪儿热闹,我就往哪儿去。像20世纪50年代学术界开展的封建土地所有制形式、汉民族形成、农民战争、古史分期等热点问题,我都写过文章,这叫随大溜。

跟了一段之后,我觉得这样搞,不会搞出有特色的成绩,为什么?你搞得再好,学术界也顶多说你是属于那一派的成员,你不会有更新的创建性成果。比如说,封建社会历史分期就有8种学术观点,哪一派学说都有代表人物,"西周封建说"的代表人物有范文澜先生,"春秋封建说"的代表人物有李亚农先生,"战国封建说"的代表人物有郭沫若先生,"秦统一封建说"的代表人物有金景芳先生,等等。你在后边跟着他的说法,顶多是补充他的观点,完全搞个新的也很难。所以,在跟过一段之后,我就想干脆另起炉灶,研究别人没有研究过的课题。后来,我到外边讲学、做报告,人家在介绍我时就说,朱绍侯先生有几个专题是国内最早的研究者。我提出的专题有这么几个:

第一个选题是军功爵制研究。军功爵制研究我坚持了40多年,出版了三本书,一本是《军功爵制初探》,一本是《军功爵制研究》,一本是《军功爵制考论》。这个选题是我在读《史记》《汉书》时发现的。我在读《史记》《汉书》时经常会看到军功赐爵的问题,特别是在涉及秦的历史事例时,好像爵位比官位还重要,这不能不引起我的注意。于是,我下决心搞清楚这种爵制的来龙去脉和它产生的历史背景、演变缘由及其作用价值。但是《史记》《汉书》里记载得非常零碎,你很难拼成一个系统,你非得利用简牍或者是诸子百家著作里的零星记录,才能给它拼凑起来,从中找出一个脉络,这样的话,你才能把军功爵制前后发展的脉络系统搞清楚。我钻到这个领域里,每发表一篇文章,都是我自己的成果,不管别人怎么说,都是我自己的意见,因为别人不搞这个东西。到现在为止,都知道秦军功制爵位是二十级,其实,在商鞅变法的时候才十七级,那时候没有列侯、关内侯、驷车庶长。因为当时的国君本身就是侯,所以,他不能再封侯。秦统一以后,才增加了列侯、关内侯、驷车庶长三级,构成军功爵二十级。但是学术界不知道这个情况,因为没人搞这个东西,虽然《商君书》里边有这些说法,也没人认真考虑。我是专门搞这个题目的,我利用《商君书》《墨子》《史记》《汉书》等各种史书、子书和简牍等文献,详细搜集资料,梳理军功爵制发展的脉络,对它的产生、发展、衰亡进行了论述。我认为,军功爵制的历史发展过程是萌芽在春秋、形成在战国、发展在秦汉,东汉以后就逐渐衰落下来,但一直延续到唐初。像赐民爵八级制度就一直延续到唐初。赐民爵八级是我在研究二十级军功爵制中发现的,二十级军功爵制最低的一级叫公士,我从公士爵位以上又细分出八级,这八级是授给老百姓的爵位,故称为赐民爵八级。在全世界来讲,老百姓能有爵位的只有中国有,外国没有这个制度,而且中国的这个制度起源很早,在汉代就出现了,一直延续到唐初。我搞这样的研究,不管怎么说是我自己的,这样的搞法也不可能抄别人的,这是我的一个选题。

问：你的第二个重要选题应该就是户籍制度研究了。

答：对，我的第二个选题是户籍制度研究。户籍制度在简牍里边记得还比较清楚，但史书里边不那么清楚，上有功名，下有田宅，这样的记载很笼统。按户籍人名分田宅大家是知道的，但具体分多少、怎么分，根本不清楚。我觉得户籍制度很值得研究，别人都不搞，我可以搞。我原本想写一本《中国户籍制度史》，这个目标没有达到，但是我把户籍制度内容都搜集到了。我主要是搞秦汉和魏晋南北朝史，我就把这一段的户籍制度都融入我的两本书里边去了，一本是《秦汉土地制度与阶级关系》，一本是《魏晋南北朝土地制度与阶级关系》，在我搞的土地制度和阶级关系里边含有户籍制度，这个也算是新的。山东大学郑佩欣给我讲："搞户籍制度研究，大家还是要看你这两本书。因为别人不搞，你搞了总算是个新的，成绩算你自己的，人家不会说你是抄袭，你也没处可抄，我觉得这是有创建的。"

问：你撰写的《秦汉土地制度与阶级关系》和《魏晋南北朝土地制度与阶级关系》这两部著作花费了多长时间？从整体上看，这两部著作主要是想解决什么问题？

答：这两部著作花费了20多年的时间，主要目的是想通过对秦汉至魏晋南北朝时期的土地制度与阶级关系的研究，搞清楚中国古代土地所有制的演变情况、中国古代剥削关系的演变情况以及土地制度对剥削关系的作用，并由此解决中国古代历史分期问题。

问：你的第三个创新性研究是治安制度史研究？

答：是的，我的第三个选题是治安制度史研究。实际上，中国古代没有治安制度，中国古代治安制度是和军事制度混合在一起的。比如，在古代，防火就是治安制度，地方上都有管防火的，但它不叫治安制度这个名称，所以要把这些制度都抽出来。另外是中央的保卫制度，中央的保卫制度一般都是分皇帝、宫城、首都三级保护，这就叫作治安制度。我就把古代从中央到地方，从现在这个角度看，凡是属于治安制度这个范围的，都把它提炼出来，称之为治安制度。所以，治安制度史这个名称跟古代时候的名称是不符合的,古代的好多治安制度是列入军事制度里边的。比如像都尉、乡、亭,虽然都属于军事组织,但治安制度都包含在里边,我把这个东西都编纂到治安制度里去了,这样一组合,我写出来的总是个新东西。我虽然自己没有写出治安制度史,但我把我的学生组织起来了,由我任主编,撰写了一本《中国古代治安制度史》,很厚,有 65 万多字。这本书从先秦一直写到明清,它对中国古代历朝历代的治安制度进行了较为全面的总结,不仅填补了该领域的一项空白,而且对今天的社会现实也有一定的借鉴意义。搞历史研究的学者一看就说我这是个新东西,所以有人介绍我说,搞治安制度史也是我最早研究的项目。

问:名田制度研究也是你首先提出来并加以研究的?

答:对,名田制度研究是我的第四个选题。名田制度属于土地制度的范畴。我对名田制度的研究,观点前后变化很大。我把名田作为一个制度提出来,有人不赞成,复旦大学杨宽先生赞成,杨先生说,朱绍侯说的那个名田制度,确实是存在的。实际上,政府并没有颁布名田制度,它都是在行文中说,以名占田,名田多少。我把各种名田的提法,总结到一块儿研究,叫名田制度。刚开始研究名田制度的时候,我是把它作为一个独立的制度进行研究,随着研究的深入,我发现了它与军功爵制之间的关系,即军功爵制和名田制是同时兴起、同步发展,而且同步衰亡的。于是我得出如下结论:如果说井田制是西周世卿世禄制和五等世袭爵制的经济基础的话,那么战国之后的名田制度就是军功爵制的经济基础。到后来,好多人写文章、编教材就开始用名田制度这个词儿了。

随大溜研究,一般来讲也可以,大家研究得热火朝天你不理不碰,什么都不知道也不对,但随大溜研究没有意思,你搞不出自己独特的东西,应该自己另辟蹊径,找出一个研究的方向,有一种寄托,这样的研究也容易出成果。这是我选题方面的一个经验。

四、研究计划的长短期结合

问:在学术研究方面,有些大的课题需要撰写成著作才能说清楚,才能形成学术系统,而撰写一部著作有时需要花费数年的时间。在目前教学科研评价体制下,作为教师和科研人员,每年还必须要有一定数量的论文发表,以完成所谓的工作量考核。在这一点上你积累了哪些好的经验?

答:做学术研究,既要有长期打算,也要有短期打算,尤其是建构学术体系,没有长期打算是建不成的。在这一点上,我采取的是长短期结合的方法。我的这个方法就是把一个长期计划给分开,比如,我撰写《秦汉土地制度与阶级关系》《魏晋南北朝土地制度与阶级关系》这两部著作,从历史长度来讲,从秦汉一直到魏晋南北朝,时间跨度很长,需要很长的时间才能完成。但我在写这两部著作的时候,是按一个专题一个专题写的,这样有什么好处呢?就是在我写大部头著作的时候,我也可以发表短期文章,而短期文章集中起来就是一本书。我的导师陈连庆先生很赞成我这个方法,他给学生说,朱绍侯这个办法对,要不然你搞一个长期计划,中间几年你就不能发文章,多少年不发表文章,你在学术界就没有影响。在学术界的影响,主要看你能发什么文章、出什么书。如果你长期不发表文章,最后这本书能不能出版,还不知道,最后变成无效劳动,那不是很糟糕。当然,你也不可能把这本书的内容全部发表,你发表了一部分,在学术界有影响了,你再出一本书,人家也不觉得突然。另外,对军功爵制度我是这样搞的,秦汉土地制度我也是这样搞的,我都是先一篇一篇写,这些文章都是我总计划中的一部分,不是东一榔头、西一榔头乱写。我有前期成果了,最后再集中起来成一本书。我这样的做法对于出书找出版社也容易,你像我的《秦汉土地制度与阶级关系》和《魏晋南北朝土地制度与阶级关系》都是中州古籍出版社给我出的。我们在一起开会,他们也知道我发过这方面的文章,对我的著作有信心,我给他们一说,他们说:"好好,我们给你出。"

问:你在军功爵制度研究方面出了三本书,这三者之间是什么关系?

答:这三者是从文章变成小书,从小书变成大书,不断补充、改进的关系,这还是按我长短期相结合的计划,一步一步实现的。最初,我发表了几篇军功爵制研究的文章,上海人民出版社给我出版了《军功爵制初探》,是一个小薄本。后来我又发表了若干篇文章,上海人民出版社又给我出版了《军功爵制研究》。过了几年,我又写了几篇文章,2008年商务印书馆给我出版了《军功爵制考论》。

问:华中师范大学历史系赵国华教授就说,朱绍侯先生的《军功爵制研究》在世界上都很有影响,国内独此一家。

答:在国内没有第二本《军功爵制研究》。关于军功爵制度这个名称,国内也有争议,有的叫赐爵制度,有的叫二十等爵制度,我叫军功爵制度,因为我在简牍上找到证明,简牍上就有"军爵制"这个词儿,实际上就是军功爵制。但在《史记》《汉书》里边用"赐爵"这个词的地方也很多,郑州大学的高敏先生就用"赐爵制"这个词儿,日本学者就用"二十级爵制"这个词儿。我虽然定名叫军功爵制,但我在论证时也是用赐爵和二十级爵这类名称,因为军功爵就是二十级。对军功爵制从发生、发展、形成到衰亡进行全过程系统研究的,在国内确实就我一个人,我写的东西,别人不同意也没办法。当然也有些不一致的地方,有的学者认为"爵位不分民爵和官爵",这个提法不对,还是分官爵和民爵的。我也给人辩论,意见不同还是要辩论的,当然,我也有提错的,人家说得对我就改。但系统地这样搞,从小到大,到出书,全国就我一个人。这是关于从单篇文章到出书这样的想法。

五、资料分类和写作工序

问:资料是撰写论文和著作的基本材料,传统的积累资料的方法也是多种多样,有的是写卡片,有的是写笔记,有的是剪贴,你采取的是哪种方法?有什么经验?

答:在搜集资料方面,各人有各人的习惯,要根据具体情况,采取不同的方法,不必一致。我那时候的做法是在读书后做些卡片,不像你们现在用电脑一查就查出来了,不用做卡片了。我做研究的时候,我写的卡片觉得够一个专题了,我就写一篇文章。我的写作提纲,是根据卡片来的,不是从脑子里想出来的。我把积累的卡片分成组,按问题的产生、形成、发展、改进等专题分开,每一组都是一个具体的专题。分开以后,我把卡片相同的一类放到一起,分成一撂儿一撂儿的。然后再考虑把哪一撂儿放到最前,哪一撂儿放到最后。我的整个提纲就是根据卡片的排列顺序提炼出来的。我觉得这个办法还是很成功的,要不然你搞了一大片,乱哄哄地无从下手。我们系里有一个学生,卡片写了一大堆,就是写不出文章,因为他不能处理这些卡片,他不能归类,不能形成系列。根据卡片分类以后,就形成一个文章的提纲,在你写第一个问题时,就用第一组卡片,写完了,收起来,其他组的卡片不扰乱你。写第二组时,用第二组卡片;写第三组时,用第三组卡片,卡片用完了,文章也写出来了。如果写的时候发现有些卡片排的思路不对,就再调整一下。我觉得用这个办法写文章,至少从逻辑系统上不乱,我给我的学生讲,把卡片和文章能够结合起来是个好办法。现在不行了,现在年轻人他根本不写卡片,而是从网上摘录。如果写文章从网上摘录,把网上摘录的东西能分出一组、二组、三组,然后再写也比较通顺。过去我们写卡片存在的最大的一个问题要注意,就是抄录材料本身就有错。我写的《魏晋南北朝土地制度与阶级关系》出版以后,我也对原书,发现有些字就写错了,有的写的就是意思,其实不是原文。后来我一对卡片,原来卡片上就是那样写的,卡片本身就抄错了,有的卡片上写的只是大概意思,不是原文。现在你从网上摘录,一般不会出现这个问题,你整个都给它复制下来了(作者注:从网上复制资料也要核实原文,因为有些繁体字或冷僻字网上不显示,或变成了错字)。现在年轻人搜集资料比我们那个时候的条件要好得多。

六、主编《中国古代史》

问:除了学术专著外,你还主编过《中国古代史》《中国古代史研究入门》《中国历代宰相传略》《〈后汉书〉精言妙语》等多部著作,其中在1979年主编出版的《中国古代史》被教育部列为高校文科教材,至今已使用了32年,改版5次,总发行量超过120万册。它已成为改革开放30多年来使用面最广、影响最大、学术性最强、发行量最高的一套古代史教材。请您谈谈《中国古代史》这部教材的编撰情况。

答:《中国古代史》这部教材刚开始不是教育部组织的,是我们十院校自己组织编写的,而且我不是发起人,我加入编写组后,让我当主编。当时之所以要编这部教材,是因为"文革"期间各高校把教材都烧了,"文革"结束后没有教材可用。西北大学韩养民和杭州大学徐明德作为发起人,联系几所大学要编一部教材。我在沈阳辽宁大学开会的时候见到韩养民了,他说:"我们正在组织编写《中国古代史》教材,听说你编过教材,你也参加我们编写组吧。"等到杭州开筹备会时才有七家,开会中间又来了三家要求参加,所以叫十院校,是我们自发组织的。我参会时带去两个人,一个是张嘉沧,一个是魏千志。我带他们去就是直接让他们参加执笔,我会后就想退出来,我在系里编过教材,不想再参加了。编写教材首先要推荐一个主编,开始推荐的是西北大学林剑鸣,他当过秦汉史学会会长,但他坚决不干,推荐另一位也坚决不干。有位专家想干,大家意见又不一致。西北大学的韩养民和陕西师范大学的牛致公说让朱绍侯当吧,他编过教材。我要再不干,编教材这个事可能就要散伙。能干的坚决不干,想干的不让干,最终,就推选我当了主编。我和林剑鸣的关系很好,我特别问他:"你既然来参会了,大家推荐你,你为什么坚决不干呢?"他说:"你不知道,我们教研室编一个《中国古代史》意见都统一不了,都坚持个人的观点,谁也不听谁的,你想十所院校谁也不认识谁,怎么能统一,没法干。"大家让我当主编,我首先要制订出一个教材编写大纲,当时带到会上的有三个大纲:安徽大学一个、我们学校一个、山东大学一个。大家说就以这三个大纲为基础,先整理出一个新的大纲,讨论了两天根本就没有结果,谁也不放弃自己的观点。但一部教材又不可能容纳五花八门的观点,自相矛盾。这下我明白了,怪不得林剑鸣不干。这怎么办呢?我抬出了范文澜先生说服大家。我说,我参加过1959年郭沫若主编的《中国史稿》那个编写会,你看郭沫若那么大的名望也统一不了大家的意见,统一不了怎么办?范文澜先生说话了,他说:"这个统一不了是正常的事儿,我在延安编写《中国通史简编》也遇到这个问题,根本统一不了,大家各提各的意见。后来,我提出意见,谁当主编,谁拿主意,尊重主编的意见,要不然根本统一不了嘛。现在《中国史稿》郭老是主编,以郭老的意见为主,郭老怎么说就怎么办,这个不能讨论。"我说范文澜先生在《中国史稿》会上提出主编拿主意,现在大家意见统一不了,我现在是主编,应该我说了算,我要是说了不算,我就不当主编了。大家说这个办法好,朱绍侯说了算,以我为主。当然这个讨论中间还是吸收了大家的意见。比如,当时我认为门阀士族和庄园经济是有进步性的,现在学术界对此已经没有疑问了,大家都同意它有进步性。但在当时却不是一件小事。包括在编写工作中一直支持我的安徽师范大学的张海鹏先生,在这一点上也反对我。他说:"你的胆子太大了,都说门阀士族和庄园经济是腐朽势力,你敢说他有进步性?"我说:"你想一想,士族并不都是那么腐朽,王导和谢安不都是士族吗?都是一流门阀,但是这些人在东晋确实是起了作用的呀!从田庄经济发展来看,它比汉代时的单一经营要好,田庄经济是综合经营,农林牧副渔都有,又有组织,又有效率,你不承认它,那它是怎么发展起来的?"他还是不同意,我说这样吧,我综合一下大家的意见,我不很明确提它有进步性,就说它是顺应了历史发展,所以《中国古代史》在这一方面不是我的意见,是大家互相迁就后的意见,你一点也不迁就人家,人家也不干哪,不能一个人说了算。但整个《中国古代史》的大纲是我主导的,具体意见还是吸收了各家的意见,最后这个书还是编成了。1979年由福建人民出版社正式出版试用本,1980年经教育部组织专家鉴定,被确定为全国高校文科教材,现在已经用了30多年,很多高校仍在使用,总数已经印到120多万册。根据教育部历史教学委员会2000年的一项调查,这部教材的使用率曾经占被调查高校的50%以上,影响还是蛮大的。

问:在当时的情况下,你主编的这部教材和过去的教材相比有哪些特点?

答:在当时来看,这个教材的出版确实有几个方面比较新。这部书最大的优点就是吸收了当时学术界研究的最新成果,特别是吸收了文物考古学方面的最新成果。利用文物考古的一些成果,把好多历史上文献记载的东西突破了,比如关于冶炼的问题、关于纺织的问题、关于瓷器的问题等。过去认为中国瓷器发现的年代是很晚的,后来的考古证明,我国在商朝和周朝就发现了原始瓷器,我们把这些新内容都补充进去了。还体现了好多新技术,比如我国的冶炼技术,经考古证明,要比世界冶炼技术先进1000多年,我们把这些新的成果都补充进去了。另外,对原始社会的一些提法也是比较新的。这部书出来以后,大家感到面目一新。在当时,全国很多高校都用这部教材,为什么受欢迎?就是因为它的内容体系新。直到现在许多高校还在使用它。

问:你主编的《中国古代史》这部教材,从1979年出版试用本开始,至今已修订6次,改版5次,印刷30多次。改版主要改了哪些内容?

答:这部教材从出版到现在已经32年了,先后修订6次,改版5次,修订主要是改错字,是改一些比较小的问题;改版都是变动比较大的。比如说,我们在编写教材当初,我就提出一个口号:"我们的教材是讲历史,历史原来是个什么面貌就是什么面貌,不要联系现实。"历史事实证明,联系现实越近,寿命越短,这一点,我们的教材编写按我的意见办了。虽然我们那时说不跟时代跑,可是你有意无意中还是跟时代跑,比如写农民战争,第一版就强调得过分,占的分量过多,过一段时间就发现不合适了。所以,我们改版首先就要改写农民战争部分,第一版写农民战争不提缺点,第二版也开始提缺点。另外,对农民战争的叙述过程尽量简化,小的农民战争就不提了,这样的话就删减了很多,节约了篇幅,然后增加了一些新的内容,比如增加了制度方面的内容。第二次改版就增加了文化方面的内容。有一段时间文化很时兴,我们就突出了文化方面的内容,比如像节气的问题,我们就写得很详细,把文化抬得很高。但现在来看文化内容突出的也不一定合适,因为这不是历史教材的任务,再改版时我们就做了删改。最新的修订版有一个大的改动,就是关于历史分期的问题。我们那个时候认为,社会发展要经过5种形态,即原始社会、奴隶社会、封建社会、资本主义社会和社会主义社会。现在的中青年学者一般都不赞成,他们主张连封建社会都不要,这个我反对,我说封建社会还是要提,为什么要提封建社会?因为我们党的革命目标就是反帝反封,你把封建社会去掉了,共产党连革命的目标都没有了,那它怎么成功的呀?你要照顾社会影响,你仅从纯学术的角度认为封建社会不成立是不行的。所以在这本书里,封建社会还提,其他如奴隶制社会就不提了,奴隶制还提,奴隶制度是存在的,就是把奴隶存在的具体情况摆出来,不讲它是奴隶社会,反正有奴隶。以后进入了封建社会,也不说什么时候进入了封建社会,从秦汉以后都称为封建统治。修改以后,就是淡化了五种社会形态,但隐隐约约也能看出还有奴隶,以后进入封建社会,到明清时候出现新的因素,不再用资本主义萌芽这个提法。新版主要是改这方面的内容。教材也还是要根据学术界一些大的方向来考虑修订,但这跟政治没关系,这是学术上的问题,和"文革"时期不一样,那时候都是和政治挂钩的。

问:通过你在这部教材中所体现的思想体系,我想再深入地谈一谈历史研究中的指导思想问题。我先后采访过历史学家李学勤先生、林甘泉先生、熊铁基先生和哲学家汤一介先生等,他们几位和你一样都是在20世纪50年代进入学术领域的,你们这一代的学者有个共同特点,就是从研究方法上都接受过马克思主义理论的基本训练。60年过去了,特别是改革开放30多年来,随着中外学术交流的日益扩大,西方的各种理论体系逐渐传入中国,人们对马克思主义理论的认识也有了多元化的理解。一些学者,尤其是一些中青年学者开始运用西方的一些新理论开展学术研究,甚至有人认为马克思主义的史学理论已经过时了,比如,对中国历史分期的判断等。林甘泉先生仍然坚定地认为,历史研究仍要以马克思主义为指导;有些学者认为,历史研究不能用马克思主义包办一切。朱先生,你是这60年历史学研究的见证人,你认为,在当前情况下,我们应如何理解马克思主义和史学的关系?

答:编教材和搞研究需要有指导思想,这是个客观事实,不管你是否承认,你的研究都会受一种或几种理论观点的支配。有些人尽管口头上不承认,实际上他的研究思路和得出的结论,正是某观点的体现。像我们这个年龄段的人,还是坚信马克思主义的,我主编的教材还是以马克思主义为指导的。马克思主义认为,人类历史的发展要经过五种社会形态,我们认为是存在的,至于中国是否存在这五种形态,是否符合这个规律,是否有中国的特殊性,学术界确实还没有解决。因为什么时候是奴隶社会,什么时候是封建社会,我们争论了这么多年还没有搞清楚,实际上界限很难划。有奴隶制不错,什么时候进入封建制的?有人定在西周,有人定在战国,有人定在秦汉,等等,这都是人为定的,这并不是马克思定的。马克思只是给出人类社会历史发展的基本规律,这没有错。我们没有解决好中国历史发展的分期问题,是我们的水平问题,我们不能把这个问题怪到马克思身上。西方的一些理论有其特点,这是我们应该承认的,但总的来讲,马克思主义理论体系与其他各种西方理论相比,仍具有巨大的优越性,是其他理论无法比拟的。

问:通过阅读你的著作,我发现在封建社会历史分期方面,你的观点是坚持"战国封建说"。

答:对,我现在采用的是"战国封建说",还是郭沫若的意见。从我自己的经历来说,我读本科时,学的是"西周封建说",那时候听老师讲井田制度,什么公田、私田,听得可有道理了。后来我跟导师陈连庆念研究生,他是主张"魏晋封建说"。他讲奴隶制的发展,从殷商一直讲到汉代,奴隶越来越多,他材料摆得可多,我可信呢。我到河南大学教书时教的是"战国封建说",这时候郭沫若的《中国史稿》出版,"战国封建说"成为主流。我是在研究军功爵制时逐渐确定"战国封建说"的。商鞅在所建的军功爵制里边有一个制度叫"乞庶子"制度,就是他打仗立了军功,当了官,朝廷要配给他多少庶子。庶子是什么意思呢?庶子就是打仗时跟着主人去打仗,不打仗回家后,庶子一个月要给他的主人服6天劳役。我认为庶子与主人之间是一种典型的封建依附关系。不搞军功爵制的人他不知道这个问题。从这个角度看,战国进入封建社会还是有道理的。因为从政府上下都承认这个制度,而且这里边也包括土地,就是名田制度。我认为,名田制度是一种长期占有制,好多人认为是土地私有制。土地制度发展应该是从公有,到长期占有,再到私有。但中国很奇怪,就是从公有直接到私有,我觉得中间有一个长期占有制,而名田制度就是长期占有制,长期占有发展下去一定会变成私有制。因为长期占有没人管了，他就在地下偷着买卖，政府也管不着，政府的目的是收租税，他不管你谁所有，长期以后就变成了私有制。从这些土地形态、人身依附关系看，确实从战国开始发生一个大的变化。我定战国为封建社会的开始，不完全是按郭老怎么说我怎么听，我是根据自己的研究得出的结论。

问：你在军功爵制研究中，发现了"乞庶子"制度，通过对庶子制度的研究，你认为战国应该是中国封建社会的开始。按道理说，从战国进入封建社会后，奴隶应该逐渐减少，而实际情况是，奴隶不仅没减少，到秦汉时反而增多了，这怎么解释呢？这也正是持"魏晋封建说"，包括你的老师陈连庆先生反对"战国封建说"的主要依据。

答：在发现"乞庶子"制度之前，我相信我老师讲的"魏晋封建说"。发现"乞庶子"制度之后，我相信我自己得出的"战国封建说"。对于战国后奴隶增多的问题，应该这样理解，就是说奴隶社会里也有封建因素，封建社会里也有奴隶制度的形态。由于奴隶社会和封建社会界限不明确，我们更应该辩证地把它处理好，不能见到奴隶就说是奴隶社会，见到有封建依附关系就说是封建社会，关键是，这种关系是否已成为一个广泛的社会制度被认可。后来我这样表达我的观点，从剥削制度来看，越早期越残酷，越发展起来以后越宽松。奴隶社会非常残酷，奴隶制社会奴隶都不是人，在封建社会还是依附关系，还承认有人格，到资本主义社会人就比较自由一些了嘛。从这个角度讲，我觉得研究历史还是得用马克思主义的历史唯物主义和辩证唯物主义，因为它能从实际出发，追踪历史的全过程。而西方一些新提法都是就事论事，不搞前因后果。这一点它比西方任何一个理论都高明。我编的这部《中国古代史》当初就是以五种生态方式的观点来编写的，提得很明确。后来几次修改，逐渐把五种生态方式淡化一下，但核心还是五种生态方式。

问：今年8月，河南大学出版社出版了你主编的另一套古代史教材《中国古代史教程》，它和福建人民出版社出版的《中国古代史》在体系上是否有区别？

答：河南大学出版社出版的这套教材和福建人民出版社出版的那套

教材在体系上完全不一样，它完全打破了五种社会形态的体系，是一种全新体系的中国古代史教材。这种全新的体系是编写人员一起讨论的意见，我只是起到掌舵的作用。比如说，编写人员提出要把五种生态方式全部取消，我说我就只保留一条，就是封建制/封建政权这一点还要提。"封建"二字不能去掉。我还是坚持说，共产党革命的目标就是反帝反封建，你给他去掉一个"封建"社会，它还怎么反封建，无论如何也要保留这一条。到秦汉以后，你可以把国家的政权都说成是封建政权，你按照中国的封建制度来理解可以，你按马克思主义五种社会形态理解封建政权也可以。但总是有封建，而且证明我们党的革命目标没错，不然将来它是有问题的，因为不符合历史事实。

问：共产党的目标是反帝反封建，共产党取得政权了，历史证明它的目标是正确的，教材就应该反映历史的真面貌，你把共产党革命的目标都去掉了一条，那就不是真实的历史了。

答：对呀！共产党连目标都搞错了，它怎么能成功呢？你要考虑这个问题。我给编写组成员一说，大家同意保留"封建"，这样我就都给它改了过来。

这部《中国古代史教程》等于是我还了河南大学出版社的一笔账。1985年河南大学出版社成立，我担任总编辑，我们出版社好多人对我有意见，他们说："你有一本畅销书（《中国古代史》）让人家福建人民出版社出，不让咱们出，你这算啥。"我说："那时候咱们出版社还没有成立呢。"他们说："现在咱们成立了，你给它要回来嘛。你是主编，你不让谁出，谁能出吗？"我说："交朋友还要讲信用嘞，那时候急着出版，人家给出了，你现在成立出版社了，给人家要回来，这咋说嘞。"他们说："那你也给我编一本《中国古代史》。"始终催着我编，一直说了多少年。

现在河南大学出版社的社长也是我学生，于公于私我都不好推。另外，他找华中师范大学的章开沅先生编《中国近现代史》，章先生是他的博士生导师。他找他的两个老师，一个编古代史，一个编近现代史。在这种情况下，我作为出版社的创办人，也必须接受出版社交给我当主编的任务。教材大纲讨论用不用五种生产方式说时我接受编写人员的意见,但我不同意的事,我要提出来,因为我是主编,还是要负责任的。而我们十院校的《中国古代史》在修订时,后进来参加编写的人也有人主张要去掉五种社会形态的提法,我说:"那不行,这本书原来参加的人还在,主编没变,你把他的观点变了,就等于隔断了前后之间的联系性,你可以淡化它,但不能改变它。"河南大学出版社的这一套教材是另起炉灶,体系可以改变,但我坚持保留封建说。

问:听了你刚才的讲述,我觉得要深刻理解你的学术专著,首先要理解你的史学思想,要理解你的学术思想,就要理解马克思主义与史学的关系,因为你的史学思想来自马克思主义史学理论。

答:对,像我出版的《军功爵制研究》《秦汉土地制度与阶级关系》《魏晋南北朝土地制度与阶级关系》等专著,实际上也都是利用马克思主义理论做指导的结果。

问:你再进一步解释一下,马克思主义指导历史研究的方法你是如何具体体现的?

答:就是用历史发展的观点,找出来事物发生、发展、演变的脉络,就是要把事物的前因后果搞清楚,要完整地理解它,发现它的规律所在,这就是马克思主义指导历史研究的具体体现。而资本主义理论的各种研究方法,它都是就事论事,它不讲历史发展规律。我搞的军功爵制研究是讲发展规律的,这个规律就是马克思主义基本原理指导的结果,但我并没有说我的这个观点就是马克思主义,我是说我的这个观点是按照马克思主义和历史唯物主义的观点得出来的。日本学者西嶋定生先生写有一部《中国古代帝国的形成与构造——二十等爵制的研究》,在世界上很有名。他研究的方法就是就事论事,对一个具体问题研究得很精细、很深刻,但他不重视对军功爵制发展规律的研究,他对这种制度的来龙去脉及其历史作用没有说清楚。可以说在具体细节问题上,我不如他,但从把握军功爵制发展的规律及其历史作用的认识上,我却超过了他。这样说,虽有"王婆卖瓜"之嫌,但确实如此。

七、国学应该研究,但不能让国学压倒一切

问:刚才我们谈了你的学术研究情况,下面我再谈一点社会热点问题。近几年来,国学是一个很热门的话题。很多高校成立了国学院、孔子学院、儒学院等,但有的学者对这种现象不以为然。我采访林甘泉先生时,林先生说,我们搞历史研究的人并不感到国学有多热,我们搞历史研究本身就是国学。朱先生,你也是搞历史研究的,你对当前的国学热有什么看法?

答:国学是我们的国粹,还是应该研究的,但你不能让国学压倒一切。国学总有它的时代性,它不可能适合任何时代。你恢复国学的本来面貌,保留精华,剔除糟粕,那肯定对现实是有好处的。但你把国学说得特别好,比马克思主义还好,也不能那样说。马克思主义也在与时俱进,你说现在的马克思主义和毛泽东时代的马克思主义一样吗?它不一样。但我们说的时候,还得说它是延续下来的,你不这样说,不就是割断历史吗?它一个时代有一个时代的认识,有一个时代的关系,回头看,它错了,但是历史地看,它又必须要经过那个阶段。对"文革"的认识,我就有一个观点:"'文革'当然很坏,这是没有问题的;正因为它那么坏,邓小平一下子就把它彻底否定了,另起灶炉,提出一个全新的观点,中国迅速发展起来了,不然的话,中国不会像现在发展得那么快。"这还是马克思主义的观点。

八、学术研究与国家利益

问:今年6月29日北京大学成立了儒学研究院,哲学大家汤一介先生任院长。在5月份,我给汤一介先生做过一次访谈,在谈到北京大学即将成立的儒学研究院时,汤先生说,20世纪90年代他就提出来要建立一个儒学研究基地,但北京大学的人文思想也是各种各样的,有学者提出:北京大学是五四运动的发源地,是当时批判儒学的地方,你在北京大

学建立一个儒学研究院与北京大学的传统不相吻合。其实不然,五四时期是想把中国传统中糟粕的东西去掉,并不是要抛弃整个传统。朱先生,我认为这实际上反映的是马克思主义与儒学的关系问题。我们应该如何理解这一表面上看起来似乎是对立的,但实际上它又是统一的问题?

答:我觉得学历史有一个好处,就是能够历史地、灵活地看问题。你提到的五四运动,我们现在对它还是纪念的,肯定五四运动是爱国主义运动。但五四运动是打倒孔家店的,那你现在还打倒吗?现在到处在建孔子学院、捧孔子学院。你要说捧孔子学院就反对五四运动,那行吗?不行。五四有五四时期的历史背景条件,那时候,封建的礼教阻碍了中国的历史发展,在那样的情况下,你就要矫枉过正,有些事情你不矫枉过正,就不能达到你的目的,达到目的以后,你又得退回去,但你又不能说那个时候的过正是错的,所以你要用一个历史的观点来处理问题。另一个是要灵活地看问题,你得看时代的发展。现在那么捧孔子学院,显然在五四时期是办不到的,而且明显是和五四对着干的,但是这两个你都得肯定,站在什么立场上肯定,要站在对国家有利的立场上说,这也是马克思主义的历史观。在当时的情况下,必须打倒孔家店,你不打倒,科学就不能发展。反过来说,你把中国的国学国粹都否定了,那能行吗?中国都没有自己的东西了,那你以后还怎么发展!但这个发展不是明清时候的那个发展,而是吸收先进思想以后的发展。学术思想从来都不是单一的、孤立的,都是要互相吸收的。你刚才说了,有些人用西方的观点进行学术研究,也允许呀,把它好的东西吸收到马克思主义里边,也还是马克思主义呀,你把它吸收到我们的古代国学里边,也还是国学,它不是对立的。作为一个独立的民族国家,它一定有自己的东西,它也绝不排斥外来的东西。你看,我们国家从理论上讲,我们说还是坚持马克思主义,这个绝对没有问题,但从我们的外交上看,我们说的话哪一句是马克思的话,从两边看,既要肯定,又要否定,这是历史唯物主义的观点。再具体说,你今天肯定孔子学院,孔子学院不就是宣传中国的文化吗?这是在给世界介绍中国自己的东西呀,你在五四时期能行得通吗?当时肯定是有当时的背景,现在肯定是有现在的背景。你现在到法国开一个马克思主义学院能行吗?你办孔子学院行呀,这是中国的文化,这正反映出中国是大国、强国。我觉得真正把历史学好,就能够正确地处理好政治问题、外交问题、人际关系问题等。

——原载《邯郸学院学报》2010年第4期

勤于治史多创获，鲐背之年霞满天
——朱绍侯先生访谈录

王记录 程洋洋

朱绍侯先生1926年11月21日出生在辽宁省新民县一个农民家庭。1948年考入东北大学教育系，1949年转入东北师范大学历史系，1954年毕业于东北师范大学研究部，遂被分配至河南大学历史系工作。历任河南大学历史系教授、主任，河南大学出版社总编辑。曾兼任中国史学会理事、中国秦汉史研究会副会长、中国魏晋南北朝史学会常务理事、河南省史学会会长、河南省古籍整理领导小组副组长等。1992年获中华人民共和国享受政府特殊津贴的专家证书。朱先生长期从事中国古代史的教学和研究，尤精于秦汉魏晋南北朝史研究，是国内军功爵制、户籍制度、名田制度、治安制度研究的开创者。特别重视利用简牍材料结合文献记载考证古代名物制度。已出版的学术著作有《军功爵制试探》《军功爵制研究》《军功爵制考论》《军功爵制研究（修订版）》《秦汉土地制度与阶级关系》《魏晋南北朝土地制度与阶级关系》《雏飞集》《朱绍侯文集》《朱绍侯文集（续集）》等，主编《中国古代史》《中国古代史研究入门》《中国古代治安制度史》《中国古代宰相传略》《中国古代民族关系史研究》《中国古代史教程》《今注本二十四史·宋书》等，并发表学术论文200余篇。朱先生以学术为生命，鲐背之年依然笔耕不辍，屡有长篇佳作问世，视域宏阔，见解独到。2018年12月，受《史学史研究》编辑部委托，我们在古城开封延寿寺东街朱绍侯先生的家中对他进行了采访。朱先生虽然已93岁高龄,但依然精神矍铄,声音洪亮,和我们一起分享了他近70余年的治史经历和体会。

一、治学经历和治史风格

问:朱先生您好,您现在是著名的历史学家,但每个学者都有自己的成长过程,能否谈一谈您最初是怎样走上治史之路的?

答:我1948年考入国民党时期的老东北大学,当时学的是教育。1949年东北大学重组,教育系取消了,我就转到东北师范大学历史系学习历史。为什么转到历史系呢?因为我从小就爱看历史小说,像《三国演义》《前后七国志》等,甚至武侠小说,比如《三侠五义》,我都看过。其实小说里写的都不是真历史,都是假的,但是我觉得很有意思,既然教育系取消了,让另选专业,我觉着自己很喜欢历史,就转到历史系了。就这样,先是念的历史本科,然后念的是历史研究班,相当于现在的研究生。那时候念研究班,教育部给研究生待遇,但没有硕士证书,当时还没有正式研究生。不管怎样,算是从此入门了。那时候我们学校办研究班是因为原东北师大的旧教授不适合教新学生,所以就想培养一批新研究生来代替老教师上课,于是把我们抽出来读研究生,当时教育部并不知道这个事。东北师大历史系的中国古代史、中国近代史、中国现代史,还有世界古代史、世界近现代史等专业都招了研究生,每个专业都招四个人。等我们毕业的时候,教育部知道了这个事,就说这些人不能都留下,四个人留两个,派出去两个。就这样,1954年我们那一批研究生毕业,被派到全国各地的都有,我就被派到河南来了,在河南大学执教已经快70年了。

问:学术研究代有所承,在您的求学过程中,哪些老师对您影响比较大呢?

答:对我影响最大的当然是我的导师陈连庆先生。陈连庆先生记忆力特别好,他治学上下贯通,从甲骨文、金文到隋唐以后的历史都很熟,而且目录学功底深厚,一些孤本书、善本书藏在哪个图书馆他都知道,对我影响很深。我念本科的时候学的是"西周封建说",陈连庆先生主张"魏晋封建说",发表过系列文章。他认为魏晋时期的封建因素比秦汉多得多。就奴隶来讲,汉比秦,秦比春秋、战国都要多。如果是"西周封建说",怎么会越往后奴隶越多呢?我当时觉得陈先生的看法很有道理。刚工作的时候我还是相信"魏晋封建说"的,后来经过研究,我信从了"战国封建说"。由于受老师的影响,从西周、战国到魏晋南北朝,我都涉及过,因此搞起来很顺手。我虽然赞成"战国封建说",但承认秦汉社会有大量奴隶存在,而且在讲魏晋封建化的发展时,也沿袭了陈先生的说法。

还有就是日知(林志纯)先生。现在学术界都知道日知先生是世界古代史研究的大家,殊不知日知先生原来是搞中国古代史的,他是学贯中西的历史学家。他有很深的国学涵养,曾在学术问题上跟郭沫若先生进行过辩论。日知先生给我们上过课,当时他已经开始搞世界古代史,但他对中国古代史也有很深的研究,尤其是中国古代史上半段,还曾写过书稿《魏晋南北朝史稿》,好像没有出版。他治学眼光宏阔,善于进行比较研究,善于整体地、联系地看问题。我受他启发,在研究中国古代史的过程中,也寻找事物之间的联系,不孤立地看问题,喜欢在历史事物的关联中发现可以突破的地方。

再一个就是武汉大学的唐长孺先生,他专搞魏晋南北朝隋唐史,连我的老师陈连庆先生都非常佩服他。他也主张"魏晋封建说",所以我老师说毕业以后一定想办法拜访唐长孺先生。我拜访过唐先生,而且跟唐先生很谈得来。唐先生培养第一批研究生的时候还请我去给他答辩。我研究魏晋史的入门指导书就是唐先生的《魏晋南北朝史论丛》,我最初写有关曹魏屯田制、西晋占田制、九品中正制、北魏均田制等方面的文章,都是受唐先生这本大作的启发而动笔的。

问:朱先生,每一个有成就的学者都有自己独到的研究风格,您一生治史不辍,在中国古代史研究领域创获颇多,在很多问题的研究上都首开风气,能否谈谈您的治史体会和治史风格?

答:说到治史体会和治史风格,以前我也谈过,随着年龄的增长和研究的深入,我觉得有四点很重要,这既是我治史的体会,也可以说是我治史的风格。

一是要有好奇心。研究历史,没有好奇心是不行的。好奇心是什么呢?就是追着一个问题,搞不清楚不罢休。历史是过去发生的事情,由于时代久远,资料缺失,真相变得越来越模糊,这就可能出现言人人殊的情况。那我的好奇心就来了,这个制度、这个事件的真实面目到底是什么?这个历史人物究竟有哪些历史活动?在好奇心的驱使下,咬住问题不放,刨根问底,才能搞出新的东西,得出新的结论,找出历史的真相。

二是搞清历史的来龙去脉,探寻其演变过程。我研究历史问题,喜欢自源而达流,自流而溯源,搞清其来龙去脉。我在制度史研究上着力较多,比如军功爵制、土地制度、治安制度、户籍制度等,每研究一个制度,我都要搞清楚这个制度是从哪儿来的,什么时候建立的,怎么发展演变的。用后来的话说就是探寻历史规律了。所以你看我写制度史的那几本书,每个制度都是从头到尾仔细梳理,我觉得这样能找出历史发展的脉络,可以很清楚地确定这个制度在中国史和世界史中的历史地位。你光研究制度,别的什么都不研究,到哪朝研究哪朝,这样的研究法,连不到一块。历史是后退还是进步的,也看不出来。最初有这样的想法只是出于好奇,觉得应该追寻历史的来龙去脉,关注它的演变,现在明白了,这实际是在研究历史的发展规律。

三是不随大溜,另辟蹊径。史学工作者要有自己的研究方向,不要随大溜。老是跟着别人凑热闹,是搞不出自己的东西来的。比如说在新中国成立初期,中国史学界"五朵金花"的研究最热闹,即封建土地所有制形式、汉民族形成、农民战争、古史分期和资本主义萌芽等。除资本主义萌芽的问题我没有写过文章外,其他问题我都写过文章,后来写着写着就觉得没有意思,看着别人写的有哪些不足我再写文章补充一点,写来写去还都是人家说的,不是我自己的东西,很难创造出具有自己特色的成果。所以我就想自己找一些专题来做,开辟新的领域,于是我就选了军功爵制研究、户籍制度研究、治安制度研究等,这些问题在当时很少有人关注,算是"标新立异"。我另辟蹊径,在这些领域拓荒,就是一种创新。

四是选取新的角度。比如我研究户籍制度,跟一般的研究不一样,我是从户籍里边来看它的阶级关系。那时的学者研究户籍制度,专搞户籍,统计各朝人口数字,探讨发展变化,人家都搞成了,我还怎么搞呢?我就换个角度,从阶级关系上来考虑户籍问题。这个主要借助于汉简,汉简里边有关户籍制度的记载比较丰富,一家几口人,成年劳动力有多少,半劳动力有多少,有多少地,有几辆车,有没有奴隶,都有记载。从户籍看阶级关系,角度很新,别人还没有这样考虑,我就开始从这个角度进行研究了。我研究秦汉土地制度和阶级关系,为什么土地制度又加一个阶级关系呢?就是因为这里边有一个户籍的问题。研究魏晋南北朝土地制度和阶级关系也是如此。所以选取新的角度进行研究非常重要,也很有意思。

二、两次中国古代史教材的编写和影响

问:朱先生,您主编的十院校本《中国古代史》教材,影响了几代人,至今盛行40年,前几天河南大学还召开了《中国古代史》教材出版40周年学术研讨会,盛况空前,您能谈谈这部教材编写时的情况吗?

答:十院校本《中国古代史》教材的主编是我,但这个主编不是我想要当的,是被硬推上来的。"文革"结束后,恢复高考,但高校教材缺乏,1977级和1978级学生上课都没有教材。于是西北大学、杭州大学、山东大学等几个高校就串联起来想编一部中国古代史教材,把我也拉进来了。于是就成立了十院校《中国古代史》教材编写组。可是,十院校编教材主编很难选,大家都不愿意干,不像现在都争着当主编。当时西北大学林剑鸣教授是教材编写发起者之一,有人就想要他当主编,他马上声明,要让他写一章一节可以,让他当主编他就退出来。为啥不愿意干呢?我想主要有两个原因:一个是人们对"文革"的大批判心有余悸。那时候"文革"刚结束,史学怎么发展还不清楚,所以大家都觉得主编不好干,干不好了会有政治风险。另一个就是众人编教材,内容和观点的统一非常困难。就拿历史分期来说,有"西周封建说""战国封建说""魏晋南北朝

封建说"等,各有各的主张,互不相让,都认为自己的主张是正确的。关于古代思想的认识问题、对人物的评价问题等,也都是各有各的说法。甚至包括文字风格,都各不相同。这些都需要统一起来。编教材不同于写专著,个人专著可以表达自己的观点,但编教材就必须统一风格、统一观点,这个是很难的,所以大家都不愿意干。西北大学的韩养民教授知道我研究生毕业,说让我当主编,我说我根本就没有想过这个事,他说:现在十院校都没教材,都很困难,大家都不愿意当主编,推举你你也不愿意干,你说怎么办?当时安徽师范大学历史系主任张海鹏说,如果我再推脱,这十院校中国古代史教材编写组就只能解散了。我没有办法,就把这个活接了下来,这样我就当了主编。

当主编以后,首先要搞一个编写大纲,结果十院校的观点分歧都表现出来了,大家互不相让,根本弄不到一块儿,统一不了。讨论了一个下午也没有结果,还是各坚持各的。后来没办法了,我就说,我参加过1959年在北京召开的郭沫若先生《中国史稿》的大纲讨论会,郭老当时是科学院院长,又是政务院副总理,那么高的地位和成就,他也统一不了大纲。后来还是范文澜先生站起来说话了,范老说:现在郭老要编《中国史稿》,大纲没法统一,我的意见是郭老当主编,郭老说了算。那好,现在我朱绍侯当主编,我说了算,不同意就散伙。就这样,以当时河南大学中国古代史教研室集体编写的曾经试用过的教材大纲为基础,吸收其他院校提供的编写大纲,讨论确定了新的教材大纲,大纲就编出来了。

问:您主编的《中国古代史》教材于1979年出版,1982年被作为教育部推荐教材正式出版后,立即风靡了高校历史学科。随着时代的发展,也进行了多次修订。您当时确定了哪些编写原则?后来又修订了哪些内容?

答:这要从两个方面来谈。首先是统一各方观点。教材由专家编写,但专家写稿不能各说各的,要有一个一以贯之的思想在里面。比如林剑鸣先生主张秦没有奴隶,他发表了文章。一部教材,汉朝有奴隶,秦朝没有奴隶能说得通吗?我对林剑鸣说:秦没有奴隶不行,你得说秦有奴隶。他说这可以接受,就改过来了。安徽师大有位老先生,当时年龄比较大了,他主张"西周封建说",当时规定的是按"战国封建说"写,他交过来的稿子虽然文字上用的是"战国封建说",但材料运用的还是"西周封建说",我说这个必须要改,他说"西周封建说"搞习惯了,材料也熟,固化了,改不过来了,让我替他改。实在没办法,我就替他改了。我自己的观点我也没完全写进去,我主张魏晋南北朝的门阀士族有适应历史发展的一面,田庄经济对于开发南方起了很大作用,这个观点当时所有人都不同意。后来我说,我只写事实,只写田庄经济在当时起了什么作用,不写它在生产关系上的进步作用,这样观点才得到统一。

其次提出了几点编写原则。一是不联系现实。我个人认为,历史教材就是讲历史,历史原来是个什么面貌就是什么面貌,如实写,不要联系现实,不然很多历史就会被扭曲。历史事实证明,联系现实越近,寿命越短。这部教材编写按我的意见办了。二是淡化以往把农民战争当作推动历史发展的根本动力的观点,尽可能真实地展现历史发展的基本线索,尽力排除阶级斗争动力说的干扰,以经济的发展为历史主线,充分体现马克思历史唯物主义的历史观。三是重视把少数民族的历史写进来,要写出一个多民族共同创造中华历史的中国史进程。四是要充分反映考古学发展的最新成果,突破历史文献记载的局限。关于冶炼、纺织、瓷器的问题等,都利用考古新资料进行了补充,非常新颖。比如我国的冶炼技术,经考古证明,要比世界冶炼技术先进1000多年,我们把这些新的成果都补充进去了。对原始社会的历史也有一些比较新的提法。五是尽量吸收史学界研究的最新成果。这些原则基本上贯彻了下去,书出来后,大家都有耳目一新的感觉。

这部教材到现在用了快40年了,中间经过多次修订和改版,除了订正一些错别字外,对内容的修订也比较大。首先是减,比如写农民战争,第一版说是要淡化,但依然强调得很多,占的分量很大。后来修订改版时首先就改写、删减农民战争这一部分,第一版写农民战争不提缺点,修订改版后开始提缺点。对农民战争的叙述过程尽量简化,节约了篇幅。其次是增,增加了一些新的内容,比如增加了制度方面的内容,增加了文化方面的内容。有一段时间文化很时兴,我们就突出了文化,比如像节气的问题,就写得很详细,把文化抬得很高。但现在来看,过于突出文化内容也不一定合适,因为这不是历史教材的重点,后来我们又做了删改。这部教材修改最大的地方就是淡化了五种社会形态的提法。我们那个时候认为,社会发展要经过五种社会形态,即原始社会、奴隶社会、封建社会、资本主义社会和社会主义社会。后来修订改版时不再强调这个问题。原始社会可以保留不动,但是要写三皇五帝,然后是夏商周春秋战国,用中国传统的史学观念来讲。不提奴隶社会了,但还提奴隶制,奴隶制度的事实是存在的,就把奴隶存在的具体情况摆出来,不讲它是奴隶社会。此后中国社会进入封建社会,也不说什么时候进入了封建社会,从秦汉以后都称为封建统治。到明清时期出现新的因素,也不再用资本主义萌芽这个提法。一些中青年学者主张连封建社会都不要提,这个我反对,我说封建社会还是要提,为什么要提封建社会?因为中国共产党的革命目标就是反帝反封,你把封建社会去掉了,共产党连革命的目标都没有了,怎么解释它的成功呢?在中国历史中去掉封建社会是说不通的,要照顾社会影响,你仅从纯学术的角度认为封建社会不成立是不行的。所以在这本书里,封建社会还提。修改以后,就淡化了五种社会形态。教材修订,还是要根据学术界一些大的发展方向的。

问:您刚才提到田庄经济在开发南方经济中起到了积极作用,这在当时是很激进的观点,能否深入阐述一下?

答:汉代,南方还是刀耕火种。南朝发展最快的时间,事实上就是从东晋以后开始的,它的发展都是田庄经济起的作用。我对田庄经济非常好奇,通过研究,认为在开发南方过程中起了积极作用,明摆着的事实要说出来。我就提出田庄经济的进步性问题,主张魏晋南北朝的门阀士族也有适应历史发展的一面。在当时,这个观点没有人同意。很多人都说,人们都知道士族是最反动、最腐朽的一个阶级,你敢肯定它还有进步的一面;田庄经济剥削最残酷,还在开发南方中起作用,胆子太大,丧失了阶级立场。连最支持我的安徽师大的张海鹏先生也不同意这一观点,他说我这种观点太冒险,恐怕史学界都接受不了。我说门阀士族并不都是腐朽反动的,像东晋的王导和谢安,这都是门阀的头子,能说他们是反动的吗？我认为田庄是一种农林牧副渔综合经营的经济体制，比起汉初的小农个体经营或地主单一经营机制有很大的优越性。特别是在战乱时期，田庄和坞壁对保护农业生产和农民生活具有积极作用。田庄经济具有进步性在当时是激进的看法，我是比较早提出这个观点的，当时没有人同意，后来大家都逐渐信从了我的观点。

问：2005 年，河南大学出版社要编一部《中国古代史教程》，邀请您出马当主编，这是您第二次当中国古代史教材主编，您是怎么想的呢？这部教材又有什么突破？

答：当时我是很犹豫的，因为十院校本《中国古代史》声誉很好，如果另起炉灶，再编一部《中国古代史教程》，势必引起误解。但出版社的恳请也不好推脱，能不能写出一部更好的教材，我也没有把握。经过一段时间的思考，我的好奇心又来了，决定接手此事，当时我已经 80 岁了，那就挑战一下自己，看看能不能有所突破吧。

教材编写不同于学术专著，基本的历史线索、历史过程是必须描述的，不能突破基本的内容，但在指导思想和编写体例上是可以突破的。在指导思想上，我的基本态度是，不赞成继续贯彻五种社会形态这个解释框架，但也不想去纠缠这个问题。教材中有绕不过去的地方，一般使用诸如"奴隶制"和"封建制"的提法，但不在这些概念上多做文章，而是淡化处理，尽量使用中国历史中已有的词汇来平实地叙述历史的发展进程。为什么敢这样做呢？我查了马克思、恩格斯的语录和选集，他们没提过这五种社会形态，提这个的是斯大林。但我依然主张保留"封建"这两个字，"封建"可以理解为两种意思：中国古代既有的封建概念和作为社会形态的封建社会。这样，中国共产党提出的反帝反封才有着落，不一定非得让你承认是封建社会，但要适合中国共产党革命时期提出的反帝反封的口号。在编写体例上，《中国古代史教程》每章的基本结构分为导读、基本历史过程和专题分析三部分。"导读"是全章的点睛之笔，主要介绍每个时期的历史特点、基本的文献资料以及学界对各时期历史的研究状况。"基本历史过程"主要是以简洁准确的语言，给学生提供该历史时期完整、系统、连贯的历史过程，要有可读性，不能写得干巴巴。"专题分析"部分比较深入,主要是从政治、经济、思想文化等方面以专题的形式对某一时期的历史进行较有深度的分析。当然,在很多具体历史内容上也有一些突破,你们可以看看这本书,都在书里了。

三、四版军功爵制研究的贡献

问:朱先生,在您的治史生涯中,军功爵制研究一直是您最为关注的,如今已经出版了《军功爵制试探》《军功爵制研究》《军功爵制考论》《军功爵制研究(增订版)》四部密切相关的论著,在学界影响很大。您能谈谈为什么要在这方面下这么大功夫吗?

答:军功爵制研究是我另辟蹊径的结果。我在治学上不愿随大溜,自己选择的第一个课题就是军功爵制研究。迄今为止,就全国来说,就我一个人写了专著,别人没有把军功爵制写成书。这四本书都是我研究一段后的成果,先发文章,然后就把这一阶段的研究出成一本书,研究一段就又出一本,一段一段地积累成书,内容不断丰富,认识也不断深入,就成了现在这个样子。

军功爵制度,有叫赐爵制度的,比如郑州大学的高敏先生;也有叫二十等爵制度的,比如日本学者西嶋定生。我叫军功爵制度,这是我的"发明"。因为我在简牍上找到了证据,简牍上就有"军爵制"这个词,实际上就是军功爵制。但《史记》《汉书》里边用赐爵这个词的地方也很多。我虽然定名叫军功爵制,但我在论证时也会用赐爵和二十等爵,因为军功爵就是二十级。对军功爵制从发生、发展、形成到衰亡进行全过程系统研究的,在国内确实就我一个人。也有学者不同意我的看法,认为爵位不分民爵和官爵。这种认识是不对的,还是分官爵、民爵的。我也和人辩论过,当然,我也有提错的,只要人家说得对,我就会改正我的观点。

我之所以抓住军功爵制不放,并不断把研究推向深入,是因为军功爵制是秦汉政治统治的一个独具特色的事物,不理解军功爵制,就不能很好地理解和阐述秦汉政治和社会制度。当然,我要感谢考古学界多年来的辛勤付出,给我们提供了重要的出土资料,我利用这些新的出土文献,结合传世文献,相互印证,不断发现问题,使研究逐步深入。

问:朱先生,您研究军功爵制的基本结论是什么?

答:我经过多年研究,认为秦汉时期曾经盛极一时的军功爵制度,从商鞅变法开始创制,到东汉末的建安二十年(215年)曹操改革爵制终结它,一共存在了571年,并经历了四个阶段的变化:商鞅所建立的军功爵制是十八级;战国后期秦的国君称王以后,又增设了列侯和伦侯二级,军功爵正式变成二十级;汉初对秦制有因有革,在基本继承的基础上,把军功爵制细分为侯级、卿级、大夫级、士级四个等级;西汉文、景时,又从二十级军功爵制中专门划出民爵八级。曹操虽然终结了军功爵制,但不包括民爵八级和侯级爵及五大夫等爵位。实际上"赐民爵制"作为一种历史惯性一直延续到唐中叶。可以归纳一下军功爵制的发展过程:春秋时萌芽,战国时形成,秦汉时兴盛发展,东汉以后逐渐衰落,但一直延续到唐初。军功爵制的基本内容虽然搞清楚了,但可以研究的方面还有很多,比如军功爵制的列侯和皇帝对宗室和外戚所赏赐的王子侯、恩泽侯之间是什么关系?其地位和待遇有什么差别?这些还都需要进一步深入探究。

四、中国古代各类制度史研究的心得

问:朱先生,我们发现您特别注重对中国古代各类制度史的研究,而且颇多创新,除了前面谈到的军功爵制,还有中国古代户籍制度、土地制度、治安制度等,请您谈谈研究体会。

答:研究制度是我的兴趣所在,我觉得一个社会能成为社会,制度非常重要。通过研究制度,可以看清很多东西,甚至是本质性的东西。当时,制度史研究领域空白很多,很多制度还没有人研究,即便有研究,也不深入。我对古代户籍制度有兴趣,是因为简牍对户籍制度的记载还比较清楚,但史书里边记得不那么清楚,所谓上有功名,下有田宅,记载很笼统。户籍制度涉及社会各个阶层,与土地制度与阶级关系密不可分。我觉得户籍制度很值得研究,别人不研究,我可以研究。我原本计划写一本《中国户籍制度史》，但没有写出来，但是我搜集了很多户籍制度的资料。从历史断代来说，我主要搞秦汉魏晋南北朝史，我就在我的两本书里，即《秦汉土地制度与阶级关系》和《魏晋南北朝土地制度与阶级关系》，把户籍制度融入进去。我搞土地制度和阶级关系，里边包含户籍制度，不孤立地研究它，这个也算是新的创见。山东大学郑佩欣给我讲：搞户籍制度研究，大家还是要看你这两本书。因为别人不搞，你搞了，是新的。

再有就是土地制度，我主要研究土地制度的来龙去脉。我有自己的认识，比如商鞅变法建立的名田制，大家都认为中国的土地私有制是从商鞅开始的，我认为商鞅建立的名田制是土地长期占有制，因为我看世界史有一个规律，土地发展就是先公有，然后人民长期占有，长期占有无形中就转成了私有，土地买卖成了兼并。再一个是土地经营方面，像秦汉都是单一经营，有经营畜牧业的，有经营果木业的，有专门生产粮食的。我从1956年开始研究土地制度和阶级关系，花费了50多年的时间，主要是想通过对秦汉魏晋南北朝时期的土地制度与阶级关系的分析，搞清中国古代土地所有制和剥削关系的演变情况，剖析土地制度对剥削关系的作用。

问：您在研究土地制度史的过程中，率先提出了名田制度这一概念，得到学界认可，您说说这方面的情况吧。

答：是呀，名田制度应该属于土地制度的范畴，始于商鞅。我首次把名田作为一个制度提出来，就有人反对，复旦大学杨宽先生支持我，说朱绍侯提出的那个名田制度，确实是存在的。我对名田制度的研究，观点前后变化很大，开始时认为名田制就是土地长期占有制，后来又认为是土地私有制，最后又觉得是土地长期占有制。当时专制王朝并没有颁布名田制度，只是在政府公文里说，以名占田，名田多少。我把各种名田的提法汇总到一起进行研究，叫名田制度。刚开始研究时，我是把它作为一个独立的制度进行孤立研究，随着研究的深入，我发现了它与军功爵制之间的关系，原来军功爵制和名田制是同时兴起、发展和衰亡的。我的结论是：如果说井田制是西周世卿世禄制和五等世袭爵制的经济基础的话,那么战国之后的名田制度就是军功爵制的经济基础。后来很多学者编教材、写文章就开始用名田制度这个概念了。

问:您的中国古代治安制度研究,被学术界看成是拓荒之作,您怎么想到研究这一问题?

答:社会治安问题,是任何社会形态的国家政权都十分重视的一个大问题。但历史学界对历史上的治安制度关注不够。实际上,中国古代并没有治安制度这个词,治安制度隐含在很多制度中,比如和军事制度混在一起等。古代中央有三级保卫制度,保卫皇帝、保卫皇宫、保卫都城等三级保卫。由此我就考虑,皇帝安全有人保卫,那古代城市水火灾害、盗窃犯罪等问题怎么解决?其实在地方管理上,管治安的有亭,按我的理解,亭实际上就相当于现在的派出所。县里边有都尉,再往上有校尉,一级一级的。虽然这些都属于军事组织,但治安制度却是包含在里边的。由此我就想,可以把各种防火、防盗、械斗、流民安置、寻衅滋事等内容都抽出来,搞一部书,用现在的概念来说就是治安制度史。我尽管有这种想法,但我自己并没写成专著,因为治安的范围太宽,涉及面太大,需要翻阅的资料太多。但是我跟我的学生说了要搞一个治安制度史的想法,他们都很高兴,我说治安制度没有太集中的资料,相关内容都分散在各种资料里边。就这样,就搞出了一部由我主编的《中国古代治安制度史》,这是一个新东西,以前没人系统搞过。这本书从先秦写到明清,对中国古代历朝历代的治安制度进行了较为全面的总结,填补了该领域的一项空白,而且充满了现实关怀,对今天搞好社会治安也有一定的借鉴意义。

五、老骥伏枥志犹壮,著书立说无竟时

问:朱先生,2015 年您九十大寿的时候,河南大学出版社出版了《朱绍侯文集(续集)》,收录了您从 80 岁至 90 岁之间所写的主要文章,竟然有 60 万字之多。"莫道桑榆晚,为霞尚满天",我们都很惊奇您如此高龄依然笔耕不辍,开出学术新花,您能否谈谈 80 岁至今的学术研究状况。

答：前几年我每天还能读书写作 6 个小时，现在不行了，每天只能读书写作 4 个小时了。我现在记忆力差些，但理解力和分析力不差，所以还可以写文章。我不会用电脑，稿子都是手写，比较慢，改起来也慢，不像电脑，一下子就可以替换。1984 年到 1996 年，这段时间我调到河南大学出版社工作，当时河南大学没一个人办过出版社，我也没办过。学校说出版社的一切供应由学校承担，你就负责联系出书就行。但是出版社有出版社的规矩，我既然调到出版社，我就得筹措资金、制定制度、延揽人才、联系出书，忙得不可开交。这一时期，我就谈不上有什么研究了，前几年听人说，有人在电脑上写文章，写到朱绍侯和高敏，并进行对比，说我们两个都是搞秦汉魏晋南北朝史的，以前出书写文章都差不多，不相上下。自从朱绍侯筹办河南大学出版社以后，就没写什么东西，不如高敏，说的就是这个阶段。

1996 年我退下来以后，轻松很多，时间也多了，就开始搞研究，所以写的东西也就多了起来。如《今注本二十四史·宋书》，就是那时候接手的任务，这部书 600 万字，样书已经出来了，注文比原文多得多。这部书到现在搞了 24 年了。为什么会拖延这么久呢？因为出书的经费没有解决。这部书由我和龚留柱教授共同承担，旷日持久，耗费了很多心血。

80 岁以后，我的研究就完全放开了，每年都能发表四五篇新作。原来我也不知道我能活这么长时间，我也没其他爱好，有时间就看书写作，已经养成习惯了，学生们说我是"学术养生"，就算是这样吧。现在我的屋里到处都是书，往沙发、椅子上坐一会儿，本来想休息，不行，还要顺手把书拿起来看看。《今注本二十四史·宋书》本来已经校对过交给出版社了，但没事还要看看，都是习惯。这个阶段研究放得开，战争问题、人物评价，都进行研究，已经发表了若干篇关于战争问题的文章，研究了魏晋南北朝时期的主要历史人物。

问：朱先生，您在 90 岁的时候写过一篇 7 万多字的宏文《两汉对匈奴西域西羌战争战略研究》，发表在《史学月刊》2015 年第 5 期。该文选题宏大，视野开阔，思维缜密，论证谨严，很难想象这是一位鲐背老人的手笔。请您谈谈您怎么构思这样宏大的题目的？

答:这个主要还是从历史的发展及相互关系来看,西域在汉以前和内地没什么关系,后来设西域都护,实际上就归汉管辖了,用今天的话说已经进入中国版图了。这种演变发展的过程,当然都会伴随着战争,要通过战争解决问题。历史上的战争,要辩证来看,既破坏民族关系,也促进民族之间的交融和互相交流,扩大版图。从西汉到东汉的历史记载,都是又写匈奴又写西域又写羌族,都是这样一个顺序。两汉与周边各族都进行过战争,但对匈奴、西域、西羌的战争及战略问题最值得研究,也最有意思。因为匈奴、西域、西羌在反汉问题上三位一体,互为犄角,其中当然是以匈奴为主,西域、西羌则为其右臂,故两汉王朝对三族的战争既分步骤,又综合考虑。在战争中所施行的一系列战略措施,有屯田、扩大骑兵、选将练兵、对敌分化瓦解及招抚、残酷镇压等,其中大部分战略都是成功的,唯有斩尽杀绝的战略是失败的。两汉对匈奴、西域、西羌的战争结果,拓展了疆域,加速了民族融合,开辟了丝绸之路,在促进经济发展、文化交流等方面都起到了积极作用。这样写着写着就写了7万多字,发表以后好多人说这肯定是年轻的时候写的文章,拿到现在来发表了,李振宏教授就证明说根本不是,就是现在写的。我研究战争与别人不同,别人主要研究战争过程、胜败情况。我是主要研究战略和战术,以及战争胜利和失败的主要原因。

另外,我给南京的《军事历史研究》写过4万多字的文章,题目是《论刘裕》,发表在《军事历史研究》2016年第6期。他们看到《史学月刊》发了我7万多字的文章,就给我来信,说能不能也给他们写一篇长文章,但是他们发不了7万字,四五万字还可以。本来那篇文章我已经写了5万多字了,他一说四五万字,我就整理了4万多字,给他们以后就发表了。

问:您最近从事魏晋南北朝人物研究,发表了系列文章,谈一谈您的想法?

答:关于魏晋南北朝历史人物的研究,我倒是有个计划。因为大家都认为魏晋南北朝史就是一部砍杀史,战争不断,杀来杀去的。我不这么认为。我个人认为,这一时期战争的时间还是短的,和平时间是长的,而且不是每一个皇帝、每一个统治者都是那么好战。要正确看待这一时期的历史人物,特别是政治人物。其实我已经写过几篇研究文章了,谢安我写了,石勒也写了。石勒不像石虎,他是很讲政策的。最近我给《中原文化研究》写了一篇关于苻坚淝水之战的文章,这篇文章实际上是给苻坚翻案的。这一时期,苻坚的民族政策是最好的,但是好过头了。有人征服了别的民族后,把他们的头子都杀掉,然后把军队或解散,或收编。但苻坚征服一个国家以后,把它的首领保留,军队还让原来的头领带,人民的经济生活都大有改善,他的很多举措甚至超过了汉代的文、景时期,但是因为民族关系搞得太过头,所以淝水之战时,损失的就是苻坚的嫡系军队。总之,我把苻坚的得失功过写清楚了,写了两万多字。我想出一本书,就叫《魏晋南北朝杰出人物传》。但是现在事情比较多,让我写序的有,写书评的也有,我现在已经93岁了,不敢再想出这本书了。

我到了这个年龄,研究问题随心所欲,只要看到有什么问题,我就写成文章,如赤壁之战是大败还是小败的问题,如何认识"亡命"的问题,我都和别人商榷,反响都不错。一句话,只要是问题,想到什么就写什么,放开了。

六、对当代青年学人的希望与建议

问:朱先生,您辛勤治史近70年,一定有很多心得体会,您能否给即将走上历史研究之路的青年学人提一些建议?

答:历史学与其他学科不同,历史学包罗万象,举凡人类社会过去发生的一切事物都是历史研究的对象。研究历史很难,德、识、才、学都需要具备,但也很有意思,可以窥知很多未知的东西。我希望更多的年轻人能迎难而上,投身到历史研究中来。

第一个建议,要勤奋,要能坐冷板凳,要下笨功夫。新毕业的硕士生和博士生应该在这方面严格要求自己。历史学和文学、自然科学不一样,文学、自然科学三四十岁的名家非常多,因为他们的研究对象相对单一,在老师的指导下,只要自己努力就容易取得突破。而历史这个东西涉及的问题太多,不看很多的古籍和文献,再聪明也研究不了。别人看

100本书,你只看10本书,别人超过你就很容易。青年人要想在历史研究上有所成就,就要坐得起冷板凳。专注和吃苦是做学问的不二法门,朝三暮四永远都会一事无成。

第二个建议,要头脑开阔,敢于想问题。现在历史科学发展很快,各种理论、范式被人们提出来探讨,各种专史、专题被人们提出来研究。人们发现很多新的问题,提出很多新的观点,过去没有研究过的问题都得到了很充分的研究。现在哪个人想成为名家,哪一家想成立一学派,都很难,因为很多问题都研究得很深了。但越是这种情况,年轻学者越要头脑开阔,敢于想问题。只要敢于大胆尝试,可以研究的题目还是很多的,比如,过去一研究发明,就是四大发明。实际上中国发明的东西太多了,结合考古新发现,冶铁技术、战车、火攻等都可以研究。青年学人要敢于想问题,不要怕别人笑话。年轻的时候提出的问题很幼稚,但不要紧,年轻学者说错了话是可以理解的,不要因为怕出错而不敢尝试。

第三个建议,要有一个规划,做到长短计划相结合。年轻人搞研究要先选一个题目,做一个长短计划相结合的规划。比如我研究军功爵制,就有一个长期计划,然后把长期计划分解,变成短期计划,看得见,容易完成。我的第一本军功爵制专著才几万字,第二本就20多万字了,第三本发展到40来万字,第五本又补充了十几篇相关文章。为什么要这样做呢?因为既要注意朝着既定目标前进,又要注意提高自己在学术界的声望。如果青年人多少年也不发一篇文章、不出一本专著,那是不行的。搞研究要长短结合,大的计划分成段,某一段的研究成果发表了,学术界知道有这么个人了,像滚雪球一样越滚越大,就会得到学界认可。

第四个建议,要阅读原著,不能沉溺于电脑。我不会用电脑,稿子都是手写的,先抄卡片,写草稿,然后再写正稿,很慢。电脑有很多好处,但是我建议,青年学者还是要读原著,不能只看电脑。很多文献不查原著就发现不了问题。电脑阅读留给人的印象没有纸本阅读留给人的印象深,所以我主张青年学者既要善于用电脑,又要看原著。主要的古籍不看不行,搞秦汉史不看"前四史"、不看《资治通鉴》能行吗?搞唐史不看两《唐书》能行吗?所以我觉得,年轻人既要善于用电脑,又要有扎实的基本功,这样才能出成绩。

第五个建议,专博结合,研究问题要专,但知识面要宽。所谓专,就是要有一个稳固的研究方向,专心、专深地研究下去,深挖下去。宽是什么意思呢? 就是要博览群书,文学、心理学、逻辑学、政治学等,都要懂。多读文学作品,可以帮助你理解和改善文章的质量,一般历史书写得干巴巴的,不像小说写得很动人。历史的特点是求实,不能华而不实,但是写得干瘪也没有人看,小说看多了自然就能用些新词汇来丰富历史表述的内容。逻辑学更需要,历史现象从产生到发展到演变再到灭亡,解释起来一定要合乎逻辑,前后颠倒是不行的。说话要讲逻辑,写文章更要讲逻辑。所以知识面宽一些,多接触不同的学科,是有好处的。

第六个建议,在重大历史问题的薄弱环节上下功夫,进行开拓性研究。比如人们对古代陆路丝绸之路研究得多,对海上丝绸之路研究得少。海上丝绸之路是大问题,可以深入探讨。还有关于台湾、西藏和新疆的研究,年轻学者要通过历史研究,切实证明这些地方何时进入中国版图。过去都笼统地说这些地方自古就是中国领土,这个不行,必须靠历史研究,实事求是地写清楚归属,非常重要。再一个就是民族关系问题,中华民族由五十六个民族组成,多元一体,像滚雪球似的越滚越大。殊不知汉族本身也是少数民族形成的,这都要从历史上搞清楚。凡此种种,都可以进行深入探讨。

——原载《史学史研究》2019 年第 1 期

"老兵"新传

——访朱绍侯先生

龚留柱

一、学术研究是我生命的一个组成部分

问：朱先生好！受《中国史研究动态》的委托，我们想对您进行一次学术访谈。您作为1926年生人，已是91岁高龄，从事中国古代史的研究也有六七十年。您至今仍然能出书发表文章，奉献着优秀的学术成果，而且据说每天还要伏案工作6个小时。首先想请您谈一谈，您这种持续稳定的工作动力和充沛旺盛的学术研究精力是怎样形成的？

答：我认为，一个人学习和研究的主要动力，首先在于责任感，对自己所选的专业的重要性的认识。每个国家都有自己的历史，其国民对本国的历史及其发展方向，都应该有所认识，这就必须有专业人员研究历史。其次在于个人的兴趣。通过读书发现了问题，然后想要解决它，这就产生了兴趣。兴趣产生了，有一种迫切行动的愿望，即内心的冲动，这就成为学术研究的动力。天长日久，自然变成一种生活习惯。我现在虽然年老力衰，但长期沉潜于其中，自得其乐，它也就成了我生命的一个组成部分，离不开了。有人说我是"学术养生"，也确实有点这个意思。

问：朱先生，还想请您概括地谈一谈，您一生的学术兴趣主要集中在哪几个领域？

答：我年轻的时候，在学术研究上是随大溜的，比如"五朵金花"，像

农民战争、土地制度和民族问题等,我都写过文章。后来我就考虑如何能够另起炉灶,研究别人没有深入探究过的课题。经过思考,我选择的第一个课题是军功爵制研究,第二个是户籍制度研究,第三个是名田制度研究,第四个是治安制度研究。一个人学术研究的兴趣不能太广泛,多了就会分散精力,搞得都不深入。其实这几个问题都是有内在联系的,当然我对它们所倾注的精力也有所不同。近几年我很关注秦汉和魏晋的军事战略问题,这也是过去那些研究课题及其内容的自然延伸。

二、不断将中国古代的军功爵制研究推向深入

问:朱先生,几十年来,您已经对中国古代的军功爵制进行了很广泛的研究,其前因后果也基本上梳理清楚,许多人甚至认为剩义无多。而您却能不断将这个问题推向深入,请问您的主要依凭是什么?

答:我对军功爵制的研究持续了四五十年,其成果结晶就是出版了4部专著和数十篇专题论文。专著从最初的《军功爵制试探》到《军功爵制研究》《军功爵制考论》,再到今年最新出版的《军功爵制研究(增订版)》,不但内容逐渐丰富,认识也随之深入,而且也体现了我能够不断否定昨日之"我",大胆提出新说的一个历程。我能够将这样一个重要的历史课题不断推向深入,首先要感谢考古学界多年的不断努力,给我们提供了相当重要的新的出土资料,如《睡虎地秦墓竹简》《居延汉简》和张家山汉墓的《二年律令》《奏谳书》等。我根据它们,再结合《史记》《汉书》《后汉书》《三国志》等正史的相关记载,就发表了一些研究成果,搞清了中国古代军功爵制的来龙去脉和基本内容。其次是对别人不太重视的传统文献,在进行精细阅读的基础上进行深入开掘,以发现新的研究线索。比如我结合简牍重读《商君书》《墨子》《论衡》以及建安文人王粲的《爵论》和曹魏时刘劭的《爵制》,从而对秦汉军功爵制问题都有一些新的认识和推进。

问:朱先生,您近年来对军功爵制的研究,主要的观点创新体现在哪些地方?今后还有哪些问题有待解决?

答：我经过研究，认为在秦汉时期曾经盛极一时的军功爵制度，从商鞅变法开始创制到东汉末的建安二十年（215年）曹操改革爵制终结它，一共存在了571年，其间经历了四个阶段的变化。

其一，商鞅所建立的军功爵制是十八级，没有后来的列侯、关内侯和驷车庶长三级，而在一级爵公士的下面还有一级小夫爵。此外，客卿（相当于左庶长）和正卿（相当于右庶长）也属于军功爵名。

其二，战国后期秦的国君称王以后，又增设了列侯、伦侯二级，军功爵正式变成二十级。秦的传统是重爵轻官，当官必有爵，无爵不能当官。这可以在秦始皇"琅琊刻石"的官员署名中得到证明。

其三，汉初对秦制有因有革。在基本继承的基础上，改伦侯为关内侯，将客卿、正卿定名为左庶长和右庶长，取消了小夫爵，另增驷车庶长。更重要的是，还把军功爵制细分为四个等级：首先是侯级，包括二十级的彻侯和十九级的关内侯两级爵；其次是卿级，包括从十八级到十级的大庶长、驷车庶长、大上造、少上造、右更、中更、左更、右庶长、左庶长等九级爵；再次是大夫级，包括从九级到五级的五大夫、公乘、公大夫、官大夫、大夫等五级爵；最后是士级，包括从四级到一级的不更、簪袅、上造、公士等四级爵。原来秦代的军功爵制规定士兵只要立有军功得到爵位，可以无限制地逐级上升，甚至一直高到侯级爵。而汉初改分为四个等级，目的就是限制下层民众超越等级而一直向上晋升。这显然突出了此一制度鲜明的阶级性。

其四，西汉文、景时，又从二十级军功爵制中专门划出民爵八级，规定庶民或者小吏累计受爵不能超越第八级公乘，若在此基础上再立功得爵，则必须转移给兄弟子侄。这样就防止底层民众由此途径获得高爵以进入特权阶层，从而保证了既得利益集团地位的稳定性。汉初，民爵八级的获得者还可以依法享受赐田宅、复除（免除租赋徭役）等实际的好处，但自西汉中期以后，他们的爵位就仅具有荣誉性质，而失去了诸多有形的政治和物质待遇，这也成为军功爵制趋向轻滥的主要标志。

关于曹操对军功爵制的正式终结，严格讲并不包括民爵八级和侯级爵及五大夫等爵位，它们仍然以不同的性质和形式分别存在着。建安二十年曹操的爵制改革，实际上是一种切割重组。他保留了列侯、关内侯、五大夫三级高爵位，配上新设的名号侯、关中侯和关外侯，共六种，一并组成新的一套爵制，以赏功劳，同时把原从十级左庶长到十八级大庶长的九级爵位悉数取消。另一方面，低层的民爵八级被他作为专门的爵制系统保留下来，成为一种简单的统治工具，以配合皇帝登基、立太子等国家喜庆祥瑞大事，作为一种"普天同庆"的门面点缀物赐给百姓。因为它不含有什么利益，只是满足人们的一种虚荣心，民众也就赐之不喜，夺之不惧。这种"赐民爵制"作为一种传统，竟然一直延续到唐中叶的德宗兴元元年(784年)才最后终止。

研究军功爵制问题的困难，不但在于材料稀少，而且材料特别分散，需要下很大的功夫去做。虽然我已经将它的历史背景、来龙去脉、演变阶段、作用价值等诸多方面基本搞清，但也不是穷尽了一切问题，它可以研究的方面还有很多。比如军功爵制的列侯和皇帝对宗室和外戚所赏赐的王子侯、恩泽侯，它们之间是什么关系？其地位和待遇有什么差别？这些都值得进一步深入研究。

三、研究战争主要关注大的军事战略问题

问：我们都注意到，近年来您的学术研究选题很多都集中在古代战争上，比如阪泉之战，比如两汉对匈奴、西域、西羌的战争，比如三国的官渡之战、赤壁之战、夷陵之战等等。这些战争过去都曾有人进行过大量研究，现在也没有新的相关地下资料出土。请问您对它们进行再研究的出发点或者问题意识是什么？

答：我研究战争，大都是老旧题目，为什么还要做？目的就是进一步搞清楚战争胜负的深层原因。过去说某某战役是以少胜多，至于为什么能以少胜多，并没有说清楚。表面上看战争是军事和将领的问题，但在深层次的战略上就是政治家之间在洞察力和判断力方面的大比拼，实质上是政治问题，而历史所研究的问题往往就属于大政治的范畴。

问：您能举一个例子说明吗？

答：比如袁绍和曹操之间的官渡之战，过去往往对袁绍贬斥太多，其实他绝不是一个"孬种"。当初打公孙瓒的"易京之战"，公孙瓒防守那么严密，还是被他引蛇出洞而破城，这说明袁绍此人不仅勇敢，在军事谋略的运用上也是能力很强的。但到了官渡，和曹操一对阵，他就好像变了一个人，处处下风，昏着儿迭出，招致最后的惨败和自我终结。主要原因就在于，袁绍自认为兵强马壮，根本不把对手放在眼里，心急火燎地要消灭曹操，恨不得马上统一北方。人一急躁肯定犯错误。其实他的部下很多人劝他，既然实力在我，不必急于和对方决战，靠慢慢消耗也能拖垮曹操。但袁绍听不进去，还是猛进不已。结果露出破绽，自己将大批粮草放在乌巢而且疏于防备，结果被曹操偷袭用火烧尽，造成袁绍军心大乱，因此一败涂地而不可收拾。袁绍的主要错误就是冒进，这在军事上足以致命，"诸葛一生唯谨慎"的道理也在于此。

问：古往今来，人常说没有"常胜将军"。孙子也说战争是"死生之地，存亡之道"，主张持谨慎态度。朱先生您研究战争，是否也是从这个角度来观察其发展演变的呢？

答：研究历史很有意思，就是它很有戏剧性。曹操是一位杰出的政治家、军事家，打完了官渡之战，基本解决了北方统一的问题，就南下荆州，接着就是赤壁之战。不想他也犯了和袁绍同样的毛病，最后遭遇惨败。战前，不但刘备在长坂坡已是他的手下败将，东吴的一点军队也未被他放在眼里。曹操亲自率军20多万、战舰千艘，顺江东下。但是曹操只看到自己兵多将广的一面，踌躇满志，盲目乐观，却看不到自己的致命弱点。首先曹军是以陆上作战的步兵为主，不懂水战，更想不到在水上也可以用火攻的方法来作战。其次他远道进攻，将士疲惫，又感染疾疫，战斗力下降，而敌方以逸待劳。最后他将战船连接在一起进行水战，犯了常识性错误，给人以可乘之机，结果使周瑜、黄盖出奇制胜，曹操惨败而归。从全局和深层次上来看，曹操的错误与原先袁绍的错误并无不同，都是轻敌冒进。严格讲，这是最要命的政治战略判断失误，具体的战术还在其次。

问：决定三国鼎立局面的三大战役，似乎都以火攻作为战术手段来取胜,这是偶然的还是有其必然性?

答:那么我们就接着谈一谈刘备与孙吴之间的夷陵之战(又称"猇亭之战")。我长期有一个疑问,对于刘备为了给关羽报仇和夺回荆州而东征一事,诸葛亮自始至终都一言不发,不说赞成也不说反对。这既不符合他们君臣关系的常情,也不符合诸葛亮的性格。赵云是很得刘备信任的人,说了很多不能出兵的理由,但刘备就是不听。《三国志》虽然没有记载"桃园三结义"之事,但我相信这绝不是空穴来风。刘备决意伐吴,首先就是为关羽报仇。《三国志·刘晔传》说刘备和关羽,"义为君臣,恩犹父子",若不能替死者报仇,"于终始之分不足",就是无情无义,忘了初衷。作为一个政治家,这是将自己混同于一般庶人,思考问题的层次太粗浅。其次是刘备高傲自大,"欲以威武自强"。这是说蜀国初建,他要给众大臣看一看,自己不仅能治国,也能打仗,可以单独指挥布阵。这就埋下了他刚愎自用、不听劝谏而轻举妄动的祸根。诸葛亮是何等精明之人,心中当然不愿意刘备出兵,以免破坏了孙刘同盟关系,破坏了既定的战略规划。但疏不间亲,他怕引起刘备的疑忌,也不敢自恃高明,当然要尽力避嫌,故始终不表态。刘备内心当然明白,既然双方意见不一,所以他就留下诸葛亮守成都,自率大军东征。结果刘备冒险逞强,不仅破军损将,惨败而归,还害得自身羞愧病亡。

刘备失败的原因,一是违背了孙子"主不可以怒而兴师"的原则。他在气头上决策出兵,对敌我友三方情势缺乏冷静分析,显得极不理智。二是刘备越是要显示自己能打仗,越是昏着儿迭出,被敌人牵着鼻子走。孙吴大将陆逊实施五六百里的战略退却,刘备就一路紧追,严重违背军事常识,沿江设置了营垒数十座,造成战线太长,兵力太分散。这样不仅后勤供应困难,也造成顾此失彼,使蜀军丧失了战斗力,结果与敌军相持6个月而军事上毫无进展。三是不幸遇上了第一流的军事家为对手。陆逊诱敌深入,引而不发,等待刘备士气衰竭,就果断切断对方后路,以火进攻,烧其营垒40余座。因为事出意外,使得绵延数百里的蜀军惊慌失措,大乱而溃败。

三大战役都以火攻结束,当然有其偶然性。但在古代冷兵器时代,火攻是威力最强大、效果最明显的作战手段。再加上条件要求不高,操作简易,投入少,胜算大,效益好,常是高明者的首选。《孙子兵法》13 篇专辟《火攻》一篇,曹操也是古代最早为《孙子兵法》作注的人,但孙子和曹操都是只讲陆地上的火攻而忽略了水上也可以用火来攻敌。结果曹操能做到火烧乌巢,使敌方军粮片刻间化为乌有,却不能防备周瑜在赤壁使自己"谈笑间樯橹灰飞烟灭",临江的三军人马瞬息毁伤殆尽。刘备也不能防止陆逊在江上火攻,使自己的沿江城池营垒片刻间扫地而空。在中国历史上,这三大战役都是火攻制敌的典范,值得我们深入研究。

四、考古新发现使中国古代史的研究如虎添翼

问:朱先生,在中国古代史尤其是前段先秦秦汉史的研究中,资料的匮乏是一个"瓶颈",直接影响到我们的工作能否突破前人的认识而得以创新。从您的研究成果可以看出,您是十分重视地下出土文献的。请问您是如何利用考古资料来进行历史研究的?它们在您研究结论中的作用比之传统文献如何?

答:说得不错,关于先秦秦汉的传统文献,比之其他断代史,资料是比较少的。就秦汉史而言,当今如果不利用简牍资料,研究就深入不下去。就拿我熟悉的军功爵制研究来说,如果仅仅依靠传统文献"前四史",你的工作就很难推进,因为它们的记载都是片断的、零碎的,缺少一个系统的交代。比如说其中的民爵八级制,《史记》和两《汉书》中经常可以看到皇帝下诏赐爵的记录,但仅此而已,至于爵位内含待遇的先后差别和地位变化却使人搞不清楚。其实《商君书》甚至王粲的《爵论》、刘劭的《爵制》都包含着很多有用的信息,但感觉汉代人好像对秦人军功爵制的原貌在故意回避,甚至有意抹杀,所以两《汉书》关于军功爵制的记载都语焉不详。

后来秦汉简牍出土,就好像打开了一扇大门,不仅对军功爵制,对整个秦汉史都是这样。不管是土地制度、法律制度,还是爵制、官制,它都使我们的研究工作面貌一新。我专门写过一篇文章,即《从居延汉简看

汉代民爵八级的政治地位》，从简牍资料的记载可以看出，有高至八级爵位公乘的人，身份只是一个普通士卒；而另外一个仅有一级爵位的公士，却担任着隧长的官职。这证明什么？证明西汉中期以后，民爵八级已经不包含任何政治权力和社会地位的因素，已经丧失了实际的有形价值。再对照《韩非子》所记载秦时的情况，即使你不识字，只要在战场上斩首一人，就可以得爵位一级，做五十石之官，而没有爵位的人，是不准做官的。这前后的变迁如此明显，就说明了汉代军功爵制趋于轻滥的事实。我还写过一篇文章叫《曹魏至唐赐民爵资料汇编及几点说明》，摘录了从曹魏黄初元年（220年），经过两晋、南北朝、隋，一直到唐朝兴元元年（784年）之间所有向民众颁赐爵位的皇帝诏书内容，前后竟然延续了五六百年。这是一个怪胎，它顶着历史上赫赫有名军功爵制的光环，但实际上仅将其下端组成部分的民爵八级切割下来。尽管它没有任何实际价值，但统治者还是利用普通民众渴望获得荣誉的心理，而廉价骗得"皇帝与民同乐"的政治效果，以巩固统治。

我曾经利用大量的简牍资料，出版了《秦汉土地制度与阶级关系》和《魏晋南北朝土地制度与阶级关系》两部著作。户籍是出土文献的重要内容，我很重视研究历史上的户籍制度，不是为了统计人口规模，而是为了研究一个社会的阶级关系。通过那些真实可靠而又翔实的简牍资料，一个家庭的真实情况就摆在你的面前：户主的姓名、籍贯、年龄、爵位、官职、财产以及其家庭成员的各种信息，还有是否拥有车马、奴婢，等等，通过与文献资料汇总、梳理和分析，一个社会的阶级状况就比较清楚地显现出来。这些问题的研究如果光靠传统文献，而没有出土文献，是很难深入下去的。

总之，传统文献是我们进行秦汉史研究的基础和框架，基础不牢当然不行，没有系统的叙事结构也不行；但想要在现有的基础上进一步深入开掘、切换视角或者扩大研究范围，则秦汉简牍的利用更为重要，舍此将一无所成。所以我说，考古发现使得中国古代史的研究如虎添翼。

五、关于中国古代史研究的新思考

问：朱先生，您是青年学子崇敬的历史学家。您能否专门就史学方法的问题给他们谈一些指导性的意见？

答：历史学研究的方法千差万别，既有个性的差异，也有通史、断代史或者专门史的不同分工，不好强求一律，可以殊途同归。我曾在《历史教学》上发表过一篇指导研究生进行学习和研究的文章，这里就归纳其意旨来简单谈几点。

一是学习和研究历史，必须能坐冷板凳，下笨功夫。读书读到产生兴趣，才能钻进去，钻进去才能有所感悟，有感悟才能有成就。我特别希望年轻人在读那些基本的古代史籍时，要看那些不带现代标点的线装本，虽然难些，但可以使自己不受前人句读的束缚，更能培养自己的怀疑精神和思维能力。总之，专注和吃苦是做学问的不二法门，朝三暮四就不会有自己独特的研究课题和创新性的研究成果，心不在焉更是一事无成，这首先是一个学习态度而不是方法问题。

二是研究历史特别是古代史，要多动脑筋，不但善读，更要善思，才能发现问题，产生新成果。史书经过千百年的流传，对一件事情的记载往往大同小异，不进行多方面的细心考察和认真思索，就看不出其间的差别，也很难发现问题。看出土文献，更是要一字一句地精细阅读，要同传世文献进行勘验比对，找出其间的异同，这样才能提出问题、解决问题，才能钻研出一些成果。在研究的过程中，不管是"大胆假设"，还是"小心求证"，核心还在善于动脑。

三是研究历史的人知识面要宽。首先要有逻辑学的知识，排比史料、写出文章才能逻辑清楚，层次明晰。其次要有政治学的知识，因为研究历史其实就是研究广义的政治，比如《资治通鉴》。再次要有法学的根底，不但因为法律是一个时代总的规程体系，还因为法律史本身就是历史学的重要内容。最后要读些小说，古今中外皆可。这不仅是要培养自己的语言表达能力，更是锻炼自己想象力和开阔思路的需要。《红楼梦》

说:"世事洞明皆学问,人情练达即文章。"你清楚了古今相通的人情世故,才能更好地理解历史。

四是有了成果就及时发出去,千万不要压箱底。一个人的研究计划可能很大,要分成几个阶段来逐步完成。每个阶段的成果随写随发,一来可以积累经验树立信心,二来可以听取别人的意见及时调整自己的论证方法,三来你可以由此进入学术圈子,产生知名度,为将来更大成果的产生打好基础。

问:朱先生,历史学的研究需要继往开来。作为沉潜其中几十年的"老兵",请您展望一下今后中国古代史研究领域的发展前景。

答:我的研究范围有限,知识面也不宽,要预测历史研究的发展前景十分困难,即使预测了也不一定准确。但我想有这么几条大概率的坐标曲线,应该还是不会违逆的。

其一,我们进行历史研究,绝不是要发思古之幽情,为研究而研究,而是一定要立足于当今时代,回应时代给我们提出的新问题。克罗齐说:"一切真历史都是当代史。"①这个说法我是同意的。换句话说,我们研究问题是从历史材料出发,研究的是已经消失了的历史上的问题,但我们产生问题意识的出发点和认识问题的角度一定是现实的。所以,历史研究的课题和内容一定是随着时代的变化而变化,随着现实需要的发展而发展,是一定会与时俱进的。

其二,就中国古代史尤其是先秦秦汉史的研究来说,其受传世材料不足的局限,这种情况应该在未来也不会有大的改变。于是,不断出土的地下材料就应该是推动学术发展的后续动力,这个趋势是可以预见的。据我所知,现在有大批的秦汉简牍都在整理或逐渐发布之中,如里耶秦简、敦煌悬泉汉简、长沙走马楼吴简等,而且新的考古发现每天都在考古人员的努力追求之中,这些都必将极大地推动古代史研究的进展,这是我们可以预料的。据说,江西南昌海昏侯墓的发掘成果就很惊人,其陪葬品既有亡佚多年的《齐论语》,又有汉代原始版本的《史记》。有人

---

① 克罗齐:《历史学的理论和实际》,安斯利 英译,傅任敢译,商务印书馆,1982,第2页。

说考古发现会在一定程度上颠覆人们已有的历史认知,这话我是非常赞成的。将来地下还会有什么惊人的考古发现,今天真是难以测度呀!

其三,自从改革开放以来,我们与海外同行的学术交流日趋频繁,启发我们转换新的研究视角,助益我们分析史料的新理论工具,这也极大地助推了我们的古代史研究。今天的科技发展已经极大改变了人们的交通和通信条件,地球村的说法逐渐变成现实。我们的学术研究成果和中华文明优秀传统将不断地向外传播,异域文明和海外汉学家的研究成果也将不断传输进来,这会促使历史的比较研究更加变成热点。我想,历史的文化比较研究历来很受学术界的重视,如我们中华文明内部不同区域文化之间的比较。同样,在世界不同文明的比较研究当中,也一定会启发和推动我们的中国古代史研究事业不断向前发展。

——原载《中国史研究动态》2017年第6期

朱绍侯先生著述编目系年

龚留柱(整理)

1957 年

学术论文：

关于中国封建土地所有制问题的讨论　《史学月刊》1957 年第 4 期

1958 年

学术论文：

关于西晋的田制与租调制　《理论战线》1958 年第 2 期

关于秦末三十万戍守北边国防军的下落问题　《史学月刊》1958 年第 4 期

略论三国鼎立形成的原因——兼答江西周松龄同志的提问　《史学月刊》1958 年第 7 期

1960 年

学术论文：

秦汉时代土地制度与生产关系　《开封师范学院学报》1960 年第 1 期

《无向辽东浪死歌》——隋大业长白山民谣　《史学月刊》1960 年第 3 期

1961 年

学术论文：

中国农民战争的性质和作用　《开封师范学院学报》1961 年

1962 年

学术论文：

从户籍和里伍制度中看东晋南朝的阶级关系和士族地位的变化　《开封师范学院学报》1962 年第 3 期

1963 年

学术论文：

从户籍制度中看汉代的阶级关系　《开封师范学院学报》1963 年第 2 期

1974 年

学术论文：

石勒——我国少数民族中的法家人物　《开封师范学院学报》1974 年第 4 期

1978 年

学术论文：

谁是夏朝的创始人　《河南文博通讯》1978 年第 4 期，又收入《雏飞集》，河南大学出版社 1988 年版，第 354－358 页
军功爵制试探　《开封师范学院学报》1978 年第 1 期
"五洲同盟"与"中天八国王"　《开封师范学院学报》1978 年第 2 期
楚汉战争究竟打了几年　《开封师范学院学报》1978 年第 4 期
谈谈方腊起义的口号问题　《开封师范学院学报》1978 年第 4 期

1979 年

主编高校教材：

《中国古代史》（上、中、下册） 由福建人民出版社于 1979 年出版，自 1980 年被确定为高等院校文科教材，俗称"十院校本"。

学术论文：

秦军功爵制简论 《河南师范大学学报》1979 年第 6 期

两汉的假田制与假税制 《中州学刊》1979 年

1980 年

学术专著：

军功爵制试探 上海人民出版社 1980 年版

学术论文：

重视生产是中国农民战争的优良传统 《史学月刊》1980 年第 1 期

关于历史发展动力和农民战争作用问题 《河南师范大学学报》1980 年第 1 期

军功爵制在秦人政治生活中的地位 《河南师范大学学报》1980 年第 6 期

1981 年

学术论文：

三国民族政策优劣论 《河南师范大学学报》1981 年第 3 期

魏晋南北朝门阀士族的兴衰 《教学通讯》1981 年第 12 期，又收入《雏飞集》，河南大学出版社 1988 年版，第 179－185 页

《颜氏家训》与南北朝史 《今昔谈》1981 年第 10 期，又收入《雏飞集》，河南大学出版社 1988 年版，第 186－190 页

孝文帝迁洛与尔朱荣河阴之变 《洛阳古墓博物馆馆刊》1981 年创刊号，又收入《雏飞集》，河南大学出版社 1988 年版，第 275－288 页

"苍天"试解 《史学月刊》1981 年第 5 期

1982 年

主编高校教材：

十院校本《中国古代史》 作为教育部颁布的正式教材由福建人民出版社改出新版

学术论文：

灵台与庶民——周族族源小议 《今昔谈》1982 年第 3 期

对《居延简册〈甘露二年丞相御史律令〉考述》的商榷 《河南师范大学学报(社会科学版)》1982 年第 4 期

汉代乡、亭制度浅论 《河南师范大学学报(社会科学版)》1982 年第 1 期

1983 年

学术论文：

"布"非铲状铸币说刍议——兼论钱、镈的原始形态(与孙英民合作撰写) 《江西社会科学》1983 年第 1 期

军功爵制在西汉的变化 《河南师范大学学报(社会科学版)》1983 年第 1 期

"居赀"非刑名辨——兼论秦律中的几个问题(与孙英民合作撰写) 《中国史研究动态》1983 年第 1 期

秦律中的奖惩责任制(与孙英民合作撰写) 《光明日报》1983 年 1 月 12 日

历史上有无代表中小地主利益的政治改革 《光明日报》1983 年 5 月 18 日

1984 年

学术论文：

西汉的功劳阀阅制度 《史学月刊》1984 年第 3 期

关于如何撰写历史毕业论文的几点意见 《河南大学学报(社会科学版)》1984 年第 1 期，又收入《雏飞集》，河南大学出版社 1988 年版，第

345—353 页

秦汉"禁民二业"政策浅析 《信阳师范学院学报》1984 年第 2 期

再谈汉代的民爵与吏爵问题——兼答杨际平同志 《河南大学学报（社会科学版）》1984 年第 4 期

汉民族的形成和发展 《文史知识》1984 年第 11 期

如何认识和处理中国历史上的民族和民族关系问题 《河洛春秋》1984 年第 1 期，又收入《雏飞集》，河南大学出版社 1988 年版，第 211—226 页

治学之道在勤奋 《河南日报》1984 年 9 月 26 日

1985 年

学术专著：

秦汉土地制度与阶级关系 中州古籍出版社 1985 年版

学术论文：

论王充对孔子及儒家学派的评价 《河南大学学报（社会科学版）》1985 年第 1 期

试论名田制与军功爵制的关系 《许昌师专学报（社会科学版）》1985 年第 1 期

汉代封君衣食租税制蠡测 《松辽学刊》1985 年第 1 期

王充对诸子的评价 《河南大学学报（社会科学版）》1985 年第 4 期

历史科学与爱国主义教育 《史学函授》1985 年第 1 期，又收入《雏飞集》，河南大学出版社 1988 年版，第 333—341 页

1986 年

学术论文：

"骊山徒人奴产子"断句辨析 《河南大学学报（社会科学版）》1986 年第 1 期

《中国古代史研究入门》简介 《史学月刊》1986 年第 5 期

魏晋南北朝土地制度与阶级关系概说 《史学函授》1986 年第 1 期，

又收入《雏飞集》,河南大学出版社1988年版,第170—178页

夏文化探讨的回顾与展望(与孙英民合作撰写) 《文史知识》1986年第5期

读《三国志·东夷传》——论魏晋时期中国与朝鲜、日本的文化交流 由江田佳代子译成日文,收入日本汲古书院于1986年出版的《东亚世界史探索》一书中,又收入《雏飞集》,河南大学出版社1988年版,第199—210页

1987 年

学术论文:

王符经济、政治、哲学思想论略 《河南大学学报(社会科学版)》1987年第1期

研究魏晋南北朝史要着眼于光明和进步 《文史哲》1987年第1期

简论关内侯在汉代爵制中的地位 《史学月刊》1987年第1期

1988 年

学术专著:

魏晋南北朝土地制度与阶级关系 中州古籍出版社1988年版

个人学术论文集:

雏飞集 河南大学出版社1988年版

主编中级读物:

昏君传 河南人民出版社1988年版

1989 年

主编研究生文科教材:

中国古代史研究入门 河南人民出版社1989年版

学术论文:

发扬五四爱国主义精神 坚持社会主义方向 《史学月刊》1989年第

2 期

谈谈编写《中国古代史》值得注意的几个问题　《益阳师专学报》1989 年第 2 期

略论秦汉中央三级保卫制　《南都学坛》1989 年第 4 期

浅论北朝在中国古代史研究中的地位　《北朝研究》1989 年第 1 期

1990 年

学术专著：

军功爵制研究　上海人民出版社 1990 年版

学术论文：

对居延敦煌汉简中庸的性质浅议　《中国史研究》1990 年第 2 期

中国历代宰辅制简介——《中国历代宰辅传略》序　《南都学坛》1990 年第 5 期

1991 年

学术论文：

吴蜀荆州之争与三国鼎立的形成　《史学月刊》1991 年第 1 期

汉"卫尉八屯"小考　《南都学坛》1991 年第 3 期

李兴与《诸葛亮故宅铭》　载《诸葛亮躬耕地望论文集》，东方出版社 1991 年版，第 68—80 页

《儒学与维新》序　载《儒学与维新》，河南大学出版社 1991 年版

1992 年

学术论文：

从三组汉简看军功爵制的演变　《史学集刊》1992 年第 2 期

"借荆州"浅议　《许昌师专学报(社会科学版)》1992 年第 4 期

执政宝典，优秀的乡土教材——新编《商丘县志》读后　《黄淮学刊》1992 年第 4 期

洛阳也是丝绸之路的起点　载《洛阳——丝绸之路的起点》,中州古籍出版社1992年版,第43—61页

曹魏至北魏时期洛阳在丝绸之路上的地位　载《洛阳——丝绸之路的起点》,中州古籍出版社1992年版,第321—343页

1993年

学术论文：

刘邦汉五年五月诏令简释　《刘邦研究》1993年第1期,后收入《朱绍侯文集》,河南大学出版社2005年版,第241—250页

李贽对孔子的真实态度——读《焚书》、《续焚书》札记　《史学月刊》1993年第4期

《秦汉魏晋经济制度研究》序　载《秦汉魏晋经济制度研究》,黑龙江人民出版社1993年版

1994年

主编学术论著：

中国古代治安制度史　河南大学出版社1994年版

学术论文：

浅议司隶校尉初设之谜　《学术研究》1994年第1期

河洛文化与河洛文化圈　《寻根》1994年第1期

刘邦施行过楚爵制已有实证　《南都学坛》1994年第2期

河洛文化与河洛人、客家人　《文史知识》1994年第3期

西汉司隶校尉职务及地位的变化　《史学月刊》1994年第4期

《汉唐行政管理》序　《南都学坛》1994年第5期

1995年

学术论文：

评《多尔衮评传》(与王宏斌合作撰写)　《史学月刊》1995年第1期

张姓祖根在濮阳 《寻根》1995 年第 2 期

刘秀与他的功臣 《中国史研究》1995 年第 4 期

论史而著经世之略——读《光武帝刘秀传》 《南都学坛》1995 年第 4 期

标格一新的断代史——《六朝史稿》评介 《学术月刊》1995 年第 6 期

1996 年

学术论文：

对汉元成二帝的评价 《洛阳大学学报》1996 年第 1 期

赖国地望与赖姓起源 《寻根》1996 年第 2 期

《汉魏两晋南北朝道教史研究》评介 《河南大学学报（社会科学版）》1996 年第 3 期

关于鬼谷子研究的管见 载《第一届鬼谷子学术研讨会论文集》，书目文献出版社 1996 年版，第 102—114 页

从《奏谳书》看汉初军功爵制的几个问题 载《简帛研究（第二辑）》，法律出版社 1996 年版，第 178—187 页

炎黄子孙与龙的传人 载《龙乡寻根》，河南教育出版社 1996 年版，第 12—21 页

荥阳郑氏县籍开封 《开封文博》1996 年第 1 期

"齐人徐福"解——兼论徐福故里问题 载《徐福故里考辨》，山东友谊出版社 1996 年版，第 4—10 页

李贽对儒家的真实态度——读《焚书》、《续焚书》札记之二 载《金景芳九五诞辰纪念文集》，吉林文史出版社 1996 年版，第 479—492 页

古为今用 批判继承——评《元典文化丛书》 《光明日报》1996 年 4 月 2 日

1997 年

学术论文：

浅议司隶校尉在东汉的特殊地位——司隶校尉研究之三 《南都学

坛》1997 年第 1 期

济阳蔡氏郡望的历史追溯 《许昌师专学报（社会科学版）》1997 年第 1 期

《张衡评传》序 《南都学坛》1997 年第 2 期

河南应为五帝断代工程做准备 《中州今古》1997 年第 3 期

千秋业绩赖长存——《当代中国志坛群星集》评介 《河南史志》1997 年第 3 期

1998 年

学术论文：

中国古史分期讨论与中国史研究 《史学月刊》1998 年第 6 期

1999 年

学术论文：

《尹湾汉墓简牍》解决了汉代官制中几个疑难问题 《许昌师专学报（社会科学版）》1999 年第 1 期

河南大学与中国甲骨学研究 《史学月刊》1999 年第 1 期

疑古是解决历史谜团的一把钥匙 《洛阳大学学报》1999 年第 1 期

《尹湾汉墓简牍》是东海郡非常时期的档案资料 《史学月刊》1999 年第 3 期

"徐芾"、"徐市"与"徐福" 《寻根》1999 年第 4 期

2000 年

主编高校教材：

十院校本《中国古代史》（上、下册） 2000 年改版问世，主编为朱绍侯、张海鹏、齐涛三人，仍由福建人民出版社出版

学术论文：

中国古代外交史的创新奠基之作——评《汉唐外交制度史》 《史学

月刊》2000 年第 1 期

试论汝南许氏望族的形成——兼论许劭月旦评 《黄河科技大学学报》2000 年第 1 期

《蒋介石原籍许昌说述证》序 《许昌师专学报（社会科学版）》2000 年第 3 期

试论《述善集》的学术价值 《史学月刊》2000 年第 4 期

《述善集》选注（二篇） 《史学月刊》2000 年第 4 期

秦相吕不韦功过简论 《河南大学学报（社会科学版）》2000 年第 5 期

平乱兴国不谋私利的叶公子高 载《叶姓溯源——叶公与叶县研究论丛》，中州古籍出版社 2000 年版，第 57—72 页

《隋唐制度渊源略论稿》读后 载《陈寅恪与二十世纪中国学术》，浙江人民出版社 2000 年版，第 82—94 页

2001 年

学术论文：

回忆《新史学通讯》 《史学月刊》2001 年第 1 期

汉元成二帝论（上） 《洛阳大学学报》2001 年第 1 期

汉元成二帝论（下） 《洛阳大学学报》2001 年第 3 期

河洛文化研究之展望 《洛阳工学院学报（社会科学版）》2001 年第 3 期

《伯颜宗道传》补正 《史学月刊》2001 年第 3 期

帝舜故里负夏（瑕丘）考 《洛阳工学院学报（社会科学版）》2001 年第 4 期

元代西夏遗民研究的新成果——《〈述善集〉研究论文集》序 《固原师专学报》2001 年第 4 期

沈约《宋书》述评 《南都学坛》2001 年第 4 期

陈郡谢氏在刘宋 《河南大学学报（社会科学版）》2001 年第 6 期

东汉中晚期的司隶校尉 载《安作璋先生从教 50 周年纪念文集》，

泰山出版社2001年版,第476—497页

三诸葛分仕三国简论　载《高敏先生七十华诞纪念文集》,中州古籍出版社2001年版,第35—45页

中华本《宋书》校点失误商榷　载《庆祝何兹全先生九十岁论文集》,北京师范大学出版社2001年版,第591—601页

2002年

学术著作：

盛衰苍茫——汉元成二帝传(与龚留柱合作撰写)　大象出版社2002年版

学术论文：

西汉初年军功爵制的等级划分——《二年律令》与军功爵制研究之一　《河南大学学报(社会科学版)》2002年第5期

吕后二年赐田宅制度试探——《二年律令》与军功爵制研究之二　《史学月刊》2002年第12期

荥阳郑氏与郑成功——为纪念郑成功收复台湾340年而作　《河洛春秋》2002年第4期

秦汉简牍与军功爵制研究　《光明日报》2002年5月21日

《北魏于昌容墓志》研究　载《洛阳出土墓志研究文集》,朝华出版社2002年版,第282—290页

不迷信名人、不固执己见的学者风度——黎昔非先生遗著读后感　载《黎昔非与〈独立评论〉》,学苑出版社2002年版,第210—217页

2003年

学术论文：

从《二年律令》看与军功爵制有关的三个问题——《二年律令》与军功爵制研究之三　《河南大学学报(社会科学版)》2003年第1期

从《二年律令》看汉初二十级军功爵的价值——《二年律令》与军功爵制研究之四　《河南大学学报(社会科学版)》2003年第2期

《奏谳书》新郪信案例爵制释疑　《史学月刊》2003 年第 12 期

2004 年

主编大学教材：

"十院校本"《中国古代史》（上、下册）　由福建人民出版社于 2004 年再次改版发行，突出增加了各个时期的文化和社会生活内容

学术论文：

论汉代的名田（受田）制及其破坏　《河南大学学报（社会科学版）》2004 年第 1 期

河大学报与河大史学研究的互动关系——为祝贺河大学报创刊 70 周年而作　《河南大学学报（社会科学版）》2004 年第 5 期

商鞅变法与秦国早期军功爵制　《零陵学院学报》2004 年第 5 期

如何科学深入地研究河洛文化　载《根在河洛——第四届河洛文化国际研讨会论文集》，大象出版社 2004 年版，第 235－241 页

2005 年

个人学术论文集：

朱绍侯文集（河南大学名家文存系列）　河南大学出版社 2005 年版

学术论文：

对李斯功过的述评　《河南大学学报（社会科学版）》2005 年第 3 期

刘累、鲁山与刘姓的祖源　《南都学坛》2005 年第 4 期

研究五帝历史必须改变思路——《五帝时代研究》读后感　《中原文物》2005 年第 5 期

字圣许慎　《史学月刊》2005 年第 10 期

陈郡谢氏在东晋　原载《谢太傅安石纪念论文集》，后收入《朱绍侯文集》，河南大学出版社 2005 年版，第 311－323 页

访谈录：

治学不为媚时语　惟寻真知启后人——朱绍侯先生访谈录（与龚留柱合作）　《史学月刊》2005 年第 12 期

2006 年

学术论文：

《河南通史》评议 《史学月刊》2006 年第 8 期

披沙简金斫山觅玉 探华夏文明之真谛 《寻根》2006 年第 2 期

2007 年

学术论文：

一部新"两汉书"面世——略谈《汉碑全集》的史学价值 载《秦汉研究（第一辑）》，三秦出版社 2007 年版，第 340－342 页

伦理文化浅议 《洛阳师范学院学报》2007 年第 1 期

论"周召之业"与"周召之治"——兼谈召公在周初的历史地位 《南都学坛》2007 年第 3 期

嫘祖故里试探 《许昌学院学报》2007 年第 6 期

2008 年

学术专著：

军功爵制考论 商务印书馆 2008 年版

主编国家重点出版工程：

《中原文化大典·人物典》 中州古籍出版社 2008 年版

学术论文：

试析《隆中对》兼论关羽之失 《河南大学学报（社会科学版）》2008 年第 1 期

天时·地利·人和——《南都学坛》"汉代文化研究"栏目长盛不衰的原因 《南都学坛》2008 年第 4 期

对刘劭《爵制》的评议 《南都学坛》2008 年第 4 期

河洛文化的性质及研究的意义 《黄河科技大学学报》2008 年第 6 期

2009 年

学术论文：

蔡邕《南阳叶氏大成宗谱源流序》辨伪　《南都学坛》2009 年第 5 期

《秦汉时期的"赐民爵"及"小爵"》读后——兼论汉代爵制与妇女的关系　《史学月刊》2009 年第 11 期

2010 年

主编高校文科教材：

中国古代史教程　河南大学出版社 2010 年版

学术论文：

曹操与曹操墓　《史学月刊》2010 年第 5 期

访谈录：

史学大家朱绍侯先生访谈录（与康香阁合作）　《邯郸学院学报》2010 年第 4 期

2011 年

学术论文：

对诸葛亮南征北伐的评价　《南都学坛》2011 年第 3 期

回忆与展望——为《史学月刊》六十华诞而作　《史学月刊》2011 年第 9 期

2012 年

学术论文：

两汉屯田制中的三个问题　《许昌学院学报》2012 年第 1 期

炎黄二帝杂谈　《寻根》2012 年第 1 期

从居延汉简看汉代民爵八级的政治地位　《南都学坛》2012 年第 4 期

两汉屯田制研究　《史学月刊》2012 年第 10 期

2013 年

学术论文：

关于《史记·商君列传》中两条律文句读商榷 《中原文化研究》2013 年第 1 期

柳姓始祖柳下惠 《寻根》2013 年第 2 期

东晋南朝王谢袁萧四大郡望兴衰试探 《史学月刊》2013 年第 9 期

2014 年

主编文化典籍：

《中国地域文化通览·河南卷》 中华书局 2014 年版

学术论文：

对"将无同"的真义探讨 《中原文化研究》2014 年第 1 期

竹林七贤拙论 《史学月刊》2014 年第 11 期

2015 年

个人学术论文集：

朱绍侯文集（续集）（河南大学名家文存系列） 河南大学出版社 2015 年版

学术论文：

军功爵制探源 《军事历史研究》2015 年第 1 期

王粲《爵论》评议——兼论军功爵制的废除 《军事历史研究》2015 年第 3 期

两汉对匈奴西域西羌战争战略研究 《史学月刊》2015 年第 5 期

官渡之战与赤壁之战双方胜败原因试探 《河南大学学报（社会科学版）》2015 年第 5 期

注：《朱绍侯文集（续集）》中部分首次正式刊发之学术论文，在知网中皆搜索不出原始刊发信息，姑且统归于 2015 年刊发，列出如下：

炎黄阪泉之战质疑　《朱绍侯文集(续集)·先秦史研究》

夏都老丘是古城开封的第一代都城　《朱绍侯文集(续集)·先秦史研究》

论范蠡的成功之道　《朱绍侯文集(续集)·先秦史研究》

漫谈范蠡三事　《朱绍侯文集(续集)·先秦史研究》

汉初"三杰"综论——兼论张良的自全之道　《朱绍侯文集(续集)·秦汉史研究》

鄸侯萧何封地考　《朱绍侯文集(续集)·秦汉史研究》

关于"萧何定律"的评价　《朱绍侯文集(续集)·秦汉史研究》

略论两汉屯田的军事战略意义　《朱绍侯文集(续集)·秦汉史研究》

永城在汉史研究中的地位　《朱绍侯文集(续集)·秦汉史研究》

曹魏至唐赐民爵资料汇编及几点说明　《朱绍侯文集(续集)·军功爵制研究》

曹操高陵考古发现的历史学意义　《朱绍侯文集(续集)·魏晋南北朝史研究》

对曹操高陵石牌"猎"字的解释不能以偏概全　《朱绍侯文集(续集)·魏晋南北朝史研究》

论曹魏政权的历史地位　《朱绍侯文集(续集)·魏晋南北朝史研究》

嵩山道士寇谦之对北方道教的改革　《朱绍侯文集(续集)·魏晋南北朝史研究》

对《张姓祖根在濮阳的质疑》答辩　《朱绍侯文集(续集)·姓氏文化研究》

沈诸梁传　《朱绍侯文集(续集)·姓氏文化研究》

《蔡序》确是赝品　《朱绍侯文集(续集)·姓氏文化研究》

《丰湖杂记》客家形成说解读　《朱绍侯文集(续集)·姓氏文化研究》

在"孙氏族谱暨孙膑故里研讨会"上的发言摘要　《朱绍侯文集(续

集)·姓氏文化研究》

河南区域文化的特点和亮点 《朱绍侯文集(续集)·杂论与杂谈》

全面建成小康社会要立足于实干 《朱绍侯文集(续集)·杂论与杂谈》

对优先选择文化传承问题的探讨 《朱绍侯文集(续集)·杂论与杂谈》

谈河洛文化 《朱绍侯文集(续集)·杂论与杂谈》

商·商丘·商人 《朱绍侯文集(续集)·杂论与杂谈》

庄子一生主要活动在东明(之一) 《朱绍侯文集(续集)·杂论与杂谈》

庄子一生主要活动在东明(之二) 《朱绍侯文集(续集)·杂论与杂谈》

《世界叶氏总谱》序 《朱绍侯文集(续集)·书评与书序》

《嫘祖文化研究》序 《朱绍侯文集(续集)·书评与书序》

《老子仙乡漫话》序 《朱绍侯文集(续集)·书评与书序》

《诗经异读》序 《朱绍侯文集(续集)·书评与书序》

《何均地诗词集》序 《朱绍侯文集(续集)·书评与书序》

《中华上古十二帝》序 《朱绍侯文集(续集)·书评与书序》

《东京梦华》序 《朱绍侯文集(续集)·书评与书序》

《秦相国吕不韦》序 《朱绍侯文集(续集)·书评与书序》

《洛阳十三朝》序 《朱绍侯文集(续集)·书评与书序》

《客家与开封》序 《朱绍侯文集(续集)·书评与书序》

2016 年

学术论文：

刘备东征孙吴诸葛亮为何不谏阻 《南都学坛》2016 年第 2 期

论吴蜀夷陵之战 《军事历史研究》2016 年第 2 期

昌邑王废帝海昏侯刘贺经历考辨 《南都学坛》2016 年第 4 期

贾谊民本思想浅析 《中原文化研究》2016 年第 5 期

论刘裕 《军事历史研究》2016 年第 6 期

2017 年

学术专著：

军功爵制研究（增订版） 商务印书馆 2017 年版

学术论文：

如何指导研究生学习和写作 《历史教学》2017 年第 2 期

对几种"亡命"说的分析与评议 《中原文化研究》2017 年第 4 期

赤壁之战曹军是大败不是小败——与何德章同志商榷 《中国史研究》2017 年第 4 期

访谈录：

"老兵"新传——访朱绍侯先生（与龚留柱合作） 《中国史研究动态》2017 年第 6 期

2018 年

学术论文：

苻坚与淝水之战 《中原文化研究》2018 年第 4 期

贾谊是提出"疑罪从无"的第一人 《史学月刊》2018 年第 12 期

2019 年

学术论文：

蔡邕故里探源 《中原文化研究》2019 年第 1 期

王玄谟北伐和北魏南征瓜步是北强南弱的分水岭 《人文杂志》2019 年第 1 期

从碎片到整体：谈谈我的军功爵制研究 《历史研究》2019 年第 6 期

访谈录：

勤于治史多创获，鲐背之年霞满天——朱绍侯先生访谈录（与王记录、程洋洋合作） 《史学史研究》2019 年第 1 期

2020 年

经典文献整理：

主持校注《今注本二十四史·宋书》(1—15 册)　中国社会科学出版社 2020 年版

学术论文：

论王猛在前秦的政绩和军功　《军事历史研究》2020 年第 1 期

读魏晋史札记三则　《中原文化研究》2020 年第 2 期

南朝刘宋"三京"地望辨正　载《河南博物院院刊》(第一辑)，大象出版社 2020 年版，第 5—16 页

2021 年

学术论文：

《今注本二十四史·宋书》的学术价值(与龚留柱合作)　《中国史研究动态》2021 年第 6 期

2022 年

学术论文：

谈谈今注本《宋书》　《中国社会科学报》2022 年 10 月 21 日